Konzeption eines Modells der beruflichen Handlungskompetenz für die betriebliche Weiterbildung

Nadine von Blücher

Konzeption eines Modells der beruflichen Handlungskompetenz für die betriebliche Weiterbildung

Eine Kompetenzerhebung von drei Berufsgruppen aus dem pädagogischen und ökonomischen Tätigkeitsbereich

PL ACADEMIC RESEARCH

Bibliografische Information der Deutschen Nationalbibliothek
Die Deutsche Nationalbibliothek verzeichnet diese Publikation in der Deutschen Nationalbibliografie; detaillierte bibliografische Daten sind im Internet über http://dnb.d-nb.de abrufbar.
Zugl.: Berlin, Humboldt-Univ., Diss., 2016

11
ISBN 978-3-631-71799-8 (Print)
E-ISBN 978-3-631-71800-1 (E-PDF)
E-ISBN 978-3-631-71801-8 (EPUB)
E-ISBN 978-3-631-71802-5 (MOBI)
DOI 10.3726/b10862

PL Academic Research ist ein Imprint der Peter Lang GmbH.

Peter Lang – Frankfurt am Main · Bern · Bruxelles · New York · Oxford · Warszawa · Wien

Diese Publikation wurde begutachtet.

www.peterlang.com

Vorwort

An dieser Stelle möchte ich allen danken, die mir das Schreiben dieser Arbeit ermöglicht und erleichtert haben: Frau Prof. Simone Kauffeld, die mir im Rahmen einer Kooperation das Kompetenz-Reflexions-Inventar (Fragebogen) zur Verfügung gestellt hat sowie Prof. Thorsten Roick für die Bereitschaft, die von mir angewandten Methoden und Ergebnisse in der empirischen Analyse zu hinterfragen und zu diskutieren. Ebenso war mir Dr. Tomas Bohinc eine große Unterstützung, der mir in der Diskussion einzelner Kapitel wertvolle Hinweise und Kritiken gab.

Vor allem möchte ich meiner Familie danken, die mich stets bei meinen Vorhaben in jeglicher Hinsicht unterstützt und mir auch in schwierigen Phasen motivierend zur Seite gestanden hat. Ebenso schätze ich sehr meinen Freund durchgehend an meiner Seite gehabt zu haben. Er hat fortwährend an mich geglaubt, sich geduldig meine Zweifel angehört und mich stets wieder aufgemuntert. Auch meinen Freunden vielen Dank für ihre moralische Unterstützung, ihre Bereitschaft zum Lektorat und ihr Interesse an der Arbeit.

Mein besonderer Dank gilt Herrn Prof. Bernd Käpplinger für die Betreuung der Arbeit, die hilfreichen Nachfragen und Kommentare, die maßgeblich zum Gelingen dieser Arbeit beitrugen. Bedanken möchte ich mich auch für die Freiheit, die er mir während der gesamten Arbeit gewährte und die ortsunabhängige Unterstützung, die mir aufgrund der Entfernung nicht nur in seinem Büro, sondern auch per Mail und Telefon zugutekam. Für die Übernahme des Erstgutachtens bin ich Frau Prof. Aiga von Hippel dankbar.

München, im April 2016
Nadine von Blücher

Zusammenfassung

Ziel dieser Arbeit war die Konzeption eines Modells zur Förderung der beruflichen Handlungskompetenz für die betriebliche Weiterbildung.

Die theoretische Betrachtung beinhaltet eine Analyse des aktuellen wissenschaftstheoretischen und kompetenzmethodischen Diskurses. Kompetenzen werden im historischen Verlauf der Arbeitswelt aufgezeigt und deren Wichtigkeit zur formellen Ausbildung in Bezug gestellt. Die für diese Arbeit herausgearbeitete Kompetenzdefinition basiert auf interdisziplinären Theorien sowie Kompetenzauffassungen und fokussiert ein fähigkeitsbezogenes Kompetenzmodell mit Subdimensionen. Es ist dargestellt, dass sich die betriebliche Weiterbildung auch mit informellen Kompetenzen auseinandersetzen muss. Diese sind einerseits eine schwer zu ökonomisierende Ressource, auf der anderen Seite wird sie als genau diese verstanden: Als Ressource, die für den Beschäftigten in der Organisation erschlossen werden soll. Erst im betrieblichen Kontext kann entschieden werden, welche Kompetenz eine berufliche Handlungsfähigkeit ermöglicht. An diesem Punkt setzt die empirische Betrachtung an.

Die empirische Betrachtung umfasst eine quantitative Untersuchung der beruflichen Handlungskompetenz von drei Berufsgruppen aus dem pädagogischen und ökonomischen Tätigkeitsbereich. Der verwendete Fragebogen basiert auf dem Kompetenz-Reflexions-Inventar von Kauffeld. Wesentliche Ergebnisse der Untersuchung sind, dass die berufliche Handlungskompetenz für die untersuchten Berufsgruppen keine vier Kompetenzfacetten enthält. Eine Einteilung der beruflichen Handlungskompetenz in ein zweifaktorielles Kompetenzmodell der fachlichen und überfachlichen Kompetenzen konnte definiert werden. Zusätzlich lädt die Kompetenzfacette der Methodenkompetenz auf zwei Faktoren. Signifikant ist der Unterschied der Kompetenzausprägung zwischen Personen, die schon länger im Berufsleben stehen und denen, die weniger als 10 Jahren im Berufsleben stehen.

Zusammenfassung: Es besteht eine hohe Anfälligkeit bei Kompetenzmodellen bzw. deren Messung; der heuristische Charakter von Kompetenzen ist hervorzuheben. Es wurde ein neues Modell entwickelt, welches die Förderung der beruflichen Handlungskompetenz für die betriebliche Weiterbildung operationalisiert. Die betriebliche Weiterbildung wird sich auf eine duale Kompetenzförderung ausrichten müssen. Die Ergebnisse zeigen, dass ein Trend von der Fach- zur

Sozialkompetenz nicht bestätigt werden kann. Diese Arbeit schlägt eine Brücke zwischen dem interdisziplinären Kompetenzdiskurs und der operativen Praxis. Sie gibt der Kompetenzdiskussion einen signifikanten neuen Impuls.

Summary

This thesis conceptualizes a model for professional action competence within corporate vocational training in enterprises.

The theoretical considerations deal with an analysis of latest scientific-theoretical and competence-methodical discourses. A short historical overview of competences within the world of work is given. The importance of competences as well as the reference to formal education is pointed out. The competence definition of this thesis is based on interdisciplinary theories and focuses a capability-oriented competence model with sub-dimensions. It is identified, that the continuing vocational training in enterprises should also deal with the development and recognition of formal competences. On one hand, these formal competences are hard to economize resources, on the other hand, they are exactly known as this: A resource which should be utilized for the employees in the organization. Only in work context can be decided which competence enables professional action. This is the point at which the empirical considerations start.

The empirical considerations include a quantitative study of the professional action competence of three professional groups from economical and pedagogical fields of work. The questionnaire is based on the Competence Reflexion Inventory from Kauffeld.

Essential results of the study are that the professional action competence does not contain four facets of competence – as the theoretical assumptions suggest – for the analyzed professional groups.

A classification of the professional action competence into a two-factor competence model of professional and non-professional competences is defined. The competence facet of the methodological competence loads additionally on two factors: A significant difference is evaluated between competence characteristics of employees who are more than 10 years and those who are less than 10 years in active professional life.

Conclusion: There is a high vulnerability within competence models, respectively within their measurements. Solely, the heuristic character of competences is emphasized. A new model for continuing vocational training is developed which operationalizes the development of the professional action competence. The continuing vocational training should be oriented towards a dual competence development. The results do not approve the trend of a shift from professional to social competence.

This thesis bridges the discourse between the interdisciplinary competence and the operative practice. Thus, the competence discussion receives a new significant impulse.

Inhalt

Abbildungsverzeichnis

Tabellenverzeichnis

Abkürzungsverzeichnis

BA	Bundesagentur für Arbeit
BfA	Bundesversicherungsanstalt für Angestellte
BIBB	Bundesinstitut für Berufsbildung
BMAS	Bundesministeriums für Arbeit und Soziales
BMBF	Bundesministeriums für Bildung und Forschung
BMU	Bundesministerium für Umwelt, Naturschutz und Reaktorsicherheit (jetzt BMUB)
BMWi	Bundesministerium für Wirtschaft und Energie
CEDEFOP	European Centre for the Development of Vocational Training
CFA	Konfirmatorische Faktorenanalyse
CMS	Computer- und Medienservice (CMS) der Humboldt-Universität zu Berlin
DeSeCo	Definition and Selection of Competencies (Projekt)
Destatis	Statistisches Bundesamt
DGFP	Deutsche Gesellschaft für Personalführung
EFA	Explorative Faktorenanalyse
FK	Fachkompetenz
IAB	Institut für Arbeitsmarkt- und Berufsforschung
ISB	Staatsinstitut für Schulqualität und Bildungsforschung
KMK	Kultusministerkonferenz
KRI	Kompetenz-Reflexions-Inventars
MK	Methodenkompetenz
OECD	Organisation for Economic Co-operation and Development
PISA	Programme for International Student Assessement
PMI	Project Management Institute
QUEM	Qualifikations-Entwicklungs-Management (Projekt)
RatSWD	Rat für Sozial- und Wirtschaftsdaten
SEM	Strukturgleichungsmodellen
SK	Sozialkompetenz
SLK	Selbstkompetenz
Smk	Sozial- und Methodenkompetenz (Beurteilungsbogen)

1. Einleitung

Die Arbeitswelt befindet sich im Wandel. Die Veränderungen von ökonomischen, technologischen sowie gesellschaftlichen Rahmenbedingungen bewirken Veränderungen in Organisationen und stellen die betriebliche Weiterbildung vor neue Herausforderungen[1] (vgl. Bergmann 2000a: 9).

Unter diesen Bedingungen steigt bei Beschäftigten und Organisationen die Bedeutung bzw. Entwicklung der Fähigkeiten zur Lernbereitschaft, zur Lernfähigkeit und zur selbstorganisierten Kompetenzentwicklung.

Somit erwecken auch Aussagen aus der Wirtschaft wie *„leistungsbereite und kompetente Mitarbeiter sind entscheidend für den unternehmerischen Erfolg“* (BMW Group 2007: 53) den Anschein, der Mensch sei in den Mittelpunkt des unternehmerischen Handelns gerückt. Diese Ansicht wird verstärkt, folgt man der Debatte, dass zertifizierte berufsrelevante Abschlüsse nicht mehr hinreichend berufliches Können bestätigen, dass dadurch informell erworbene sowie nicht berufsrelevante Kompetenzen wie die personale, methodische und soziale Kompetenz an Bedeutung gewinnen und nur noch die Ergebnisse von Lernprozessen und nicht mehr die Dauer und der Weg zu den Lernergebnissen in den Fokus der betrieblichen Weiterbildung rücken (vgl. Käpplinger/Reutter 2005: 8). Die konsequente Schlussfolgerung wäre somit, dass sich Organisationen[2] *„auf die Gesamtheit menschlicher Arbeitskraft, ihr Potential und dessen Integration in die Unternehmensorganisation beziehen“* (Harney 1992: 321) und der heutige Beschäftigte[3] nicht mehr mit dem bis in die 1970er-Jahre vorherrschenden tayloristisch[4]- statischen Profil eines Mitarbeiters zu vergleichen

1 Vgl. Kapitel 1.3.

2 Der Begriff der Organisation wird in der Arbeit durchweg synonym zum Betrieb oder Unternehmen verwendet. Aufgrund der zentralen Bedeutung der Personen und ihres Verhaltens wird die Bedeutung der Organisation als Institution, welche auch von der Arbeits- und Organisationspsychologie genutzt wird, verwendet. Denn hierbei werden der Handelnde und die Organisationsmitglieder mit einbezogen (vgl. Nerdinger 2011: 42).

3 Aus rein sprachästhetischen Gründen wird im Folgenden primär die männliche Bezeichnung verwendet. Dennoch sind stets Männer sowie Frauen gleichermaßen gemeint.

4 Frederick Winslow Taylor (1856–1915) entwickelte ein Konzept der Arbeitsorganisation, das die „möglichst ökonomische Verwendung des Arbeiters (zur) größten Pros-

ist. Die tayloristische klare Trennung von Person und Arbeit löst sich in den heutigen entgrenzten und subjektivierten Arbeitsverhältnissen immer mehr auf. Unter anderem gewinnen die außerhalb der Arbeit erworbenen Fähigkeiten und Kompetenzen für die Bewältigung der Arbeitsanforderung immer mehr an Bedeutung (vgl. Käpplinger/Reutter 2005: 11). Die Qualifikationen und Kompetenzen eines jeden Beschäftigten werden zum entscheidenden Wettbewerbsfaktor für Organisationen. Eine mögliche Konsequenz daraus ist der Prozess des lebensbegleitenden Lernens als unerlässlicher Bestandteil der Erwerbsbiografie.

Doch genau in diesen Gedankenzügen wird die Dominanz des betriebswirtschaftlichen Denkens im Weiterbildungsbereich deutlich (vgl. Käpplinger/Reutter 2005: 10).

Dies, sowie die erhöhte Komplexität, Vielfalt und Dynamik im Arbeitsumfeld steigern die Erwartungen an den Beschäftigten. Denn dieser muss sich selbstorganisiert mit stetig wandelnden Qualifikationsanforderungen, der Veränderungsdynamik des nationalen Arbeitsplatzes und mit unfreiwilligem Arbeitsplatzwechsel bzw. Arbeitslosigkeit auseinandersetzen.

Der Beschäftigte, welcher sich nun *„durch Selbstkontrolle in der Arbeitsausführung, Selbstorganisation der eigenen Arbeitskraft und Selbstrationalisierung der individuellen Lebensführung auszeichnet“* (Käpplinger/Reutter 2005: 13), muss sich neue Formen der Selbstvermarktung aneignen. Weil die alleinige Präsentation der berufsfachlichen Kompetenzen nicht mehr ausreicht, muss der Beschäftigte sich selbst über seine sozialen und persönlichen Kompetenzen bewusst werden und diese marktgängig darstellen (vgl. ebd.). In den aktuellen Selbstorganisationskonzepten wird vieles *„explizit in die personale Umwelt der Betriebe externalisiert“* (Jurczyk/Voß 2000, S. 11) *„und von den Individuen internalisiert“* (Käpplinger/Reutter 2005: 13).

In der beruflichen Aus- und Weiterbildung waren jahrelang zertifizierte formale Abschlüsse ein aussagekräftiges Indiz für berufliches Können sowie die Bewältigung von beruflichen Anforderungen (vgl. Käpplinger/Reuter 2005: 8). Im Rahmen des formalen Lernens wurde ein Schwerpunkt auf die Anhäufung

---

perität“ (Taylor 1977: 10) des Unternehmens zum Ziel hatte. Im Taylorismus wird von einem rational denkenden Mitarbeiter ausgegangen, der ausschließlich durch finanzielle Anreize zu motivieren sei (economic man). Da die Fähigkeit zu selbstorganisiertem Handeln ausgeschlossen wird, muss vom Unternehmen Führung und Kontrolle ausgeübt werden. Daher werden nur minimale Anforderungen an die Qualifikationen des Mitarbeiters gestellt (vgl. Taylor 1977).

von Wissen[5] und auf das Lernen[6] auf Vorrat gesetzt, das durch Zertifikate und Abschlüsse bescheinigt wird (vgl. Zink 2009: 29). Wenn betriebliches Lernen als dauerhafter Prozess angesehen wird, der nicht durch formale Abschlüsse beendet ist, kann dies die betriebliche Weiterbildung mit einem formal traditionellen Verständnis nicht mehr leisten. Denn jene wird üblicherweise in formellen Rahmenbedingungen angeboten, wobei der Lernende sowie die strukturierte Vermittlung von Lernzielen und die Lernförderung im Vordergrund stehen (vgl. Europäische Kommission 2001: 33).

Demnach muss sich die betriebliche Weiterbildung dem recht jungen Feld der Bewertung, Erfassung und Förderung von informell erworbenen berufsrelevanten Kompetenzen öffnen (vgl. Käpplinger/Reutter 2005: 8). Denn „*zukünftig und unumkehrbar [wird] die Beurteilung von Kompetenzen ihren festen Platz in Pädagogik, Personalwirtschaft und überhaupt in allen Bereichen haben, die mit dem Handeln des Menschen in offenen, unsicheren, komplexen Situationen befasst sind*“ (Erpenbeck 2004: 1).

Eine kontinuierliche betriebliche Weiterbildung kompensiert die steigenden Lernanforderungen, die auf eine höhere Variabilität und Komplexität der Aufgaben zurückgehen. Neben der Vermittlung von Fach- und Methodenkompetenz muss die betriebliche Weiterbildung die Beschäftigten auf den Umgang mit Veränderungen, wachsenden Leistungsanforderungen und dynamischen, flexiblen Strukturen vorbereiten. In diesem Rahmen nimmt die Kompetenz zur Selbstorganisation für Beschäftigte zunehmend eine zentrale Rolle ein.

5 Wissen kann klassifiziert werden in deklaratives, prozedurales und strategisches Wissen. Deklaratives Wissen bezieht sich auf Regeln und Theorien. Es wird gleichgesetzt mit Faktenwissen oder Fachwissen. In diesem Zusammenhang wird auch von epistemischer Kompetenz gesprochen.
Unter prozeduralem Wissen wird Wissen verstanden, auf dem Fertigkeiten beruhen. Es wird gleichgesetzt mit Handlungswissen, mit Können und bezieht sich auf Operationen mit Fakten, Konzepten und Strukturen. Prozedurale Kompetenz wird ebenfalls damit beschrieben.
Durch die Integration von prozeduralem und deklarativem Wissen wird strategisches Wissen erst ermöglicht, welches wiederum die Voraussetzung für zielgerichtetes Handeln in konkreten Situationen ist (vgl. Kittel et al. 2004: 220).

6 Neues Wissen wird durch Lernen erworben. „Learning is the process whereby knowledge is created through the transformation of experience“ (Kolb 1984: 38). Durch die Fähigkeit der Reflexion kann der Mensch sein Handeln verändern. Diese Verhaltensveränderung wird von Wissenschaftlern als Lernen bezeichnet (Güldenberg 1997). Somit wird der Mensch durch das Lernen auf neue Situationen vorbereitet und kann diese bewältigen (Probst 1994).

Generell ist die Kompetenzthematik ein viel diskutiertes Feld der Erwachsenenbildung. Zahlreiche Forschungsarbeiten Beschäftigten sich mit Kompetenzdiskursen, -entwicklung , -förderung sowie der Kompetenzbilanzierung.

An jenen Punkten setzt diese Arbeit an und hat zum Ziel die vorherrschenden wissenschaftlichen Ansätze des Kompetenzmanagements[7] zu vertiefen.

So hat diese Forschungsarbeit keine Kompetenzdefinition oder die Entwicklung eines Ansatzes zur Kompetenzerfassung zum Ziel, sondern geht vielmehr der Frage nach, wie die betriebliche Weiterbildung die ökonomischen wie auch pädagogischen Anforderungen in einem konvergenten Kompetenzentwicklungsmodell berücksichtigen und vereinbaren kann. Dabei bezieht sich die Arbeit hauptsächlich auf eine berufspädagogische Sichtweise, welche gerade in der momentanen populären interdisziplinären Kompetenzthematik wenig Berücksichtigung findet.

1.1 Ausgangslage

Der unmittelbare Einfluss des strukturellen Wandels auf Organisationen, Beschäftigte und die betriebliche Weiterbildung erhöht den Handlungsdruck bezüglich der Suche nach Ansätzen zum Umgang mit veränderten Rahmenbedingungen.

Der *strukturelle Wandel* verzeichnet eine Veränderung in den Bereichen der sektoralen Wirtschaftsstruktur, der sektoralen Beschäftigungsverteilung sowie bei Technologie, Arbeitsumfeld, Qualifikation, Alter und Geschlecht der Erwerbstätigen.

Im Rahmen dessen erfahren personalpolitisch zwei Arbeitnehmergruppen besondere Aufmerksamkeit. Zum einen die älteren Arbeitnehmer, bei denen es im Zuge der Lebensarbeitszeitverlängerung um die bessere Nutzung und Weitergabe ihres Wissens und ihrer Erfahrung geht (vgl. DGFP 2011: 6). Zum anderen die jungen Beschäftigten, welche nun vermehrt mit ihren eigenen Werten und Ansprüchen auf den Arbeitsmarkt strömen und somit andere Anforderungen an das Arbeitsleben und die betriebliche Weiterbildung stellen als die bisherigen Arbeitskräfte (vgl. Schweitzer/Bossmann 2013: 68).

---

7 In dieser Arbeit wird durchgehend der englische Begriff des (Kompetenz-, Personal-, Wissens-) Managements verwendet. Der Begriff kann im funktionalen oder im institutionellen Sinne verwendet werden. Der Begriff im institutionellen Sinne wird in Beziehung zu Personengruppen und deren Tätigkeit und Rolle gesetzt. Im Folgenden wird allerdings der Begriff im funktionalen Sinne, Prozesse und Funktionen beschreibend, verwandt. Beispielsweise Management als Prozess / Funktion der Führung, Planung, Gestaltung, Kontrolle usw. (vgl. Staehle 1999: 71 f.).

Der strukturelle Wandel ist kein neues Phänomen und vollzieht sich seit den 1970er- Jahren. Im Wesentlichen wird der strukturelle Wandel durch endogene Einflussfaktoren wie veränderte Güternachfrage, Vernetzung des weltweiten Handels, Verfahrens- und Produktinnovationen und exogene Faktoren wie prozesspolitische und naturbedingte Einflüsse ausgelöst.

Der kommende Abschnitt erläutert primär deskriptiv die Veränderungen bzw. Entwicklungsstränge, die die betriebliche Weiterbildung vor neue Herausforderungen stellen. Die Bewertung dieser Einflüsse für die betriebliche Weiterbildung wird im Abschnitt der Konsequenzen für die betriebliche Weiterbildung geleistet.

Sektorale Wirtschaftsstrukturverschiebung

Eine zentrale Entwicklung ist die strukturelle Verschiebung der Beschäftigung von produktions[8]- zu dienstleistungsorientieren[9] Tätigkeiten.

Die Beschäftigung bei produktionsorientierten Tätigkeiten ist rückläufig; in den 1990er-Jahren betrug sie noch drei Viertel des Gesamtbedarfs und im Jahr 2010 machte sie nur noch zwei Drittel davon aus. Im selben Umfang stieg die Beschäftigung im Dienstleistungssektor. Bereits im Jahr 2010 betrug der Anteil der höher qualifizierten Beschäftigten 40 Prozent (vgl. BMBF 2009: 22).

Die Fortsetzung dieses Trends wird auch für die Zukunft zu erwarten sein. Denn auch außerhalb des eigentlichen Dienstleistungssektors steigt die Bedeutung des Dienstleistungscharakters (vgl. ebd.).

Die Verschiebung ist nicht nur intersektoral, sondern auch intrasektoral zu beobachten. Innerhalb des industriellen Sektors vollzieht sich eine Neugewichtung hin zu wissensintensiven Produkten. Dies führt ebenfalls zu einem veränderten Fokus bei Erfolgsfaktoren von Organisationen. Traditionell materielle Erfolgsfaktoren wie Maschinen, Produkte, Gebäude und manuelle Tätigkeiten weichen

8 Produktionsorientierte Tätigkeiten sind Tätigkeiten des Gewinnens, Herstellens und Verarbeitens. Des Weiteren werden Reparaturtätigkeiten und Aufgaben der Steuerung, Bedienung und Wartung von Maschinen und Anlagen darunter verstanden (vgl. Stoss/Weidig 1990: 42).

9 Dienstleistungsorientierte Tätigkeiten werden in primäre und sekundäre Dienstleistungen unterteilt. Büro- und Handelstätigkeiten sowie allgemeine Dienste (Transportieren, Lagern, Reinigen, Bewirten etc.) werden unter dem Konstrukt der primären Dienstleistungen zusammengefasst (vgl. Stoss/Weidig 1990: 42). Bei diesen Dienstleistungen wird ebenfalls eine starke Abnahme der Beschäftigung verzeichnet und prognostiziert (vgl. BMBF 2009: 20). Sekundäre Dienstleistungen wie Betreuung, Beratung, Lehre, Management sowie Forschung und Entwicklung werden gravierend an Bedeutung gewinnen (vgl. ebd.).

immateriellen Faktoren wie Innovation[10], Wissen, Kompetenz sowie intellektuellen Tätigkeiten (vgl. Berger 2006: 145).

In diesem Zusammenhang wird seit einigen Jahren auf das Konzept der Wissensgesellschaft aus den 1960er- und 1970er- Jahren zurückgegriffen (vgl. Drucker 1969; Lane 1966; Etzioni 1968; Bell 1973). Im Gegensatz zum vorigen Gesellschaftskonzept der Informationsgesellschaft wird die Wissensgesellschaft nicht ausschließlich durch ihre technologische Basis definiert. Neben Kapital und Arbeit wird in diesem Konzept auch das Wissen als wirtschaftlicher Wachstumsfaktor betrachtet.

Produktions- und forschungsintensive Produkte, neue Informations- und Kommunikationstechnologien, wissensbasierte Dienstleistungen sowie Aus- und Weiterbildungsprozesse stehen im Fokus der Wissensgesellschaft. Diese sektorale Verschiebung hat ebenfalls Auswirkungen auf die nachgefragten Kompetenzen der Beschäftigten in den einzelnen Sektoren. Beispielsweise gaben Betriebe des produzierenden Sektors in einer Befragung über betriebsrelevante Kompetenzen mehrheitlich Kompetenzen an, die traditionell im dienstleistungsorientierten Sektor gefragt sind (vgl. Hentschel/Schulze 2005: 44 ff.).

Zusätzlich betonten sie neben den klassischen Arbeitstugenden (gute Umgangsformen/Wille zur Einarbeitung) Kompetenzen, die in Abgrenzung zu dem tayloristischen Anforderungsprofil stehen. Kompetenzen wie Lernbereitschaft, selbstständiges Arbeiten und Verantwortungsgefühl zeigen die Relevanz dieser Kompetenzen für den zukünftigen Markterfolg des Unternehmens, über Sektoren hinweg (vgl. Käpplinger/Reutter 2005: 123).

Diese Verschiebung sowie der Wandel von der Industrie- zur wissensbasierten Dienstleistungsgesellschaft stellt die betriebliche Weiterbildung besonders vor die Herausforderung, die vorhandenen Tätigkeitsprofile und die dazugehörigen Qualifizierungen zu überarbeiten, anzupassen und neue Qualifikationen in Betracht zu ziehen. Beispielsweise in den Bereichen der Informationstechnik und -verarbeitung, Logistik und Gesundheitsdiensten (vgl. Munz/Vogler-Ludwig 2000: 29). Vor allem in Berufen mit einer hohen Spezialisierung hat sich der

10 Der Begriff der Innovation ist eine abstrakt beschriebene Handlungsabfolge und wurde weder in der Wirtschaft noch in der Wissenschaft einheitlich definiert. Verschiedene Ansätze lassen folgende Definition erkennen, welche auch für den weiteren Verlauf der Arbeit Gültigkeit erhält: „Innovationen sind im Ergebnis qualitativ neuartige Produkte oder Verfahren, die sich gegenüber dem vorangehenden Zustand merklich – wie auch immer das zu bestimmen ist – unterscheiden" (Hauschildt 2004: 7).
Eine Übersicht zu weiteren möglichen Begriffsdefinitionen geben beispielsweise Vahs/Burmester 2005.

Fokus der Qualifikation von der Spezialisierung in Richtung einer Querschnittsqualifikation zum Dienstleistungssektor verschoben (vgl. ebd.). Darüber hinaus müssen den Beschäftigten Raum, Zeitraum sowie die Methoden zur Wissensweitergabe und zum selbstorganisiertem Handeln übermittelt werden.

Abbildung 1 gibt einen Überblick über die Verschiebung von Industrie- zur Dienstleistungsgesellschaft. Wie anhand der Diagramme zu sehen ist, wird im Zeitraum der Jahre 2005 bis 2025 der Anteil von Erwerbstätigen im Dienstleistungssektor um 6,5 % zunehmen, während er in der Land- und Forstwirtschaft um 1 % und im warenproduzierenden Gewerbe um 4,5 % abnimmt.

Abbildung 1: Entwicklung der Anteile der Erwerbstätigen nach Wirtschaftssektoren bis zum Jahr 2025 (Schnur/Zika 2007: 5)

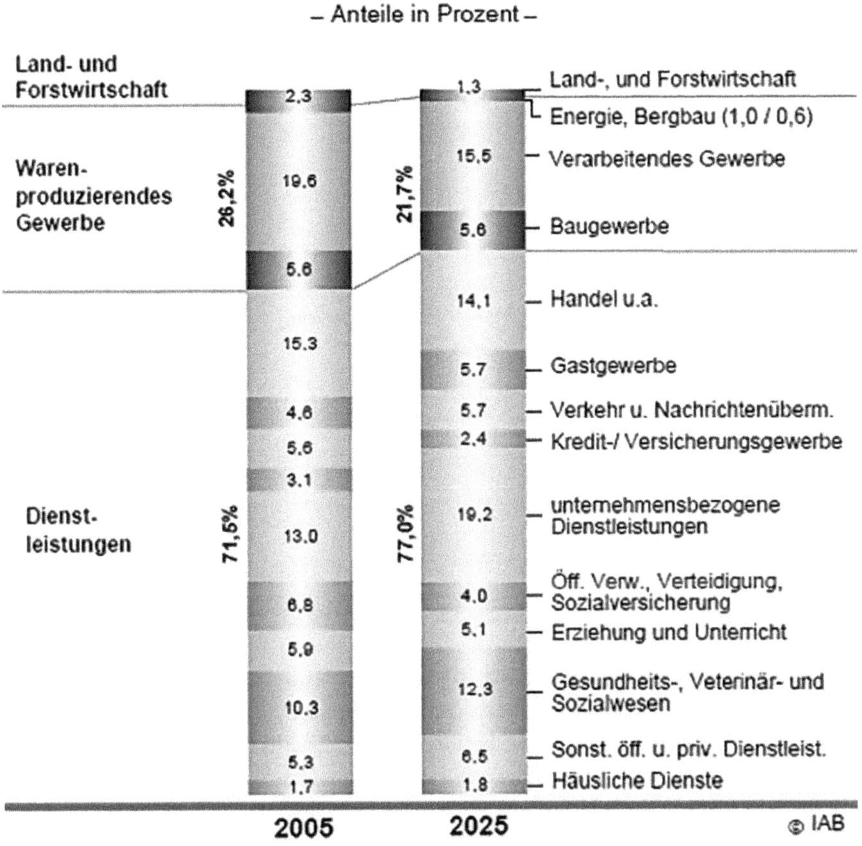

Strukturelle Erwerbstätigkeitsverschiebung

Niedrige Geburtenraten, steigende Lebenserwartung sowie Migration führen zu einer Verschiebung in der Altersverteilung des Beschäftigtenpotenzials. Die Beschäftigten einer Organisation werden im Durchschnitt immer älter. Die betriebliche Weiterbildung wird sich dieser Entwicklung stellen und zunehmend das Potenzial älterer Arbeitnehmer berücksichtigen müssen.

Auch führt der demografische Wandel zu gravierenden Auswirkungen auf das Arbeitskräfteangebot (vgl. Abbildung 2). Die Personengruppe der 20- bis 64-Jährigen, die das Arbeitskräfteangebot im Wesentlichen bestimmt, wird bis 2030 um 9,4 Prozent abnehmen (vgl. BIBB 2012: 2).

Abbildung 2: Die Entwicklung des Erwerbspersonenpotenzials bei unterschiedlichen Annahmen zur künftigen Erwerbsbeteiligung und zum Wanderungsgeschehen bis zum Jahr 2050, in 1000 Personen. Basisjahr der Projektion ist das Jahr 2008 mit einem Arbeitskräfteangebot von 44,75 Mio. Erwerbspersonen (vgl. Zika/Fuchs 2013: 11 f. nach Fuchs et al. 2011)

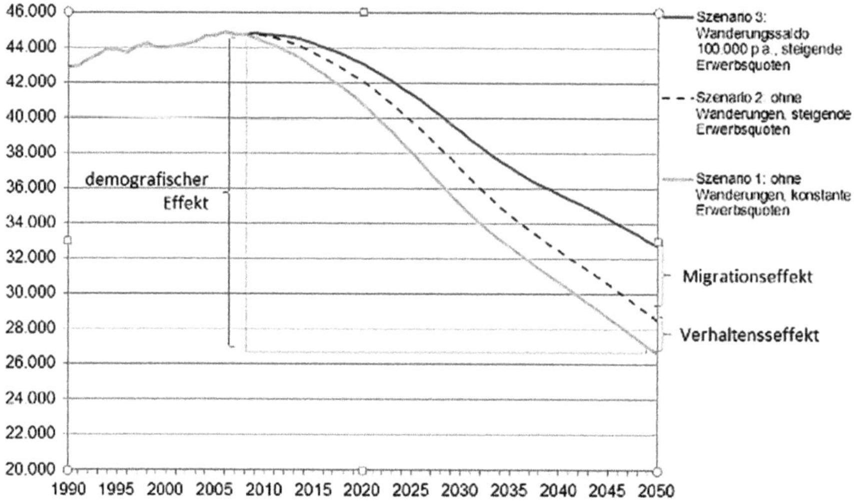

Diese Entwicklung führt zu einem Mangel an qualifizierten Arbeitskräften bei einer gleichzeitigen globalen Arbeitskräftebewegung.[11]

Auch hochqualifizierte Frauen bleiben durch die Elternzeit, die mehrheitlich noch von ihnen wahrgenommen wird, einige Jahre dem Arbeitsmarkt fern, schaf-

11 Ausführlichere Erläuterung siehe Fuchs et al. 2011.

fen schwer den Wiedereinstieg und verdienen bei gleicher Qualifikation und Position im Durchschnitt 23 Prozent weniger als ihre männlichen Kollegen (vgl. Nieberding 2012: 1). Frauen ohne Erwerbstätigkeit bieten das größte zu erschließende Fachkräftepotenzial (vgl. Hamann/Wapler 2014: 2). Die emanzipatorische Bewegung hat demnach erhöhtes Interesse an der Anerkennung von informell bzw. im sozialen und familiären Kontext erworbenen Kompetenzen, die grundlegend für die berufliche Handlungskompetenz sind. Die dahinterstehende Erwartung ist eine Erleichterung des Wiedereinstiegs von Frauen in den Arbeitsmarkt sowie eine Aufwertung der weiblichen Biographien, in denen mehrheitlich informelle berufsrelevante Kompetenzen zu finden sind (vgl. Käpplinger/Reutter 2005: 16).

Hinzu kommt, dass im Zuge der beruflichen Veränderungsdynamik der betriebliche Wechsel oder die Arbeitslosigkeit die traditionelle Erwerbsbiografie der langjährigen Beschäftigung und der hohen Betriebsbindung ablösen: eine sogenannte Fragmentarisierung der Erwerbsbiographie.

Somit rückt auch die Frage nach der Anerkennung von beruflich erworbenem Wissen und informell erworbenen Kompetenzen in den Vordergrund der betrieblichen Weiterbildung. Hintergrund ist der Wunsch eines Abgleichs von beruflichem Anforderungsprofil und individueller Kompetenz bei der Bewerbung (vgl. Käpplinger/Reutter 2005: 11). Da die individuelle Kompetenz unbestritten eine herausragende Rolle bei der Bewältigung von beruflichen Anforderungen ist und meist im außerberuflichen Kontext erworben wird, *„gewinnen Merkmale und Eigenschaften der Person jenseits der unmittelbar arbeitsbezogenen Fähigkeiten und Kompetenzen für die Arbeit zunehmend an Bedeutung“* (Käpplinger/Reutter 2005: 11).

Ein systematisches Demografiemanagement berücksichtigt über die beschriebenen Punkte hinaus ebenfalls die Tatsache, dass sich momentan drei Generationen an Beschäftigten in Unternehmen befinden, deren Anforderungen und Werte an ihren Arbeitgeber, ihre Tätigkeit sowie Weiterbildung nicht unterschiedlicher sein könnten.

Nachfolgende Abbildung 3 stellt wohlwissend nur eine stichpunktartige Orientierungshilfe dar. Sie skizziert eine Ein- und Abgrenzung der einzelnen Generationen und hat nicht den Anspruch ganzheitlich und vollständig Generationen und Individuen abzubilden.

Die Einteilung der Beschäftigten nach Geburtsjahr in spezifische Generationen sollte allerdings nicht zu eng aufgefasst werden. Dominanter als das Geburtsjahr ist das Wertemuster der Beschäftigten. Es ist überwiegend eine gewisse Relation zwischen Geburtsjahr und Wertvorstellung zu erkennen. Doch ebenso teilen auch Beschäftigte späterer oder früherer Geburtsjahrgänge die Werte einer anderen Generation und handeln demnach (vgl. Scholz 2014: Vorwort).

Abbildung 3: Übersicht der Generationen[12] *(DGFP 2011: 8 f. nach vgl. Müller 2014: 13; Schlüter 2013: 18; Zemke et al. 2000: 29–62)*

Generation	Geburtsjahr	Alter	Charakteristisch
Builders	1926 - 1945	69 - 88	Engagement, Opferbereitschaft, Geduld, Konformismus Formalität, Disziplin, Ehre, Recht und Gesetz Erfahrung, Stabilität Respekt gegenüber Autoritäten, hohe Loyalität Pflichterfüllung vor Vergnügen Detailorientierung, Gründlichkeit --- Schwierigkeiten mit Unsicherheit, Veränderungen Zurückhaltung bei abweichender Meinung
Boomers	1946 - 1964	50 - 68	„Leben um zu arbeiten“ Arbeits-, Dienstleistungs- und Kundenorientierung starker Eigenantrieb, Optimismus, Wille Teamgeist, Beteiligung und Konsens, Beziehungsmanagement persönliche Erfüllung und Wachstum Gesundheit, Wohlbefinden und Jugendlichkeit --- Schwierigkeiten mit Konflikten und anderen Ansichten Prozess- statt Ergebnisorientierung Empfindlichkeit bei Feedback Egozentrik
Generation X	1965 - 1981	33 - 49	„Arbeiten um zu leben“ Vielfalt („Diversity“) und globale Denke Balance, Ausgleich und Spaß Informelle und antiautoritäre Haltung Eigenverantwortung und Selbstvertrauen Unabhängigkeit und Individualismus Anpassungsfähigkeit und Pragmatismus Affinität zu Technologie und Kreativität --- Ungeduld und Zynismus Schwierigkeiten im Umgang mit anderen
Generation Y	1982 - 2000	14 - 32	„Erst leben, dann arbeiten“ Internetaffine Generation Stetige Entwicklung und klare Kommunikation Gestaltungsräume, Spaß und arbeiten Flexibilität in Raum und Zeit

12 Da die Einteilung der Generationen in Literatur und Publikationen nicht immer konsistent und deutlich definiert ist, zeigt diese Abbildung, basierend auf der gefundenen Literatur, ein konsolidiertes Konzept zur groben Einordnung.

Für das Jahr 2030 wird aufgrund des demografischen Wandels auf dem deutschen Arbeitsmarkt ein Verhältnis von 51 Rentnern (65 Jahre und älter) auf 100 Erwerbstätige (20–64) prognostiziert (vgl. Statistisches Bundesamt 2005: 60). Diese Prognose verdeutlicht den tiefgreifenden Wandel, der auf den Arbeitsmarkt, Arbeitgeber, Beschäftigten und die berufliche Weiterbildung zukommt. Neben dem bereits genannten Fachkräftemangel[13] ist eben auch der schrittweise Abgang der Arbeitnehmergeneration Boomers sowie der zeitgleiche Eintritt in den Arbeitsmarkt der Generation Y und die Integration der unterschiedlichen Werte und Anforderungen der drei Beschäftigtengenerationen (Boomers, X und Y) an Arbeitgeber, Weiterbildung und Work-Life-Balance eine Herausforderung für die betriebliche Weiterbildung (vgl. Müller 2014: 14).

Aufgrund des Generationswechsels müssen bestehende Strukturen (bspw. Unternehmenswerte, Unternehmenskultur, Leistung anstatt Seniorität), Abläufe (bspw. Projektarbeit anstatt Hierarchie, Flexibilisierung von Arbeitsraum und Zeit) und Instrumente (bspw. Arbeitszeitmodelle, Vergütungssysteme) hinterfragt und gegebenenfalls angepasst werden.

Globaler Wandel

Die Ökonomie erfährt durch die zunehmende Vernetzung des weltweiten Handelns und durch die Internationalisierung eine Veränderungsdynamik.

Dieser Wandel ist dadurch gekennzeichnet, dass die Anforderungen an die Flexibilität der Beschäftigten durch die Verlagerung der Tätigkeiten ins Ausland, Fusionen von international agierenden Unternehmen, die Verkürzung von Produktionszyklen sowie die Zuwanderung von ausländischen Arbeitskräften an Bedeutung gewinnen (vgl. Famulla/Schreier: o. J.).

Diese Entwicklungen bedeuten für die betriebliche Weiterbildung Herausforderungen und Chancen zugleich:

---

13 Das Institut für Arbeitsmarkt- und Berufsforschung definiert eine Fachkraft als: „einen Erwerbstätigen mit akademische[m] Hochschulabschluss, abgeschlossener Lehre oder einem Abschluss als Meister, Techniker oder Fachwirt. Erwerbstätige, die keines dieser Merkmale aufweisen, werden als ‚gering Qualifizierte' bezeichnet." (Werner et al. 2004: 25). Von Fachkräftemangel wird gesprochen, wenn quantitativ betrachtet nicht genügend Fachkräfte auf dem Arbeitsmarkt zur Besetzung von offenen Stellen verfügbar sind oder wenn Bewerber, aber auch bereits Beschäftigte den geforderten Qualifikationen nicht (mehr) entsprechend der Anforderungen gerecht werden (vgl. Richardson 2009; Kettner 2012: 16).

Interkulturelle Kompetenzen

Eine höhere Mobilität führt zu einer zunehmenden Bedeutung von interkultureller Kompetenz, da qualifizierte und mobilitätswillige Beschäftigte nicht mehr nur an einen

nationalen Arbeitsort gebunden sind. Zudem agieren Unternehmen immer globaler und (internationale) Teams virtuell.

In der Konsequenz bedeutet dies für die betriebliche Weiterbildung, dass die interkulturelle Kompetenz nicht nur für Beschäftigte, welche mit Partnern im Ausland zusammenarbeiten oder selbst für ihre Organisation im Ausland tätig sind, entwickelt und gefördert werden sollte, sondern auch für Beschäftigte, welche nur an einem nationalen Unternehmensstandort tätig sind.

Aufgrund der zunehmenden Bedeutung interkultureller Kompetenz in einer globalisierten Arbeitswelt wird sich seitens der Wissenschaft um ein einheitliches Konzept des Kompetenzkonstrukts bemüht (vgl. Cockwell 2010: 32). Doch die Meinungen sind nicht nur divergent, wenn es um ein einheitliches Begriffsverständnis geht, sondern auch in der Frage, ob interkulturelle Kompetenz neben den klassischen vier Hauptkompetenzen[14] als eigenständige fünfte Hauptkompetenz zu sehen ist oder als Subkompetenz der Sozialkompetenz (vgl. Bergemann/Bergemann 2003: 309 f.). Jene umfasst die Fähigkeit mit anderen Personen, ihrer Kultur und Meinung umzugehen, diese zu akzeptieren und anerkennen zu können.

Durch die globale Betrachtung des Themas der Kompetenzerfassung und deren Bedeutung für die Erwerbstätigkeit wird jenes auch auf europäischer, bildungspolitischer Ebene seit den 1990er -Jahren aktiv angegangen (vgl. Knoll 1996: 193).

Globale Kompetenzstandards

Europäische Kompetenzstandards würden die unzähligen Kompetenzdefinitionen infrage stellen und zu einer Harmonisierung im Kompetenzdiskurs beitragen.

Aktionsfelder sind – neben der Bewertung und Bilanzierung von (informell erworbenen berufsrelevanten) Kompetenzen – lebensbegleitendes Lernen, Kompetenzzertifizierungsmodelle und das Postulat einer Handlungsfähigkeit anstelle reiner Wissensaneignung (vgl. EU-Kommission 1995: 29; EU-Kommission 2000: 18 ff.). Gerade die Betonung auf Ergebnisse eines Lernprozesses, unabhängig, ob diese im Kontext des selbstgesteuerten, informellen Lernens (Freizeit) oder im formalen Kontext (Weiterbildungsanbieter/Arbeitgeber) erworben wurden, bringt eine ökonomische Perspektive in die europäische Kompetenzpolitik. Der

14 Detailliertere Erläuterungen siehe Abschnitt 2.2.3.2.

gedankliche Wandel von der Prozess- zur Produktorientierung könnte die Öffnung zu einer dann notwendigen Definition von europäischen Kompetenzstandards sein sowie zu einer höhere Mobilität in Europa führen (vgl. Käpplinger/Reutter 2005: 10).

Technologischer Wandel

Der technologische Entwicklungsfortschritt schreitet seit der Wende von der Agrar- zur Industriegesellschaft, speziell im Bereich der Informations- und Kommunikationstechniken, stetig voran (vgl. BMBF: o. J.).

Der technische Fortschritt wird zukünftig durch themenübergreifende Verbundtechnologien anstelle von Einzeltechnologien gekennzeichnet. Großserien- und Fließbandproduktion werden durch neue Industrietechnik wie beispielsweise flexible Fertigung und Roboter abgelöst (vgl. Arnold 1997b: 261). Der Anteil der höherqualifizierten Arbeiten nimmt zu. Im Jahre 1985 waren 28 % der Erwerbstätigen in höherqualifizierten Tätigkeiten beschäftigt, im Jahre 2010 waren es schon 40 %. Der Anteil der Erwerbstätigen in einfacher Tätigkeit sank hingegen im selben Zeitraum von 27 % auf 17 % (vgl. Franke/Butter 1991: 116; Klauder 1993: 75). Dies ist ein Indiz dafür, dass die manuelle Arbeit sowie gebundene und ausführende Tätigkeiten in den Hintergrund treten und immer mehr freie und dispositive Tätigkeiten gefordert werden. Die Tätigkeiten und der damit verbundene Abstraktionsgrad wachsen an, was wiederum zu neuen Qualifikationsanforderungen führt (vgl. Schmidt 1988: 175).

Die Rolle des Beschäftigten im Unternehmen hat sich gewandelt. Um adäquat mit der neuen Industrietechnik umzugehen, muss der Beschäftigte in der Lage zu selbstorganisiertem Handeln sein (vgl. Bunk 1994: 10). Dadurch werden auch dominierende Arbeitsformen, wie beispielsweise das Arbeiten in Netzwerken, das die herkömmliche Bindung an Raum und Zeit minimiert, hervorgerufen.

Dieser Wandel bedeutet eine Schaffung von neuartigen Arbeitsplätzen bei einem gleichzeitigen Abbau im Industriesektor. Ebenfalls war der Wandel von traditioneller zu neuer Industrietechnik ein Paradigmenwechsel: Von der zweckorientierten Bildung, die zum Berufskönnen qualifiziert, hin zur zwecksetzenden Bildung, die organisatorische und dispositive Aspekte im Sinne einer Berufskompetenz umfasst. Sie befähigt den Einzelnen, die betriebliche Zwecksetzung mitzugestalten (vgl. Bunk 1994: 10; Schmidt 1988: 175; Arnold 1997b: 264). Dahinter steht die Anforderung an eine flexible und schnelle Anpassungsfähigkeit von Organisationen und Beschäftigten, was wiederum zu einer zunehmenden Bedeutung der individuellen Kompetenzentwicklung führt (vgl. BMBF 2009: 2).

Individueller Wandel

In den neueren Managementstrategien wird das Humankapital[15] als zentraler Produktionsfaktor angesehen. Auf Beschäftigtenebene führt dieser Gedankengang zu der Erkenntnis, dass die Ressource „Mitarbeiter" mit dem wertvollen Gut „Kompetenz und Wissen" einen veränderten Stellenwert hinsichtlich der betrieblichen Kompetenzentwicklung erfahren wird.

> *„Ziel der Betriebe ist dabei zwar oft auch ein Abbau von Organisationskosten, mehr noch geht es aber um die Möglichkeit einer umfassenden Nutzung der Potentiale von Arbeitskräften: Einerseits eine konventionell quantitative Steigerung der Arbeitsproduktivität. Andererseits aber vor allem um die Erschließung bisher nur unzureichend genutzter tief liegender Leistungspotentiale von Menschen, wie z. B. Innovativität, Kreativität, Begeisterungsfähigkeit, soziale und kommunikative Kompetenzen, unbegrenzten Leistungswillen usw."* (Jurczyk/Voß 2000: 8 f.).

Daher wird das wirtschaftliche Prinzip der Ressourcennutzenmaximierung dem Prinzip der Ressourcennutzenoptimierung im Sinne einer fachlichen Qualitätssteigerung weichen. Dies bedeutet eine Investition der Organisationen in den langfristigen Nutzen und den Erhalt des knappen Ressourcenguts „Mitarbeiterkompetenz". Das Streben nach vollständiger Erschöpfung der Ressource „Mitarbeiter" zur Erzielung sofortiger Ergebniseffizienz sollte gleichzeitig in den Hintergrund treten (vgl. Harteis et al. 2004: 36 f.).

Zudem wird die Verantwortung der Kompetenzentwicklung immer mehr auf den Beschäftigten und seine Selbstorganisationsfähigkeit verschoben.

So beschäftigt sich auch die Betriebs- und Personalwirtschaftslehre mit dem Transformationsproblem, *„wie sich latente Arbeitskraft in manifeste Arbeitsleistung durch entsprechende betriebliche Kontrolle verwandeln lässt"* (Käpplinger/Reutter 2005: 13) und macht es zur Verantwortung des Beschäftigten.

---

15 Der Begriff des Humankapitals wird neben dem organisationalen und dem Sozial- und Beziehungskapital als erfolgskritischer, immaterieller Unternehmenswert angesehen, der den Marktwert eines Unternehmens mitbestimmt (vgl. Semmler 2009: 11). Es umfasst alle angeborenen und durch Wissensaustausch formell (in Institutionen erworben) oder informell (in sozialer Interaktion erworben) erlernte psychische, physische und intellektuelle Fähigkeiten eines Menschen. Dieses Verständnis ist eine Erweiterung des individuellen Potentials eines Menschen, welches nur die angeborenen Fähigkeiten einschließt (vgl. Kamaras 2003: 13 f.) Das Humankapital ist nicht veräußerbar, es kann nur durch das Individuum selbst zur Verfügung gestellt werden (vgl. Semmler 2009: 11).

In diesem Zuge ist das Konzept der Employability[16] (Beschäftigungsfähigkeit) aufzuführen. Der Beschäftigte wird zum Unternehmer in eigener Sache und hält einen ideellen symbiotischen Kontakt zu seinem Arbeitgeber (vgl. Winkels 2007: 157). Da der Beschäftigte selbstständig seine Bedürfnisse, Fähigkeiten und Kompetenzen erkennen kann, kann er darauf basierend seine Leistung der Organisation anbieten, Beschäftigungen auswählen, annehmen oder den Beschäftigungsort wechseln. Durch permanente und selbstorganisierte Entwicklung seiner Kompetenzen erhält er seine Marktfähigkeit (vgl. Kraus 2007: 56 ff.). Ebenso ist es für die Organisation von Interesse, den Beschäftigten mit einer geeigneten adäquaten Beschäftigungsfähigkeit zu identifizieren. Dafür sollten seitens der betrieblichen Weiterbildung die notwendigen Ressourcen und Möglichkeiten zur Verfügung gestellt werden (vgl. Winkels 2007: 157).

Momentan ist dies noch eine Herausforderung für die betriebliche Weiterbildung, da es an Ansatzpunkten zur konkreten Umsetzung fehlt und die Vielzahl von Beschäftigten mit unterschiedlichen Interessen nicht systematisch eingebunden werden (bspw. Betriebsräte, Personaler, Führungskräfte, Beschäftigte). Als Folge daraus ergeben sich Ziel- bzw. Interessenskonflikte und eine schwer zu steuernde Eigendynamik (vgl. Honegger 2001: 51).

Diese ökonomische Sichtweise auf die Kompetenzerfassung und -entwicklung ist unzureichend, eindimensional und zudem wenig zukunftsorientiert. Es sollte ein Anliegen der Organisation sein, den Beschäftigten bei diesen Herausforderungen zu unterstützen. Denn je attraktiver eine Organisation für den Beschäftigten ist, desto höher die Chancen der Mitarbeiterbindung und dass Wissen und Kompetenzen der Organisation erhalten und nutzbar bleiben.

Potenziale und Fähigkeiten sind aber erst für die Organisation von Nutzen, wenn der Beschäftigte selbst Interesse an der Zurverfügungstellung seiner Kompetenzen hat. Aufgrund der schnelllebigen Dynamik des Arbeitsmarktes wird er selbst an einer ständigen Anpassung und Erweiterung seiner Kompetenzen interessiert sein und dann zukünftige Anforderungen erfüllen können. Die betriebliche Weiterbildung muss im Interesse der Organisation und des Beschäftigten geeignete Strukturen und Prozesse zur Kompetenzentwicklung anbieten.

---

16 Die facettenreiche Verwendung des Begriffs ist im deutschsprachigen Raum abhängig von dem Kontext. Oftmals wird der Begriff im Kontext von Qualifizierung, Betrieb und Arbeitsmarkt verwendet. In dieser Arbeit wird damit die individuelle berufsbiographische Anschlussfähigkeit am Arbeitsmarkt umfasst.

1.2 Die betriebliche Weiterbildung

In dieser Arbeit wird ein Modell der beruflichen Handlungskompetenz für die betriebliche Weiterbildung konzipiert. Die betriebliche Weiterbildung ist demnach für die Arbeit sowie für die Erwachsenenbildung bzw. Beschäftigte und Betriebe von zentraler Bedeutung (vgl. Behringer et al. 2009). Um ein Arbeitsverständnis der (betrieblichen) (Weiter-)Bildung zu schaffen, folgt eine definitorische Einordnung.

Basierend auf der HUMBOLDTschen Schulreform wurde der Dualismus zwischen allgemeiner und beruflicher Bildung geprägt (vgl. Salman 2009: 152).

Nach HUMBOLDT formt die allgemeine Bildung die Persönlichkeit und die spezielle Bildung vermittelt Fertigkeiten zur kontextbezogenen Anwendung. Der allgemeinen (Menschen-)Bildung folgt die zweckorientierte Bildung, die eine Spezialisierung von Fertigkeiten zum Ziel hat (vgl. von Humboldt 1809: 76 ff.).

Die berufliche Bildung rückt von dem individuellen Fokus der allgemeinen Bildung ab und bestimmt *„wenn auch nur in einem begrenzt konkretisierbaren Maße, den Grad an notwendiger Vereinbarung, der im Kontext beruflicher Bildung zwischen individuellen und gesellschaftlichen Ansprüchen gefunden werden muss“* (Neubert 2007: 102).

Die berufliche Bildung erfährt von HUMBOLDT keine Abwertung, sondern wendet sich gegen *„die verfrühte Engführung von Bildungsprozessen auf die speziellen Anforderungen der Gewerbe und der dort benötigten Fachkenntnisse und Fertigkeiten“* (Kutscha 2003: 331). Die berufliche Bildung ist funktional ausgelegt. Dies bestätigt auch das Verständnis von Weiterbildung in den 1960er- und 1970er-Jahren, in denen eine hohe Passgenauigkeit zwischen Berufsbildung- und Beschäftigungssystem gefordert wurde (vgl. Salman 2009: 152). Weiterbildung wurde als Fortführung der abgeschlossenen beruflichen Ausbildung angesehen und hatte somit die Qualifizierung von Fähigkeiten und Fertigkeiten für berufliche Anforderungen zum Ziel. Der Dualismus von (Weiter-)Bildung zur Förderung berufsrelevanter Qualifikationen und/oder zur kompetenten Persönlichkeit ist grundlegend für den aktuellen Kompetenzdiskurs und wird in jenem Kapitel vertieft.

Der Deutsche Ausschuss für das Erziehungs- und Bildungswesen formulierte in einem Gutachten[17] im Jahr 1960, dass die Unterstützung von Erwachsenen zur Bildung und Weiterbildung Aufgabe der Erwachsenenbildung sei. *„Gebildet ist nicht der Kopf, sondern der Mensch. Obwohl Bildung der Bücher bedarf und nicht*

17 Gutachten zur Situation und Aufgabe der deutschen Erwachsenenbildung (vgl. Deutscher Ausschuss für das Erziehungs- und Bildungswesen 1960).

ohne Anstrengung des Denkens entsteht, beruht sie doch wesentlich auf den unvertauschbaren eigenen Erfahrungen, die der einzelne auf allen Stufen seines Lebens macht, im Beruf und in der Gesellschaft, in Liebe und Familie, in der Begegnung mit dem Mitmenschen, mit sich selbst" (Deutscher Ausschuss für das Erziehungs- und Bildungswesen 1920: 22). Bildung umfasst mehr als nur Wissen: auch Fähigkeiten, Fertigkeiten und Motivation. Es geht um die ganzheitliche Bildung eines Erwachsenen zu einem selbstbestimmten Menschen. Parallelen zwischen dem Kompetenz- und Bildungsbegriff werden in Kapitel 2.3 wieder aufgenommen.

Das Individuum ist durch seine kompetente Persönlichkeit (Wissen, Fertigkeiten, Motivation) handlungsfähig. Die Entwicklung der Persönlichkeit des Individuums ist ebenfalls ein Ziel von Bildung bzw. erwachsenenpädagogischer Bemühungen (vgl. Vonken 2005: 39). „*Weiterbildung ist die Fortsetzung oder Wiederaufnahme organisierten Lernens nach Abschluss einer unterschiedlich ausgedehnten ersten Bildungsphase und in der Regel nach Aufnahme einer Erwerbs- oder Familientätigkeit. Weiterbildung in diesem Sinne liegt auch vor, wenn die Einzelnen ihr Lernen selbst steuern. Weiterbildung umfasst die allgemeine, berufliche, politische, kulturelle und wissenschaftliche Weiterbildung. Weiterbildung kann in Präsenzform, in der Form der Fernlehre, des computergestützten Lernens, des selbst gesteuerten Lernens oder in kombinierten Formen stattfinden* (KMK 2001: 4).

Die berufliche Weiterbildung befasst sich im Gegensatz zur politischen oder allgemeinen (kulturellen, gesellschaftlichen) Weiterbildung mit der Anpassung, Erhaltung sowie Vertiefung und Erweiterung von beruflichen Kenntnissen (Anpassungs- und Aufstiegsweiterbildung) (vgl. Pawlowsky/Bäumer 1996: 10).

Die betriebliche Weiterbildung ist der wichtigste Teil der beruflichen Weiterbildung und wird als vorausgeplantes, organisiertes Lernen definiert, welches vom Betrieb während der Arbeitszeit veranlasst und/oder durchgeführt und finanziert wird (vgl. ebd.; Dehnbostel 2008: 12; Behringer/Schönfeld 2012: 6).

Die betriebliche Weiterbildung umfasst im Verständnis dieser Arbeit „*die Vermittlung von Wissen, Fähigkeiten und Fertigkeiten sowie Einstellungen, welche dem Zweck dient, die Qualifikationen [und Kompetenzen] der Mitarbeiter zu erhalten oder durch Erweiterung und/oder Vertiefung zu verbessern. Einschränkend werden hierunter allerdings nur Maßnahmen gefasst, die durch das Unternehmen bewusst, planmäßig und gezielt eingesetzt werden*" (Meißner 2012: 12 nach Berthel/Becker 2010: 429; Mentzel 2005: 176). Weiter gefasst, zählen darunter auch die innerbetriebliche Gestaltung von Lehr-Lernarrangements, insbesondere auch die Förderung informeller, arbeitsintegrierter, selbstgesteuerter und gruppenbezogener Lernprozesse.

1.3 Konsequenzen für die betriebliche Weiterbildung

Die dargestellten ökonomischen, technologischen und gesellschaftlichen Rahmenbedingungen werden tendenziell zunehmen und stellen nicht nur eine Herausforderung für die betriebliche Weiterbildung dar, sondern bringen auch starke Konsequenzen, vor allem für die Qualifikations- und Kompetenzentwicklung, mit sich.

Aufgrund der genannten Herausforderungen müssen sich immer mehr Organisationen und Beschäftigte auf die Entwicklung von unvorhersehbaren Kompetenzen und Qualifikationen einlassen. Die Vorbereitung auf das Unbestimmbare sind wesentliche Elemente für die Qualifizierungs- und Kompetenzentwicklung (vgl. Bergmann 1996: 246).

Als dominanter Entwicklungsstrang werden hier die Erweiterung beruflicher Qualifikationsanforderungen sowie die Entgrenzung berufsbezogener Weiterbildungsprozesse betont (vgl. Arnold 1997b: 254). Aufgrund des sich verändernden Handlungsumfelds müssen neue Denkmodelle und Gestaltungsansätze für die betriebliche Weiterbildung entwickelt werden (vgl. Arnold 1997b: 253). In diesem Zusammenhang wird oftmals auf Modelle des Kompetenzmanagements hingewiesen oder gar für einen *„Paradigmenwechsel von der traditionellen beruflichen Weiterbildung zur Kompetenzentwicklung“* (Arbeitsgemeinschaft QUEM 1995: 8) plädiert. Zunehmend fordern Wissenschaftler unter Angabe unterschiedlicher Gründe, der Qualifikations- und auch der Weiterbildungsbegriff solle um den Begriff der Kompetenzentwicklung erweitert oder gar durch ihn ersetzt werden (vgl. Arbeitsgemeinschaft QUEM 1996; Weinberg 1996a: 214). Im wissenschaftstheoretischen Abschnitt wird analysiert, ob dieses Denkmodell der kompetenzorientierten Wende für die zukünftige Ausrichtung der betrieblichen Weiterbildung empfehlenswert ist.

Der zukünftige Gestaltungsansatz innerhalb der betrieblichen Weiterbildung sollte die Antwort auf ein verändertes Handlungsfeld für Beschäftigte und Organisationen gleichermaßen bieten. Denn die Aufgaben und die Anforderungen an den Beschäftigten werden komplexer und vielfältiger. Eine Konsequenz daraus ist, dass Anforderungen an die Qualifikation von Beschäftigten für derzeit ausgeübte Tätigkeiten nicht mehr ausreichend sind (vgl. Höfer 1997: 1). Eine Reduzierung der Halbwertszeit von Wissen ist die Folge, was einen kontinuierlichen Bedarf an Qualifizierung und Kompetenzentwicklung erzeugt. Allerdings stößt die betriebliche Weiterbildung mit ihrer formellen Art und Weise der Qualifizierung[18]

---

18 Hiermit ist das im Rahmen der formalen Aus- und Weiterbildung erworbene Wissen gemeint, welches in Form von Zeugnissen und Zertifikaten bescheinigt werden kann.

hierbei an ihre Grenzen. Denn formell erworbenes Wissen ist durch globale Verfügbarkeit, aber auch durch das Konkurrenzverhalten von Betrieben – beispielsweise durch neue Produkte und Verfahren – schnell überholt bzw. veraltet und vermittelt dann nur ungenügend die speziell benötigten Kenntnisse des Arbeitsprozesses[19].

Auch kommt hinzu, dass Organisationen interne Beziehungen ökonomisieren und durch den erhöhten Wettbewerb Kosten- und Zeitdruck steigen. Die Beschäftigten bewegen sich im Spannungsfeld organisatorischer Trägheit und Veränderungsnotwendigkeit, zwischen Kontrolle, Standardisierung sowie Freiraum zur Flexibilisierung, Innovation und Selbstorganisation. Der Beschäftigte ist mit seiner Identitätsentwicklung und den Bemühungen um biografische Kontinuität und Krisenbewältigung zunehmend auf sich selbst gestellt (vgl. Beck 1996: 46).

Informell erworbene Kompetenzen müssen von den Individuen selbst erkannt und marktgängig gemacht werden. Dies kann zu einer Stärkung der Persönlichkeit führen und auch persönliche Eigenarten zum Vorschein treten lassen (vgl. Arnold 1997b: 261). Doch gleichzeitig *„werden die eigenen Kompetenzen insoweit entwertet, als sie im Sinne der Employability ihres Subjektcharakters entkleidet werden und nur noch zum Nutzen einer besseren Verkaufbarkeit der eigenen Arbeitskraft relevant erscheinen“* (Käpplinger/Reutter 2005: 13). So kann der Ruf nach Kompetenz und Erweiterung informeller Kompetenz zur stetigen und überfordernden Selbstoptimierung des Individuums führen und zu ungewollten Effekten wie beispielsweise zu Burn-out (vgl. Sennett 1998: 10).

Es kann festgehalten werden, dass sich die Bedingungen für die Identitätsbildung und deren Erhalt grundlegend wandeln. Dies wurde in der kompetenzorientierten Wende in der Weiterbildung kaum thematisiert oder gar reflektiert, obwohl jene mit der *„Befähigung zur selbstverantworteten Gestaltung neuer individueller Berufs- und Lebenskonzepte“* (Arbeitsgemeinschaft 1995: 10) in Zusammenhang gebracht wird.

Somit treten Loyalität und Betriebsidentifikation bei gleichzeitig erhöhtem Bedarf an Leistungsbereitschaft und Motivation in den Hintergrund. Es werden neue virtuelle Kommunikations- sowie Lern- und Arbeitsformen gleichzeitig gelebt und die Beschleunigung des Arbeitsalltags führt oftmals zu einer Überlastung der Beschäftigten.

---

19 Hierbei ist zu betonen, dass nicht der formelle Wissenserwerbsprozess zwangsläufig zu veraltetem Wissen führt, sondern vielmehr das formelle Wissen an sich.

Für den Erhalt und Ausbau der institutionellen Wettbewerbsfähigkeit stellen gerade die Fähigkeit zur Selbstorganisation und die Schaffung von Innovation[20] einen entscheidenden Faktor dar (vgl. Barthel et al. 2011: 7). Individuelle und organisationale Kompetenzen werden als Grundlage für Innovationen und nachhaltige Wettbewerbsvorteile gesehen.

Ebenso ist aufgrund des Wandels der betrieblichen Anforderungsstrukturen lebensbegleitendes Lernen unabdingbar für den Arbeitsplatz sowie den beruflichen Statuserhalt. Die in der Erstausbildung erworbenen Kompetenzen und Qualifikationen haben keine Tragfähigkeit über das ganze Berufsleben hinweg (vgl. Käpplinger/Reutter 2005: 12). Demnach resultiert aus erwerbsarbeitlichen Anforderungen die Notwendigkeit *„Instrumente und Methoden zur Erfassung und Bewertung informell erworbener Kompetenzen zu entwickeln“*; Dies *„korrespondiert auch mit Entwicklungen der Lehr-/Lernforschung, die aus pädagogischer und berufspädagogischer Sicht wichtige Impulse für die Kompetenzdebatte liefert“* (vgl. Käpplinger/Reutter 2005: 12).

Dahinter steht nun die Frage, ob für die Erfüllung zukünftiger Anforderungen eine Verschiebung des Fokus der betrieblichen Weiterbildung von der Qualifikationsentwicklung zur Kompetenzentwicklung des Beschäftigten erforderlich ist.

Diese Tendenzen demonstrieren die Aktualität der Fragestellung dieser Arbeit, denn die Anforderungen an die Qualifizierung der Beschäftigten steigen stetig bei gleichzeitiger Forderung nach einer effektiven und effizienten Weiterbildung mit minimalem Kostenaufwand.

Ein breit aufgebautes Kompetenzspektrum ermöglicht allerdings den Beschäftigten einen umfassenderen Austausch von organisationalen Wissensbeständen.

Kompetenzförderung ist unabdingbar in Zeiten steigender Komplexität und schnell wandelnder Anforderungen an den Beschäftigten. Die Entwicklung der Kompetenz zur Selbstorganisation ist wettbewerbsentscheidend für das Unternehmen, lebensbegleitendes Lernen bleibt unerlässlich.

Daraus ergeben sich für die betrieblich Weiterbildung folgende Konsequenzen:

Um die veränderten Rahmenbedingungen adäquat aufzunehmen, benötigt die betriebliche Weiterbildung eine erweiterte Perspektive in Bezug auf die Kompetenzentwicklung. Ob dabei auf bestehende berufspädagogische Konzepte, Begrifflichkeiten und Methoden zurückgegriffen werden kann, ein Austausch oder eine Erweiterung stattfinden muss, wird im Folgenden analysiert.

---

20 Innovationen sind nur selbstorganisiert entwickelbar, sie können weder geplant oder angeordnet noch kontrolliert werden, weil Planung und Kontrolle voraussetzen, dass bereits zu Anfang ein klares Ziel bekannt ist (vgl. Barthel et al. 2011: 7).

Die Anerkennung von informellen bzw. im sozialen und familiären Kontext erworbenen Kompetenzen gewinnt immer mehr an Bedeutung. Dieser Aussage wird allerdings nochmals genauer nachgegangen. Denn es hält sich beispielsweise die betriebliche Nachfrage nach informell erworbenen Kompetenzen eher gering und momentan sind noch sehr viele formal hochqualifizierte Arbeitskräfte auf dem Arbeitsmarkt vorzufinden (vgl. Käpplinger/Reutter 2005: 126).

Der Fachkräftemangel, unter anderem im demografischen Wandel begründet, wird mittelfristig auch in Deutschland greifen. Allerdings ist die betriebliche Personalpolitik häufig zu kurzfristig ausgerichtet. Zudem wurde der Aufforderung von Wissenschaft und Politik nach vorsorglichen Maßnahmen zum Erhalt des Humankapitals noch nicht nachgekommen (vgl. Käpplinger/Reutter 2005: 126). Hier könnte ein konvergentes Kompetenzentwicklungskonzept eine bedeutende Vorreiterrolle übernehmen.

Aufgrund der Tertiärisierung des ersten[21] und zweiten Sektors wandeln sich die gefragten Kompetenzen. Kompetenzen, die traditionell im Dienstleistungssektor gefragt sind, werden nun auch vermehrt in den anderen beiden Sektoren nachgefragt. Gerade hierbei ist eine sektorenübergreifende Kompetenzentwicklung der Fähigkeiten für die Bewältigung von veränderten Handlungsfeldern notwendig. Welche wesentlichen Kompetenzen in den Fokus der Kompetenzentwicklung der betrieblichen Weiterbildung rücken müssen und wie die methodische Kompetenzentwicklung in der Bildungspraxis aussieht, wird im Folgenden analysiert.

Betriebliche Weiterbildung darf nicht nur vorrangig Kompetenzentwicklung und -nutzung im Sinne der Employability zum Ziel haben, sondern sollte ebenfalls die Stärkung der Beschäftigten im Sinne von Empowerment[22] unterstützen (vgl. Stuhler 2005: 7). Hierbei ist beachtet werden, dass Employability und Empowerment zusammengehören, aber einen unterschiedlichen Fokus haben. Employability fokussiert (Qualifikations-) Defizite und Empowerment (Mitarbeiter-)Ressourcen.

---

21 Die Volkswirtschaft wird traditionell in drei Sektoren unterteilt. Die Sektorenbezeichnung bündelt die wirtschaftlichen Aktivitäten. Der Primärsektor wird auch als Agrarsektor bezeichnet, der Sekundärsektor umfasst den Industriebereich und der Tertiärsektor die Dienstleistungslandschaft (vgl. Hotz-Hart et al. 2006: 381).

22 Die Grundsätze des Empowerments sind die Übertragung und Forderung von Verantwortung, Autonomie und Mitbestimmungsmöglichkeiten von/auf Mitarbeitern. Dazu zählen die Motivation zur Verantwortungsübernahme, Übertragung von Entscheidungsbefugnis auf Mitarbeiterebene und weitgehende Selbstbestimmung der Arbeitsablaufsgestaltung und die systematische Erfassung von fachlichen und nicht fachlichen Kompetenzen sowie der Abbau von Hierarchien mit niedrigen Führungsspannen. Die zielgerichtete Kompetenzentwicklung ist ein Erfolgsfaktor im Empowerment, denn sie birgt motivationale Effekte (vgl. Wucknitz/Heyse 2008: 96).

Die Entwicklung eines konvergenten Kompetenzentwicklungsmodells, welches das Spannungsverhältnis der pädagogischen und ökonomischen Anforderungen an die betriebliche Weiterbildung berücksichtigt, ist das Ziel dieser Arbeit.

1.4 Zielsetzung und Fragestellung der Forschung

Es ist die grundlegende Aufgabe der betrieblichen Weiterbildung, durch die Vorgabe von innerbetrieblichen Veränderungsprozessen und Strukturen einen nachhaltigen Wandel für die Organisation und die Beschäftigten zu gestalten (vgl. Franz 2003: 155).

Pädagogische Anforderung

Zum einen muss aus pädagogischer Sichtweise den Beschäftigten Raum zur Bewältigung ihrer Aufgaben und zur Kompetenzentwicklung gegeben werden. Demnach kann die Organisation selbst als pädagogische Lehr-Lern-Stätte[23] aufgefasst werden (vgl. Harteis et al. 2004).

Ökonomische Anforderung

Zum anderen wird die Kompetenzentwicklung des Beschäftigten aus ökonomischer Sichtweise als ökonomische Größe verstanden. Denn Organisationen investieren in das Humankapital und möchten die Bedeutung des ökonomischen Nutzens erfassen.

Zusammenfassung

Die betriebliche Weiterbildung muss diese beiden Anforderungen im Kontext dynamischer und schwer vorhersehbarer Entwicklungen in einem Konzept berücksichtigen. Vor diesem Hintergrund werden essenzielle Kompetenzen an Bedeutung gewinnen und sollten entsprechend gefördert werden. Diese Kom-

---

23 Das Verständnis von einer Organisation als Lehr-Lern-Stätte fokussiert kognitive wie auch motivationale Bedingungen von Lernen und Lehren. Fokussiert werden hierbei die fachübergreifende Kompetenzentwicklung wie die Fähigkeiten zum selbstregulierten Lernen, lösungsorientiertes Handeln in unbekannten Situationen oder die selbstorganisierte Wissensweitergabe untereinander. Auf Seiten der Organisation fällt darunter die Schaffung von lern- und lehrförderlichen Rahmenbedingungen. Seitens der Organisation wird dem Beschäftigten Raum für institutionalisierte Lernsituationen gegeben. Es werden die Interaktion zwischen den Beschäftigten zum Lernaustausch sowie Effekte von Institutionen oder Bildungssystemen berücksichtigt, da diese Interaktion und Lernsituationen maßgeblich beeinflussen (vgl. Blömeke/Müller 2009: 242 ff.).

petenzen sind wesentlich und ermöglichen die Bewältigung von ständig neuen, unbekannten persönlichen oder arbeitsplatzbezogenen Situationen. Sie werden daher als transversal und nicht nur als fachorientiert betrachtet. Sie bieten die Möglichkeit einer größeren Flexibilität der Erwerbstätigen, die hinsichtlich des Wandels notwendig ist (vgl. OECD 2005). Allerdings lässt sich nach wie vor nicht losgelöst vom Anwendungskontext definieren, was berufsrelevante Kompetenzen sind, da berufsrelevante Kompetenzen erst über ihren Gebrauch in Tätigkeiten retrospektiv zugeschrieben und rekonstruiert (vgl. Stuhler 2005: 7) werden.

Da der Mitarbeiter die Anforderungen permanent wechselnder Arbeitssituationen nur durch eine konsequente Kompetenzförderung bewältigen kann, ist es die Aufgabe der betrieblichen Weiterbildung, diese zu fördern und die gegenseitige Beeinflussung von individuellen und organisationalen Anforderungen zu berücksichtigen.

Vor diesem Hintergrund wird sich die Arbeit mit dem Forschungsfeld der Kompetenzentwicklung in der betrieblichen Weiterbildung beschäftigen. Die Thematik der Kompetenzforschung ist schon lange ein Thema der wissenschaftlichen Diskussion. Auch in der Weiterbildungspraxis werden Ansätze zur Kompetenzerfassung, -bewertung und -förderung eingesetzt. Das Forschungsfeld der Erfassung und Dokumentation von informell erworbenen Kompetenzen ist zwar noch ein recht junges Feld der Weiterbildungsforschung, doch auch hier sind in den letzten Jahren einige Untersuchungen und Modelle entstanden (vgl. Käpplinger 2007: 9). Mit diesem Thema wird sich am Rande der Arbeit auseinandergesetzt werden, da der Schwerpunkt der Arbeit auf der Thematik der Kompetenzentwicklung und -förderung von beruflicher Handlungskompetenz aus berufspädagogischer Sichtweise liegt.

Auch hierzu gibt es einige Untersuchungen und Modelle, dennoch bleiben die methodischen Hinweise noch sehr allgemein (vgl. Gauger/Trier 1996: 14). Oftmals wird abstrakt von der Methodik der *„selbstorganisierten Lern- und Selbststeuerungsprozesse […]"* (Erpenbeck 1996: 11) oder von der *„integrative[n] Vermittlung bzw. Aneignung von Kompetenzen im arbeitsaufgabenorientierten Lernen"* (Erpenbeck/Heyse 1996: 32) gesprochen.

Der berufspädagogische Erfahrungsschatz wird in der Kompetenzdiskussion oftmals außer Acht gelassen. Vor dem Hintergrund des letztgenannten Aspektes möchte diese Arbeit die Forschungslücke der abstrakten methodischen Hinweise bezüglich der Kompetenzentwicklung schließen.

Ziel dieser Arbeit ist somit die Entwicklung eines Modells, welches das betriebswirtschaftliche Ziel der effektiven Organisationsentwicklung und das pädagogische Ziel der Kompetenzförderung der Beschäftigten in ein Verhältnis setzt und in einem übergeordneten Modell integriert.

Das zu entwickelnde Modell soll die wesentlichen Kompetenzen berücksichtigen, die durch die einleitend beschriebenen Einflussfaktoren gravierend an Bedeutung gewinnen werden.

Um die ökonomischen und pädagogischen Anforderungen an die Kompetenzentwicklung zu berücksichtigen, bedarf es seitens der betrieblichen Weiterbildung eines Modells, das eine Antwort auf folgende Frage liefert:

Wie kann die Integration pädagogischer und ökonomischer Anforderungen in einem einzigen beruflichen Kompetenzentwicklungsmodell erfolgen?

Die Antwort auf die Herausforderungen in der beruflichen Weiterbildung im Spannungsfeld zwischen pädagogischem Anspruch und ökonomischen Anforderungen ist eine konvergente Kompetenzentwicklung.

Das Modell wird einen Vorschlag für die Überwindung des Spannungsverhältnisses zwischen wirtschaftlicher und individueller Anforderungen auf das Kompetenzmanagement aufweisen. Es benennt wesentliche Kompetenzen, die durch den Einfluss des dynamischen Wandels gravierend an Bedeutung gewinnen werden.

Auf Basis der beschriebenen Konsequenzen für die betriebliche Weiterbildung und den Forschungsanforderungen ergeben sich damit für diese Arbeit folgende erkenntnisleitende Fragestellungen:

Teil I – Theoretische Betrachtung

- *Welcher wissenschaftstheoretische Diskurs steht hinter dem Kompetenzkonstrukt?*
- *Welcher methodische Diskurs steht hinter dem Kompetenzkonstrukt?*
- *Welche wissenschaftstheoretischen und -methodischen Erkenntnisse ergeben sich daraus?*

Teil II – Empirische Betrachtung

- *Welche Fragestellung, Methodologie und welches Untersuchungsdesign können aus der theoretischen Betrachtung abgeleitet werden?*
- *Welches Erhebungsinstrument kommt für die Untersuchung infrage?*
- *Wie sieht die Durchführung der Hauptuntersuchung aus?*
- *Wie sieht die Auswertung der Hauptuntersuchung aus?*
- *Welche Erkenntnisse ergeben sich aus der empirischen Untersuchung?*

Teil III – Zusammenfassende Betrachtung

- *Wie sieht ein konvergentes Kompetenzentwicklungsmodell konzeptioniert aus?*
- *Das gesamte Forschungsvorhaben betrachtend: Was sind die Erkenntnisse, die Implikationen sowie der Ausblick?*

Diese Fragestellungen werden vor jedem thematischen Abschnitt konkretisiert und angegangen. Die Beantwortung wird schrittweise in der Forschungsarbeit erarbeitet. Abschließend werden Thesen daraus abgeleitet, die empirisch untersucht werden.

1.5 Vorgehen und Aufbau

Strukturell umfasst die Forschungsarbeit drei Abschnitte: die theoretische, die empirische sowie die zusammenfassende Analyse.

Das ***einleitende erste Kapitel*** hat die Ableitung der Forschungsfrage und die Formulierung der erkenntnisleitenden Fragestellungen zum Ziel. Es wird allgemein zur Materie hingeführt und die thematische Aktualität und Vorgehensweise der Arbeit werden herausgestellt. Die Entwicklung eines Konzeptes, das als Integrationsansatz zur Verknüpfung der wirtschaftlichen und individuellen Sichtweise auf das Kompetenzmanagement dienen soll, wird aus dem wissenschaftlichen Diskurs über die Kompetenzentwicklung und aus einer empirischen Untersuchung abgeleitet.

In den Kapiteln des theoretischen Analyseabschnitts wird sich mit dem wissenschaftstheoretischen sowie kompetenzmethodischen Diskurs auseinandergesetzt. Ziel des Diskurses im ***zweiten und dritten Kapitel*** ist die Verortung der Forschungsfragestellung in den aktuellen Stand der wissenschaftlichen Diskussion und in die – für diese Arbeit bedeutsamen – wissenschaftlichen Grundlagen sowie die daraus resultierenden offenen Fragen. Um die Bedeutung des Kompetenzmanagements zu verstehen, bedarf es einer wissenschaftlich theoretischen Präzisierung des Kompetenzkonstrukts[24] sowie der Klärung nahestehender Begriffsverwendungen und der damit verbundenen Problematik.

Das Modell dieser Arbeit baut auf einem allumfassenden Bild des Kompetenzkonstrukts auf. Daher werden verschiedene Perspektiven und Zugänge dargestellt und es wird auf die Bedeutung der Kompetenzentwicklung im Wandel, im Kontext der betrieblichen Weiterbildung sowie auf deren Konsequenzen eingegangen.

Die Konsequenzen des Wandels für die betriebliche Weiterbildung finden sich in den Ansätzen der pädagogischen und ökonomischen Konvergenz sowie dem

---

24 Die für diese Arbeit verwendete Kompetenzauffassung wird über die Beschreibung der Kompetenzkonstrukte aus den jeweiligen wissenschaftlichen Disziplinen hergeleitet. Konstrukte werden in Systemen oder Gruppen gebündelt und führen eine unter- und übergeordnete Beziehung zu einander (vgl. Kron 1999: 14). Sie beinhalten nicht nur die pure Definition eines Wortes, sondern auch dessen Verwendung innerhalb der jeweiligen Disziplin.

Regensburger Konvergenz-Konzept wieder und runden den wissenschaftstheoretischen Diskurs ab.

Somit werden der Entwicklungsbedarf und die Aktualität des hier zu entwickelnden Kompetenzentwicklungsmodells aus berufspädagogischer Sichtweise belegt.

Im kompetenzmethodischen Diskurs werden die Bedeutung der individuellen Kompetenz sowie deren Entwicklung und Erfassung auf Basis von bereits vorhandenen (berufs-) pädagogischen Ansätzen hervorgehoben.

Das ***vierte Kapitel*** verfolgt im Rahmen eines Gesamtresümees das Ziel, wichtige Aspekte der vorangegangen Kapitels kritisch zusammenzufassen und zu reflektieren. Die daraus gewonnenen Erkenntnisse weisen die Relevanz des Forschungsvorhabens nach und sind die Basis für die empirische Betrachtung.

Der darauffolgende empirische Analyseabschnitt umfasst die Kapitel fünf bis sieben.

Im ***fünften Kapitel*** werden die empirische Fragestellung, die Methodologie sowie das Untersuchungsdesign abgeleitet.

Im darauf aufbauenden ***sechsten Kapitel*** werden die Entwicklung des Untersuchungsinstruments der quantitativen Studie sowie das Pretestingverfahren erläutert und deskriptiv dargestellt.

Im ***siebten Kapitel*** wird die Durchführung der Hauptuntersuchung beschrieben.

Die Auswertung der Ergebnisse findet im ***achten Kapitel*** statt.

Im ***neunten Kapitel*** werden die Erfahrungen und Erkenntnisse des empirischen Abschnittes zusammengefasst sowie die Grenzen und offengebliebenen Fragen des Fragebogens herausgearbeitet.

Die empirische Untersuchung erfasst die für den Wandel und für bestimmte Berufsgruppen unerlässlichen Kompetenzen. Diese Erkenntnis wird mit den Erkenntnissen des theoretischen Analyseabschnittes im ***zehnten Kapitel*** im Rahmen der Konzeption eines Modells der beruflichen Handlungskompetenz für die betriebliche Weiterbildung zusammengebracht. Somit stellen die gewonnenen Erkenntnisse der theoretischen und empirischen Betrachtung die Grundpfeiler des zu entwickelnden Konzepts dar.

Das ***abschließende elfte Kapitel*** liefert eine Gesamtzusammenfassung über das Forschungsvorhaben und schließt mit einer reflektierten Einschätzung und einem Ausblick für die betriebliche Weiterbildung hinsichtlich einer Kompetenzförderung für drei Berufsgruppen aus dem pädagogischen und ökonomischen Tätigkeitsbereich ab.

Abbildung 4 zeigt den Aufbau der Arbeit übersichtlich in grafischer Darstellung:

Abbildung 4: Aufbau der Arbeit

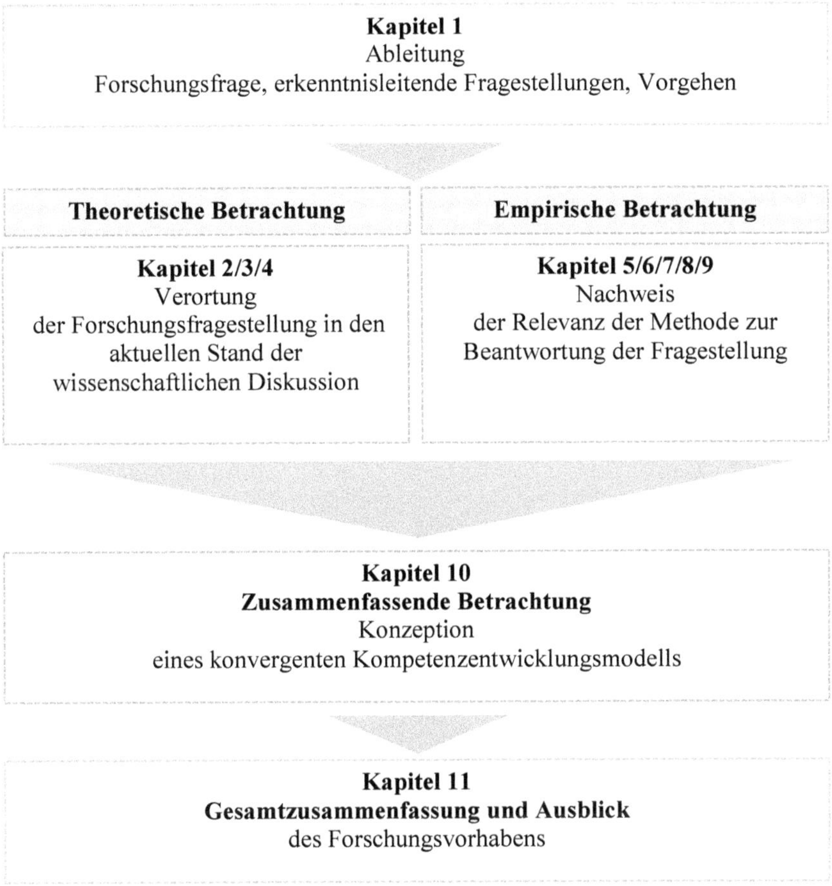

Teil I – Theoretische Betrachtung

Die eingangs skizzierten Veränderungen sind die Ursache dafür, dass neue Denkmodelle und Gestaltungssätze in einem veränderten Handlungsumfeld diskutiert werden.

Dieser theoretische Abschnitt umfasst einen wissenschaftstheoretischen sowie kompetenzmethodischen Diskurs.

Im wissenschaftstheoretischen Diskurs werden die begriffliche Entwicklung und die interdisziplinäre Bedeutung des Kompetenzkonstrukts erläutert. Im kompetenzmethodischen Diskurs wird auf die Entwicklung und Erfassung von Kompetenzen im Rahmen der betrieblichen Bildung eingegangen.

Im Gesamtresümee dieser theoretischen Betrachtung werden die Inhalte der beiden Diskurse zusammengefasst und die Herausforderungen und Chancen einer konvergenten Kompetenzentwicklung für die betriebliche Weiterbildung heraus gearbeitet.

2. Wissenschaftstheoretischer Diskurs

Die Argumente für den bevorzugten Begriffs- und Konzeptwechsel von der Qualifikation zur Kompetenz sind zahlreich und werden in diesem wissenschaftstheoretischen Diskurs hinterfragt. Denn der Begriff der Kompetenzentwicklung birgt Ungenauigkeiten und es besteht das Risiko, dass *„mit dem Zurückdrängen des Weiterbildungs- und Qualifikationsbegriffs auch Professionalitäts- und Qualitätsstandards aus dem Blick“* (Arnold 1997b: 254) geraten.

Um das Kompetenzkonstrukt in seiner Gesamtheit zu begreifen, folgt eine theoretische Annäherung. Durch die Beschreibung der einzelnen Facetten, die dieses Konstrukt ausmachen, gelingt es ein allumfassendes Bild zu zeichnen.

Beginnend mit seinem historischen Ursprung werden darauffolgend die teilweise parallel, teilweise unabhängig voneinander oder gar kontrovers verlaufenden Hauptentwicklungslinien aufgezeigt, die einen Einblick in die mannigfaltige Verwendungsmöglichkeit des Kompetenzbegriffs geben. Analog zum Forschungsinteresse an dem pädagogischen und ökonomischen Spannungsfeld der betrieblichen Weiterbildung wird einführend das Kompetenzkonstrukt aus dem interdisziplinären Spannungsfeld (geistes-, sozial- und wirtschaftswissenschaftlicher Perspektive) abgeleitet und dargestellt. Neben der Verwendung des Kompetenzbegriffs in diversen wissenschaftlichen Disziplinen wird die Auffassung des Kompetenzbegriffs im Kontext der Berufspädagogik der Schwerpunkt dieses wissenschaftstheoretischen Abrisses sein. Die jeweiligen Einzeldisziplinbetrachtungen münden zusammenfassend in dem aktuellen Kompetenzdiskurs, welcher kritisch beleuchtet wird.

Die Basis des Abrisses und Diskurses sowie der disziplinübergreifenden Kompetenzbetrachtung sind die pädagogischen und ökonomischen Anforderungen, in deren Spannungsfeld sich die betriebliche Weiterbildung befindet. Illustriert werden die pädagogischen und ökonomischen Anforderungen am Beispiel des Regensburger Konvergenz-Konzepts. Die konvergente Integration der pädagogischen und ökonomischen Anforderungen ist für die betriebliche Weiterbildung Herausforderung und Chance zugleich: Herausforderung deshalb, da die betriebliche Weiterbildung aktuell wenig auf erwachsenenpädagogische, berufspädagogische und methodische Ansätze der Kompetenzentwicklung zurückgreift, die beide Anforderungen berücksichtigt; und eine Chance, da der betrieblichen Weiterbildung diese Rolle in der wirtschaftlichen Berufspraxis kaum zugedacht wird und sie mit einem solchen Modell die Vorreiterrolle einnehmen und sich dadurch das Bild der erwachsenen- und berufspädagogischen Ansätze in der wirtschaftlichen kompetenzorientierten Diskussion wandeln könnte.

Trotz der semantischen Qualität des Begriffes und der spezifischen Auffassung der einzelnen Disziplinen, soll im Folgenden eine Begriffsverwendung für diese Arbeit herausgearbeitet werden.

Es wird ein ganzheitliches Bild entworfen, indem disziplinübergreifend auf den Kompetenzdiskurs und auf die Bedeutung der pädagogischen und ökonomischen Konvergenz für die betriebliche Weiterbildung eingegangen wird. Somit liegt hierin die Notwendigkeit eines konvergenten Kompetenzmanagementansatzes.

Der kommende wissenschaftstheoretische Diskurs evaluiert, was genau hinter der Forderung der kompetenzorientierten Wende in der betrieblichen Weiterbildung steht und verifiziert das Spannungsfeld der betrieblichen Bildung zwischen pädagogischen und ökonomischen Anforderungen. Es werden folgende erkenntnisleitende Fragen beantwortet:

Hauptentwicklungslinien des Kompetenzbegriffs

- *Welchem Ursprung entstammt der Kompetenzbegriff?*
- *Welche Anschlussfähigkeit und Perspektiven ergeben sich daraus für die heutige erziehungswissenschaftliche*[25] *Kompetenzthematik?*

Interdisziplinäre Kompetenzauffassung

- *Auf welche Kompetenzauffassung greifen personalwirtschaftliche Psychologie, Pädagogik und Ökonomie zurück?*
- *Welche Lerntheorien und Modelle stehen hinter dem jeweils disziplinär verwendeten Kompetenzkonstrukt*[26]*?*
- *Welches Konstrukt umfasst die berufliche Handlungskompetenz?*
- *Welche Ausprägungen sind im Rahmen der beruflichen Handlungskompetenz möglich?*

Aktueller Kompetenzdiskurs

- *Welche Wesensunterschiede und Lesearten stehen hinter den, im Kompetenzdiskurs verwendeten Begrifflichkeiten?*
- *Was verbirgt sich hinter dem aktuellen Kompetenzdiskurs?*

---

25 In der Arbeit wird weder auf die Herleitung noch auf die Unterscheidung der Begrifflichkeiten Erziehungswissenschaften und Pädagogik eingegangen. Es geht vielmehr um die ganzheitliche Betrachtung der pädagogisch-erziehungswissenschaftlichen Kompetenzthematik.

26 Die Begrifflichkeit des Konstrukts geht über die wissenschaftstheoretischen Begriffe des Modells, der Theorie und des Konzepts hinaus. Im weitesten Sinne ist das Konstrukt eine „organisierte Erkenntnis" (Kron 1999: 13).

- *Welches sind die pädagogischen und ökonomischen Anforderungen im Kompetenzdiskurs?*
- *Welche Antwort kann die Berufspädagogik auf den Kompetenzdiskurs geben?*

Resümee: Wissenschaftstheoretischer Diskurs

- *Welche wesentlichen Erkenntnisse können aus dem wissenschaftstheoretischen Diskurs gezogen werden?*
- *Welche Schlussfolgerungen ergeben sich daraus?*

2.1 Hauptentwicklungslinien des Kompetenzbegriffs

Seinen etymologischen Ursprung hat der Kompetenzbegriff im lateinischen Terminus ‚*competere*', was übersetzt werden kann mit „fähig sein" oder „zusammentreffen" (vgl. Stowasser et al. 1994: 102). Dies ist eine subjektorientierte Sichtweise, die impliziert, dass das Individuum durch das Zusammentreffen bestimmter Eigenschaften befähigt wird, Situationen zu bewältigen (vgl. Gnahs 2007: 20).

Historisch betrachtet wurde der Kompetenzbegriff (*Competenz*) von der Staatsorganisationslehre, die diese Bedeutung aus der römischen Staatslehre übernommen hat, im Sinne von „rechtmäßig", „zuständig" und „befugt" verwandt (vgl. Jung 2010: 11). Dadurch wird eine Abgrenzung und Zuordnung von Zuständigkeiten und Befugnissen der öffentlichen Institutionen beschrieben (vgl. Heil 2007: 50 f.).

Neben dem etymologischen Ursprung finden sich zahlreiche Verwendungen des Begriffes in den verschiedenen wissenschaftlichen Disziplinen wieder. Wenngleich keine einheitliche Definition existiert, so ist jedoch auffällig, dass jede Variation eine Aussage über die Anwendung von Fähigkeiten[27] umfasst. In der physischen Geographie wie in der Biologie wird unter der Kompetenz eines Flusses oder der einer Zelle die Fähigkeit verstanden, etwas zu generieren oder zu überwinden (vgl. Heil 2007: 50 und Louis/Fischer 1979: 220).

Der Kompetenzbegriff geht in Deutschland auf den Linguisten Noam CHOMSKY und seine Sprachtheorie der Linguistik zurück (vgl. Klieme/Hartig 2007: 15). Die Analyse des Zusammenhangs zwischen Sprache und Kompetenz bildet seinen Forschungsschwerpunkt.

---

27 Fähigkeiten sind keine Eigenschaften, können allerdings in bestimmten Persönlichkeitseigenschaften und Talenten begründet sein. Eine Fähigkeit manifestiert sich erst in der Handlung selbst, ohne jene ist sie nicht sichtbar. Fähigkeiten sind entwickel- und veränderbar (vgl. Erpenbeck 2010: 15).

In dem von ihm entwickelten Kompetenz-Performanz-Modell arbeitet er heraus, dass die Sprachkompetenz (potenzielles sprachliches Vermögen) nur über deren Sprachverwendung (Performanz) zugänglich ist. Er verdeutlicht, dass mit bestimmten und begrenzten Mitteln im Individuum (Sprecher) Neues erzeugt werden kann (vgl. Winkler 2003: 7) und dass die Realisierung der Kompetenz von personalen und situativen Faktoren beeinflusst wird (vgl. Chomsky 1970: 14). CHOMSKY versteht unter Kompetenz die Fähigkeit, *„aus einer begrenzten Zahl von Grundelementen und Kombinationsregeln unendlich viele Satzvariationen [zu] bilden und diese verstehen [zu] können“* (Heil 2007: 52). Die tatsächliche Umsetzung des Wissens um diese Regeln, das Sprechen, ist das Resultat von Kompetenz und wird von ihm als die Performanz definiert (vgl. Vonken 2005: 20).

Die Wissenschaftler Dieter BAACKE und Jürgen HABERMAS betonen den einflussreichen Stellenwert, der CHOMSKYs Modell für die Kompetenzforschung in Deutschland anhaftet (vgl. Baacke 1980; Habermas 1990), auch wenn dessen ursprüngliche Bedeutung *„im berufs- und erwachsenenpädagogischen sowie im bildungs- und wirtschaftspolitischen Diskurs weitgehend verloren gegangen“* ist (Vonken 2005: 11).

Durch den Sozialphilosophen Jürgen HABERMAS findet CHOMSKYs Modell Zugang zu den Sozial- und Erziehungswissenschaften. Im Gegensatz zu CHOMSKY selbst, der unter dem Begriff der Kompetenz die reine Fähigkeit des Subjekts versteht, weist HABERMAS auf die Beherrschung und Anwendung das dem Satzbau zugrundeliegenden Regelsystems hin und fügt den linguistischen Grundlagen somit eine soziale Dimension zur kommunikativen Kompetenz hinzu. Er beschreibt die Kompetenz als eine pragmatisch perspektivierte Fähigkeit, angemessene Sprechakte in unterschiedlichen Situationen zu bilden (vgl. Kilian/ Lüttenberg 2009: 255).

Für HABERMAS macht die kommunikative Kompetenz die Fähigkeit zu kommunikativem Handeln und die sprachliche Äußerung aus, die im Gegensatz zu CHOMSKYs Theorie vom Individuum bewusst und reflektiert ausgeübt wird (vgl. Habermas/ Luhmann 1971: 123 ff.). Gleich der „Grammatik“ bei CHOMSKY möchte HABERMAS die Voraussetzungen für soziales Handeln identifizieren. Dieser Anspruch war in den Sozialwissenschaften in den 1960er-Jahren und 1970er-Jahren vorherrschend.

Der französische Soziologe Pierre BOURDIEU (1974) bezieht sich wie HABERMAS auf CHOMSKY, setzt allerdings seinen Fokus bei der Kompetenzdefinition auf soziologische Aspekte. Für BOURDIEU besteht ein kausaler Zusammenhang zwischen sozialer Herkunft, schulischer Bildung und der individuellen Kompetenzentfaltung. Aufgrund dieser Voraussetzungen geht er von einer ungleichen

Verteilung von Anlagen und Kompetenzen im Individuum aus (vgl. Bourdieu 1982: 39 ff.). *„Kompetent sein heißt, das Recht und die Pflicht zu haben, sich mit etwas zu befassen“* (Bourdieu 1993: 227). Für ihn zählen alle Kompetenzarten wie beispielsweise die politische und die Sachkompetenz zur sozialen Kompetenz. BOURDIEU betont wie auch HABERMAS, dass es Aufgabe der Pädagogik ist, die Menschen zu fördern (vgl. Bourdieu/Passeron 1971: 88 ff.).

Doch bei BOURDIEU sind im Gegensatz zu CHOMSKYs Auffassung die Verhaltensweisen der Menschen nicht angeboren (nach CHOMSKY: die Grundregeln der Grammatik), sondern entwickeln und entstehen aus den Erfahrungen des Menschen (vgl. ebd. 45).

Der Universitätsprofessor für Pädagogik, Dieter BAACKE (1980), beschäftigt sich im Gegensatz zu HABERMAS´ Ansatz nicht mit kommunikationstheoretischen Begründungen der Didaktik, sondern mit der Aufarbeitung kommunikationswissenschaftlicher Modelle für die Pädagogik (vgl. Sammet 2004: 101). BAACKEs Ansatz umfasst eine system- und handlungstheoretische Perspektive. Er begreift den Kompetenzbegriff allerdings nicht nur in der Bedeutung der klassischen Systemtheorie[28] (vgl. von Bertalanffy 1968; Wiener 1948), sondern plädiert für die *„Berücksichtigung der Systeminterdependenzen und ihrer Zwänge“* (Baacke 1980: 286). Dies erklärt auch seine Aussage, die Kompetenz sei eine Zuschreibung des Beobachters (vgl. Baacke 1984: 153). Das Kompetenzmodell nach HABERMAS findet Eingang in seine handlungstheoretische Betrachtung und wird von ihm um die Dimension des Verhaltens und Handelns ergänzt (vgl. Baacke 1980: 261 f.).

Demnach charakterisiert BAACKE Kompetenz als *„eine in der Sprache angelegte Verfügung über den Sinn und die Intention von Aussagen“* (Baacke 1980: 261), wobei das Sprachverhalten um andere Arten des Verhaltens und um das Handeln ergänzt wird (vgl. ebd.). Folglich geht er nicht mehr wie CHOMSKY von einer angeborenen, universellen Kompetenz aus, sondern von einer Aneignung der Kompetenz in Interaktion mit der Umwelt. Allerdings lässt er die Kompetenz des Menschen als eine unhinterfragbare Behauptung im Sinne von CHOMSKY unbestritten (vgl. Baacke 1999: 32 ff.). Die Differenzierung zwischen Kompetenz und Performanz wird jedoch von ihm beibehalten (vgl. Baacke 1980: 102).

---

28 In der klassischen Systemtheorie in Anlehnung an Ludwig von Bertalanffy wird unter einem System „die Gesamtheit komplexer miteinander agierenden Komponenten verstanden und die Hauptaufgabe der Systemtheorie besteht darin, das Systemverhalten, welches sich aus der Interaktion dieser Komponenten ergibt, abzuleiten und zu beschreiben“ (Wilfling 2013: 19).

Dieses Verständnis von Kompetenz als grundlegende Fähigkeit des Menschen zu kommunikativen Interaktionen beeinflusste die Erziehungswissenschaft Anfang der 1970er-Jahre (vgl. ebd.). *„Es ist die ‚Kompetenz', die den Menschen einerseits erziehungsbedürftig macht, aber auch erziehungsfähig. Unabhängig davon, welcher sozialen Klasse, welchem Geschlecht, welcher Rasse, welchem kulturellen Kontext ein Mensch seine Herkunft verdankt – er unterscheidet sich in Hinsicht auf seine kommunikative Grundausstattung nicht von anderen und muß entsprechend behandelt werden"* (Baacke 1996: 6). Sowohl berufs- als auch moralpädagogisch wurden HABERMAS' Ansätze in den 1970er und 1980er-Jahren aufgegriffen und konkretisiert. Der Wirtschaftspädagoge Karlheinz GEISSLER analysierte für die Berufspädagogik die Entwicklung der kritisch-reflexiven, kritisch-sozialen und kritisch-instrumenteller Kompetenz (vgl. Geißler 1974). Der Pädagoge Wolfgang LEMPERT identifiziert die Voraussetzungen für eine gelingende moralische Förderung (vgl. Lempert 1988: 83).

2.1.1 Anschlussfähigkeit und Perspektive

CHOMSKYs Modell ist anschlussfähig, da im aktuellen erziehungswissenschaftlichen Kompetenzdiskurs vereinzelt auf seine Bedeutung für die Entwicklung von Handlungskompetenz zurückgegriffen wird. Allerdings kann auf jenes Modell kein Bezug genommen werden, wenn es um den Erwerb und die Erfassung von Kompetenzen geht. Da CHOMSKY Kompetenzen als einen naturgegebenen Mechanismus begreift, hat er sich nie mit dem Erwerb von Kompetenzen auseinandergesetzt. Komplexe Zusammenhänge der Wirklichkeit bleiben von ihm unberücksichtigt und seine Kompetenzdefinition gibt keine Erklärung zu dem individuellen Aneignungsprozess (vgl. Winkler 2003: 7). Demnach kann die Kompetenz nur bedingt empirisch erfasst werden. Lediglich die Performanz, von der man dann auf zugrundeliegende Kompetenzen schließen kann, ist beobachtbar. Doch auch die Performanz gibt aufgrund einschränkender Faktoren keine umfassende Auskunft über das vorhandene Potential (vgl. ebd.). In dieser Hinsicht veranschaulicht CHOMSKYs Ansatz weniger den Ursprung einer Theorie als vielmehr die erstmalige Einführung eines Kompetenzbegriffs.

Um die Entwicklung des Kompetenzbegriffs zu erläutern, werden die breiter angelegten entwicklungspsychologischen und lerntheoretischen Ansätze dargestellt (vgl. Bohlinger/Münk 2008: 36).

Indes ist CHOMSKYs Trennung von Kompetenz und Performanz ein wesentliches Element, das auch noch im heutigen Kompetenzdiskurs Aktualität besitzt. Kompetenz ist nach CHOMSKY eine nicht beobachtbare, aber notwendige Fähigkeit, die Performanz erst ermöglicht. Ohne Sprachkompetenz wäre Sprache, das Sprechen, nicht möglich. Auf den heutigen Kompetenzdiskurs übertragen bedeutet dies, dass Kompetenz ohne deren Anwendung nicht beobachtbar ist. Allerdings ermöglicht die Kompetenz ein Beschreibungsmodell, das von der Performanz unabhängige Elemente formulieren lässt, gleich der Konstruktion eines Satzes aus Syntax und Lexikon.

Mittlerweile hat HABERMAS' Ansatz nur noch einen schwachen Einfluss auf den bildungswissenschaftlichen Kompetenzbegriff. Allerdings ist der Begriff der kommunikativen Kompetenz immer noch in der Sprachdidaktik von Bedeutung und wird teilweise von dem Begriff der interkulturellen Kompetenz abgelöst (vgl. Kilian/Lüttenberg 2009: 256).

Für die Kompetenzauffassung dieser Arbeit sind zwei Aspekte entscheidend:

1. Kompetenz zeigt sich im kommunikativen, gesellschaftlichen Kontext.
HABERMAS setzt seine Kompetenztheorie in den gesellschaftlichen Kontext. Für ihn existiert Kompetenz nur, wenn sie in einen kommunikativen Zusammenhang gestellt wird. Hier zeigt sich, dass Kompetenz nur im kommunikativen Zusammenhang, also in der Performanz, real wird. Die Kompetenzauffassung von CHOMSKY, in der eine Abgrenzung zwischen Kompetenz und Performanz verfolgt wird, wird hier aufgehoben.

2. Kompetenz zeigt sich in einem kommunikativen, individuellen Kontext.
Des Weiteren ist für diese Arbeit bedeutend, dass Kompetenzentwicklung stets in einen kommunikativen Zusammenhang, eine Interaktion zwischen Mitarbeiter und Unternehmen eingebunden werden muss. Kompetenz bekommt erst eine Bedeutung im jeweiligen Organisationskontext. Generisch gefasst: Kompetenz braucht einen Kontext, einen Markt, so wie es sich erst lohnt zu sprechen, wenn der Sprecher auch gehört wird.

BAACKE betont, dass Kompetenz durch die Interaktion mit der Umwelt entsteht. Dieser neue Gedankengang akzentuiert, dass Kompetenz nicht angeboren ist, sondern erworben werden muss. Erst durch den regelmäßigen Sprechakt wird die Sprachkompetenz gebildet und das Individuum hat die Fähigkeit zu sprechen. Wird dieser Gedankengang auf die heutige Arbeitswelt, beispielsweise auf die Anwendung neuer Technologien am Arbeitsplatz übertragen, kann davon ausgegangen werden, dass sich die Kompetenz, eine neue Technologie zu beherrschen, erst nach dem Umgang mit jener entwickelt und dass Kompetenz nicht unabhängig von deren Anwendung erworben werden kann.

Auch wenn BAACKE den Begriff nicht verwendet, spricht er hier von einer stufenweisen interaktiven Kompetenzentwicklung. In der Kompetenzmodellentwicklung werden gerade solche Kompetenzstufenmodelle verwandt, um die Kompetenzentwicklung zu beschreiben.

Ein Beispiel hierfür ist die internationale (Schulleistungs-)Vergleichsstudie „Programme for International Student Assessment" (PISA), die von einer Expertenkommission im Auftrag der Organisation für wirtschaftliche Zusammenarbeit und Entwicklung (OECD) mit der Ausarbeitung von Vorstellungen über zukunftsrelevante menschliche Potenziale ausgearbeitet wurde und in einem Turnus von drei Jahren wiederholt wird (vgl. Weinert 1999). Es wurde ein Kompetenzstufenmodell in jedem Leistungsbereich mit unterschiedlichen Leistungsniveaus unterschieden. Die Kompetenzstufen beschreiben die Fähigkeit, Aufgaben mit unterschiedlich anspruchsvollen Anforderungsmerkmalen zu lösen. Anhand der einzelnen Stufen wird die Leistung der Schülerinnen und Schüler qualitativ erfasst (vgl. Granzer et al. 2008: 15).

Hierbei wird deutlich, dass die Schulpädagogik von funktionalen und fachbezogenen Kompetenzkonzepten beeinflusst wird (vgl. Klieme/Hartig 2007: 12), während sich die Erwachsenen- und Berufspädagogik auf das Kompetenzkonzept der Handlungsorientierung bezieht (vgl. Kaufhold 2006: 43). Die PISA-Studien verdeutlichen, dass sich auch auf internationaler Ebene intensiv mit dem Kompetenzkonstrukt und dessen Erfassbarkeit beschäftigt wird. Denn die vorhergehenden linguistischen und psychologischen Ansätze konnten nur unzureichend auf erziehungswissenschaftliche Fragestellungen übertragen werden. Allerdings ist hinzuzufügen, dass die Kompetenzerfassung und -bilanzierung schon seit einigen Jahren und noch vor PISA im französischen und englischen Bildungssystem eine bedeutende Rolle spielte und das Thema somit für diese Länder kein unbekanntes ist (vgl. Käpplinger/Reutter 2005: 10).

In der Bildungspolitik und -praxis wurde begonnen, *„Kompetenzvermittlung statt bloßer Wissensvermittlung in den Mittelpunkt zu rücken"* (Heyse/Erpenbeck 2004: IX). Die Ergebnisse der PISA-Studien heben hervor, dass eine ganzheitliche Zielbestimmung für die Bildung notwendig ist (vgl. Clement 2002: 7). Demzufolge füllt der Kompetenzbegriff *„gewissermaßen eine konzeptuelle Leerstelle"* (Prenzel et al. 2007: 5).

Ebenfalls kann BAACKEs Plädoyer für die system- und handlungstheoretische Perspektive in dieser Arbeit dafür genutzt werden zu erklären, wie sich das Kompetenzkonstrukt aus verschiedenen Kompetenzfacetten zusammensetzt. Zusätzlich kann mithilfe dieser Theorie erfolgreich abgebildet werden, wie die einzelnen Kompetenzfacetten voneinander abhängig sind und in welcher Wechselwirkung sie zueinander stehen. Da die klassische Systemtheorie allerdings nur eine verstärkte Innensicht abbildet, in deren Rahmen die externen Beziehungen bzw. die tatsächliche Außenwelt und deren Einfluss auf das Kompetenzkonstrukt stark vereinfacht und eher statisch dargestellt werden, ist das beschriebene Plädoyer von BAACKE im Sinne dieser Forschungsarbeit. Denn somit wird die Beeinflussung der Außenwelt bzw. der Rahmenbedingungen mit der Kompetenzentwicklung explizit betont.

BOURDIEU fasst den Kompetenzbegriff sehr spezifisch und betont, dass Kompetenz bezüglich der Anforderungsstruktur gesellschaftlicher Tätigkeiten an den sozialen Akteur betrachtet und bewertet werden muss. Gleichzeitig verweist er auf Kompetenz als Fähigkeit, Befugnis und Verpflichtung. Kompetenz sei das Vermögen einer Person, zu handeln und zu reflektieren. Insbesondere betont er die Zuschreibung der Kompetenz als eine Hervorhebung und Anerkennung des Individuums von der Gesellschaft.

BOURDIEUs Ansatz hat eine große Bedeutung, wenn es um die biografieorientierte Kompetenzentwicklung geht. Denn er beschreibt das Wechselverhältnis von Subjekt und Struktur bzw. Gesellschaft, wodurch er den Aspekt der sozialen Ungleichheit in der Gesellschaft hervorhebt. Übertragen auf die Kompetenzentwicklung bedeutet dies, *„dass die Aneignungslogik, nach der die Subjekte neue Lernerfahrungen im Rahmen ihrer Kompetenzentwicklung machen, maßgeblich kulturell durch den in der jeweiligen Herkunftsfamilie und im Milieu weitergegebenen Lernhabitus geprägt ist. Dieser kann die Bereitschaft zum Lernen und zur Kompetenzentwicklung befördern, aber auch behindern"* (Alheit/von Felden 2009: 119 f.).

Der Habitus eines Menschen präge dessen Lern- und Bildungsprozesse, wobei diese allerdings auch den Habitus verändern können.

2.1.2 Zwischenresümee: Hauptentwicklungslinien Kompetenzbegriff

In den vorangestellten Kapiteln wurde deutlich gemacht, dass der Kompetenzbegriff der Linguistik entstammt. CHOMSKY beschrieb damit die subjektiven grammatikalischen Voraussetzungen für Sprachhandeln. Hierbei wird der dispositive Charakter hervorgehoben. Das tatsächliche Verhalten ist die Performanz, in der Kompetenz ausgedrückt wird.

BAACKE überträgt diese Ansicht auf die handlungstheoretische Ebene. Für ihn ist Kompetenz gleichzusetzen mit einer Absicht, da beide Begriffe keine nachweisliche Größe darstellen, sondern eher das Resultat einer Zuschreibung sind. BAACKE geht von der Handlungskompetenz beim Menschen aus, da jene Kompetenzen in konkreten Situationen über die Handlung selbst in Erscheinung treten. Für ihn ist die Handlungskompetenz ebenfalls ein theoretisches Konstrukt, eine semantisch geleitete Zuschreibung (vgl. Baacke 1984: 153).

HABERMAS' Beschäftigung mit der „kommunikativen Kompetenz" ist repräsentativ für den Gedanken der Sozialwissenschaft in den 1960er- und 1970er-Jahren. Es wurde nach sozialisatorischen Voraussetzungen für soziales Handeln gesucht, sozusagen nach der „Grammatik" des sozialen Handelns (Performanz) (vgl. Arnold 1997b: 283). Die von HABERMAS identifizierten Voraussetzungen der kommunikativen Kompetenz wurden moral- und berufspädagogisch in den 1970er- und 1980er-Jahren aufgegriffen und als Basis für die Kompetenzentwicklung einzelner Kompetenzelemente verwendet (vgl. Geißler 1974; Lempert 1988).

Die genannten Vertreter (HABERMAS; CHOMSKY; BAACKE etc.) setzten mit ihrer Erkenntnis das Fundament des Kompetenzbegriffs. Berufs- und moralpädagogisch wurden die Hauptentwicklungen daraufhin konkretisiert und auf die Kompetenzentwicklung einzelner Kompetenzelemente übertragen.

Nachfolgende Abbildung 5 zeigt die Hauptbestrebungen im Gesamtüberblick:

Abbildung 5: Zusammenhang der Hauptentwicklungslinien im Überblick (eigene Darstellung)

Aus den vorgestellten Kompetenzauffassungen lassen sich wesentliche übergreifende, Elemente herausarbeiten, die durch den Terminus Kompetenz beschrieben werden.

Basierend auf den beschriebenen Kompetenzkonstrukten können Kompetenzverwendungen auf verschiedenen Ebenen differenziert werden:

- **Kompetenz als Fähigkeit und Vermögen einer Person**

Kompetenz kann naturgegeben oder erlernbar sein. Das Gros der genannten Forscher geht allerdings von einer angeborenen Kompetenz aus, die entwicklungsfähig ist. Da Kompetenz angeboren ist, ist sie ungleich zwischen den Menschen verteilt.

- **Kompetenz als Zuständigkeit und Befugnis**

Die Bedeutung der Verwendung dieser Kompetenz, die ursprünglich aus dem Bereich der Staatsorganisationslehre stammt, entwickelte sich allerdings dahin gehend, dass einer Person eine bestimmte Kompetenz zugeschrieben wird. Durch diese Zuschreibung wird die Person für Aufgaben in ihrem Arbeitsumfeld als geeignet bzw. zuständig angesehen. Beispielsweise wird einem Projektleiter die Kompetenz zugeschrieben, einen Projektplan erstellen zu dürfen. Ob er dies allerdings kann, liegt in seiner persönlichen Kompetenz.

- **Kompetenz als Wissensvoraussetzung**

Eine formale und klassische Auffassung beschreibt Kompetenz als die Summe von tätigkeitsrelevanten Qualifikationen, welche durch Zeugnisse und Abschlüsse bescheinigt werden. Diese Auffassung deckt sich mit der in dieser Arbeit verwendeten Definition von Qualifikationen. In diesem Sinne wird die Qualifikation als bescheinigte Kompetenz verstanden.

- **Kompetenz als Zugehörigkeit zu sozialen Gruppen, als Anerkennung und Verdeutlichung der Position innerhalb der Gesellschaft**

Kompetenz bekommt erst in einem sozialen Kontext eine Bedeutung. Die Interaktion zwischen Individuum und Umwelt ist entscheidend für die Kompetenzentwicklung.

Es wird deutlich, dass die Verwendung des Kompetenzterminus je nach Bezugskontext differenziert. Je nach Kontext wird der Begriff im Sinne von fähigkeits- und tätigkeitsbezogen oder zuständigkeits- und berechtigungsbezogen verwendet (vgl. Vonken 2005: 16).

Nur ein Kompetenzverständnis, das eine fähigkeits- und tätigkeitsbezogene Bedeutung einnimmt, kann als Basis für eine konvergente Kompetenzentwicklung dienen.

Darüber hinaus spielt dieses Verständnis eine wichtige Rolle in den wissenschaftlichen Disziplinen und dem aktuellen Kompetenzdiskurs, der im Folgekapitel aufgegriffen wird. **Demnach wird sich der Fokus dieser Arbeit auf diese Bedeutung richten.**

2.2 Interdisziplinäre Kompetenzauffassungen

Die Kompetenzforschung orientiert sich an einer nomothetischen und idiografischen Herangehensweise (vgl. Windelband 1894: 145). Ziel des nomothetischen Forschungsverständnisses ist der Aufbau allgemeingültiger Gesetze. Die Daten werden quantitativ durch experimentelle Methoden erhoben. Gleich der naturwissenschaftlichen Denkweise abstrahieren nomothetische Theorien von dem qualitativ unmittelbar Sichtbaren, dem Phänomen (vgl. Lange 2012: 376). Es stellt einen hohen denkerischen Aufwand dar, das Verhalten und Handeln mittels gewonnener Daten und Theorien näher zu erklären.

Das Forschungsverständnis des Idiografischen findet sich in den Sozial- und Geisteswissenschaften wieder. Nach umfassender Analyse werden qualitativ zu verstehende, spezifisch unwiederholbare Vorgänge beschrieben (vgl. Slunecko 2009: 466).

Die verschiedenen Herangehensweisen haben Auswirkungen auf die Erklärung der menschlichen Handlungsfähigkeit, die ausschlaggebend für das Kompetenzverständnis ist. *„Will man sie aus stabilen, relativ elementaren, naturwissenschaftsanalog messbaren Persönlichkeitseigenschaften erklären – oder will man die komplexe Gesamtheit kreativer, selbstorganisierter menschlicher Handlungsfähigkeit verstehen?“* (Erpenbeck 2012: 10). Die beschriebene Kontroverse ist das Spannungsfeld, in dem der Kompetenzbegriff steht: eine 100-jährige Kontroverse zwischen Bereichen einer erklärenden (nomothetischen, naturwissenschaftsanalog operierenden, quantitativ messenden) und einer verstehenden (deutenden, intentionalen, qualitativ komplexitätsorientierten) Kompetenzforschung (vgl. Erpenbeck 2012: 10). Zu diesem grundlegenden Spannungsfeld kommen noch wissenschaftstheoretische Grundparadigmen einzelner Disziplinen hinzu, welche zu unterschiedlichen Erkenntnissen und Forschungsschwerpunkten führen. Folglich nehmen Kompetenzkonstruktdefinitionen in unterschiedlichen Disziplinen einen jeweils anderen Sinn und eine andere Funktion ein.

Kompetenzkonstrukte und deren Begriffsverwendung sind auf den immanenten wissenschaftlichen Theorieansatz zurückzuführen. Sie werden in den einzelnen wissenschaftlichen Disziplinen gebildet, ihre Anwendung wird im Handeln erprobt und danach bewertet und neu organisiert (vgl. Kron 1999: 14).

Das nachfolgende Kapitel stellt das Kompetenzkonstrukt aus ökonomischer, psychologischer und pädagogischer Sicht in grundsätzlicher Betrachtungsweise dar.

Der *ökonomischen Kompetenzauffassung* wird sich in Bezug auf gängige Theorien des strategischen Managements genähert, da sich die betriebswirtschaftliche Forschung im Rahmen dessen mit der Kompetenzthematik beschäftigt. Diese Kompetenzauffassung ist aus betriebswirtschaftlicher Sichtweise das Resultat der bereits beschriebenen Veränderungen in der Arbeitswelt. Neben einer detaillierten Beschreibung des Kompetenzmanagements aus betriebswirtschaftlicher Sichtweise wird vertiefend auf die Nutzung und Vielfalt von Kompetenzmodellen eingegangen. Denn jene sind sehr häufig verwendete personalwirtschaftliche Instrumente des Kompetenzmanagements in der betrieblichen Praxis.

Da die Theorie des Wissensmanagements oftmals parallel zum Kompetenzmanagementansatz genannt wird, werden die unterschiedlichen Wissensarten sowie die Wissensentstehung durch Lernen im Prozess der Arbeit detailliert dargestellt (vgl. Erpenbeck/Sauer 2001: 33). Diese ganzheitliche Darstellung ist notwendig, um abschließend die beiden Ansätze in Bezug zueinander zu setzen und ihre Bedeutung für diese Arbeit einzuordnen. Besonders im Teilbereich der Diagnostik beim *psychologischen Kompetenzansatz* stehen kognitivistische Lerntheorien im Vordergrund (vgl. Frosch 2012: 1). Im *pädagogischen Kompetenzansatz* hingegen setzen sich konstruktivistische Annahmen durch.

In dem interdisziplinären Kompetenzdiskurs kommt es zu einer Verzahnung der unterschiedlichen Theoriestränge. Somit treffen die gegensätzlichen Annahmen beider Disziplinen aufeinander. Wenn beispielsweise kognitionswissenschaftliche Erhebungsmethoden auf konstruktivistisch geprägte theoretische Modelle treffen, ergeben sich zweifelhafte Auswertungsergebnisse und eine teilweise widersprüchliche Verwendung des Kompetenzkonstrukts (vgl. Frosch 2012: 1).

Um das Kompetenzkonstrukt der einzelnen wissenschaftlichen Disziplinen in seiner Gesamtheit zu erfassen, wird die theoretische Begriffsbestimmung nicht losgelöst von den klassischen Lerntheorien erarbeitet (vgl. ebd.: 5). Die Lerntheorien ermöglichen die Sichtweise auf Lern- und Kompetenzentwicklungsprozesse der einzelnen Disziplinen.

Die klassischen Lerntheorien[29] des Kognitivismus und des Konstruktivismus sind die Grundlage für sehr unterschiedliche Kompetenzauffassungen, deren Folge unterschiedliche Ansätze der Kompetenzerfassung und -erhebung sind. Die Lerntheorien werden hinsichtlich ihres Erklärungspotenzials in Bezug auf das zugrundeliegende Lern- und Kompetenzverständnis dargestellt. Somit werden

29 Auf die Lerntheorien des Behaviorismus und des Konnektivismus wird in dieser Ausführung nicht eingegangen. Weitere Informationen hierzu siehe Baumgartner/Kalz 2004.

die sich daraus ergebenen Differenzen und Herausforderungen herausgearbeitet und das Kompetenzkonstrukt für diese Arbeit bestimmt.

Einen eigenen inhaltlichen Schwerpunkt umfasst der Abschnitt der (beruflichen) Handlungskompetenz. Obwohl inhaltlich untrennbar von der pädagogischen Kompetenzauffassung, werden die verschiedenen Ausprägungen beruflicher Handlungskompetenzen separat verhandelt, sind sie doch für diese Arbeit und die empirische Forschungsfrage von größter Signifikanz. Aufgrund der inhaltlichen Zusammengehörigkeit bezieht sich das Zwischenresümee auf beide Abschnitte.

Als begriffliche Basis für diese Arbeit werden die thematisch relevanten Schlüsselwörter der interdisziplinären Kompetenzauffassungen nochmals aufgegriffen, gegenübergestellt und abgegrenzt.

2.2.1 Ökonomische Kompetenzauffassung

Im Rahmen der Ansätze des strategischen Managements beschäftigt sich auch die betriebswirtschaftliche Forschung mit der Kompetenzthematik. Im kompetenzorientierten Strategieverständnis wird der Beschäftigte als Träger der Kompetenzen eines Unternehmens, als strategischer Erfolgsfaktor, angesehen. Diese Ansicht ist der heutige Endpunkt einer Entwicklung, die den Wandel der Einstellung zur Arbeit aufzeigt (vgl. Garavan 2001: 147 f.). Dieser Wandel ist zudem eng mit den Veränderungen der Rahmenbedingungen verknüpft. Zu Beginn des 19. Jahrhunderts waren die Organisationen relativ stabil und die Frage nach der Anpassung der Unternehmen stand nicht im Vordergrund. Mit Zunahme der Veränderungsgeschwindigkeit der Unternehmensumwelt ist die Anpassung des Unternehmens an diesen Wandel wettbewerbsentscheidend geworden. Eine Entwicklungsebene im Unternehmen ist die Entwicklung der Fähigkeiten der Mitarbeiter. Weiterbildung ist eine Form, wie Unternehmen ihre Organisation an die Veränderungen anpassen.

Die Ressource Mensch gilt als bedeutendste Quelle organisationalen Wissens und gewinnt somit immensen Einfluss auf den wirtschaftlichen Erfolg eines Unternehmens. Gleich anderen Kapitalformen erfordert auch das Humankapital strategische und ganzheitliche Planung, damit es wirkungsvoll eingesetzt werden kann (vgl. Haubrock/Öhlschlegel-Haubrock 2009: 15). Dies ist die Aufgabe eines strategischen Personalmanagements, welches definiert wird als *„Summe personeller Gestaltungsmaßnahmen zur Verwirklichung der Unternehmensziele“* (Bühner 2004: 224).

Der Begriff Personal umfasst jene Menschen, die in einem Unternehmen mit der Erfüllung der Unternehmensaufgaben betraut werden (vgl. Weber et al.

2005: 228). Im angelsächsischen Bereich wird der Begriff Personal bzw. Personalbereich mit dem Terminus Human Ressource bzw. Human Ressource Management (HRM) übersetzt (vgl. Oechsler/Paul 2015: 72).

Die Inhalte, Ziele und Methoden des Personalmanagements haben sich seit der Herausbildung von Personalabteilungen im 19. Jahrhundert fundamental gewandelt. Bis in die 1980er-Jahre waren personalpolitische Aufgaben in der Stabsabteilung Personalwesen angesiedelt. Administrative und operative Aufgaben (Personaleinstellung, Lohn- und Gehaltsabrechnung) wurden in der sogenannten Personalabteilung/Personaladministration erledigt, welche kaum Einfluss auf unternehmenspolitische Entscheidungen hatte (vgl. Holtbrügge 2007: 1 f.). In dieser traditionellen, betrieblichen Instrumentalfunktion des Personalwesens kommt dem arbeitenden Menschen zweifellos *„eine zentrale Stellung im Betrieb zu. Aber vom Standpunkt der Betriebswirtschaftslehre ist er nicht Zweck, sondern Mittel, einer der Faktoren, die zur Realisierung der mit dem Betriebsprozess erstrebten praktischen Zielsetzungen eingesetzt wird"* (Wöhe/Döring 2002: 32). Gemäß TAYLORs Theorie wird der Beschäftigte als Produktionsfaktor angesehen, dessen Arbeitsleistung es zu optimieren gilt. Der schon beschriebene Wandel des Beschäftigten und der Wunsch nach Optimierung von Arbeitsleistung in Unternehmen erklären ebenfalls die Entwicklung der Personalverwaltung hin zum Personalmanagement, das als gesamtunternehmerische Aufgabe verstanden wird, die alle Organisationsmitglieder erfüllen (vgl. Wunderer/von Arx 1998: 26 ff.). Der Wandel des Personalwesens wird sich zukünftig dahingehend verstärken, dass dem Beschäftigten noch mehr unternehmerische Verantwortung übertragen wird und das Personalwesen weiter mit einer Dezentralisierung, Internationalisierung und Flexibilisierung zu rechnen hat (vgl. Kolb 1998: 16).

2.2.1.1 Kompetenzmanagement

Die Theorie des Kompetenzmanagements befasst sich mit den Ursachen wie Kompetenzen, das heißt, die individuelle Fähigkeit in unbekannten Situationen selbstorganisiert zu handeln, unter Einbeziehung von psychologischer und/oder soziologischer Methoden erfasst, entwickelt und in soziale Handlungszusammenhänge eingeordnet werden können (vgl. Erpenbeck 2010: 18).

Somit hat das Kompetenzmanagement im Unternehmen zum Ziel *„die Potentiale, die jedes Unternehmen aufgrund vorhandener Mitarbeiterfähigkeiten und -fertigkeiten hat, effektiv zu nutzen und darauf basierend die für eine nachhaltige Wettbewerbsfähigkeit notwendigen Kompetenzen zu entwickeln. Kompetenzmanagement geht als Kernaufgabe wissensorientierter Unternehmensführung über* *das traditionelle Verständnis von Aus- und Weiterbildung hinaus, indem Lernen, Selbstorganisation, Nutzung und Vermarktung der Kompetenzen integriert werden"* (North/Reinhardt 2005: 15).

Der Themenbereich des Kompetenzmanagements greift auf verschiedene Ansätze zurück. Ausgangspunkt sind die Konzepte des ressourcenbasierten Ansatzes, des lernorientierten Ansatzes und des Wissensmanagements (vgl. Probst et al. 2006). Im Wesentlichen wird im Kompetenzmanagement zwischen ressourcen- und lernorientiertem Ansatz unterschieden.

Die erste Perspektive, der **ressourcenorientierte Ansatz** (Resource-Based-View[30]), liefert Erkenntnisse über langfristige unternehmerische Erfolgsursachen sowie diese fördernde Maßnahmen. In diesem Ansatz wird davon ausgegangen, dass das Innenverhältnis bzw. die Ressourcen des Unternehmens zum Wettbewerbsvorteil führen (vgl. Makhija 2003: 433). Die organisationalen Fähigkeiten eines Unternehmens sind entscheidend für seine Heterogenität und die Nutzung der eigenen Möglichkeiten gegenüber Wettbewerbern. Denn nach der Identifikation der unternehmerischen Ressourcen können das unternehmerische Verhalten und die Wettbewerbsstrategie abgeleitet werden. Bei diesem Ansatz werden die internen Ressourcen, die interne Wirkungskette und nicht der externe Markt beachtet (vgl. Vogt 1995: 37 f.). Zur Erreichen eines Unternehmenserfolgs wird die effektive Organisation der unternehmenseigenen Ressourcen vor die Branchenausrichtung und die strategische Positionierung gestellt (vgl. Peteraf 1993: 185). Diese Ausrichtung setzt einen Gegenpol zum ausschließlich marktorientierten Ansatz der strategischen Unternehmensführung (vgl. Fichtner 2008: 47).

Der **lernorientierte Ansatz** (Competence-Based-View) fokussiert die Kompetenz einer Person. Das Individuum wird als Kompetenzträger für den Unternehmenserfolg wahrgenommen. Somit verbindet dieser Ansatz die beiden Sichtweisen auf das Außen- und Innenverhältnis eines Unternehmens. Dies liegt darin begründet, *„dass im Bereich der Ressourcen einer Unternehmung eine starke Betonung der Kompetenzen erfolgt, denen eine Brückenfunktion zwischen beiden Sichtweisen zufällt"* (Freiling 2001:158). Wie aufgeführt, stellen die Ressourcen

---

30 Es wird von Ressourcen im Sinn des Resource-Based-Ansatzes gesprochen, wenn (in Märkten beschaffbare) Inputgüter durch Veredlungsprozesse zu unternehmenseigenen Merkmalen für Wettbewerbsfähigkeit weiterentwickelt werden und die Möglichkeit besteht, Rivalen von der Nutzung dieser Ressourcen in nachhaltiger Weise auszuschließen (Freiling 2001: 22).
„Inputgut steht für diejenigen Güter, die der Unternehmung zum Einsatz in Prozessen und zur Erstellung interner oder externer Leistungen dienen. Die Inputgüter umfassen alle (Produktions-)Faktoren und alle Ressourcen, die einer Unternehmung zur Verfügung stehen" (Freiling 2001: 20).

die Unternehmensstärke dar, da ihre Anwendung den Erfolg des Unternehmens auf dem Markt bestimmt. Die Kompetenzen hingegen geben Auskunft darüber, ob die Ressourcen des Unternehmens zukunftsorientiert genutzt und ob deren Wettbewerbspotenziale ausgeschöpft werden (vgl. Freiling 2002: 17 f.).

Kompetenzen werden hierbei als Fähigkeiten zum Aufbau und zur Nutzung der Ressourcen zum Unternehmenserfolg gesehen (vgl. Baumann 2012: 11). Dieser Ansatz fokussiert die Kompetenzauffassung auf organisationale und nicht auf individuelle Fähigkeiten. Kompetenzentwicklung ist unabdingbar für das Unternehmen, denn wenn es diesem an Kompetenzen mangelt, dann bleiben die Ressourcen und das damit verbundene (Wettbewerbs-)Potential ungenutzt (vgl. Freiling 2002: 17 f.).

Im Mittelpunkt dieses Ansatzes steht nicht mehr die statische Sichtweise auf vorhandene Ressourcen, sondern eine prozessorientierte Betrachtung der Kompetenzentwicklung. Kompetenzen entstehen durch die Anwendung von Ressourcen und werden konkreten marktlichen Verwertungsmöglichkeiten zugeführt (vgl. Friedrich et al. 2002: 36).

Hierbei wird deutlich, dass sich Kompetenzen wie auch Organisationen durch veränderte Rahmenbedingungen wandeln (vgl. Freiling 2001: 34).

Dies ist möglich durch **Dynamic Capabilities**, welche eine Anpassung und Weiterentwicklung der Kompetenzbasis eines Unternehmens ermöglichen (vgl. Eisenhardt/Martin 2000: 1107). Jene Auffassung setzt ebenfalls an der Dynamik, Veränderbarkeit und Weiterentwicklung von Kompetenzen an, ohne die eine Zukunftsfähigkeit des Unternehmens nicht gewährleistet werden kann. Ein alleiniger Aufbau neuer Kompetenzen ist dabei nicht ausreichend, sondern muss um die Weiterentwicklung bereits bestehender Kompetenzen ergänzt werden (vgl. Floyd/Lane 2000: 155).

Kompetenzmanagement wird nicht nur aus verschiedenen Perspektiven betrachtet, sondern findet auf unterschiedlichen **Ebenen** statt. Kompetenzmanagement erfolgt auf der normativen, strategischen und operativen Ebene (vgl. Baumann 2012: 11). Auf der normativen Ebene werden die Unternehmensziele und die zu Erlangung notwendigen Kernkompetenzen definiert. Auf der strategischen Ebene werden die definierten Kompetenzen mit denen im Unternehmen vorhandenen Kompetenzen abgeglichen. Für diese Analyse werden das Unternehmenskompetenzmodell, funktionsspezifische Kompetenzprofile und Kompetenzkataloge entwickelt. Auf der operativen Ebene werden anhand der entwickelten Instrumente die individuellen Kompetenzen der Mitarbeiter erhoben, gemessen, entwickelt und gefördert. Maßnahmen zur Kompetenzentwicklung und -förderung werden in dieser Arbeit auf ihre Wirksamkeit überprüft.

Eine andere Sichtweise auf das Kompetenzmanagement ist, dass jenes die **Handlungsbereiche** der individuellen (operational) und organisationalen (normativ und strategisch) Ebene umfasst (vgl. Mauch 2004: 14).

Auf der individuellen Kompetenzmanagementebene findet der individuelle Kompetenzaufbau statt. Dieser wird aus der Lebens- und Lernbiografie eines Individuums zusammen mit der gezielten Qualifizierung und der Einbeziehung der Umwelt gebildet. Die Personal- und Organisationsentwicklung fördert das individuelle Kompetenzmanagement, indem nicht nur Gestaltungsraum für die individuelle Motivation, sondern auch für konkrete Handlungsmöglichkeiten aufgezeigt wird (vgl. Mauch 2004: 14 f.). Auf der organisationalen Ebene vernetzen sich die individuellen Fähigkeiten und Fertigkeiten mit den organisationalen Prozessen. Somit wird das Wissen dem gesamten Unternehmen zugänglich gemacht (vgl. Mauch 2004: 15).

Die wesentliche Aufgabe des strategischen Kompetenzmanagements liegt in der Zusammenführung von individueller und organisationaler Ebene, so dass sich vier konkrete **Aufgaben** für das Kompetenzmanagement ergeben: (vgl. North/Reinhardt 2005: 16):

a) Repräsentation
Vorhandene Kompetenzen werden auf Unternehmens- und Mitarbeiterebene strukturiert erfasst und dokumentiert. Dadurch wird Transparenz geschaffen.

b) Reflexion
Der erfasste Kompetenzbestand wird analysiert und bewertet. Auf dieser Basis werden betriebliche Maßnahmen zur zielgerichteten Verbesserung abgeleitet.

c) Verteilung
Um die Verfügbarkeit der Kompetenzen zu erhöhen, werden jene über die organisationalen Projekt-, Prozess- und Steuerungsebenen verbreitet.

d) Entwicklung
Der organisationale und personelle Lernprozess wird durch die unternehmerisch gesteuerte Kompetenzentwicklung verbessert. Diese findet unter Berücksichtigung des vorhandenen Potenzials und den zukünftigen Anforderungen statt.

2.2.1.2 Kompetenzmodelle

Kompetenzmodelle sind ein zentraler Bestandteil des unternehmerischen Kompetenzmanagements. Sie sind die strategische und theoretische Basis für alle Personalentwicklungsaktivitäten. Ein Kompetenzmodell dient der systematischen Darstellung von Kompetenzen. Diese werden gruppiert und klassifiziert und mit ihren Merkmalen im Kompetenzmodell abgebildet. Anhand dieses Modells werden dann aktuell und zukünftig benötigte Kompetenzen abgeleitet. Somit kommt einerseits die strategische Komponente des Kompetenzmodells zum Tragen und andererseits werden mit dem Modell die Voraussetzungen für die Messung aktueller Kompetenzen sowie deren Entwicklung geschaffen (vgl. Sprafke 2011: 1 f.).

Die Pädagogik öffnet sich ebenfalls der kompetenztheoretischen Erweiterung, um Lernergebnisse und Kompetenzniveaus durch Kompetenzmodelle messen zu können. Ein wesentliches Unterscheidungskriterium für Kompetenzmodelltypen ist das Kriterium der Allgemeingültigkeit.

Dahingehend lassen sich verschiedene Typen von Kompetenzmodellen unterscheiden:

Allgemeines übergreifendes Kompetenzmodell

Dieser Typus eines Kompetenzmodells basiert auf einer allgemeingültigen und breitangelegten Taxonomie oder Systematik von beruflichen Anforderungen und Verhaltensweisen (vgl. Klug 2011: 66). Berufliche Anforderungen und Verhaltensweisen werden gebündelt und in diesem Modell zusammengefasst.

Es ist Ziel des Modells einen Überblick über die Kompetenzen zu geben, die zur Bewältigung von beruflichen Herausforderungen benötigt werden. Verhaltensweisen können nach folgenden Kriterien gebündelt werden:

- Zeitgleiches und gemeinsames Auftreten
- Gemeinsamkeit in Erscheinungsbild oder Verhaltensart (beispielsweise kommunikative, physische Fähigkeiten)
- Gemeinsame Funktion: gemeinsame Wirkung oder gemeinsames Vorhandensein damit die gleiche Wirkung auftritt (vgl. Klug 2011: 66).

Für den qualitativen Nachweis von Kompetenzen hat sich vor allem in der betriebswirtschaftlichen Praxis das allgemeine Kompetenzmodell namens Kompetenzatlas der Kompetenzforscher HEYSE und ERPENBECK dargestellt in Abbildung 6, als geeignete Methode erwiesen (vgl. Bäcker/Zawacki-Richter 2012: 94). Hierbei werden 64 Einzelkompetenzen in vier Kompetenzklassen bzw. -typen eingeteilt. Diese bestehen wiederum aus vier Kompetenzen, die sich jeweils mit der nächsten Kompetenzklasse überschneiden (vgl. Heyse/Erpenbeck 2004: XXI).

Gerade durch diese Überschneidung wirkt das Modell unsystematisch und widersprüchlich. Die Bedeutungen der Einzelkompetenzen lassen sich nicht immer klar trennen (vgl. Klug 2011: 66). Eine Trennung der Kompetenzen wurde von HEYSE und ERPENBECK allerdings mit diesem Modell absichtlich nicht berücksichtigt, da die Einzelkompetenzen in der Praxis selten isoliert oder gesondert auftreten (vgl. Heyse/Erpenbeck 2007: 25). Demnach sind in dem Modell

Überschneidungen bzw. Schnittmengen der Kompetenz durchaus gewollt. Hinzu kommt, dass dieses Modell, welches von Wissenschaftlern und Praktikern zusammen entwickelt wurde, an Erhebung, Umfang, Struktur und Zuordnung einmalig ist und somit ein umfassenderes Bild im Vergleich zu anderen Modellen[31] liefert.

Abbildung 6: Kompetenzatlas mit 64 Kompetenzen, die wiederum 4 Schlüsselkompetenzen zugeordnet sind (vgl. Heyse/Erpenbeck 2007: 27)

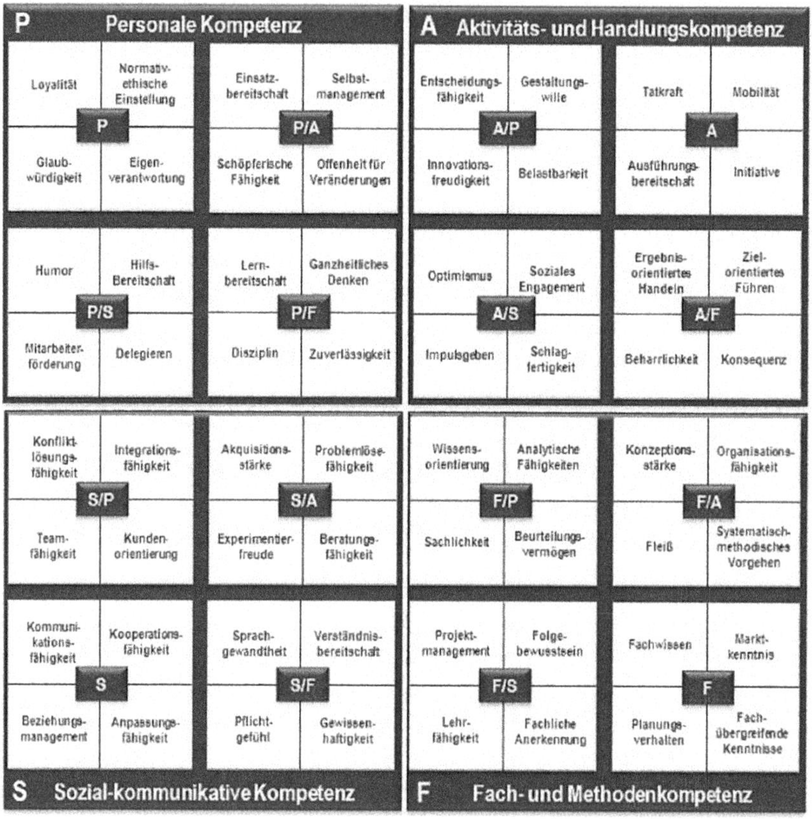

31 Weitere Modelle:
1. ASSESS Kompetenzbibliothek 38 Kompetenzen, die den drei Grundstilen Denk-, Arbeits- und Beziehungsstil zugewiesen werden (vgl. Scheelen/Bigby 2011).
2. Der Soft Skills Würfel: 26 Kompetenzen (soft skills), die sechs, anstatt den klassischen vier Schlüsselkompetenzen zugewiesen werden (vgl. Moritz/Rimbach 2006).

In der unternehmerischen Praxis wird auf das **funktions- und rollenspezifische Kompetenzmodell** zurückgegriffen, welches eine Spezialisierung des allgemeinen, übergreifenden Kompetenzmodells des Kompetenzatlas darstellt. Funktionsspezifische Kompetenzmodelle umfassen allgemeingültige und übergreifende Verhaltensweisen und Anforderungen für Zielgruppen mit demselben Funktionsbereich (Bspw. Führungskräfte, Fachexperten[32] oder Vertriebsfunktion usw.) (vgl. DGFP 2009: 29 f.). Rollenspezifische Kompetenzmodelle konkretisieren die Anforderungen und Verhaltensweisen einer Rolle (Bspw. innerhalb der Funktion Führungskraft: Führungskräfte im Bereich Personal, Führungskräfte im Bereich Vertrieb usw.).

Dieses Modell wird häufig für die Führungskräfteerkennung[33] genutzt und beschreibt die benötigten Anforderungen an die Rolle, um in der Funktion erfolgreich zu sein (vgl. Pfadenhauer 2010: 151). Durch die geringe Unternehmensspezifität dieses Modells entsteht ein hohes Abstraktionsniveau, was wiederum die Identifikation und die Akzeptanz des Mitarbeiters mit diesem Modell verringert (vgl. Paschen 2003: 40 f.).

Kompetenzstrukturmodell

Dieses Kompetenzmodell befasst sich mit dem Konstrukt Kompetenz, mit seiner Dimensionalität und Struktur (vgl. Schaper 2011: 42).

---

32 Fachexperten sind verantwortlich für die Produkte des Unternehmens. Eine Unterscheidung der Fach- und Führungskräfte ist wichtig, da selten bei ein und derselben Person die Fach- und Führungskompetenz gleichermaßen ausgeprägt ist. Hinzu kommt, dass unterschiedliche Positionen im Unternehmen ebenfalls unterschiedliche Kompetenzausprägungen verlangen (vgl. Bohinc 2008: 28 f.). Die Förderung von Fachexperten innerhalb ihrer Laufbahn wird Fachexpertenlaufbahn oder auch Fachkarriere genannt. „Eine Fachkarriere ist durch zwei Elemente gekennzeichnet: Mit jedem Karriereschritt steigen die Anforderungen an die Tätigkeit, und die Kompetenz des Mitarbeiters nimmt zu. Damit wächst die Bedeutung für die Wertschöpfung im Unternehmen und das Ansehen des Mitarbeiters steigt" (Bohinc 2008: 18). Diesem Karrieremodell stehen noch die Karrieremodelle der Führungs- und Projektkarriere gegenüber, falls die Projektkarriere nicht der Fachkarriere zugeordnet wird (vgl. Friedli 2002: 29).

33 Führungskräfteentwicklung richtet sich an die Personengruppe der Manager im Unternehmen. Sie umfasst die Weiterbildung und Förderung der Führungskräfte und ist ein Teilbereich der Personalentwicklung (vgl. Han 2005: 20). Da das Unternehmen an ihre Führungskräfte spezifische Anforderungen stellt, gehen die Fördermaßnahmen über standardisierte, betrieblich abgestimmte Seminarbausteine der betrieblichen Aus- und Weiterbildung hinaus. Individuell abgestimmte Elemente wie Coaching, Mentoring und Projektarbeiten sind gängig (vgl. Becker 2005: 58).

Auf normativer Ebene werden Kompetenzfacetten wie Kompetenzbereiche und Kompetenzausprägung kategorisiert. Die Gliederung folgt einer Beschreibung der Fähigkeiten, über die ein Schüler oder ein Mitarbeiter verfügen sollte (vgl. BMBF 2007: 81). Diese normative Beschreibung von Kompetenzarten ist auch in den Deutschen Nationalen Bildungsstandards wiederzufinden (vgl. KMK 2004).

Das deskriptive Kompetenzstrukturmodell beschreibt das Fähigkeitsmuster der Kompetenzfacetten eines Schülers oder eines Mitarbeiters, mit dem dessen Verhalten bei der Überwindung von Problemen und Herausforderungen erklärt bzw. rekonstruiert werden kann (vgl. Schecker 2006: 105).

Kompetenzniveaumodell

Die Dimensionen und die Binnenstruktur des Kompetenzkonstrukts werden durch das Kompetenzstrukturmodell geklärt. Auf dieser Basis werden die Kompetenz- bzw. Leistungsniveaus im Kompetenzniveaumodell definiert (vgl. Jung 2010: 92 f.).

In Hinblick auf die unterschiedlichen Ergebnisse von Bildungsprozessen kennzeichnen und differenzieren die einzelnen Niveaus unterschiedliche Ausprägungsgrade der Kompetenz (vgl. Hemmer et al.: 2012: 125). Es werden die inhaltlichen Anforderungen beschrieben, die auf dem jeweiligen Niveau mit einem bestimmten Schwierigkeitsgrad zu bewältigen sind. Diese Anforderungen können mit einem kriterienorientierten Test abgefragt werden. Daher wird in diesem Kompetenzmodell von einer eindimensionalen Kompetenzauffassung ausgegangen (vgl. Schaper 2011: 43). Mit diesem Modell werden allerdings nicht die Kompetenzentwicklungsstufen beschrieben.

Kompetenzentwicklungsmodell

Dieses Modell beschreibt nicht die konkrete Abfolge von Kompetenzentwicklungsphasen, sondern orientiert sich an Schlüsselkompetenzen, die im Laufe eines Kompetenzerwerbs vorhanden sein sollten (vgl. Klicpera et al. 2007: 26). Für die Analyse, in welcher Stufe ein Kompetenzerwerbsprozess realisierbar und welcher Ausprägungsgrad auf der jeweiligen Stufe vermittelbar bzw. zu erwarten ist, wird meist auf das Kompetenzniveaumodell zurückgegriffen. Dieses sollte allerdings einer theoretischen und empirischen Überprüfung unterzogen werden, ob die Niveaus *„auch im Sinne einer entsprechenden Entwicklungs- bzw. Aneignungslogik interpretiert werden können“* (Schaper 2011: 44). Die Überprüfung kann anhand von kognitions- und lerntheoretischen Ansätzen durchgeführt werden.

Unternehmensbezogenes Kompetenzmodell

Diese Kompetenzmodelle sind nicht spezifisch auf einen Beruf oder eine Teilaufgabe im Unternehmen ausgerichtet, sondern umfassen einen Geltungsbereich für ein gesamtes Unternehmen (vgl. Kromrei 2006: 23). Das Modell wird auch mit dem Begriff „one-size-fits-all competency model" (Mansfield 1996: 7 ff.) umschrieben. Die beschriebenen Kompetenzen umfassen einen möglichst großen Gültigkeitsrahmen für Positionen innerhalb eines Unternehmens. Demnach finden berufsspezifische Kompetenzen kaum Berücksichtigung.

Die meisten unternehmerischen Kompetenzmodelle weisen einen organisationsübergreifenden und funktionsbereichsspezifischen Ansatz auf. Der Ansatz ermöglicht eine unternehmensweite und positionsspezifische Sprache, da Kompetenzen für einzelne, signifikante Tätigkeiten beschrieben werden (vgl. Kromrei 2006: 23).

Dieses deskriptive Kompetenzmodell beantwortet die Frage, wie sich unternehmensinterne Kompetenzen und Fähigkeiten unter den ständig veränderten Rahmenbedingungen bestmöglich einsetzen lassen, da durch dieses Kompetenzmodell die *Dynamic Capabilities*[34] des Unternehmens dargestellt werden. Diese machen eine Aussage über die unternehmerische Fähigkeit der Verknüpfung organisatorischer Prozesse (Integrations-, Rekonfigurations- und Lernprozesse) mit internen Ressourcen (vgl. Burmann 2005: 298), welche für den zukünftigen Unternehmenserfolg entscheidend sind.

Unternehmensbezogene Kompetenzmodelle beschreiben meist die vier Dimensionen der Sozial-, Sach-, Methoden- und Personalkompetenz oder weisen eine weniger geglückte, unternehmensintern erstellte Klassifikation berufsrelevanter Kompetenz auf (vgl. Klug 2011: 67). Diese Dimensionen werden dann mit Kriterien verbunden, welche wiederum messbare, überprüfbare Merkmale aufweisen. Beispielsweise weist die Dimension der sozialen Kompetenz als Kriterium die Kommunikation auf, die durch das beobachtbare Verhalten des logischen Argumentierens und/oder das Eingehen auf den Gesprächspartner (vgl. Müller 2010: 150) wieder messbar wird.

Dennoch weisen diese Modelle meist nur vermeintliche unternehmensspezifische, positionsübergreifende Anforderungen auf. Denn es existieren

34 "We define dynamic capabilities as the firm's ability to integrate, build, and reconfigure internal and external competences to address rapidly changing environments. Dynamic capabilities thus reflect an organization's ability to achieve new and innovative forms of competitive advantage given path dependencies and market positions" (Leonard-Barton 1992: 11).

viele unterschiedliche Positionen mit differierenden Anforderungsprofilen im Unternehmen, so dass ein unternehmensweit gültiger Anforderungs- und Leistungsstandard nicht gewährleistet werden kann (vgl. Klug 2011: 67). Dafür sind jedoch konkret die **positionsspezifischen oder Single-Job-Kompetenzmodelle** geeignet. Hierbei ist das Kompetenzmodell mit einem Anforderungsprofil für eine Stelle oder eine Position gleichzusetzen. Aufgrund dieser stellenspezifischen Beschreibung ist die Übertragung des Modells auf eine andere Position oder gar auf das gesamte Unternehmen ausgeschlossen (vgl. Mansfield 1996: 8 ff.). Dadurch entsteht eine größere Akzeptanz seitens der Mitarbeiter für das Modell, denn sie identifizieren sich in stärkerem Maße damit (vgl. Paschen 2003: 40 f.).

Es ist gängige wissenschaftliche Auffassung, dass Kompetenzmodelle das Potential besitzen, das Grundparadigma des Personalmanagements zu werden, da sie Transparenz geben und ein Bezugssystem für die Personalentwicklung bilden (vgl. Müller-Vorbrüggen 2010: 10). Dahinter steht auch die Hoffnung der Organisationen mit Kompetenzmodellen die Fähigkeiten der Mitarbeiter als gezielten Beitrag zum Unternehmenserfolg identifizieren, bewerten und fördern zu können (vgl. Kromrei 2006: 23).

Wie deutlich wurde, sind Kompetenzmodelle im weitesten *Sinne „ein messbares Muster an Wissen, Fähigkeiten, [...]. Fertigkeiten, [...]. die eine Person zur effektiven Leistungserbringung und zur Problemlösung [...]. aufweisen soll“* (Sonntag/Schmidt-Rathjens 2005: 55).

Zum einen existieren operative Modelle zur Messung von Kompetenzen und zum anderen deskriptive Modelle, welche die Handlungsfähigkeit eines Unternehmens analysieren, da durch jene die *Dynamic Capabilities* des Unternehmens beschrieben werden. Die dargestellten Kompetenzen werden dann auf die Mitarbeiterschaft heruntergebrochen und individuell auf die Mitarbeiter bezogen. Eine effektive Qualifizierung ist nur auf der Basis eines unternehmerischen Kompetenzmodells möglich, das angibt, welche Kompetenzen zukünftig für das Unternehmen bedeutend sind.

Kompetenzmodelle beschreiben valide und genau die Fähigkeiten, die für die Bewältigung bestimmter Aufgaben und Anforderungen benötigt werden. Dies ermöglicht eine differenzielle Betrachtung der einzelnen Leistungen (vgl. ebd.). Diese Methode stößt allerdings an ihre Grenzen, wenn die individuelle Befähigung als Indikator für Handlungskompetenz abgebildet werden soll (vgl. Breuer 2006: 201). Denn im Kompetenzmodell wird konkretes qualifiziertes Handeln in einem Handlungszusammenhang abgebildet. Kompetenzmodelle bieten einen funktionalen Zugang, der an die Wahrnehmung von beruflichen Handlungssituationen in ihrer betrieblichen Komplexität gebunden ist, indem das Niveau des individuellen Handelns selbst im Mittelpunkt steht (vgl. ebd.).

Das funktions- und rollenspezifische Kompetenzmodell beschreibt allgemeine, berufsunspezifische Kompetenzen, minimiert aber durch eine höhere Unternehmensspezifität die Kritik an dem zu hohen Abstraktionsniveau des organisationsübergreifenden und funktionsbereichsspezifischen Ansatzes und sieht gleichzeitig Freiraum für Fachkompetenzergänzungen vor (vgl. Mansfield 1996: 7 ff.). Somit dient dieser Ansatz als Grundlage für mehrere Tätigkeitsfelder, aber auch für stellenspezifische Kompetenzmodelle (vgl. ebd. 9 ff.). Dies bringt Sicherheit mit sich, gerade in unruhigen Zeiten des dynamischen Wandels. Allerdings gibt es auch hier wissenschaftliche Gegner, die sich gegen diese Bewegung aussprechen und postulieren, Kompetenzmodelle stellen keine überzeugende Alternative zu Klassifikationssystemen dar (vgl. Schuler 2001: 62). Vor allem seien sie nicht zukunftsorientiert, da die meisten unternehmerischen Kompetenzmodelle auf Führungskompetenzen[35] ausgelegt seien.

Auch hier ist darauf hinzuweisen, dass der Begriff des Kompetenzmodells unterschiedlich genutzt wird. Es ist irreführend, dass mit dem Terminus des Modells ein allgemeingültiges, wissenschaftlich fundiertes Forschungsergebnis assoziiert wird, gleich dem Atommodell oder dem Periodensystem der Elemente (vgl. Klug 2011: 65). Falls keine inhaltliche Definition des Terminus Kompetenzmodell vorliegt sind die Begriffe der Kompetenzsystematik, des Kompetenzkataloges oder des Anforderungsprofils zu verwenden (vgl. ebd.).

Deskriptive Modelle weisen eigene Strukturmerkmale auf. Dahingehend können normative Kompetenzstrukturmodelle als Ausgangspunkt für empirische Studien angenommen werden, da durch jene das „typische Fähigkeitsmuster“ zur Problemlösung beschrieben wird. Dieser Punkt wird im empirischen Teil zur Entwicklung eines konvergenten Modells aufgegriffen. Gemeinsam ist den meisten Kompetenzmodellen, dass sie verschiedene Kompetenzdimensionen umfassen, denen wiederum Kriterien zugewiesen werden, die durch Merkmale überprüfbar werden (vgl. Müller 2010: 150). Demnach ist der praktische Nutzen dahingehend gegeben, durch das Modell aktuelle und zukünftige Kompetenzen innerhalb des Unternehmens bestimmen zu können, ebenso einen Kriterienkatalog für die Mitarbeiterkompetenzen. Daraus wiederum kann die Mitarbeiterentwicklung abgeleitet werden. ARNOLD und SCHÜSSLER (2001) sehen eine Kompetenzanalyse auf Basis von Kompetenzmodellen als Messver-

35 Nach dem Kompetenzatlas von Heyse/Erpenbeck wird Führungskompetenz als eine Teilkompetenz der personalen, sozial-kommunikativen, Aktivitäts- und Handlungskompetenz sowie der Fach- und Methodenkompetenz aufgefasst. Teilkompetenzen sind komplexe, aber keine eigenständigen Kompetenzen. Sie bestehen aus den Facetten der vier genannten (Basis-)Kompetenzklassen (vgl. Heyse/Erpenbeck 2007: 25).

fahren sehr kritisch, denn bei genauerer Betrachtung sei es eine „*Bewertung und Zuordnung bisheriger empirischer Methoden in ein – theoretisch nicht hinreichend begründetes Raster*" (Arnold/Schüssler 2001: 67). Wird der Kritik nachgegangen, dann bliebe offen, mit welchem Instrument Kompetenzen analysiert werden (vgl. ebd.).

2.2.1.3 Wissensmanagement

Der Begriff des Wissensmanagements wird häufig im Zusammenhang mit dem des Kompetenzmanagements verwendet.

Kompetenzmanagement beschreibt auf der normativen Ebene, welches Wissen welche Personen haben bzw. erwerben müssen. Die operative Ebene beschreibt, wie dieses Wissen erworben bzw. erschaffen wird.

Zugleich ist die Verzahnung mit theoretischen Konzepten des organisationalen Lernens sehr eng. Demnach werden nun Verzahnung und Abgrenzung aufgezeigt.

Neues Wissen und Erfahrungen, welche innerhalb von organisationalen (Lern-)Prozessen generiert werden, fließen in die Wissensbasis einer Organisation ein. Diese individuellen und kollektiven Fähigkeiten und Kenntnisse bilden die organisationale Wissensbasis und sind notwendig zur Handlungs- und Problemlösungsfähigkeit neuer Prozesse (vgl. Jumpertz 2007: 7). Durch das dynamische und komplexe Zusammenspiel von Individuum, Kollektiv und Organisation verändert und erweitert sich die organisationale Wissensbasis. Diese ist wettbewerbsentscheidend für das Unternehmen, da sie die Basis für den Unternehmenserfolg bildet. Sie ist zwar nicht personengebunden, kann aber nur in Abhängigkeit von ihr gebildet werden (vgl. Neumann 2000: 75).

Wissen wird neben „*Kapital und Arbeit zu einem konstitutiven Element und Mechanismus von modernen Gesellschaften*" (Kirchhöfer 2004: 59). Eine allgemeine Beschreibung von Wissen sagt aus, dass Wissen an ein kognitives System und kontextgebunden ist. Es entsteht durch einen Reflexionsprozess der Interpretation und Beobachtung. Dadurch wird ein Ordnungsrahmen für Verhaltensweisen und zukünftige Ereignisse geschaffen (vgl. Favre-Bulle 2001: 98 f.; Neumann 2000: 69).

Neben dieser allgemeinen Beschreibung von Wissen sind weitere wichtige **Arten von Wissen** zu unterscheiden:

Explizites Wissen ist das Resultat von institutionalisierter und traditioneller Weiterbildung und die Grundlage für berufliches Handeln. Es befähigt allein allerdings nicht zur Handlung. Explizites Wissen ist eine „ *Sammlung in sich geordneter Aussagen über Fakten und Ideen, die ein vernünftiges Urteil oder ein experimentelles Ergebnis zum Ausdruck bringen und anderen durch irgendein Kommunikationsmedium in systematischer Form übermittelt werden*" (Bell

1976: 180). Nach STAUDT und KRIEGESMANN (1999) kann explizites Wissen, also Fachwissen, nicht beliebig abgerufen werden und hat eine sinkende Verwertbarkeit (vgl. Staudt/Kriegesmann 1999: 34). Dafür kann es leicht vermittelt und verwendet werden, da es sich sprachlich gut darstellen und kommunizieren lässt (ebd.). Deklaratives Wissen meint Sach-, Regel- und Fachwissen und ist somit explizites Wissen. Es ist ein zustandsorientiertes Wissen um Fakten und regelhafte Zusammenhänge, das auf dieser Basis diskutierbar ist (vgl. Kittel et al. 2004: 220).

Implizites Wissen hingegen *„ist sehr persönlich und entzieht sich dem formalen Ausdruck, es läßt sich nur schwer mitteilen“* (Nonaka/Takeuchi 1997: 18). Diese Form des Wissens wird durch persönliche Wertesysteme geprägt und basiert auf Erfahrungen und Erlebtem. Daher ist es auch nicht direkt artikulierbar (vgl. Kirchhöfer 2004: 60). Implizites Wissen ist einerseits das Resultat von „learning by doing“, andererseits aber auch die Verinnerlichung von Idealen und Werten. Somit wird die geistige und körperliche Dimension des Begriffs deutlich.

Die beiden japanischen Wissensforscherinnen Ikujiro NONAKA und Hirotaka TAKEUCHI sehen in der Verwandlung von implizitem in explizites Wissen den Erfolg jedes Unternehmens. Denn Unternehmen basieren auf der Interaktion aller Mitarbeiter. Daraus folgt, dass Kreativität und Wissen nur durch die Einbeziehung des impliziten Wissens aller Beteiligten entstehen können (Nonaka/Takeuchi 1997: 18). Ähnlich der Unterscheidung in explizites/implizites Wissen existiert die Klassifizierung nach deklarativem und prozeduralem Wissen (vgl. Kirchhöfer 2004: 60). Prozedurales, implizites Wissen ermöglicht einer Person, einen Handlungsprozess einzuleiten und dabei strategisch vorzugehen. Es ist eine Fertigkeit bzw., Fähigkeit, die aus impliziten Regeln besteht (vgl. Winter 1992: 96). Sobald ein Handlungsprozess notwendig wird, reicht deklaratives Wissen nicht mehr aus und es gilt als Basis für prozedurales Wissen. Demnach wird die Anwendung von deklarativem Wissen erst mit prozeduralem Wissen ermöglicht (vgl. Kittel et al. 2004: 220).

Organisationales Wissen

Der Mensch, sein Lernumfeld und die Förderung der Lernfähigkeit stehen im Fokus des Wissensmanagements und sind eine entscheidende Basis für den Unternehmenserfolg.

Das organisationale Wissensmanagement befindet sich im Spannungsfeld zwischen dem genannten Fokus und der Abstimmung des Wissensmanagements mit den Unternehmenszielen. Nur wenn die Vernetzung, Speicherung und der

Austausch aller Wissensarten im Unternehmen gefördert werden kann, wissensbasiertes Handeln gelingen und neues Wissen geschaffen werden (vgl. Lehner 2009: 53).

Jene Förderung stellt sich aufgrund der Wissensattribute des impliziten Wissens schwieriger dar als die des expliziten Faktenwissens. Explizites Wissen kann besser gefördert werden als implizites Wissen. Das Wissensmanagementmodell des Wissenskreislaufs von Probst et al. unterscheidet mehrere Funktionen, durch die Wissen gemanagt wird (vgl. Hees et al. 2004: 20). Dieses Modell wird angeführt, da es einen vorherrschenden Ansatz in Wissenschaft und Wirtschaft darstellt, denn es ist wissenschaftlich fundiert, praxisnah und allumfassend (vgl. ebd.).[36]

Probst et al. sehen im Wissensmanagement *„eine pragmatische Weiterentwicklung der Theorien und Perspektiven des organisationalen Lernens“* (Probst et al. 2006: VI).

Um die Realisierung des Wissensmanagements abzubilden, beschreiben Probst et al. operative und strategische Bausteine, die jeweils einen Teilaspekt des Wissensmanagements abbilden (vgl. Probst et al. 2006: 28). Die einzelnen Funktionen des Wissensmanagements werden hierbei systematisiert und ein Wissenskreislauf entsteht. Die acht Bausteine in Abbildung 7 geben einen Überblick zur Organisation und Intervention des Prozesses des Wissensmanagements.

Die Kernprozesse der Wissenszielsetzung und Wissensbewertung sind als strategische Prozesse aufzufassen und geben den anderen sechs beschriebenen operativen Prozessen einen koordinierenden und orientierenden Rahmen. Dieser Rahmen muss von der obersten Unternehmensebene ausgehen, da die beiden Prozesse durch die klassischen Managementzyklusbestandteile Zielsetzung, Umsetzung und Kontrolle komplementiert werden, welche die normativen Voraussetzungen für die operativen Bausteine der Wissensidentifikation, des Wissenserwerbs, der Wissensentwicklung, der Wissensverteilung, der Wissensbewahrung und der Wissensnutzung bilden (vgl. Meinsen 2003: 83 f.).

36 Das Münchner Modell nach Reinmann-Rothmeier und Mandl ist ein alternativer Ansatz, der die Funktionen des Wissensmanagements beschreibt. In diesem Modell werden im Gegensatz zum Wissenskreislauf nach Probst et al. weniger Prozesse aufgeführt, da mehrere Funktionen zusammengefasst und nicht einzeln aufgelistet werden (vgl. Reinmann-Rothmeier/Mandl: 2000).

Abbildung 7: Kreislauf des Wissensmanagements nach Probst et al. (Probst et al. 2006: 32)

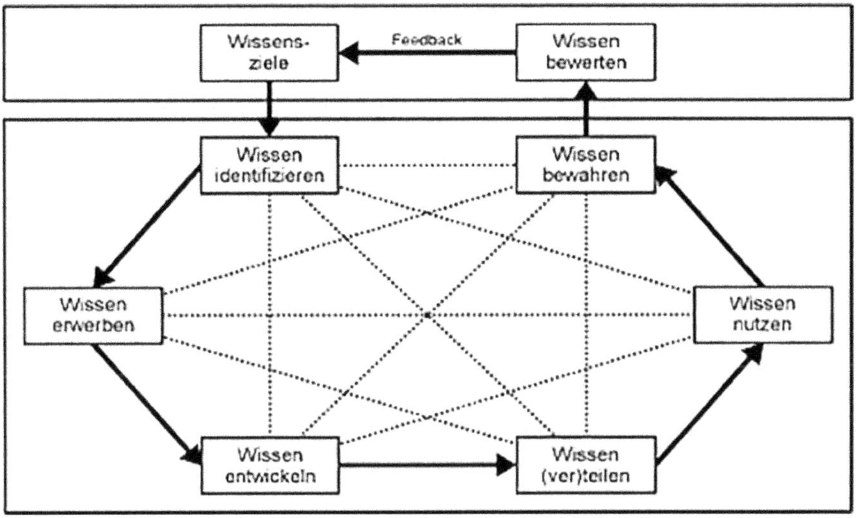

Wissensziele legen die Richtung der Lernanstrengungen fest und definieren somit die organisationale Wissensbasis. Daraus resultiert die Kenntnis, auf welcher organisationalen Ebene Fähigkeiten für den Unternehmenserfolg benötigt werden (vgl. Probst et al. 2006: 31). Durch die Wissensidentifikation werden Maßnahmen zur Schaffung von interner und externer Transparenz über organisationales Wissen beleuchtet. Der Wissenserwerb fokussiert die Einbindung von externem Wissen zu Organisationszwecken. Die Wissensentwicklung ist komplementär zum Wissenserwerb und beschäftigt sich mit der Entstehung von internem Wissen zu Organisationszwecken. Die Wissens(ver)teilung beschreibt den Prozess, der isolierte Informationen und Erfahrungen für die gesamte Organisation nutzbar macht. Der Wissensumfang muss ökonomisch gesteuert und verteilt werden. Nur die Anwendung von organisationalem Wissen ist für das Unternehmen von Nutzen, daher muss die Wissensnutzung sichergestellt sein. Um auch zukünftig auf vorhandenes organisationales Wissen zurückzugreifen, kommen Maßnahmen zur Wissens- und Expertisenspeicherung im Unternehmen in der Wissensbewahrung zum Tragen. Die Wissensbewertung misst den Erfolg der Lernprozesse entsprechend den Lernzielen (vgl. Probst et al. 2006: 29 ff.). Die Wissensbausteine stehen in einer wechselseitigen Beziehung, sie beschreiben Funktionen des Wissensmanagements, die allerdings aufgrund ihrer Wechselwirkung in unterschiedlicher Reihenfolge angewendet werden können (vgl. Lehner 2009: 73).

Die Diskussion um das Wissensmanagement entstand in den 1980er-Jahren parallel zu jener um neue Organisationsformen insbesondere in Bezug auf den Begriff der lernenden Organisation.

Mit der neuen Organisationsform wurden die Attribute Flexibilität, Prozessorientierung, der Mitarbeiterbeteiligung, der flachen Hierarchien und des Austauschs im Netzwerk verbunden (vgl. Lehner 2009: 30). In diesem dynamischen Kontext, in dem Daten, Wissen und Informationsflüsse eine beachtliche Rolle spielen, muss eine unternehmerische Wissens- und Lernkultur aufgebaut werden, die Lernprozesse und deren Austausch fördern (vgl. Schneider 1996: 15 ff.). Allerdings spricht man bis in das Jahr 1995 noch vom Wissensmanagement der ersten Generation. Wissen wurde als kontextfreie, explizierbare und generalisierbare Information interpretiert. Unter Außerachtlassung des organisatorischen und sozialen Kontextes ging es um die bloße Sammlung von Wissen/Informationen (vgl. Müller 2008: 12).

Die erste Generation des Wissensmanagements wurde von den Untersuchungen der beiden Wissenschaftler NONAKA und TAKEUCHI abgelöst, die den Fokus auf den sozialen Entstehungs- und Verwertungszusammenhang von Wissen legten (Nonaka/Takeuchi 1997: 64). In ihrer organisationalen Lerntheorie untersuchten die beiden die Wissensgenerierung und verglichen jene mit einer Wissensspirale. Viele Unternehmen legen auf die Wissensverarbeitung einen größeren Schwerpunkt als auf die Wissensentstehung. Dies ist den beiden Wissenschaftlern für einen langfristigen Unternehmenserfolg zu kurzsichtig gedacht. Denn ein *„Unternehmen, das rasche Veränderungen im Umfeld dynamisch bewältigen will, darf Informationen und Wissen nicht nur effizient verarbeiten, es muss sie selbst hervorbringen. Es muss sich durch die Auflösung des existierenden Wissenssystems und durch die Entwicklung innovativer Denk- und Handlungsmodelle selbst erneuern*" (Nonaka/Takeuchi 1997: 64).

Der Prozess der Wissensschaffung entsteht nach NONAKA und TABEUCHI durch das Zusammenwirken von implizitem und explizitem Wissen und das Durchlaufen verschiedener Prozesse innerhalb der Wissensspirale.

Abbildung 8: Die Wissensspirale nach Nonaka und Takeuchi (vgl. Nonaka und Takeuchi 1995: 71)

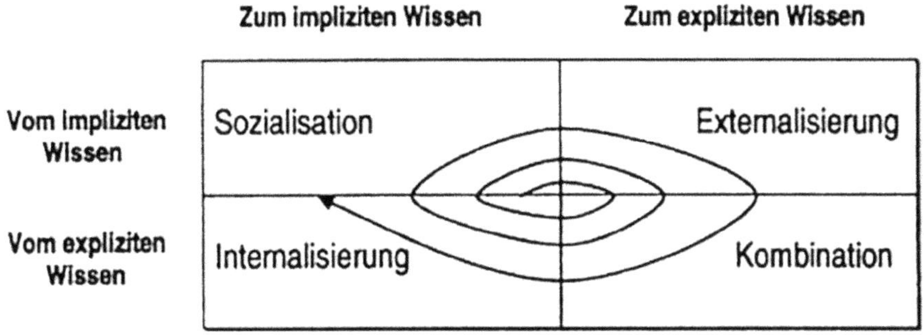

In der ersten Phase der Sozialisation wird implizites Wissen einer Person in einem sozialen Prozess der Interaktion ausgetauscht (vgl. Mühlbacher 2003: 51). Es ist ein Lernprozess, in dem das implizite Wissen durch Reflexion und Artikulation mit anderen geteilt und in der Externalisierung in explizites Wissen umgewandelt wird. Durch diese Kombination wird neues Wissen geschaffen. Im letzten Konversionsprozess, der Internalisierung, integriert sich explizites Wissen in die implizite Wissensbasis (vgl. Nonaka/Takeuchi 1997: 64 f.). Dies geschieht durch die „Learning-by-doing"- und „Trial-and-error"-Prozesse (vgl. Osterloh & Frost 2003: 199). Das Ausmaß der Wissensspirale beeinflusst das Wissensniveau innerhalb einer Organisation, welches durch die Erweiterung der Wissensspirale um eine Anzahl an Wissensträgern erhöht wird (vgl. Eisfeldt 2003: 80). Allerdings ist zu beachten, dass die bloße Verfügbarkeit von Wissen ohne eine zielgerechte Nutzung nicht dem Unternehmenserfolg zuträglich ist (vgl. Kirchhöfer 2004: 62). Da Wissen strenggenommen nur von Einzelpersonen geschaffen werden kann, ist dies einer Organisation nur durch den Rückgriff auf diese Wissensressourcen möglich. Die Förderung von wissensschaffenden Rahmenbedingungen und Wissensaustausch-möglichkeiten ist wiederum die Kernaufgabe der betrieblichen Weiterbildung im Rahmen des Wissensmanagements.

Demnach definiert man Wissensmanagement als *„den bewussten und systematischen Umgang mit der Ressource Wissen und den zielgerichteten Einsatz von Wissen in der Organisation. Damit umfasst Wissensmanagement die Gesamtheit aller Konzepte, Strategien und Methoden zur Schaffung einer ‚intelligenten', also lernenden Organisation. In diesem Sinne bilden Mensch, Organisation und Technik die drei zentralen Standbeine des Wissensmanagements."* (Reinmann-Rothmeier et al. 2001: 18).

Wissensentstehung durch Lernen im Prozess der Arbeit

„Kompetenz bezeichnet die Motivation und Befähigung einer Person zur selbständigen Weiterentwicklung von Wissen und Können auf einem Gebiet, so dass dabei eine hohe Niveaustufe erreicht wird, die mit Expertise charakterisiert werden kann" (Bergmann 2000b: 21). Um adäquat in unbekannten neuen Situationen handeln zu können, wird Wissen für jene Situationen umkonstruiert, passfähig gemacht oder neu generiert. Somit ist Wissen ein notwendiges Fundament von Kompetenz (vgl. Gagné 1985; Kraiger et al. 1993; Anderson 2001). Eine effiziente Aneignung dieses Wissens geschieht in Qualifizierungsmaßnahmen, welches dann durch individuelles Lernen erweitert werden kann (vgl. Bergmann 2000b: 21 f.). Berufliche Handlungskompetenz geht weit über explizites Wissen hinaus. Kontext- und Erfahrungsgebundenheit sowie implizites Wissen spielen im Rahmen dessen eine weit größere Bedeutung (vgl. Neuweg 1999: 2 ff.).

Sind Handlungsabläufe prozeduralisiert und automatisiert kann von Können gesprochen werden, womit die Feinabstimmung des Wissens im Handeln bezeichnet wird (Anderson 2001). Durch automatisierte Handlungen und eine unbewusste Anwendung von Können entstehen Freiräume für die Reflexion des eigenen Handelns und somit auch zur Verbesserung des eigenen Wissens und Könnens (vgl. Bergmann 2000b: 22).

Diese bereits beschriebenen Selbstorganisationsprozesse sind charakteristisch für die Handlungskompetenz (vgl. Erpenbeck 1997; Erpenbeck/Heyse 1996; Sauter 1994), ebenso die Verzahnung jener mit der Motivations- und Lernfähigkeit des Individuums.

Wissen ist die Basis jeder beruflichen Handlungskompetenz und kann durch institutionalisierte Bildung entwickelt werden. Implizites Wissen sowie die Prozeduralisierung und Automatisierung von Arbeitsmethoden können ausschließlich kontextbezogen angeeignet werden. Losgelöst von Arbeitsprozessen kann allerdings Faktenwissen vermittelt werden (Bergmann 2000b: 23).

Selbstorganisierte Lernprozesse beginnen mit dem Erkennen der eigenen Schwachstellen, aus denen dann Aktivitäten zur Erzeugung des fehlenden Wissens abgeleitet werden, welches als Mechanismus der Kompetenzentwicklung beschrieben wird (vgl. ebd.: 24). Langjährige Tätigkeit in einer Position ermöglicht die Kumulation von berufsspezifischem Wissen.

2.2.1.4 Zwischenresümee: Ökonomische Kompetenzauffassung

Der Perspektivwechsel im strategischen Management von einer Beschränkung auf materielle hin zu immateriellen Vermögenswerten ändert die Anforderungen an das Management in Bezug auf eine erfolgreiche Unternehmensführung. Somit wird der Fokus auf das unternehmerische Kompetenzmanagement gesetzt. Die zwei dargestellten Ansätze (ressourcenorienter und lernorientierter Ansatz) beschreiben zwei unterschiedliche Handlungsperspektiven des unternehmerischen Kompetenzmanagements. Der pädagogische und ökonomische Diskurs im Kompetenzmanagement wird somit deutlich. Der Diskurs beinhaltet zum einen die pädagogisch lernorientierte Sichtweise auf das Kompetenzmanagement und zum anderen die ökonomisch ressourcenorientierte Sichtweise (vgl. Nonaka/Takeuchi et al.: 1997). Welcher der beiden Ansätze in der Wissenschaft dominierend und für die betriebliche Praxis maßgebend ist, bleibt als offene Fragestellung diskussionswürdig.

Der Erfolg eines Unternehmens ist abhängig vom Zusammenspiel der Beschäftigten. Deren Kompetenzvielfalt ist für die unterschiedlichen Positionen im Unternehmen wichtig und kann nicht durch ein unternehmensweites standardisiertes Kompetenzmodell aufgezeigt werden. Von der Passung des individuellen Kompetenzprofils des Beschäftigten und des allgemeingültigen, positionsübergreifenden Unternehmenskompetenzmodells lassen sich weniger erfolgreich gezielte Personalentwicklungsmaßnahmen ableiten. Gezielte Entwicklungsmaßnahmen können vielmehr aus der Passung zwischen Positionsanforderungsprofil und Mitarbeiterkompetenzprofil entwickelt werden. Es ist aufzuführen, dass positionsübergreifende, aber unternehmensspezifische Kompetenzmodelle nicht praxisgerecht entwickelt werden. Zu viele Merkmale werden in das Kompetenzmodell aufgenommen, die für die Beschäftigten nicht zu erfüllen sind oder mit den tatsächlichen Aufgaben nichts zu tun haben. Auch sind oftmals Überlappungen der Merkmale, eine unzureichend definierte Kompetenzanforderung oder eine Gleichsetzung verschiedener Kompetenzabstraktionsniveaus auch innerhalb eines Kompetenzmodells zu finden (vgl. Klug 2011: 68). Die Kompetenzkonstrukte der Persönlichkeitspsychologie hingegen liefern geeignete Grundlagen zur Kompetenzmodellentwicklung.

Daraus resultieren die Anforderungen an die Kompetenzforschung und die Herausforderung dieser Arbeit, das pädagogische Kompetenzkonstrukt mit psychologischen Kompetenzmodellen und Messverfahren zu kombinieren.

Der Fokus der Kompetenzorientierung speziell innerhalb der Pädagogik und des Bildungsbereichs geht in die Richtung der operationalisierten Kompetenzniveaus und der messbaren Lernergebnisse. Die Entwicklung theoretisch fundierter Kompetenzmodelle und deren Messbarkeit ist die zukünftige Ausrichtung der Kompetenzforschung.

Das Konstrukt des Wissens demonstriert, dass Wissensmanagement auf der individuellen Ebene sowie der Gruppen- oder Organisationsebene ansetzen kann. Es werden darin operative, strategische und normative Aspekte berücksichtigt (Probst et al. 2006: 33).

Im Gegensatz zum Wissensmanagement hat sich das Kompetenzmanagement zu einer allgemeinen Managementdisziplin entwickelt. Diese Entwicklung lief parallel zum Wissensmanagement und führt auch zu einer Fokusverschiebung vom Wissens- hin zum Kompetenzmanagement (vgl. Probst et al. 1999). Kompetenzmanagement kann als Teilbereich des Wissensmanagements angesehen werden, wenn es als Instrument zur systematischen Analyse, Bewertung, Steuerung und Entwicklung des im Unternehmen vorhandenen Wissens aufgefasst wird.

Allerdings ist zu betonen, dass diese Sichtweise zu eng gefasst ist. Sie entspricht nicht der dieser Arbeit. Vielmehr gleicht sie der Auffassung des Wissensmanagements der ersten Generation, da die wechselseitige Beziehung der beiden Konzepte nicht berücksichtigt wird. Für eine erfolgreiche Umsetzung des Wissensmanagements sind die Kompetenzen der Mitarbeiter unerlässlich. Handlungswissen wiederum ist ein zentraler Bestandteil des Kompetenzmanagements. Hinzu kommt, dass beim Wissensmanagement die motivationalen, organisationalen bzw. umweltbedingten Einflussfaktoren keine Berücksichtigung finden.

Vor allem aus diesem Grund basiert diese Arbeit auf der beschriebenen Verzahnung bzw. Konvergenz beider Konzepte.

Beide Konzepte gehen der Frage nach, wie sich aus unterschiedlichen Perspektiven Wissen bzw. Kompetenz organisiert. Das Wissensmanagement hat seinen Ursprung in der Prozesswelt und hatte den Anspruch, Wissensprozesse wie Produktionsprozesse zu beschreiben. Das Kompetenzmanagement hingegen speist sich aus der individuellen Perspektive und beschreibt Kompetenzerwerb und somit auch den Wissenserwerb aus selbstorganisierten Prozessen.

Da sich dieser Ansatz mit dem Forschungsverständnis deckt, wird in dieser Arbeit das Konzept des Kompetenzmanagements dem des Wissensmanagements vorgezogen.

Um die Unternehmensziele zu erreichen, befasst sich das Kompetenzmanagement mit der systematischen Entwicklung der Mitarbeiter- und Unternehmenskompetenzen (vgl. Baumann 2012: 10).

Folgende Kernmerkmale können für das ökonomische Kompetenzverständnis herausgearbeitet werden:

- **Die individuelle Kompetenz als strategischer Erfolgsfaktor**

In der Managementlehre bezieht sich der Kompetenzbegriff auf die gesamte Organisation und wird auf gleicher Ebene mit den gängigen materiellen Vermögenswerten als Erfolgsfaktor angesehen.

- **Kompetenz als Handlungsfähigkeit der Organisation**

Da sich der Kompetenzbegriff auf die gesamte Organisation bezieht, ist diese auch nur als gesamte Einheit mit allen Ressourcen handlungsfähig. Demnach bezieht sich Kompetenz je nach Betrachtungsweise auf die Organisation oder auf das Individuum innerhalb der Organisation.

2.2.2 Personalwirtschaftlich-psychologische Kompetenzauffassung

Parallel zur erziehungswissenschaftlichen Diskussion entwickelte sich das funktionalistisch geprägte Kompetenzkonstrukt dieser Wissenschaft.

Die Psychologie, die sich zur selbstständigen Wissenschaft, zur Psychophysik und zu einer funktionalen Psychologie entwickelte, übernimmt das quantitative Vorgehen und die erkenntnistheoretischen und methodologischen Voraussetzungen aus den Naturwissenschaften (vgl. Erpenbeck 2012: 9). Dadurch kommt es innerhalb der Psychologie zu einer starken Abgrenzung von der naturwissenschaftlich erklärenden und messenden zu der geisteswissenschaftlich verstehenden Psychologie. Die verstehende Psychologie berücksichtigt qualitative Aspekte von Intentionalität, Komplexität und Selbstorganisation, was wiederum von der erklärenden, quantitativ orientierten Psychologie außer Acht gelassen wird (vgl. Erpenbeck 2012: 9).

Heinz-Werner WOLLERSHEIM (1957)[37], ein Vertreter der pädagogischen Psychologie, betont die Gesamtentwicklung der Kompetenzen und deren subjektive Komponenten (vgl. Wollersheim 1993: 101 f.). Er legt den Schwerpunkt seines Kompetenzverständnisses auf die Fähigkeiten, die dem Einzelnen als Individualkategorien vorliegen und die ihn in die Lage versetzen, situativ geprägte Anforderungen zu bewältigen (vgl. Wollersheim 1993: 119 f.). Die Fähigkeiten beziehen sich auf Bewältigungsprozesse, stehen aber sonst in keinem direkten Zusammenhang mit Interaktionen (vgl. ebd.). Hierin zeigt sich der grundlegende Unterschied zum bereits dargestellten linguistischen Kompetenzverständnis: Was CHOMSKY als Performanz bezeichnet, wird in dem funktional-psychologischen Kompetenzverständnis als Kompetenz angesehen (vgl. Klieme/Hartig 2007: 16).

Der amerikanische Psychologe Robert W. WHITE (1926–2010)[38] leitet mit seinem Kompetenzverständnis Ende der 1950er-Jahre den Paradigmenwechsel von behavioristischen Ansätzen über das menschliche Handeln zu psychoanalytischen Ansätzen in der Motivationspsychologie ein (vgl. Evers 2000: 19). Der

37 Vgl. Lang 1993.

38 Waters 2011.

Kompetenzbegriff wird neu definiert, da sich die Psychologie von der Vorstellung abgrenzt, in der *„Kompetenz [...] ein Modell der (gelingenden) Bewältigung objektiver Anforderungen der Umwelt durch sachbezogene Fähigkeiten“* (Hinze 2002: 214) zu sehen. WHITE stellt die Kompetenz als ein Grundbedürfnis des Individuums dar. In diesem Sinne entwickelt das Individuum seine Kompetenz über die Bedürfnisbefriedigung hinaus, nämlich um seiner selbst willen. Durch die effektive Interaktion des eigenen Handelns mit der Umwelt beginnt die Entwicklung grundlegender Fähigkeiten, die weder die Folge von Reifungsprozessen noch genetisch angeboren sind, zur selbstorganisierten Herausbildung der Ich-Funktion (vgl. White 1959: 324 ff.). Auch WHITES Ansatz demonstriert sehr deutlich die differenzierte Verwendung des Kompetenzbegriffs. Allerdings zeigt dieser Ansatz, dass Kompetenz nicht als statistisch fixierte Größe angesehen werden kann und somit nicht messbar ist.

Hieran knüpft der Psychologe David McCLELLAND (1917–1998)[39] an und führt Kompetenz als Gegenbegriff zu kognitiven Leistungskonstrukten, die generalisiert und kontextunabhängig sind, wie etwa die Intelligenz, ein (vgl. Schaper et al. 2012: 14). Er vertritt die Auffassung, dass mit Eignungs- und Wissenstests, beispielsweise durch kontextgebundene Intelligenztests, die vollständige individuelle Leistung in realen Situationen vorherbestimmbar ist (vgl. Sprafke 2011: 7). Somit entwickelt McCLELLAND einen offenen Kompetenzansatz (1973). Er fordert *„testing for competence rather than for 'intelligence'“* McClelland 1973: 1). Denn Kompetenzen sind Leistungsvoraussetzungen; Sie sind eine Notwendigkeit für die Durchführung einer spezifischen Tätigkeit und besser durch situations- und kontextgebundene Verfahren zu bestimmen.

Aufgrund seines kritischen Ansatzes suchte McCLELLAND nach neuen Wegen zur Erfassung leistungsrelevanter beruflicher Anforderungsmerkmale und betont dabei *„die Erfassung von allgemein nützlichen Kompetenzen bezogen auf erfolgsrelevante Cluster, die nicht nur fachliche Bereiche, sondern auch soziale Aspekte beinhalten“* (Sprafke 2011: 7). Daher sind für McCLELLAND Kompetenzen Eigenschaften zur Bewältigung von Herausforderungen, wobei er in seiner Theorie zwischen der Kompetenz und der Erfüllung von Anforderungen im beruflichen Kontext Bezug nimmt. Kompetenz kann als ein Konstrukt bezeichnet werden, wenn es um die Vorhersage des Leistungsniveaus in bestimmten Situationen geht (vgl. Klieme/Hartig 2007: 17).

39 Dowding 2011: 409.

2.2.2.1 *Lerntheorie Kognitivismus*

Abweichend vom Gedanken des Behaviorismus (vgl. Skinner 1957) befasst sich die kognitivistische Lerntheorie mit den inneren Prozessen des menschlichen Gehirns. Betrachtet wird das Denken, welches als Prozess der Informations- und Transformationsverarbeitung definiert wird (vgl. Dittler 2002: 28). Der Lernprozess selbst und nicht dessen Resultat bildet den Forschungsschwerpunkt. Nach der Lerntheorie des Kognitivismus erfolgt Lernen über Einsicht. Im aktiven Lernprozess löst der Lernende vorgegebene Aufgaben des Lehrenden. Der Lehrende begleitet und steuert die Lernprozesse durch regelmäßige Rückmeldung und Abfrage. Der Lerner entwickelt eine eigene Problemlösungsstruktur mit der Fähigkeit, lösungsorientiert passende Methoden anzuwenden und das Ergebnis dahingehend zu reflektieren (vgl. Kuhlmann/Sauter 2008: 45). Dieser Prozess ist im Sinne eines Kompetenzentwicklungsprozesses zu verstehen. Denn prozedurales Wissen wird anstelle von Faktenwissen aufgebaut. Fachlich-methodische Kompetenzen prägen prozedurales Wissen und sind notwendig für die Problemlösefähigkeit eines Individuums.

Die Lerntheorie des Kognitivismus beschreibt Lernen als einen Prozess der Einsicht, des aktiven Wahrnehmens, Erfahrens und Erlebens. Durch die Aufnahme von Informationen wird im Gehirn neues Wissen auf der Basis vorhandener Wissensstrukturen gebildet (vgl. Baumgartner/Payr 1997: 90).

Kognitivisten fokussieren die internen Prozesse des menschlichen Gehirns. Die Mechanismen im Gehirn werden exploriert, strukturiert es werden regelmäßige Handlungen daraus abgeleitet. Allerdings lassen sich diese Informationsprozesse nicht wissenschaftlich direkt beobachten. Demnach muss der Forscher seine Schlussfolgerungen aus indirekter Evidenz ziehen (vgl. Meißner 2012: 21). Hierbei ist die Fokussierung auf die Problemlösefähigkeit des Individuums durch schlussfolgerndes Denken und Handeln charakteristisch (vgl. Meier 2006: 84). Bezogen auf den Kompetenzkontext wird hierbei die Performanz in den Blick genommen. Der Lernprozess wird somit als eine Veränderung von psychischen Dispositionen verstanden, die die Anwendung von Wissen auf neue Situationen ermöglicht (vgl. Meißner 2012: 21). Psychologische Leistungs- und Eignungstestverfahren wurden entwickelt, um dies zu messen. Somit können persönlichkeitsrelevante und leistungsspezifische Merkmale von Individuen abgebildet werden (vgl. Frosch 2012: 6). Es ist zu berücksichtigen, dass die starke Konzentration auf kognitive Be- und Verarbeitungsprozesse die Erklärung von körperlichen Fähig- und Fertigkeiten erschwert und daher bei diagnostischen Messverfahren keine Berücksichtigung findet (vgl. Baumgartner/Payr 1997: 91 f.).

2.2.2.2 *Kognitionspsychologische Kompetenzauffassung*

Nach dem kognitionspsychologischen Ansatz wird Kompetenz als in der kognitiven, mentalen Struktur vorhandenes Wissen aufgefasst, welches die Voraussetzung zum erfolgreichen Handeln in unbekannten Situationen ist. Erfolgreiches Handeln lässt dann den Rückschluss auf vorhandene Kompetenzen zu (vgl. Sloane 2007: 119 f.).

Der Bildungsforscher Eckhard KLIEME (1954)[40] sowie der Psychologe Franz Emanuel WEINERT (1930–2001)[41] fassen Kompetenzen im Sinne von McCLELLANDs Ansatz als *„kontextspezifische kognitive Leistungsdispositionen"* (Klieme/Leutner 2006: 879) auf. Kognitive Leistungsdispositionen sind demnach Kenntnisse oder Fähigkeiten.

Mit dieser „kognitiven" Charakterisierung der Leistungsdispositionen wird allerdings die Reichweite des Kompetenzbegriffs geschmälert und begrenzt (vgl. Schaper et al. 2012: 14). Dessen wurde sich auch WEINERT bewusst und relativiert im Jahre 2001 seine Aussage mit einer umfassenderen Kompetenzdefinition. Demnach sind Kompetenzen *„die bei Individuen verfügbaren oder durch sie erlernbaren kognitiven Fähigkeiten und Fertigkeiten, um bestimmte Probleme zu lösen, sowie die damit verbundenen motivationalen, volitionalen und sozialen Bereitschaften und Fähigkeiten, um die Problemlösungen in variablen Situationen erfolgreich und verantwortungsvoll nutzen zu können"* (Weinert 2001: 27 f.).

WEINERT betont die Kontextspezifität und das Verständnis der Kompetenzen als Dispositionen, die sich als Leistungsvoraussetzung auf die kognitiven Fähigkeiten stützen. Um aber die äußeren Anforderungen vollständig bewältigen zu können, müssen weitere Elemente (motivationale, volitionale, soziale) hinzugenommen werden. Sie spiegeln die grundlegenden Handlungsanforderungen einer Domäne (Gegenstandsbereich, Lernbereich) wider, denen das Individuum ausgesetzt ist (vgl. May 2007: 35). Kompetenzen sind *„necessary prerequisites available to an individual [...] for successfully meeting complex demands. The (psychological) structure of a competency derives from the logical and psychological structure of the demands"* (Weinert 2001: 62).

WEINERT prägt auch den Begriff der Performanz, da er maßgebend für das Kompetenzverständnis ist. Demnach ist Performanz *„nicht die ideale Realisierung einer angeborenen Disposition, sondern die Aktualisierung von Handlungen und Verhaltensweisen, die durch äußere Umstände (Anforderungen) gleichsam provo-*

---

40 Vgl. Rohlfs et al. 2014: 419

41 Vgl. Gaus/Drieschner 2010: 235.

ziert und somit erst möglich wurden" (May 2007: 35). WEINERT geht davon aus, dass ein Individuum nur anforderungsspezifisch Kompetenzen entwickelt und diese in der Performanz äußert (vgl. ebd.).

Trotz dieser erweiterten Definition bleibt seine vorherige Einschränkung wirksam, da er gleichzeitig befürwortet, dass kognitive und nicht-kognitive Facetten der Kompetenz empirisch getrennt zu erfassen sind (vgl. Schaper et al. 2012: 14).

Die Konzeption der PISA-Studien[42] sowie die in den letzten Jahren von der Kultusministerkonferenz (KMK)[43] entwickelten nationalen Bildungsstandards[44] beziehen sich auf WEINERTs Kompetenzauffassung. Gerade die KMK-Bildungsstandards fokussieren fachspezifische kognitive und somit gut überprüfbare Leistungsbereiche (vgl. Schaper et al. 2012: 15). Die Standards beschreiben, wie im Rahmen des Kompetenzerwerbs Wissens- und Handlungsdomänen – wie beispielsweise die mathematische Problemlösefähigkeit oder das Denkvermögen – für ein vorab festgelegtes Wissensniveau entwickelt werden. Dies untermauert die Auffassung, die Strukturierung der Kompetenzdimensionen erfolge stark in Anlehnung an domänenspezifische Kategorien und nicht isoliert (vgl. ISB 2006: 1).

In der kognitionspsychologischen Kompetenzauffassung herrscht ebenfalls die Auffassung, dass Kompetenzen das Ergebnis von Lernprozessen sein können und durch Lernleistungen in der jeweiligen Domäne aufgebaut werden (vgl. Klieme/Hartig 2007: 17). Die Aussage wird aus der Kontextabhängigkeit von Kompetenzen abgeleitet. Kompetenzen werden durch Erfahrungen in spezifischen Anforderungs- und Handlungssituationen erworben (vgl. ebd.).

42 Für ausführlichere Informationen siehe Abschnitt 2.1.1.

43 Die ständige Konferenz der Kultusminister der Länder in der Bundesrepublik Deutschland (kurz KMK) ging 1948 aus einer „Konferenz der deutschen Erziehungsminister" hervor (vgl. KMK 2012). Aufgrund der Kulturhoheit der Länder schlossen sich die zuständigen Minister und Senatoren im Bereich des Bildungswesens und der Kultur zusammen. Es ist deren Aufgabe, das notwendige, länderübergreifende, gemeinsam einheitliche Maß an Bildung, Kultur und Wissenschaft zu finden (vgl. ebd.).

44 Die Ergebnisse der internationalen Schulleistungsvergleichstudien (beispielsweise PISA) haben gezeigt, dass die Qualität der Bildung in Deutschland verbessert werden muss. Die KMK hat im Jahre 2003 die ersten nationalen Bildungsstandards erlassen. Die Bildungsstandards legen fest, welche Kompetenzen/zentrale Inhalte eines Fachs die Schulkinder bis zu einer vorgegebenen Jahrgangsstufe erworben haben sollen. Demnach sind Bildungsstandards inhalts- und outputorientiert (vgl. KMK 2004: 9 f.).

2.2.2.3 *Zwischenresümee: Personalwirtschaftlich-psychologische Kompetenzauffassung*

WEINERTs Kompetenzdefinition ist von großer Bedeutung für den heutigen Kompetenzdiskurs. Hierbei ist vor allem das von WEINERT herausgearbeitete Verhältnis von Kompetenz und Performanz hervorzuheben, denn genau dieses Verständnis liegt mehrheitlich heutigen Kompetenzmodellen zugrunde, die Kompetenzen unabhängig von deren Anwendung durch Verhaltensanker beschreiben (vgl. Sonntag/Schmidt-Rathjens 2005: 55). Diese Kompetenzmodelle werden somit durch einen differenzierten und hohen Domänenbezug charakterisiert (vgl. Schaper 2011: 39). Demzufolge findet die (kognitions-)psychologische Kompetenzauffassung sehr gute Anwendung, wenn Leistungsergebnisse von Bildungsprozessen erfasst werden sollen (vgl. Klieme et al. 2007).

Dennoch ist die Begrenzung der Kompetenzerfassung auf kognitive Leistungsdispositionen bedenklich, auch wenn dieses Verständnis der herkömmlichen Bildungsauffassung – mit der Fokussierung auf kognitive Lerninhalte – gleichkommt. Es gilt das Paradigma zu überwinden, dass volitionale, motivationale, einstellungsbezogene und sozial-kommunikative Kompetenzfacetten ungenügend Berücksichtigung finden. Ziel ist die Entwicklung eines umfassenden Verständnisses unter Berücksichtigung der genannten Kompetenzfacetten, insbesondere bei der Kompetenzmessung (vgl. Schaper et al. 2012: 15).

Unter der Prämisse und der hervorgehobenen Bedeutung des kognitionspsychologischen Verständnisses werden nun aus allen Aspekten der vorgestellten psychologischen Sichtweisen (Psychologie, Lerntheorien, Kognitionspsychologie) Kernmerkmale eines psychologischen Kompetenzverständnisses herausgearbeitet. Anhand des Kompetenzverständnisses kann die Ausprägung der Handlungsorientierung in Lernprozessen abgeleitet werden.

- **Kompetenz als generalisierte Handlungsanforderung**

Kompetenzen bestehen nicht allein aus Fertigkeiten, sondern beziehen sich als umfassendere persönliche, methodische und soziale Fähigkeiten auf die Bereitschaft, Kenntnisse auf komplexe Anforderungssituationen bzw. Aufgaben anzuwenden. Hierbei wird das Konzept der Handlungsorientierung als psychologisch begründete Strukturierung aller Lernprozesse angesehen. Lernen erfolgt hiernach grundsätzlich an Handlungen orientiert. Der Begriff der Handlung umfasst hierbei auch die gedanklichen Konstruktionen. Die Handlungsorientierung des Lernens kann sich auch auf das gedankliche Nachvollziehen von Handlungen anderer beschränken. Beispiele hierfür sind: Lernen aus einem Fachbuch, Durchführen von Experimenten, kontroverse Diskussionen, anschauliche Darstellungen von Entwicklungen und Zusammenhängen.

- **Kompetenzen als kognitionszentrierte Leistungsbereitschaft**
Kompetenzen gelten als individuelle Befähigung, Aufgaben und Anforderungen funktional in bestimmten Domänen (bspw. PISA) erfolgreich zu bewältigen. Dies definiert Kompetenz als Leistungsvoraussetzung, ausschließlich bezogen auf kognitive Elemente wie Kenntnisse, Wissen und Fertigkeiten. Sozial-kommunikative und motivational-emotionale Aspekte werden dabei nicht berücksichtigt (bspw. Klieme).
- **Kompetenzen als handlungsorientierte Selbstorganisationsdisposition**
Um unbekannte bzw. neuartige Situationen selbstständig bewältigen zu können, muss die Fähigkeit vorhanden sein, sich Wissen und Fähigkeiten selbstorganisiert aneignen zu können.

2.2.3 Pädagogische Kompetenzauffassung

Finden sich sonst in der Pädagogik viele Erkenntnisse der Nachbarwissenschaften Soziologie und Psychologie, so setzt die Pädagogik mit ihrer Disziplin der Erwachsenenbildung ihren eigenen Schwerpunkt auf die Fragestellung nach Kompetenzförderung und -entwicklung des Subjekts zur erfolgreichen Berufs- und Lebensbewältigung (vgl. Arnold/Schüssler 2001: 63).

Die gedanklichen Grundlagen lassen sich gut an der Dilthey-Ebbinghaus-Kontroverse[45] veranschaulichen, die sich bis in den heutigen Kompetenzdiskurs zieht und die Grundlage der Auseinandersetzung zwischen kognitionsorientierter und konstruktivistisch-handlungsorientierter Kompetenzforschung bildet (vgl. Erpenbeck 2012: 10).

Mit dem Satz, „*Die Natur erklären wir, das Seelenleben verstehen wir*“ (Dilthey 1924: 144), argumentierte Wilhelm DILTHEY (1833–1911)[46], ein Vertreter der geistes-wissenschaftlichen Pädagogik,[47] gegen die erklärende und messende Psychologie. DILTHEYs Behauptung, die Natur sei erklärbar und das Seelenleben werde verstanden (vgl. Dilthey 1924: 144), bildet den Anfang dieser Kontroverse und wendet sich gegen die erklärende, messende Psychologie[48] (vgl. Erpenbeck 2012: 10).

---

45 Mehr zur Dilthey-Ebbinghaus-Kontroverse unter: Galliker 2010: 61–78.

46 Vgl. Naugle 2002: 82.

47 Dilthey gilt als Begründer der geisteswissenschaftlichen Pädagogik. Weitere Vertreter beziehen sich zwar in ihrer Grundhaltung auf ihn, divergieren aber in ihrer Herangehensweise. Die Geschichtlichkeit ist ein wesentliches Merkmal dieser Strömung (vgl. Schröder 2001: 127).

48 Psychische Erscheinungen werden als Kausalzusammenhang, als kausale, notwendig verlaufende Folgen von Bewusstseinsereignissen aufgefasst (vgl. Lohmar 2003: XXXIV).

Somit spricht er sich gegen eine wissenschaftliche Betrachtungsweise aus, welche *„die Konstitution der seelischen Welt nach ihren Bestandteilen, Kräften und Gesetzen genauso erklären [will] wie die Physik und Chemie die Körperwelt erklärt“* (Dilthey 1924: 139).

Hermann EBBINGHAUS (1850–1909)[49], ein Vertreter der erklärenden Psychologie, sieht DILTHEYs Aussagen über das psychische Innenleben als philosophische Spekulationen an, die mehr Rahmen als Füllung bieten. Er stellt kritisch infrage, ob durch das unmittelbare Erleben des seelischen Zustandes allgemeingültige Aussagen zur Struktur des Seelenlebens getroffen werden können (vgl. Hollstein 2011: 81). Denn für EBBINGHAUS ist der Ausgangspunkt einer (erklärenden) Wissenschaft der Strukturzusammenhang. Eine Anzahl begrenzter Elemente bildet einen kausalen Zusammenhang, der nicht durch unmittelbares Erleben definiert werden kann (vgl. Dilthey 1924: 139). Demnach kann der Strukturzusammenhang des Erlebens nach DILTHEY weder zweifelsfrei in Erfahrung gebracht werden noch wissenschaftlich überzeugen (vgl. Große Kracht 2002: 36).

Das konstruktivistische Kompetenzverständnis versteht unter Kompetenz eine Kombination von Wissen, Fertigkeiten und Fähigkeiten sowie deren Anwendung in einer konkreten Handlungssituation. Das Individuum handelt unter Einbeziehung persönlicher Erfahrungen eigenständig und situativ angepasst (vgl. Zlatkin-Troitschanskaia/Seidel 2011: 221). Dieses handlungsbezogene Kompetenzverständnis kann in psychologischen Ansätzen gefunden werden, ist aber ursprünglich in der Pädagogik und hier genauer in der Kompetenzauffassung des Erziehungswissenschaftlers Heinrich ROTH (1906–1983)[50] zu verorten (vgl. Frosch 2012: 4).

ROTH prägt durch sein Kompetenzverständnis die pädagogische Begriffsdefinition. Er stellt im zweiten Band seiner Pädagogischen Anthropologie (1976) den Kompetenzbegriff im Zusammenhang mit Entwicklungs-, Lern- und Erziehungsprozessen dar und entwirft eine Persönlichkeits- und Handlungstheorie. Dieser interdisziplinär angelegte entwicklungspädagogische Ansatz basiert auf den Begriffen *„der Persönlichkeit, des Lernens und der Entwicklung“* (Aufenanger 1992: 18). Er verwendet den Kompetenzbegriff im Zusammenhang mit der stufenweisen Entwicklung des Menschen

zum mündig handelnden Wesen. Dafür greift er auf die entwicklungspsychologischen Erkenntnisse von Jean PIAGET[51] und auf den motivationspsychologischen Kompetenzbegriff nach WHITE[52] zurück (vgl. Grabowski 2007: 95). Nach

---

49 Vgl. Hopf 2004: 59.

50 Vgl. Lehberger 2009: 152.

51 Vgl. Jean Piaget 2003.

52 Vgl. Kapitel 2.2.2.

ROTH ist die Persönlichkeitsentwicklung maßgeblich für die Handlungsfähigkeit verantwortlich. Diese vollzieht sich über mehrere Stufen, deren höchste Entwicklungsstufe die der mündigen moralischen Entscheidungshandlung ist (vgl. Hensge et al. 2008: 7). Nach ROTH verlangt die Handlungsfähigkeit vom Menschen Kräfte und Fähigkeiten, die als wesentliche Persönlichkeitsbereiche für bewusstes Handeln bedeutend sind (vgl. Aufenanger 1992: 18). ROTH differenziert diese Kräfte und Fähigkeiten in sechs Systeme der menschlichen Handlungsfähigkeit (vgl. Roth 1976: 173 ff.).

Durch die Entfaltung und Forderung dieser aufgeführten Systeme wird Handlungsfähigkeit erreicht. Dies ist nach ROTH die Hauptaufgabe der Erziehung (vgl. Roth 1976: 446).

Abbildung 9 verdeutlicht die menschliche Handlungsfähigkeit und den Zusammenhang zwischen den verschiedenen Wirksystemen im Überblick:

Abbildung 9: Systeme der menschlichen Handlungsfähigkeit nach Roth (vgl. Roth 1976: 175; Aufenanger 1992: 18)

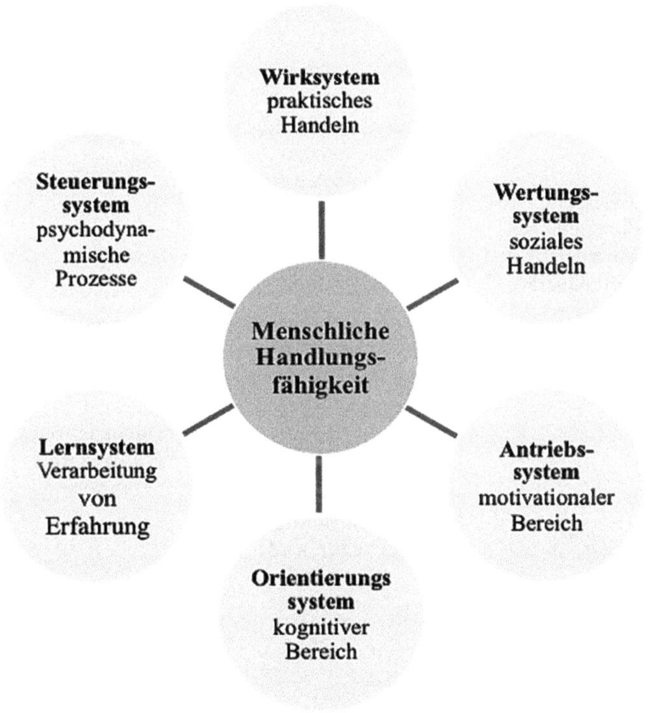

Roth versteht Kompetenz als Mündigkeit für verantwortliche Handlungsfähigkeit im dreifachen Sinn: der Sach-, Sozial- und Selbstkompetenz (vgl. Roth 1976: 180). Diese Kompetenzen sieht er als Stufen individueller Entwicklungs- und Lernprozesse des Menschen an (vgl. ebd.). Sie stehen jedoch nicht gleichwertig nebeneinander. Die Sach- und Sozialkompetenz sind vielmehr Voraussetzungen für die Selbstkompetenz (vgl. Hensge et al. 2008: 7). Die Sachkompetenz umfasst die *„Fähigkeit, für Sachbereiche urteils- und handlungsfähig und damit zuständig sein zu können"*, die Sozialkompetenz charakterisiert er als die *„Fähigkeit, für sozial, gesellschaftlich und politisch relevante Sach- oder Sozialbereiche urteils- und handlungsfähig und also ebenfalls zuständig sein zu können."* Die Selbstkompetenz sieht er *„als Fähigkeit, für sich selbst verantwortlich handeln zu können"* (Roth 1976: 180).

Nachfolgende Abbildung 10 erläutert im Überblick den Zusammenhang der unterschiedlichen Kompetenzen und des Handelns eines Individuums.

Abbildung 10: Entwicklungsstufen des menschlichen Handelns nach Roth (vgl. Roth 1976: 448)

ROTHs Begriffstrias wurde in der Berufspädagogik um den Bereich der Methodenkompetenz erweitert, die zusammen mit der fachlichen Kompetenz im engeren Sinne die Sachkompetenz ausmacht (vgl. Böllert 2007: 104). Hierbei ist nochmals zu betonen, dass die Persönlichkeit des Mitarbeiters einen wettbewerbsentscheidenden Faktor für die Organisationen darstellt, da eine Fachkompetenz nur über die Persönlichkeit wirksam werden kann. Demnach ist es die Aufgabe der betrieblichen Weiterbildung, über den Erwerb von beruflichen Handlungskompetenzen, wie Fach-, Methoden und Sozialkompetenz, hinaus auch auf eine berufsbezogene Persönlichkeitsentwicklung zu achten (vgl. Reetz 1999: 35).

Nach ROTH ist *„das Fortschreiten der Entwicklungs- und Lernprozesse zu sacheinsichtiger, sozialeinsichtiger und moraleinsichtiger Handlungsfähigkeit […] von der Lernumwelt, den Sozialisations-, Lern- und Erziehungsprozessen abhängig, die ein Individuum erfährt"* (Hensge et al. 2008: 7). Seine Handlungstheorie verdeutlicht die Verzahnung von situativen und personalen Aspekten eines Handlungsprozesses (vgl. Düggeli 2009: 73). Daraus ergib sich für die Kompetenzerfassung, die nur über das Handeln möglich ist, dass diese Aspekte als *„handlungsleitende Aspekte"* (Kaufhold 2006: 44) erfasst werden können. Dieser „ganzheitliche" Kompetenzansatz im Sinne von Sach-, Sozial- und Selbstkompetenz beeinflusste den Deutschen Bildungsrat, der den Kompetenzaufbau des Individuums zu einem kritisch-reflexiven Subjekt als Lernprozessziel forderte (vgl. Deutscher Bildungsrat 1974: 49). Gleichzeitig prägte er auch die Schlüsselqualifikationsdiskussion und die Debatte um Bildungsziele (vgl. Vonken 2005: 42 ff.). Dies verdeutlicht die enge Verknüpfung des Kompetenzdiskurses mit dem bildungspolitischen und dem wissenschaftlichen Bereich.

2.2.3.1 Lerntheorie Konstruktivismus

Das Lernmodell des Konstruktivismus beschäftigt sich mit der Frage, wie der Lernende zu einer eigenständigen Problemidentifikation und -lösung geführt werden kann (vgl. Erpenbeck/Sauter 2007: 156). Die konstruktivistische Lerntheorie ist eine Erkenntnistheorie, die die Annahme verfolgt, die Existenz der wirklichen Welt sei nicht beweisbar und der Mensch erzeuge nur in seiner „Kognition" individuell Realität (vgl. Schönpflug 1995: 82). Hier wird deutlich, dass der Konstruktivismus die Gegenposition zum Objektivismus darstellt, welcher wiederum das Basisprinzip des Behaviorismus und des Kognitivismus bildet (vgl. Batinic/Appel 2008: 484).

Diese Überlegungen leiten eine pragmatische Wende in der Erkenntnistheorie ein. Sie postulieren, dass Individuen kein objektives Wissen über die Wirklichkeit erzeugen können (vgl. Fried 2001: 31). In dieser subjektiven Bewertung und

Analyse der Wirklichkeit zeichnet sich die Leistung des Individuums aus (vgl. Baumgartner/Payr 1997: 93).

Wissen wird dynamisch durch das individuelle Beobachten und Erfahren generiert, es ist eine Reflektion der individuellen Wirklichkeit. Demnach ist Wissen an das Individuum gebunden, aber nicht fest gespeichert und besitzt keinen ontologischen (Gültigkeits-) Charakter. Nur durch die individuelle Rekonstruktion kann es an andere vermittelt werden, da das Wissensgeflecht aus individuellen Erfahrungen und kognitiven Strukturen im Wechselspiel mit Umwelteinflüssen entstanden ist (vgl. Kuhlmann/Sauter 2008: 46). Der Mensch ist in dieser Auffassung ein *„energetisch offenes, aber informationell geschlossenes System, das auf zirkulärer Kausalität und Selbstreferentialität beruht und autonom strukturdeterminiert ist“* (Baumgartner et al. 2000: 250). Solche autopoietischen Systeme haben keinen informationellen Input oder Output (vgl. Baumgartner et al. 2000: 250). Sie stehen zwar in einer energetischen Interaktion mit der Umwelt, erzeugen aber ihre spezifischen Informationen, *„die sie eigenständig im Rahmen ihrer kognitiven Möglichkeiten zu einer individuellen und subjektiven Weltsicht verarbeiten“* (Frosch 2012: 8).

Der Lernprozess des konstruktivistischen Modells ist aktiv, konstruktiv, emotional, selbst gesteuert, sozial und situativ (vgl. Reinmann-Rothmeier/Mandl 2001). Dies meint, dass der Lernende motiviert und mit positiven Emotionen Prozessbeteiligter ist. Der Lernprozess wird von ihm selbstständig kontrolliert und gesteuert (vgl. Nüse 1995: 2). Dies kann von der Lernsituation und -umgebung beeinflusst werden. Das Gelernte wird dann mit vorhandenen kognitiven Strukturen verbunden und auf der Grundlage individueller Erfahrungen interpretiert (vgl. ebd.). Somit wird Wissen selbstständig und kontextgebunden rekonstruiert. Allerdings ist der Wissenserwerb kein ausschließlich individueller Konstruktionsprozess, sondern findet häufig unter soziokulturellen Bedingungen und in einem sozialen Rahmen statt (Mandl et al. 2004: 9 f.).

Die individuelle Kompetenzentwicklung ist somit mit einem Lernprozess gleichzusetzen, da sich die beschriebenen Merkmale im konstruktivistischen Kompetenzverständnis wiederfinden.

Kompetenzentwicklung ist ein aktiver Konstruktionsprozess in komplexen unvorhersehbaren Situationen, da im Konstruktivismus im Gegensatz zum Kognitivismus das Erkennen, die eigenständige Generierung und Konstruktion von Problemen im Vordergrund stehen.

Aktuelles Wissen wird mit Erlebtem verbunden, selbstorganisiert und situationsspezifisch in nicht vorhersehbaren realen Lebenssituationen konstruiert. Diese realen (Problem-) Situationen sind nicht evident und bieten sich nicht von selbst an. Sie *„müssen erst in verwirrenden, unsicheren, unvorhersehbaren und zum Teil chaotischen Situationen ‚erfunden' werden"* (Baumgartner/Payr 1997: 93).

Da in der konstruktivistischen Kompetenzauffassung Kompetenzen nicht objektiv messbar sind, ist der Terminus der Kompetenzerhebung angemessener. Geeignete Erhebungsmethoden sind qualitative Methoden, die ihren Fokus auf das Verstehen und das Deuten der individuellen Kompetenzausprägungen legen (vgl. Frosch 2012: 8). Der Schwerpunkt einer solchen Erhebung liegt nicht in den Gütekriterien der Objektivität und Reliabilität, sondern in einer umfassenden Erhebung eines Kompetenzbereichs (Validität). Die Methode stößt allerdings an ihre Grenzen, wenn Kompetenzerhebungen verglichen und analysiert werden sollen, da diese Untersuchungen und die zu erhebende Kompetenz stets mit Kontextbezug verbunden sind (vgl. ebd.).

2.2.3.2 Die (berufliche) Handlungskompetenz

Als Folge der eingangs skizzierten strukturellen Veränderungen in Bezug auf den demografischen Wandel, vor allem aber auch durch die Anwendung neuer Industrietechnik, wurde herausgearbeitet, dass Qualifikationsanforderungen und Berufsprofile mit den Individualisierungstendenzen koinzidieren (vgl. Arnold 1997b: 264). Hier wurde durch BUNK die Erweiterung des Begriffs der Berufsqualifikation zur Berufskompetenz eingeführt. Die Berufsbildung wurde verbetrieblicht und die Bildung wandelte sich von einem zweckorientiertem zu einem zwecksetzenden Lernen (vgl. Bunk 1994: 10; Schmidt 1988: 175; Abschnitt 1.1). Ebenso wurde von der Berufspädagogik herausgearbeitet, dass die Anforderungen an selbstorganisiertes Handeln in adäquaten Situationen auf eine Bildungslogik verweisen. Selbstorganisiertes Handeln ist möglich und nicht fremdbestimmt durchsetzbar (vgl. Vgl. Bunk 1994: 9 ff.). Die Realisierung der Handlungskompetenz ist abhängig von der Eigenbewegung, Freiwilligkeit und Bereitschaft des Individuums (vgl. Brater/Bauer 1990: 54 f.).

Unter Handlungskompetenz wird *„die Bereitschaft und Fähigkeit des einzelnen, sich in gesellschaftlichen, beruflichen und privaten Situationen sachgerecht, durchdacht sowie individuell und sozial verantwortlich zu verhalten"* verstanden (KMK 2007: 10).

Für die betriebliche Weiterbildung ist vor allem die *berufliche* Handlungskompetenz von Interesse, welche *„alle Fähigkeiten, Fertigkeiten, Denkmethoden und Wissensbestände des Menschen, die ihn bei der Bewältigung konkreter sowohl vertrauter als auch neuartiger Arbeitsaufgaben selbstorganisiert, aufgabengemäß, zielgerichtet, situationsbedingt und verantwortungsbewusst – oft in Kooperation mit* *anderen – handlungs- und reaktionsfähig machen und sich in der erfolgreichen Bewältigung konkreter Arbeitsanforderungen zeigen*" umfasst (Kauffeld et al. 2002: 2).

Die in unbekannten beruflichen Situationen erfolgreich gezeigte Handlungs- und Reaktionsfähigkeit ist auf die Mehrschichtigkeit des Kompetenzkonstrukts zurückzuführen, was ebenfalls in den vorherigen Abschnitten deutlich wurde.

Nach kognitiver Auffassung, setzt sich das Kompetenzkonstrukt aus einer komplexen zweischichtigen kognitiven Struktur, der epistemischen und der heuristischen, zusammen. Die Durchführung von alltäglichen Routinearbeiten wird durch die epistemische Kompetenz, welche auf Wissen und fertige Handlungsprogramme zurückgreift, ermöglicht. Die Bewältigung von unbekannten Situationen wird durch die heuristische Kompetenz – das Wissen darüber wie man sich Wissen beschafft und zu Lösungswegen gelangen kann – ermöglicht (vgl. Stäudel 1987; Dörner et al. 1983).

Diese beiden Kompetenzstrukturen ergeben zusammen die aktuelle Kompetenz, im beruflichen Kontext betrachtet die aktuelle berufliche Handlungskompetenz (vgl. Dörner et al. 1983: 67). Allerdings wurde vor allem durch die pädagogische Kompetenzauffassung hervorgehoben, dass nicht allein das Wissen in den Mittelpunkt der Handlungskompetenz gestellt werden sollte (vgl. Abschnitt 2.2.2). Denn daraus ergibt sich, dass der Transfer des Wissens in den Kontext des Lernenden nachgelagert und die direkte Anwendungs- und Verständnisleistung, die Einbindung in komplexe Handlungssysteme nicht berücksichtigt werden. Die Handlungskompetenz reicht über Kenntnisse, Denkmodelle, Wissensbestände sowie Fähigkeiten und Fertigkeiten, die für eine sachgerechte Bearbeitung von vorgegebenen Aufgabenstellungen erforderlich sind, weit hinaus. Die Unterstützung von Prozessen des Kompetenzerwerbs in natürlichen Lehr-Lern-Situationen steht in der pädagogischen Sichtweise im Mittelpunkt. Dies schließt ebenfalls Überlegungen zu Wissenstransferförderung ein.

Diesen ganzheitlichen Ansatz verfolgt auch schon ROTH, indem er die Fähigkeiten des Menschen auf individueller Ebene beschreibt. Er verbindet die kognitive Fähigkeit und die motivationale Bereitschaft zum Handeln sowie die kontextbezogene Einbindung in einen organisatorisch zugeordneten Kompetenzbereich (vgl. Staudt et al. 1997: 124 f.).

Somit findet die Entwicklung von Handlungskompetenz in der subjektiven Verarbeitung von Kenntnissen und Fertigkeiten statt. Durch Reflexion und Beurteilung mit objektivierbaren und zugleich subjektiv rezipierten Methoden in individuell herausfordernden Situationen wird die Wirklichkeit erschlossen (vgl. Bader 2005: 44).

Die individuelle Handlungskompetenz, die sich aus der Handlungsfähigkeit und der Handlungsbereitschaft zusammensetzt, wird zusätzlich von den Persönlichkeitseigenschaften des Individuums beeinflusst (vgl. Kromrei 2006: 26). Ebenso basieren menschliche Handlungen und Verhaltensweisen auf diesen Eigenschaften und bestimmen *„gleichsam die Entwicklungsfähigkeit der individuellen Kompetenzelemente, explizites und implizites Wissen sowie Fertigkeiten"* (Staudt/Kriegesmann 2001: 27). Hierdurch wird berücksichtigt, dass Handlungen an Bedingungen und Erfahrungen des handelnden Individuums gebunden sind und dass die im Individuum angelegten Dispositionen zu Handlungen, basierend auf Erfahrungen zu autonomem Handeln mit eigener Zielausrichtung, zur Geltung kommen (vgl. Bader 2005: 44). Im beruflichen Kontext bedeutet dies, dass das Individuum gängige, zentrale Handlungsmuster innerhalb eines vorgegebenen Leistungsbereiches beherrscht; aber auch, dass Handlungslösungen von unbekannten Aufgaben selbstständig und verantwortungsbewusst entwickelt werden (vgl. Hensgen et al.: 2000).

Die Handlungsfähigkeit, die aus explizitem[53] und implizitem[54] Wissen sowie Fertigkeiten besteht, wird in der fachlichen, methodischen und sozialen, persönlichen Dimension dargestellt (vgl. Humpl 2004: 32). Demnach setzt sich die Handlungskompetenz aus der Fach-, Methoden-, Sozial- und Selbstkompetenz zusammen. Dabei zeigt sich die Fachkompetenz als explizites Wissen, das vermittelbar ist.

Die Methoden-, Sozial- und Selbstkompetenz stellen implizites Wissen dar, das nur durch Handeln erworben werden kann. Implizites Wissen führt zu Fertigkeiten. Fertigkeiten und Fachwissen ermöglichen dem Menschen in beruflichen Situationen adäquat zu handeln. Von der Metaebene her betrachtet, hat die berufliche Handlungskompetenz eine fachliche und überfachliche Kompetenzstruktur (vgl. Abb. 11).

53 Explizites Wissen ist eine „ Sammlung in sich geordneter Aussagen über Fakten und Ideen, die ein vernünftiges Urteil oder ein experimentelles Ergebnis zum Ausdruck bringen und anderen durch irgend ein Kommunikationsmedium in systematischer Form übermittelt werden" (Bell 1995: 180). Ausführlicher wurde hierauf im Abschnitt des Wissensmanagements eingegangen.

54 Implizites Wissen hingegen „ist sehr persönlich und entzieht sich dem formalen Ausdruck, es läßt sich nur schwer mitteilen" (Nonaka/Takeuchi 1997: 18). Ausführlicher wurde darauf im Abschnitt des Wissensmanagements eingegangen.

Abbildung 11: Kompetenzstruktur der beruflichen Handlungsfähigkeit (eigene Darstellung)

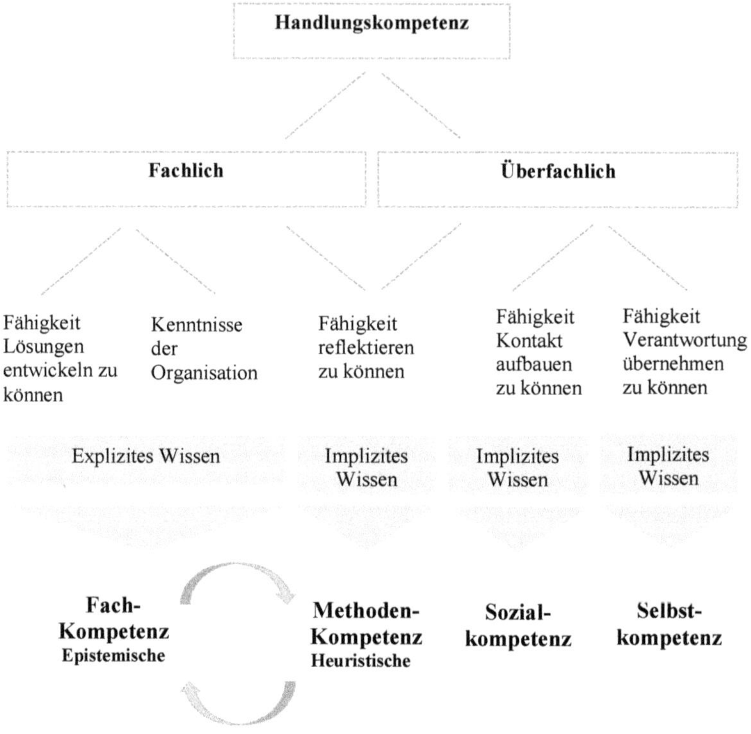

Die (berufliche) Handlungskompetenz wird als ein mehrdimensionales[55] Konstrukt aufgefasst, welches durch unterschiedliche Kompetenzfacetten definiert wird. Allerdings herrschen auch hierbei unterschiedliche theoretische Auffassungen und Modelle über die Abgrenzung und Definition der einzelnen Facetten (vgl. Holling/Liepmann 2004; Alfes 2009: 31 ff.).

Die Unterteilung der Handlungskompetenz in die vier Facetten der Fach-, Methoden-, Sozial- und Selbstkompetenz ist die häufigste Unterteilung, da sie in nahezu allen theoretischen und praktischen Überlegungen zu Kompetenz und Kompetenzentwicklungen wiederzufinden ist (vgl. Kauffeld 2000: 36; Grote et al. 2006: 26).

55 Mehrdimensionalität meint in diesem Kontext nicht die Summe einzelner, definierter Dimensionen, sondern dass der Kompetenzbegriff vielschichtig ist und demnach aus mehreren Dimensionen besteht.

Aus diesen Gründen werden jene konstituierenden Teilkompetenzen der Handlungskompetenz im Folgenden deskriptiv behandelt.

Klassifikation Fachkompetenz

Unter Fachkompetenz werden berufliche, aufgaben- und arbeitsplatzspezifische Fertigkeiten sowie Kenntnisse der eigenen Organisation, der darin vorkommenden Prozesse sowie die Bereitschaft und die Befähigung zur Erledigung der sach- bzw. arbeitsplatztypischen Aufgaben verstanden (vgl. Kauffeld/Frieling 2001: 79). Somit umfasst die Fachkompetenz *„neben theoretischen Kenntnissen auch praktisch anwendbares Handlungswissen […] [sowie] intellektuelle und handwerkliche Fähigkeiten und Fertigkeiten"* (Lang 2000: 34).

ERPENBECK und HEYSE sehen in der Fachkompetenz individuelle Dispositionen, die geistig selbstorganisiertes Handeln ermöglichen (vgl. Erpenbeck/Heyse 1999: 156 f.). Damit ist die Fähigkeit gemeint, fachliches und organisationales Wissen sinnorientiert einordnen, identifizieren und bewerten zu können, so dass eine kreative Problemlösung entwickelt werden kann (vgl. Kauffeld/Frieling 2001: 79). Die Fachkompetenz zeigt sich beispielsweise in der Fähigkeit konzeptionell zu denken, Probleme zu erkennen oder Lösungen entwickeln zu können. Das erste beschriebene Verständnis von Fachkompetenz deckt sich mit der epistemischen Kompetenzauffassung. Die im zweiten Absatz beschriebenen Komponenten decken sich mit der heuristischen Kompetenzauffassung (vgl. Stäudel 2004: 29).

Klassifikation Methodenkompetenz

Die Methodenkompetenz umfasst *„die Fähigkeit und Bereitschaft zu zielgerichtetem, planmäßigem Vorgehen bei der Bearbeitung von Aufgaben und Problemen. Darüber hinaus beinhaltet der Begriff auch die Fähigkeit und Bereitschaft, sich Methoden zur Bewältigung beruflicher und außerberuflicher Herausforderungen zu vergegenwärtigen und zu reflektieren, ferner den jeweiligen Situationen angemessene Verfahren auszuwählen sowie flexibel einzusetzen"* (Michelsen 1997: 76).

ERPENBECK und HEYSE verstehen darunter Dispositionen des Individuums zum instrumentell selbstorganisierten Handeln. Dieses befähigt das Individuum, *„Tätigkeiten, Aufgaben und Lösungen methodisch kreativ zu gestalten und von daher auch das geistige Vorgehen zu strukturieren"* (Erpenbeck/Heyse 1999: 157).

Auch in diesen beiden Absätzen werden zwei Facetten der Methodenkompetenz beschrieben. Zum einen die Methodenkompetenz auf der Mikroebene (Beherrschung von Methoden) und zum anderen die Methodenkompetenz auf der Makroebene (Vertrautsein mit Methoden) (vgl. Klippert 2004: 28). Diese zweifaktorielle Struktur der Methodenkompetenz zeigt auch eine enge Verzahnung mit den anderen Kompetenzfacetten.

Wenn es bei der Methodenkompetenz um die gezielte, situative Verwendung bzw. Beherrschung von kognitiven Fähigkeiten geht bspw. Priorisierung von Aufgaben, ergebnisbezogene Erläuterung, konkreter Umgang mit IT-Software etc. (vgl. Kauffeld/Frieling 2001: 79), muss auf explizites Wissen, also auf Fachwissen zurückgegriffen werden. So benötigt die Fähigkeit, Probleme in einem beruflichen Prozess zu erkennen, zum einen Fachkenntnisse und zum anderen Strategien der Fehlersuche, d. h. Fach- und Methodenkompetenz. Fachliches sowie methodisches Lernen beziehen sich in einem hohem Maße aufeinander, so dass *„das gegeneinander Ausspielen von Fachkompetenz und Methodenkompetenz nicht nur irreführend, sondern falsch"* ist (Klippert 1995: 8).

Zeigt sich die Methodenkompetenz beispielsweise in der Fähigkeit von planerischem, vorausschauendem Verhalten (Koordinierung von Aufgaben, systematische Beurteilung eines Projektes), wird implizites Wissen auch in Verbindung mit sozialen, persönlichen Dimensionen notwendig. In diesem Sinne wird die Methodenkompetenz als heuristische Kompetenz verstanden (vgl. Sonntag/Stegmaier 2007: 191).

Klassifikation Sozialkompetenz

Sozialkompetenzen sind *„die Dispositionen, kommunikativ und kooperativ selbstorganisiert zu handeln, d. h. sich mit anderen kreativ auseinander- und zusammenzusetzen, sich gruppen- und beziehungsorientiert zu verhalten, um neue Pläne und Ziele zu entwickeln"* (Erpenbeck/Heyse 1999: 57). Es geht um die selbstorganisierte, rationale und verantwortungsbewusste Auseinandersetzung bzw. Interaktion mit anderen Menschen beispielsweise mit Kollegen, Vorgesetzten, Geschäftspartnern. Es geht aber auch um die Bereitschaft, sich selbst und die Gruppe weiterzuentwickeln und zu gestalten (vgl. Michelsen 1997: 76; Kauffeld/Frieling 2001: 79). Die bereits in dieser Arbeit angesprochene interkulturelle Kompetenz wird hier als eine Subkompetenz der sozialen Kompetenz angesehen; da sich die Fähigkeiten der sozialen Kompetenz mit denen der interkulturellen Kompetenz im internationalen Kontext decken (vgl. Kiechl 1997: 14; Bergmann 1993: 208; Bertels et al. 2004: 23). Die Sozialkompetenz zeigt sich beispielsweise in der Fähigkeit Kontakte aufzubauen, zu pflegen oder andere bzw. deren Meinung akzeptieren zu können.

Klassifikation Selbstkompetenz

Als Synonym zur Selbstkompetenz wird häufig die personale oder Persönlichkeitskompetenz verwendet. Spezifiziert umfasst die Selbstkompetenz die Fähigkeiten zur Selbstwahrnehmung (Entscheidungs,- Verantwortungs-, Organisations-, Lern-, Reflexionsfähigkeiten) sowie die Fähigkeiten zur Realisierung von Zielen und die Entwicklung von Ressourcen (vgl. Kauffeld/Frieling 2001: 79). Gemeint sind *„die Dispositionen, reflexiv selbstorganisiert zu handeln, d. h. sich selbst einzuschätzen, produktive Einstellungen, Werthaltungen, Motive*[56] *und Selbstbilder zu entwickeln, eigene Begabungen, Motivationen, Leistungsvorsätze zu entfalten und sich im Rahmen der Arbeit und außerhalb kreativ zu entwickeln und zu lernen"* (Erpenbeck/Heyse 1999: 157).

Ein weiteres Synonym zur Selbstkompetenz ist der Terminus der Humankompetenz: *„Die Fähigkeit und Bereitschaft, als Individuum die Entwicklungschancen und Zumutungen in Beruf, Familie und öffentlichem Leben zu durchdenken und zu beurteilen, eigene Begabungen zu entfalten sowie Lebenspläne zu fassen und fortzuentwickeln"* (Bader 1989: 72).

Mit seiner Auffassung beeinflusste BADER die Kompetenzdefinition der Kultusministerkonferenz und wird daher hier aufgeführt (vgl. Fröhlich-Glantschnig 2005: 136). Die Selbstkompetenz zeigt sich beispielsweise in der Fähigkeit Verantwortung zu übernehmen, mitzuwirken oder Veränderungen gegenüber aufgeschlossen sein zu können.

Wie es oft in der Literatur vorzufinden ist, wurden auch hier die vier Kompetenzfacetten gleichwertig nebeneinandergestellt. Allerdings wurde durch die deskriptive Erläuterung deutlich, dass jene weder trennscharf noch eigenständig als Basis für die berufliche Handlungskompetenz stehen können (vgl. Klemme 2012: 252). Dafür ist die Verzahnung untereinander zu groß.

Rückgreifend auf die beschriebenen Abschnitte über Kompetenzmodelle und die darin abgebildeten Facetten der beruflichen Handlungskompetenz wird hiermit ein Vier-Faktoren-Modell der beruflichen Handlungskompetenz beschrieben.

Dies hat zur Konsequenz, dass bei der Fach-, Methoden- und Sozialkompetenz *„der objektiv-neutrale fachliche Bezug zugunsten von auf die Person und ihre Interaktion mit dem Umfeld bezogenen Aspekten"* (ebd.) abnimmt. Durch die Erweiterung der Kompetenzen um die Selbstkompetenz geht dieser Bezug gänzlich verloren, da die Selbstkompetenz nur noch auf das Individuum abzielt (vgl. ebd.). Computer-, Medien-, Lern- und Planungskompetenzen werden häufig als weitere Teilkompetenzen genannt. Doch bei jenen handelt es sich um Fertigkeiten, Fähigkeiten und Qualifikationen, die meist den aufgeführten Basiskompetenzen unterzuordnen sind (vgl. Kromrei 2006: 25). Die erläuterten Teilkompetenzen der Handlungskompetenz sind nicht losgelöst voneinander, sondern in einer vielfältigen Verflechtung zu betrachten.

---

56 Ein Motiv ist eine interne Bedingung, ein Beweggrund für individuelle Verhaltensweisen und Handlungen. Es wird als erlernte und durch Sozialisation geprägte Persönlichkeitseigenschaft angesehen (vgl. Zimbardo 1992: 618).

Vor allem die Methodenkompetenz ist inhaltlich schwer von den restlichen Kompetenzfacetten zu trennen. Die inhaltlich begründete Nähe zu implizitem Wissen aus dem sozialen und persönlichen Bereich sowie die Tatsache, dass fachlicher Transfer nicht ohne Methodenkompetenz umgesetzt werden kann, zeigt, dass keine der drei Kompetenzen ohne die Methodenkompetenz zur Geltung kommen kann.

Neben dieser Klassifizierung sollte der emotionalen Kompetenz mindestens genauso viel Beachtung zukommen und jene konkreter ins Blickfeld der kompetenzorientierten Berufsbildung rücken. Denn nach Daniel GOLEMAN (2001) macht die emotionale Kompetenz[57] etwa 80 Prozent des Berufserfolges aus (vgl. Goleman 2001: 54). Allerdings kann die emotionale als Teil der Grundkompetenz Selbstkompetenz gesehen werden und sollte somit innerhalb einer Grundkompetenz berücksichtigt werden.

Die vorgestellte Kompetenzklassifikation ist die gröbste und etablierteste Unterteilung, die den Anspruch erhebt, den Hauptkompetenzbereich abzudecken (vgl. Arnold/Schüßler 2001: 68). Daneben existieren noch das Drei-Faktoren-Struktur-Modell mit der Unterscheidung nach fachlich-methodischer, Sozial- und Selbstkompetenz sowie das Zwei-Faktoren-Struktur-Modell mit der Unterscheidung nach fachlichen (Fach- und Methodenkompetenz) und überfachlichen Kompetenzen (Sozial- und Selbstkompetenz) und die Auffassung der beruflichen Handlungskompetenz als eindimensionales Konstrukt (vgl. Henschel 2005: 70).

Allerdings hat jene durch HEYSE und ERPENBECK eine Weiterentwicklung erfahren. In ihrem Modell wird die Handlungskompetenz nicht aus der Summe der Einzelkompetenzen ermöglicht, sondern steht als gleichberechtigte Grundkompetenz neben den anderen. Der Grund liegt darin, dass eine Person nicht automatisch kompetent handelt, nur weil sie die anderen Hauptkompetenzen erfüllt. Oder umgekehrt: Eine Person kann unerträglich, fachlich mäßig, sozialkommunikativ schwach sein und dennoch hohe Tatkraft, Belastbarkeit und Gestaltungswillen zeigen (vgl. Heyse/Erpenbeck 2007: 27 ff.).

Das Kompetenzmodell, der sogenannte Kompetenzatlas, ist zukunftsweisend, da er in Entstehung, Umfang, Struktur und Zuordnung einmalig ist und die Sichtweisen von Wissenschaft und Wirtschaft vereint (vgl. Heyse/Erpenbeck 2007: 25 f.). Auch wenn die 64 Teilkompetenzen empirisch evaluiert wurden, ist in der Literatur keine detaillierte Angabe zu den Gütekriterien des Verfahrens zu finden. Dazu passt auch die Aussage von HEYSE und ERPENBECK, dass oftmals

57 „Emotionale Intelligenz ist der Zusammenhang zwischen Gefühl, Charakter und moralischen Instinkten. Mit diesen Fähigkeiten kann das intellektuelle Potential, das genetisch bestimmt ist, besser genutzt werden" (Goleman 2001: 12).

vielmehr die soziale als die wissenschaftliche Validität der Verfahrensweise im Vordergrund steht (vgl. Heyse/Erpenbeck 2010: 23 f.).

Ein weiterer entscheidender Unterschied zwischen den Kompetenzmodellen ist, dass im klassischen Kompetenzmodell angenommen wird, dass im Kompetenzbegriff auch dessen Umsetzung enthalten ist; während im erweiterten Kompetenzmodell die Kompetenz quasi noch eine Metakompetenz benötigt, um wirksam zu werden.

Unter dem Aspekt der Verständlichkeit und Anwendbarkeit sticht klar das klassische Kompetenzmodell hervor.

Abbildung 12: Vergleich klassische und erweiterte Kompetenzklassifikation

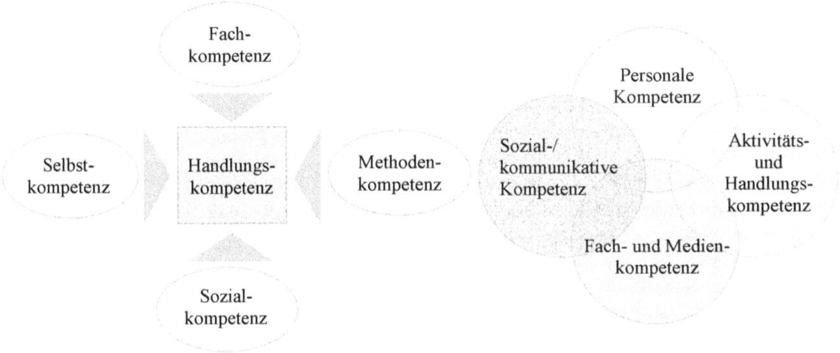

Die berufliche Handlungskompetenz zeigt sich in verschiedenen Ausprägungen, worauf im Folgenden detailliert eingegangen wird.

Die berufliche Handlungskompetenz in der Gegenüberstellung zwischen Experten und Generalisten

„Eine Personalstrategie, die das informelle Lernen und die Kompetenzorientierung systematisiert, schafft ein neues Format an ‚spezialisierten Generalisten' und Experten" (Schönherr/Tiberius 2014: 194). Somit werden gezielt die Handlungsbereitschaft sowie die Handlungsfähigkeit erweitert (vgl. ebd.). Diese Aussage belegt die bereits herausgearbeitete These, durch die Förderung und Entwicklung der beruflichen Handlungskompetenz bleiben Beschäftigte sowie Organisationen auch zukünftig im dynamischen Wandel handlungsfähig. Allerdings gilt dies nur unter der Prämisse, dass die innerbetrieblich organisatorischen sowie personalpolitischen Rahmenbedingungen angepasst werden (vgl. ebd.).

Dies wirft die Frage auf, ob im Rahmen des demografischen Wandels, des Fachkräftemangels, des Aufeinandertreffens von drei unterschiedlichen Generationen auf dem Arbeitsmarkt sowie den weiteren beschriebenen Veränderungen und Herausforderungen die berufliche Handlungskompetenz für Generalisten und Experten gleich gefördert werden sollte oder ob die berufliche Handlungskompetenz eine unterschiedliche Ausprägung und somit eine unterschiedliche Förderung bei Experten und Generalisten aufweist. Denn unterschiedliche Positionen in der Organisation verlangen unterschiedliche Kompetenzausprägungen. Selten ist bei einem Fachexperten die Führungskompetenz gleichermaßen ausgeprägt wie bei einer Führungsperson (vgl. Bohinc 2008: 28 f.).

Beschäftigte können in Laien, Fachkräfte, Generalisten und Führungskräfte unterschieden werden. Die Professionalisierung ist ein charakteristisches Merkmal im Unterschied zwischen einem Fachexperten, auch Spezialisten genannt, und einem Laien (vgl. Nullmeier et al. 2003: 28). Ein Laie hat keine spezialisierten Kenntnisse in einem bestimmten Fachgebiet, während ein Fachexperte professionalisiertes Wissen bzw. Expertenwissen in einem bestimmten Bereich, Produkt oder einer Technologie besitzt. Hierzu zählt nicht nur die Erfahrung in einem bestimmten Bereich, sondern auch die Verwendung von Fachtermini und deren Einbettung in das vorhandene komplexe Wissensnetz (vgl. Faust 2013: 55 f.). Generalisten sowie Führungskräfte besitzen im Allgemeinen zu 20 % Fachkompetenz, während sich 80 % ihres Wissens auf die überfachlichen Kompetenzen (Methoden-, Sozial- und Selbstkompetenz) verteilt (vgl. Fischer 2004: 149). Bei Fachexperten verteilt sich ihre Kompetenz zu 80 % auf Fachkompetenz und zu 20 % auf überfachliche Kompetenzen. Kommt es zu einem hierarchischen Aufstieg eines Fachexpertens innerhalb einer Organisation, so kommt es häufig zu einer Verschiebung des Wissensanteils an fachlicher und überfachlicher Kompetenz, dies geht zu Lasten der Fachkompetenz (vgl. Fischer 2004: 148).

Wissenschaftler kamen zu der Erkenntnis, dass sich Generalisten im Gegensatz zu Fachexperten schneller an Umweltveränderungen anpassen, allerdings auch in statischer Umwelt kostspieliger sind als Fachexperten, da sie eine größere Menge an Überschusskapazitäten haben, die nicht täglich verlangt werden (vgl. Hannam/Freeman 1977: 946 ff.). Generalisten sind demnach flexibler in ihrer Handlungsfähigkeit, da sie immer wieder auf bereits Erlerntes aufbauen und schnell gekonnt neue Tätigkeitsrichtungen ausüben können (vgl. Ursuleac 2013: 2 ff.). Diese Erkenntnis zeigt perspektivisch, dass gerade in Zeiten des dynamischen Wandels auf das Profil eines Generalisten besonderes Augenmerk gelegt wird. Fraglich ist jedoch, ob diese Aussage nicht im Widerspruch zu dem bereits erläuterten Fachkräftemangel steht. Der bereits manifeste Mangel an qualifizierten Fachexperten zeichnet sich bereits seit Jahren ab und steht mittlerweile als gesamtgesellschaftliche und branchenspezifische Herausforderung im Fokus der wirtschafts- und arbeitsmarktpolitischen Debatte (vgl. Krone 2010: 27).

Studienergebnisse des BMAS brachten hervor, dass vor allem eine potenzielle Fachkräftelücke bis zum Jahr 2030 in Erziehungs-, Sozial-, Gesundheits-, Technik-, Verwaltungs- und Büroberufen sowie bei Künstlern, Publizisten, Managern, Leitenden, Waren- und Dienstleistungskaufleuten und Wissenschaftlern entsteht[58] (vgl. BMAS 2013: 28).

Abbildung 13: Fachkräftelücke bei konstanter beruflicher Angebotsstruktur. Jährlicher Saldo zwischen potenziellen und tatsächlichen Erwerbstätigen nach Beruf in 1000 (Quelle: Economix; BMAS 2013: 28)

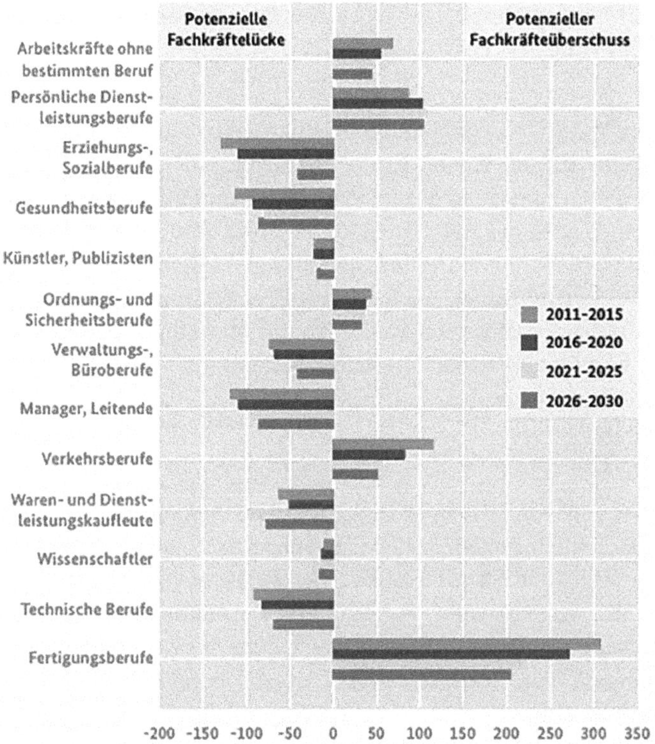

58 Weitere Arbeitsmarktprognosen und detaillierte Ausführungen siehe: BMAS 2013; Fuchs et al. 2011.

potenziellen und tatsächlichen Erwerbstätigen nach Beruf in 1000 (Quelle: Economix; BMAS 2013: 28)

Die Berechnung der virtuellen Fachkräftelücke nach Berufen zeigt, dass bei Annahme eines starren Arbeitsmarktes dem Überangebot an Fachkräften mit Fertigungsberufen eine Fachkräftelücke vor allem im tertiären Sektor gegenübersteht (vgl. Abbildung 13). Die Erwerbstätigen des tertiären Sektors weisen einen weniger hohen Spezialisierungsgrad auf als die Beschäftigten der anderen Sektoren, doch in den anderen Sektoren sind die Arbeitsengpässe weniger ausgeprägt, da auch die Nachfrage nicht wie im tertiären Sektor steigend ist (vgl. BMAS 2013: 29).

Seitens der beruflichen Weiterbildung kann dem Fachkräftemangel vor allem auf zwei Wegen entgegengewirkt werden:

1) Die Anzahl von qualifizierten Arbeitskräften muss erhöht werden.
2) Bessere Nutzung des erwirtschafteten Wertschöpfungspotenzials der Beschäftigten.

Diese beiden Wege sind denkbar, solange der Fokus auf der Qualifizierung und Kompetenzentwicklung für höhere Anforderungs-/Kompetenzprofile und auf einer stärkeren Orientierung der Beschäftigung am tatsächlichen Potenzial bzw. an den Kompetenzen der Arbeitnehmer liegt (vgl. BfA 2011: 10 f.).

Für diesen Fokus müssen Rahmenbedingungen und Anreize für die bereits genannten Personengruppen geschaffen werden: Personen über 55 Jahre, Frauen, geringqualifizierte Beschäftigte, Menschen mit Migrationshintergrund (vgl. BfA 2011: 10 f.) vorwiegend aus dem tertiären Sektor.

Die berufliche Handlungskompetenz bei erwerbstätigen Männern und Frauen

Die Erwerbsquote von Frauen ist in den vergangenen Jahren stark angestiegen[59] (vgl. Bergmann/Richter 2002: 212). Charakteristisch dafür ist die Verbesserung der Arbeitsmarktsituation von Frauen aufgrund ihrer verbesserten Ausbildungssituation, Bildungsexpansion, Angleichung der Bildungsqualifikationen und der Lebenspläne von Frau und Mann sowie dem Abbau geschlechtsspezifischer Diskriminierung (vgl. Hördt 2006: 9). Trotz der beschriebenen, zunehmenden Angleichung von Frau und Mann in der Erwerbstätigkeit wird hinsichtlich des Geschlechts in der Arbeitsmarkt- und Berufsforschung von einer Segregation

59 Einen Überblick über die Entwicklung der Frauenerwerbstätigkeit in Deutschland siehe beispielsweise Werner 1996; Klauder 1996.

des Arbeitsmarktes gesprochen (vgl. Bergmann/Richter 2002: 212). Im Bildungssystem sind Disparitäten der Geschlechterverhältnisse überwiegend aufgelöst (vgl. Baethge u. a. 2007).

Im Rahmen der Projektstudie „Individuelle Kompetenzentwicklung durch Lernen im Prozess der Arbeit“[60] (Bergmann/Richter 2003) wurde die geschlechtsspezifische Beschaffenheit beruflicher Handlungskompetenz erforscht. Es wurde untersucht, „*ob Geschlechtseffekte existieren in der Lernhaltigkeit*[61] *der Arbeitssituation als einem Prädiktor arbeitsimmanenter Kompetenzentwicklung, in der Beschaffenheit beruflicher Handlungskompetenz, die über das Selbstkonzept mit Hilfe standardisierter Analyseinstrumente erfasst wird, und bezüglich des Anteils von Personen mit Führungsfunktion*“ (Bergmann/Richter 2002: 212).

Die Studienergebnisse zeigen „*signifikante Geschlechtseffekte in den Ausprägungen des Selbstkonzepts beruflicher Kompetenz zugunsten der Männer und sie belegen, dass Männer häufiger Führungsfunktionen ausüben. Es gibt keine Geschlechtseffekte bei der Einschätzung der Lernhaltigkeit der Arbeitssituation*“ (Bergmann/Richter 2002: 212).

Allerdings sind diese Geschlechtseffekte nicht bei Erwerbstätigen mit einer Ausbildung zu erkennen, da bei jenen der Handlungsspielraum stärker eingeschränkt ist als bei Führungskräften (vgl. Bergmann/Richter 2002: 223). Demnach müsste sich diese Ausprägung bei einer empirischen Untersuchung zwischen Berufstätigen mit einem Ausbildungshintergrund, mit einem akademischen Abschluss sowie Führungskräften unabhängig ihres Qualifizierungshintergrundes unterscheiden. Eine Vermutung könnte hierbei sein, dass diese geschlechtsspezifische Ausprägung über die Sozialkompetenz wirksam wird. Denn Führungspositionen haben eine höhere soziale Interaktionskomponente als Fachexpertenpositionen.

Es wird hierbei von einer geschlechtsspezifischen Arbeitsmarktsegregation gesprochen. Diese kann eine horizontale und eine vertikale Segregationsdimension aufweisen. Bei der horizontalen Arbeitsmarktsegregation ist es charakteristisch,

---

60 Die Studie wurde vom Bundesministerium für Bildung und Forschung sowie vom Bundesministerium für Arbeit und Sozialordnung und vom Europäischen Sozialfond gefördert.

61 Unter diesem Begriff wurden die Lernhaltigkeit der Arbeitsaufgabe sowie die Lernförderung der Institution erfragt. Anhand einer Skala wurde die Lernhaltigkeit der Arbeitsaufgabe untersucht, welche den Umfang der Arbeitsaufgaben, die Tätigkeitsstruktur, die Entscheidungsspielräume, die Anforderungen, die Informationsflüsse und Rückkopplungen erfasste. Die Skala der Lernförderung der Organisation erfasste Partizipationsmöglichkeiten, selbstständige Ausübung der Tätigkeiten, Entwicklungsmöglichkeiten sowie zeitliche Rahmenbedingungen (vgl. Bergmann/Richter 2002: 216).

dass Männer und Frauen unterschiedliche Berufe und Tätigkeiten ausüben. Als Beispiel können männerdominierte handwerklich-technische Berufe versus frauendominierte soziale Berufe[62] dienen (vgl. Vedder/Reuter 2008: 18). Charakteristisch für die vertikale Segregation ist *„die hierarchisch unterschiedliche Verteilung der Geschlechter auf Karrierepositionen bei gleicher Qualifikation, verbunden mit entsprechend negativen Auswirkungen auf die relativen Einkommenspositionen für Frauen“* (Kreimer 2009: 126). Belegt wird dies durch einen geringeren Frauenanteil in Führungspositionen und hoch qualifizierten Berufen. Begründet wird dies mit der Doppelbelastung der Frauen und dem meist damit einhergehenden gesellschaftlichen und persönlichen Anspruch, Familie und Beruf gleichwertig in Einklang zu bringen (vgl. Knapp 1990: 17). Auch stereotypische[63] Zuschreibungen[64] und Bewertungen verhindern Aufstiegschancen von Frauen in Führungspositionen. Dazu kommt die Anmerkung, dass weibliche Erwerbsbiografien im Gegensatz zu den männlichen Erwerbsbiografien diskontinuierlich verlaufen (vgl. Bergmann/Richter 2002: 212). Die Disparitäten der Geschlechterverhältnisse spiegeln sich ebenfalls in den unterschiedlichen Einkommen wieder (vgl. Statistisches Bundesamt 2000). Dies ist allerdings auch darauf zurückzuführen, dass ein großer Anteil der weiblichen Erwerbstätigen in Teilzeitbeschäftigung oder geringfügiger Beschäftigung tätig ist (vgl. Bergmann/Richter 2002: 213).

---

62 Die Klassifikationssysteme und Grenzwerte für die geschlechtsspezifische Einteilung der Berufe werden in Forschungsarbeiten sehr uneinheitlich festgelegt. Beispielsweise wird bei einigen Autoren eine sehr paritätische Geschlechterverteilung mit 40 bis 50 Prozentpunkten um den rechnerischen Mittelwert von 50 % als Ausgangspunkt genommen, wobei außer Acht gelassen wird, dass der Frauenanteil in der Erwerbstätigkeit häufig unter 50 % liegt (vgl. Achatz 2008: 277).

63 „Geschlechterstereotype sind kognitive Strukturen, die sozial geteiltes Wissen über die charakteristischen Merkmale von Frauen und Männern enthalten (Ashmore/Del Boca 1979, Eckes 1997). Nach dieser Definition gehören Geschlechterstereotype (wie andere Stereotype auch, z. B. nationale Stereotype oder Altersstereotype) einerseits zum individuellen Wissensbesitz, andererseits bilden sie den Kern eines konsensuellen, kulturell geteilten Verständnisses von den je typischen Merkmalen der Geschlechter. Hierin liegt die duale Natur von Geschlechterstereotypen“ (Eckes 2010: 178). Das Konzept der Geschlechterrolle ist damit ebenfalls eng verwandt und spiegelt die sozial geteilten sowie geschlechtsspezifischen Verhaltenserwartungen wieder.

64 Stereotypische Zuschreibungen für die Frauenrolle sind beispielsweise: fürsorglich, passiv, schwach und emotional. Diese Zuschreibungen führen zu einer wahrgenommenen unzureichenden Passung zwischen der Führungsrolle und der weiblichen Geschlechterrolle (vgl. Eagly/Karau 2002).

Die in der beschriebenen Studie analysierten kleinen, aber signifikanten Effekte zugunsten des männlichen Geschlechts beim Selbstkonzept der beruflichen Handlungskompetenz wurden partiell auf Positionseffekte[65] zurückgeführt. Diese wiederum resultieren aus komfortablen Arbeitssituationen, die ein Lernen im Prozess der Arbeit zulassen (vgl. Bergmann/Richter 2002: 223). Generell genießen Führungskräfte einen größeren Handlungsspielraum und genießen somit eine komfortablere Arbeitssituation. Da mehr männliche als weibliche Beschäftigte in Führungsrollen anzutreffen sind, ist dies der Grund für die geschlechtsspezifische Diskrepanz im Selbstkonzept der beruflichen Handlungskompetenz. Die Ergebnisse dieser Studie machen allerdings ebenfalls deutlich, dass ein Vergleich zwischen den Geschlechtern, ohne Führungsposition und ausschließlich in Vollzeitbeschäftigung, keine Geschlechterunterschiede im Selbstkonzept der beruflichen Handlungskompetenz oder in der erlebten Lernhaltigkeit der Arbeitsaufgabe aufweist (vgl. Bergmann/Richter 2002: 223).

Diese Ergebnisse auf das eigene Forschungsvorhaben übertragen, wecken das Interesse, ob diese Geschlechtseffekte auch im pädagogischen und ökonomischen Berufsgruppenvergleich in Erscheinung treten und ob der Positionseffekt eventuell auch ein Berufsgruppenzugehörigkeitseffekt sein könnte.

Fazit ist, dass bei vergleichbaren Rahmenbedingungen (berufsbiographische Entwicklung, berufliche Position) auch eine vergleichbare Handlungskompetenz besteht, unabhängig des Geschlechts (vgl. Hoff et al. 2000).

Alterstrends der beruflichen Handlungskompetenz

Ein wesentliches Merkmal des demografischen Wandels ist eine schrumpfende und alternde Gesellschaft mit einer sehr hohen Lebenserwartung und einer geringen Geburtenrate (vgl. Rump 2009: 17).

Dies bedeutet für Organisationen, dass jetzt und auch künftig immer weniger junge Menschen in das Erwerbsleben eintreten (vgl. 1.1). Die betriebliche Weiterbildung muss sich die Frage stellen, ob auch mit einem höheren Anteil älterer Arbeitnehmer im globalen Wettbewerb erfolgreich agiert werden kann, wenn dafür zunehmend die Fähigkeiten zur Innovation, zum selbstorganisierten, flexiblen

65 Positionseffekte beschreiben Rahmenbedingungen einer beruflichen Situation. So sind beispielsweise Führungspositionen in ein Arbeitsumfeld eingebunden, „in dem mehr Anregungen, Anerkennung und Unterstützung des Lernens erlebt" (Bergmann/Richter 2002: 223) werden. Das Arbeitsumfeld von Beschäftigten in Ausbildung hingegen, weist diese Effekte aufgrund des mehr kontrollierten und somit auch geringeren Handlungsspielraums weniger auf.

Handeln sowie die Motivation zu lebensbegleitendem Lernen notwendig sind (vgl. Bergmann et al. 2004: 245) und ein *„Nachlassen der Leistungsfähigkeit mit höherem Alter“* (Bergmann et al. 2004: 245) allgemein angenommen wird.

Um dieser Annahme in Bezug auf die berufliche Handlungskompetenz nachzugehen, wird vor der begrifflichen Klärung der Leistungsfähigkeit die Differenzierung zwischen einem jüngeren und einem älteren Beschäftigten analysiert. Das kalendarische Alter ist von wissenschaftlichen Erkenntnissen unabhängig, grenzt sich vom biologischen, sozialen und psychischen Alter[66] ab und ist somit vorwiegend für das Gesetz sowie die betriebliche Praxis maßgeblich (vgl. Prezewowsky 2007: 68). Obwohl sich das kalendarische Alter objektiv in Zahlen ausdrücken lässt, wird es neueren gerontologischen sowie sozialwissenschaftlichen Erkenntnissen nicht gerecht. Denn die *„Bezeichnung ‚älterer Mitarbeiter‘ steht vielmehr im Kontext einer sozialen Situation und variiert je nach Wirtschaftssektor, hierarchischer Position, Altersstruktur des Umfeldes sowie ausgeübter Tätigkeit und z. T. auch Geschlecht“* (Prezewowsky 2007: 68 aus vgl. Reday-Mulvey 2005: 64). Die Klassifikation als älterer Beschäftigter ist vorwiegend von der Qualifikation abhängig, die wiederum von der Tätigkeit sowie deren Rahmenbedingungen abhängig ist (vgl. Bergmann 2004: 245).

Die Leistungsfähigkeit eines Beschäftigten ist abhängig von dessen körperlichen sowie geistigen Fähigkeiten. Die körperliche Leistungsfähigkeit geht ab einem gewissen Alter, etwa ab dem vierten Lebensjahrzehnt allmählich zurück (vgl. Kruse et al. 2004: 345). Beeinflusst von Lebensstil sowie sportlichen Aktivitäten nehmen die Muskelkraft, die Bewegungsgeschwindigkeit, die Festigkeit der Knochen und die Leistungsfähigkeit des Lungen- und Herz-Kreislauf-Systems mit zunehmendem Alter ab (vgl. Bergmann et al. 2004: 246). Die Leistungsfähigkeit des seelisch-geistigen Bereichs umfasst den Begriff der Intelligenz. Hierbei wird zwischen altersstabilen und mit dem Alter abnehmenden Fähigkeiten unterschieden. Zu den altersstabilen Fähigkeiten zählt die kristalline Intelligenz, welche als pragmatische oder erfahrungsgebundene Intelligenz bezeichnet wird und sich auf das im Laufe des Lebens angeeignete Wissen und die Bildung bezieht (vgl. Oertel 2007: 113). Demnach weist diese kristalline Intelligenz über die Spanne des erwerbsfähigen Alters Stabilität oder gar einen leichten Anstieg auf (vgl. Bergmann et al. 2004: 246). Die Fähigkeit zu schnellem und gründlichem Lernen, die sogenannte fluide oder mechanische Intelligenz, hingegen nimmt mit zunehmendem Alter ab (vgl. Baltes/Staudinger 1993; Singer et al. 2003). Das Nachlassen der fluiden Intelligenz liegt in der Verlangsamung der kognitiven Ele-

66 Zur näheren Erläuterung und Unterscheidung, siehe Schäfers/Zapf 2001: 1.

mentaroperationen; die Verarbeitungsgeschwindigkeit von geistigen Prozessen in kurzer Zeit ist abnehmend (vgl. Gerrig/Zimbardo 2008: 379).

Diese Erkenntnisse sind allerdings für die berufliche Leistungsfähigkeit weniger von Bedeutung, wenn es um die Bewältigung von unbekannten Arbeitssituationen geht. Denn berufliche Anforderungen sind komplexer und erfordern demnach zu ihrer Bewältigung Wissen und Erfahrung, anstatt Reaktionszeiten im Millisekundenbereich (vgl. Bergmann et al. 2004: 247).

Zusätzlich kann die nachlassende Leistungsfähigkeit der tempoabhängigen Basisfunktion im höheren Lebensalter mit dem im Erwerbsleben dazugewonnenen Wissens, der Erfahrung und der Motivation ausgeglichen werden; Vorausgesetzt die Beschäftigten haben bereits in frühen Jahren Wissenssysteme und effektive Handlungsstrategien entwickelt (vgl. Baltes et al. 2005; Lindenberger 2002). Aufgrund dieser Kompensationsmöglichkeiten kann man nicht von einem durchgängigen altersbedingten Abbau geistiger Fähigkeiten sprechen (vgl. Prezewowsky 2007: 71 f.).

Die Expertisenforschung belegt mit der Zehn-Jahres-Regel, dass berufliche Leistungen abhängig von Erfahrung und Wissen sind (vgl. Ericsson et al. 1993). Konstante Leistung auf hohem Niveau in einem Fachgebiet kann erst nach langjähriger (ca. 10 Jahre), systematischer und intensiver Beschäftigung im Fachgebiet erbracht werden (vgl. Beller/ Bender 2010: 111).

Berufliche Leistungen sind motivationsabhängig, da Motivation eine wichtige Eigenschaft zur Bewältigung der ständigen Veränderungen von Tätigkeiten und des Arbeitskontextes ist. Um diese Veränderungen zu bewältigen, ist kontinuierliches, selbstorganisiertes Lernen gefordert, was wiederum stark abhängig von der persönlichen Motivation ist (vgl. Bergmann et al. 2004: 247). Somit sind Erfahrung, Wissen und Motivation die Grundlagen kompetenten, beruflichen Handelns – unabhängig vom Alter. Diese Aussage gilt unabhängig von der Berufsgruppe (vgl. von Rothkirch 2000).

Das Konzept des arbeitsinduzierten Alterns (vgl. Teiger 1989; Warr 1994) veranschaulicht die Zusammenhänge zwischen der Leistungsfähigkeit, dem Alter sowie der Beschaffenheit der Arbeit. Alterungsprozesse können durch die Beschaffenheit der Arbeit bzw. der Rahmenbedingungen beschleunigt bzw. verlangsamt werden (vgl. Bergmann et al. 2004: 247). Arbeitsbedingungen, welche zur Fehlbeanspruchung oder zu Gesundheitsschäden führen, ziehen als Folge Einbußen der Leistungsfähigkeit mit sich (vgl. Brandenburg/Domschke 2007: 179). Neben diesen physischen Anforderungen beeinflussen ebenfalls die Arbeitsorganisation sowie die Arbeitsumgebung den Alterungsprozess und die Leistungsfähigkeit. Die Ausgestaltung und Lernhaltigkeit der Arbeit sind hierbei entscheidend und ein wichtiger Faktor für die arbeitsimmanente Kompetenzentwicklung.

2.2.3.3 Zwischenresümee: Pädagogische Kompetenzauffassung

Die vorgestellte Kompetenzklassifikation korrespondiert mit dem Grundmodell der materialen/formalen/kategorialen Bildungstheorie. Die Handlungskompetenz umfasst das Subjekt und die Sachinhalte beziehungsweise die objektiven Gegenstände in der Gesellschaft. Die Handlungskompetenz/Bildung ist eine Erscheinung, die wir durch – das eigene Erleben oder Verstehen anderer Menschen – als individuelle unmittelbare Einheit von objektiven (materialen) und subjektiven (formalen) Momenten erschließen. Der genannte objektive oder materiale Aspekt ist die Erschließung der individuellen dinglichen und geistigen Wirklichkeit, was zugleich bedeutet, dass der Mensch seine eigene Wirklichkeit erschließt, also im subjektiven oder formalen sowie funktionalen und methodischen Sinne (vgl. Klafki 1963: 43).

Gleich der kategorialen Bildung entsteht auch die Handlungskompetenz aus einer doppelseitigen Erschließung der Teilkompetenzen. Ebenfalls korrespondierend zu der Bildungstheorie wird hierbei die Frage aufgeworfen, welche Bedingungen/Bildungsinhalte zur Handlungskompetenzentwicklung bzw. Erschließung der Wirklichkeit geschaffen werden sollten (vgl. Klafki 1963: 441 ff.).

Die Berufspädagogen Rolf ARNOLD und Ingeborg SCHÜßLER erkennen, dass es für die kompetenzorientierte Berufsbildung nicht mehr ausreichend ist, laufend wachsende Kataloge der Fach-, Methoden- und Sozialkompetenzen zu entwickeln, sondern dass vielmehr eine genaue Bewertung sowie Gewichtung der definierten Kompetenzanforderungen notwendig ist (vgl. Arnold/Schüßler 2001: 68). Für die Ebene der Fachkompetenz sehen sie eine fachdidaktische Analyse vor; auf der Ebene der Methodenkompetenz sollten operationalisierte Konzepte der Metakognition, welche zudem wissens-, kognitions- und handlungspsychologisch konsistent sind, berücksichtigt werden (vgl. ebd.). Die Ebene der Sozialkompetenz sollte sozialisationstheoretisch und psychoanalytisch genauer untersucht werden (vgl. Arnold/Schüßler 2001: 69).

Der Berufspädagoge Reinhold WEIß (1999) weist darauf hin, dass eine Klassifikation, die das Handeln des Individuums in den Mittelpunkt der Systematisierung stellt, auch Raum für Handlungssituationen schaffen sollte, in denen das Individuum seine Kompetenzen zeigen kann (vgl. Weiß 1999: 458).

Eine Klassifizierung kann nur vorgenommen werden, wenn dieser eine genaue Beschreibung der gesetzten Ziele vorausgegangen ist. Eine solche Kompetenzerfassung weist Parallelen zur behavioristischen Denkstruktur auf, die eine Operationalisierung von Lernzielen fordert (vgl. Weiß 1999: 450). Allerdings lassen sich Kompetenzen mit ihren anspruchsvollen, komplexen Zielen schwer operationalisieren, da sich selbstständiges und selbstverantwortliches Handeln nur bedingt in Lernzielkatalogen systematisieren lässt. Nach WEIß steht daher die Operationalisierung von Kompetenzen, was einer Normierung des Verhaltens (vgl. Weiß 1999: 442) gleichkommt, im Widerspruch zu Selbststeuerung und Selbstorganisation, was das Kompetenzverständnis als individuelle Disposition umfasst (vgl. ebd.); Eine Systematik die komplexe Kompetenzbereiche erfasst, müsse sehr umfassend angelegt sein und führe zu einem Bildungs-Taylorismus (vgl. Weiß 1999: 442). Dies bedeutet eine Verengung auf Verwertbares und stehe somit im Gegensatz zum Kompetenzkonstrukt. Aber auch eine systematische Erfassung eingegrenzter Kompetenzfelder ist kein valides Instrument zur Kompetenzbewertung, da die Kompetenzen nur vage differenziert werden können (vgl. ebd.). WEIß' Aspekte sind bei der Systematisierung und Entwicklung von Messverfahren zu berücksichtigen.

Ausgehend von der beschriebenen Kompetenzauffassung lassen sich Kernmerkmale für das pädagogische Kompetenzverständnis herausarbeiten. Analog der beschriebenen psychologischen Auffassung lassen sich ebenfalls die Ausprägungen der Handlungsorientierung in Lernprozessen ableiten, durch welche Handlungskompetenz entwickelt wird.

- **Kompetenzen als Befähigung zur Bewältigung komplexer (Problem-)Situationen**

Dieser handlungstheoretischen Kompetenzauffassung liegt zugrunde, dass Kompetenzen kognitive, sozial-kommunikative und emotional-motivationale Voraussetzungen zur Bewältigung von (Problem)-Situationen sind. Hierbei wird Handlungsorientierung beim Lernen in konkreten Situationen entwickelt. In unvorhersehbaren Situationen entsteht ein ergebnisoffener Handlungsspielraum, da aufgrund der unbekannten Situation nicht auf vorangegangene Handlungen zurückgegriffen werden kann.

Dies ermöglicht dem Individuum eine eigenständige Bewältigung der Situation, welche die Basis für den Zugewinn von Erkenntnissen und Fähigkeiten, basierend auf der Verknüpfung vorhandener Erkenntnisse, darstellt. Die Handlungskompetenz lässt sich an der tatsächlichen Handlungsausführung beurteilen (vgl. Bader 2005: 50). Das Lernpotenzial kann besonders in solchen Situationen der Handlungsorientierung ausgeschöpft werden. Bei einer Beschränkung der gedanklichen, allgemeinen Handlungsstrukturierung im psychologischen Sinne werden allenfalls Teileinsichten zu erwarten sein. Beispielsituationen für handlungsorientierte Lernprozesse an konkreten Handlungen sind: Prüfung der Effizienz von Prozessen, Beurteilung von Sachverhalten oder Entwicklung von Lösungsstrategien.

- **Kompetenzen gleichbedeutend mit Lernprozessen**
Lernprozesse sind für die Kompetenzaneignung sowie -entwicklung von zentraler Bedeutung. Entscheidend für den Kompetenzerwerb ist hierbei der aktive, konstruktive, emotionale, selbstgesteuerte, soziale und situative Lernprozess (vgl. Reinmann-Rothmeier/Mandl 2001). Kompetenzen können nicht nur „gelehrt" werden. Hierbei wird Handlungsorientierung als Gestaltung von Lernprozessen angesehen. Lernen durch selbstständiges Handeln ist hervorzuheben, mindestens allerdings das aktive Tun. Im Gegensatz zur psychologisch begründeten Strukturierung der Handlungsprozesse ist das alleinige gedankliche Nachvollziehen von Handlungen nicht ausreichend, um Lernprozesse und somit Handlungskompetenz zu entwickeln. Praktische Beispiele für die Gestaltung von Lernprozessen im beruflichen Umfeld sind beispielsweise: Lernen am Arbeitsplatz, im Projekt, in Simulations-/Rollenspielen oder durch webbasiertes Training. Diese Art der Lernprozessgestaltung unterstützt die individuelle Motivation und die intensive Verknüpfung von neuen Ansichten mit vorangegangenen Erfahrungen. Gleichzeitig ist diese Art der Lernprozessgestaltung stark abhängig von den organisationalen Rahmenbedingungen (vgl. Bader 2005: 49).

- **Kompetenzen als biografisches Konstrukt**
Kompetenzen werden nach dieser Auffassung als Fähigkeit verstanden, Lösungen in unvorhersehbaren Situationen durch die Verknüpfung von aktuellem mit vorhandenem Wissen selbstorganisiert und situationsspezifisch zu konstruieren. Die Identität des Einzelnen wird somit nicht mehr aus seinem Lebensberuf abgeleitet, sondern aus diversen Kontexten seiner Erfahrungen (vgl. Arnold 1997b: 267). Hierbei wird Handlungsorientierung als Gestaltung und Planung von Lernprozessen verstanden. Es ist das Ziel, aus den gewonnen biographischen Erkenntnissen Konsequenzen zu ziehen. Dies meint, dass die Erkenntnisse genutzt werden sollen, um sich in die erkannte Zielrichtung zu verändern.

Das stetige Bestreben nach Reflektion und danach, den eigenen Lebenslauf sowie Sachverhalte und Zusammenhänge zu verstehen ist ebenso zu fördern wie die Urteilsbildung und Werteentwicklung. Das verantwortungsbewusste Nachdenken über Handlungsmöglichkeiten ist zu unterstützen, damit sich eine ganzheitliche Handlungsorientierung entwickeln kann (vgl. Bader 2005: 50).

2.3 Aktueller Kompetenzdiskurs

Im aktuellen Kompetenzdiskurs zeigen sich die in den vorherigen Abschnitten beschriebenen Aspekte in einer sehr unterschiedlichen und zum Teil widersprüchlichen Auffassung.

Somit umfasst der Kompetenzdiskurs neben der bereits erläuterten unterschiedlichen interdisziplinären Kompetenzkonstruktverortung folgende Punkte:

- Diskussion über die Verwendung des Kompetenz- und/oder Qualifikationsbegriffs
- Diskussion über die Konvergenz und Bewältigung von pädagogischen oder ökonomischen Anforderungen in der betrieblichen Weiterbildung

Der folgende Abschnitt dient dem Verständnis der Kompetenz- und Qualifikationsdiskussion. Es wird eine konkrete Zusammenfassung der in dieser Arbeit verwandten Begrifflichkeiten gegeben sowie daraus resultierend die aktuellen Anforderungen an die betriebliche Weiterbildung[67] genannt.

2.3.1 Bildungshistorischer Abriss

Die berufliche Weiterbildung wurde im Rahmen der Erwachsenenbildung zur Zeit der „realistischen Wende" (1970er) verstärkt in den Fokus gestellt. Es kam zu einer Abkehr von der idealistisch-humanistischen Bildungsauffassung (vgl. Kapitel 1.2). Auf die Nachfrage nach zweckgerichteten Bildungsinhalten, die sich stark an den wirtschaftlichen Entwicklungen orientierten, musste auch die Erwachsenbildung reagieren und *„war somit durch den Gedanken einer ständigen Qualifikationsanpassung an die Entwicklung der Arbeitsplatzanforderungen geprägt"* (Kaufhold 2006: 45). Der Bildungsbegriff wurde um den Qualifikationsbegriff ergänzt und der Berufsbezug des Erwachsenenlernens betont (vgl. Arnold 1997b: 281). Hierbei wurde die Vorstellung einer Bildungsökonomie weit verbreitet, in der das Berufsbildungssystem als effizient angesehen wurde, wenn durch jenes konkret eine Vermittlung der vorab vom Beschäftigungssystem definierten und nachgefragten Qualifikationen stattfindet (vgl. Bader 2005: 47).

Qualifikationen umfassen alle kognitiven, affektiven und motorischen Fähigkeiten und Kenntnisse, die ein Individuum besitzt, um gesellschaftlich-

67 Es werden bewusst keine Ausführungen zu den begrifflichen Unterscheidungen wie Bildung vs. Qualifikation, Kompetenz vs. Humankapital, Kompetenz vs. Charakter, Persönlichkeit, Persönlichkeitseigenschaft, Talent, Potenzial sowie Kompetenz versus Performanz gemacht, da diese zusätzlichen Erläuterungen über den Fokus der Arbeit hinausgehen würden.

ökonomische Leistungsanforderungen zu erfüllen (vgl. Graichen 2002: 30). Als Qualifikationen können somit die Voraussetzungen zur Bewältigung der Anforderungen an das Individuum in seiner Arbeitswelt bezeichnet werden. Es geht um die beruflichen Fähigkeiten und Fertigkeiten[68], die anwendbare Bildung, die unmittelbar für den Arbeitsplatz notwendig ist und um Fähigkeiten, die über arbeitsplatzspezifische Anforderungen hinausgehen (vgl. Arnold/Münk 2006: 23). Auch der Arbeitsmarktforscher Dieter MERTENS erkannte die veränderten Anforderungen in der Arbeitswelt, die ihren Fokus auf die selbständige Weiterbildung und das lebensbegleitende Lernen legten und beschäftigte sich daraufhin mit der Bildungsdebatte im beruflichen Bereich (vgl. Kromrei 2006: 18). Der Ausgangspunkt seines Konzepts ist die Unvorhersehbarkeit künftiger Entwicklungen. Daher entwickelt er einen sehr weit gefassten Qualifikationsbegriff, der zur Bewältigung zukünftiger Anforderungen geeignet ist und der sich nicht unmittelbar auf Tätigkeiten bezieht und somit die Erfüllung einer definierten Aufgabe zum Ziel hat (vgl. Mertens 1974: 36 ff.).

MERTENS führte den Begriff der Schlüsselqualifikation in die bildungsökonomische Diskussion ein (vgl. Mertens 1974) und attestierte, dass Schlüsselqualifikationen den „Schlüssel" zu weiterem Lernen und somit zur Flexibilität enthalten, da diese Qualifikationen breit angelegt sind und ihnen formale Fähigkeiten wie systematisches und logisches Denken zugrundeliegen.

Für ihn sind Schlüsselqualifikationen *„Kenntnisse, Fähigkeiten und Fertigkeiten, welche nicht unmittelbaren und begrenzten Bezug zu bestimmten, disparaten, praktischen Tätigkeiten erbringen, sondern vielmehr*

a) die Eignung für eine große Zahl von Positionen und Funktionen als alternative Option zum gleichen Zeitpunkt und
b) die Eignung für die Bewältigung einer Sequenz von meist unvorhersehbaren Änderungen im Laufe des Lebens" (Mertens 1974: 40).

Schlüsselqualifikationen können sowohl berufsspezifisch als auch berufsübergreifend sein, da sie sich nicht auf die Bewältigung eines bestimmten Sachverhaltes beziehen, sondern quantitativ als übergreifend und zeitlich als überdauernd angesehen werden können.

MERTENS' Ansatz sieht die Forderung der ganzheitlichen Handlungsfähigkeit im Mittelpunkt (vgl. Mertens 1974: 36 ff.). Die Schlüsselqualifikationen bil-

---

68 Fertigkeiten sind Komponenten von Tätigkeiten, welche durch Übung automatisiert verlaufen, sie sind aufgabenspezifischer als Fähigkeiten (vgl. Erpenbeck/von Rosenstiel 2003: XXVIII).

den *„den Schlüssel zur raschen und reibungslosen Erschließung von wechselndem Spezialwissen“* (Mertens 1974: 36). Dafür ordnet MERTENS den Schlüsselqualifikationen vier Merkmale[69] zu, die er nochmals in materiale und formale Qualifikationsmerkmale gliedert (vgl. ebd.). Dieser Ansatz beantwortet die Frage, welche Rolle die Vermittlung von Fachwissen im (Aus-)Bildungsprozess spielen soll.

Mit dem Begriff der Schlüsselqualifikation wird der Bildungsbegriff wiederbelebt. Gebildeten Menschen fällt die Aneignung von Fachqualifikationen leichter, da sie dafür die notwendigen Schlüsselqualifikationen besitzen.

Diese Ansicht ist aus bildungstheoretischer Perspektive zu kritisieren, da jene ebenfalls die ökonomische Verwertbarkeit in den Vordergrund stellt und der Idee von Mündigkeit und Bildung widerspricht und teilweise das gesellschaftliche Potential ignoriert, welches zum einen auf die Anforderungen des Beschäftigungssystems reagiert und zum anderen dieses nach den Interessen und Fähigkeiten der Individuen zu gestalten sucht (vgl. Bader 2005: 47).

Zusätzlich vernachlässigt dieser interessensorientierte Gedanke, dass die Entwicklung der verlangten Qualifikationen eben nur durch die *„Arbeit des Menschen an sich selbst“* (Dräger et al. 1995: 25) erworben werden kann, wie viele Ansätze der betrieblichen Weiterbildung belegen (vgl. Herzer et al. 1990).

Als Gegenbewegung zur „realistischen Wende“ ist die „reflexive Wende“ der 1980er-Jahre zu nennen. Im Zuge der berufspädagogischen Kritik an der Schlüsselqualifikationsdebatte und neuer Betriebs- und Personalwirtschaftskonzepte wurde die Forderung nach einer ganzheitlichen Berufspädagogik bekräftigt. Somit wurde im Kontext dieser „Ganzheitswende“ bereits schon Mitte der 1980er-Jahre mit dem Begriff der Handlungskompetenz gearbeitet (vgl. Bader 1989). Der Persönlichkeitsbezug des Lernens, sowie die Identitätsbildung rückten wieder in den Fokus der Erwachsenen- und Berufspädagogik (vgl. Kade 1989; Schlutz 1982; Schmitz 1984).

Zu Beginn der 1990er-Jahre und ausgehend von den steigenden Anforderungen an Organisationen nach Innovation und Wettbewerbsfähigkeit, initiierte das Bundesministerium für Bildung, Wissenschaft, Forschung und Technologie das Forschungs- und Entwicklungsprogramm „Kompetenzentwicklung für den wirtschaftlichen Wandel – Strukturveränderungen betrieblicher Weiterbildung“[70] (vgl. QUEM-Bulletin 5/2000: 3). Hintergrund ist die Erkenntnis, welche durch die Schlüsselqualifikationsdebatte gewonnen wurde: nämlich dass Wissen aufgrund

69 Für ausführlichere Details siehe Mertens 1974.

70 Das Programm wurde gefördert aus Mitteln des Bundesministeriums für Bildung, Wissenschaft, Forschung und Technologie sowie aus Mitteln des Europäischen Sozialfonds – bereitgestellt durch das Bundesministerium für Arbeit und Sozialforschung.

der sich wandelnden technologischen, gesellschaftlichen und wirtschaftlichen Rahmenbedingungen schnell überholt ist und demzufolge erneuert werden muss, aber der zukünftige Qualifikationsbedarf nicht bestimmbar ist (vgl. Arnold 1997b: 288).

Hinter diesem Erkenntnis steht die inhaltliche Belegung des Kompetenzbegriffs, Individuen *„zur selbstständigen Anpassung von Arbeitsmethoden an veränderte Arbeitsaufgaben und -bedingungen“* (Bergmann 1996b: 11) zu befähigen. Dies zeigt, dass der Kompetenzbegriff Motivation und selbstorganisiertes Lernen verzahnt.

In dem Programm des BMBFs wurden die Erfahrungen des Transformationsprozesses in den neuen Bundesländern und den damit verbundenen Qualifizierungsmaßnahmen zusammengefasst. Das Ergebnis war, dass die Anpassung und der Erwerb von berufsspezifischem Wissen im Vergleich mit den alten Bundesländern wertungsgleich waren, doch die Angleichung der individuellen Handlungsfähigkeit auf die aktuellen Rahmenbedingungen keine Verbesserung verzeichnen konnte (vgl. Neubert 2007: 129). Dies ließ den Schluss zu, dass nicht die Qualifizierung, sondern vielmehr eine ganzheitliche Kompetenzentwicklung eine wesentliche Verbesserung für den Beschäftigten auf dem Arbeitsmarkt bringt. Dieser begriffliche und konzeptuelle Wandel vollzog sich in der pädagogischen Wissenschaft als die „kompetenzorientierte Wende“. Dadurch wurde ein Paradigmenwechsel von Wissensaneignung hin zur Kompetenzentwicklung eingeleitet (vgl. Arnold/Steinbach 1998: 25). Somit wurde der Kompetenzbegriff als Gegenkategorie verwandt und ein grundlegender wissenschafts- und erkenntnistheoretischer Wandel fand statt. Dieser Aspekt wird ausführlicher im kommenden Abschnitt dargestellt.

2.3.2 Kompetenzen und Qualifikationen

Die Darstellung in Tabelle 1 veranschaulicht die Abkehr vom objektiven, an gesellschaftlichen Normen ausgerichteten Qualifikationsbegriff hin zum persönlichkeitsentwicklungs- und dispositionsorientierten Kompetenzbegriff. Die gezielte Operationalisierung, Messung und Verbesserung der Qualifikation ist somit auch nicht mehr gegeben (vgl. Neubert 2007: 130). Die tabellarisch dargestellten Differenzierungsmerkmale arbeiten mit einem sehr verengten Qualifikationsbegriff, der nicht den Anschluss an vorherige erwachsenen- und berufspädagogische Debatten sucht *„und sich zudem auf einen Gegensatz zwischen zweck- und personenbezogenem Lernen“* (Kaufhold 2006: 54) beruft.

Tabelle 1: Qualifikation und Kompetenz im Vergleich (vgl. Arnold et al. 2001: 176; 268 ff.)

Qualifikation	Kompetenz
Qualifikation ist immer auf die Erfüllung vorgegebener Anforderungen gerichtet. Sie ist fremdorganisiert. ➔ *fremdbestimmt*	Kompetenz umfasst die Fähigkeit zur Selbstorganisation. ➔ *selbstbestimmt*
Qualifikation beschränkt sich auf die Erfüllung konkreter Nachfragen bzw. Anforderungen. Sie ist objektbezogen. ➔ *objektorientiert*	Kompetenz bezieht sich auf die individuelle Persönlichkeitsentwicklung. ➔ *subjektorientiert*
Qualifikation ist auf unmittelbare tätigkeitsbezogene Kenntnisse, Fähigkeiten und Fertigkeiten verengt. ➔ *ergebnisbezogen*	Kompetenz verfolgt einen ganzheitlichen Anspruch. ➔ *prozessbezogen*
Qualifikation ist sachverhaltenszentriert, prüfbar, zertifizierbar. ➔ *Position*	Kompetenz ist subjektorientiert und umfasst die nicht direkt prüfbaren individuellen Handlungsdispositionen. ➔ *Disposition*
Qualifikation rückt mit ihrer Orientierung auf verwertbare Fähigkeiten und Fertigkeiten vom klassischen Bildungsideal (Humboldts proportionierliche Ausbildung aller Kräfte) ab. ➔ *beschränkter Anwendungsbezug, gegenwartsorientiert*	Kompetenz nähert sich dem klassischen Bildungsideal auf eine neue, zeitgemäße Weise. ➔ *vielfältige Anwendungsmöglichkeiten, zukunftsorientiert*

Merkmal Subjekt-/Objektorientierung und Position/Disposition

Auf die Differenzierung zwischen dem Merkmal der Subjekt- und Objektorientierung hat bereits WHITE (vgl. 1959) und der Deutsche Bildungsrat (vgl. 1974) hingewiesen. Bei dem Argument, dass Kompetenz als Disposition zu betrachten ist, bleibt allerdings unbestimmt, *„welche Disposition, welche als kompetent eingestufte Handlung hervorgebracht hat"* (Arnold 1997b: 271). Denn wie BAACKE betonte ist die Kompetenz eine Zuschreibung des Beobachters (vgl. Baacke 1984: 153).

Der Konsens einer Begriffsdefinition geht dahin, dass Kompetenzen als Dispositionen zur Selbstorganisationsfähigkeit und als Voraussetzung für eine sichere, eigenständige Handlungsweise in komplexen Anforderungssituationen verstanden werden (vgl. Erpenbeck/Heyse 1999: 156). Die individuelle Kompetenzentwicklung ist ein *„selbstorganisiertes Netzwerk fachlicher, methodischer, sozialer und personaler Einzelkompetenzen in der stets einzigartigen, lebensbegleitenden realbiographischen Entwicklung“* (Erpenbeck/Heyse 1999: 14). *„Qualifikationen bezeichnen hingegen Kenntnisse, Fähigkeiten und Fertigkeiten, die durch curriculare Konzepte erworben wurden und durch Zertifikate dokumentiert werden können“* (Kaufhold 2006: 54). Diesen Aussagen ist dann zuzustimmen, wenn die einschlägigen Begriffe der jahrelangen Weiterbildungsdebatte wie Bildung und Identitätslernen ignoriert werden (vgl. Arnold 1997b: 258). Wird Kompetenz als Vermögen, als Potential angesehen, so ist jene ein *„Impulsgeber für alle zum Ausdruck gebrachten Fähigkeiten, einschließlich der als Qualifikationen ausgewiesenen“* (Weinberg 1996a: 214) und kann von der bereits beschriebenen linguistischen Performanz abgegrenzt werden. Dieser Aspekt wurde allerdings von der Berufs- und Erwachsenenpädagogik tatsächlich noch nicht aufgegriffen (vgl. Arnold 1997b: 277).

Merkmal des ganzheitlichen/tätigkeitsbezogenen Anspruchs

Das unmittelbar tätigkeitsbezogene Merkmal der Qualifikation ist ebenfalls ein sehr reduktionistisches Verständnis, welches in den 1970er-Jahren in der Berufspädagogik vorherrschte (vgl. Baethge 1980): ebenso die Definition der Qualifikation als *„bloße Vermittlung von Fertigkeiten mit unmittelbarem Tätigkeitsbezug“* (Baitsch 1996) und als sachverhaltenszentriert oder auch die Einschränkung des Qualifikationsbegriffs auf kognitive Aspekte (vgl. Erpenbeck 1996).

Diese Argumente sind für die aktuelle berufspädagogische Auffassung nicht mehr charakteristisch, werden aber dennoch als Gegenbild zu einer ganzheitlichen Kompetenzentwicklung verwendet (vgl. Arbeitsgemeinschaft 1995: 8).

Die Forderung nach einer ganzheitlichen Strategie der Kompetenzentwicklung ist begründet, doch ist sie keineswegs neu (vgl. Arnold 1997b: 274). Durch die Behandlung der Themenfelder des handlungsorientierten und ganzheitlichen Lernens hat ebenfalls bereits die Berufs- und Erwachsenenpädagogik Antworten zu diesem Aktionsfeld gegeben (vgl. Ott 1995; Herzer et al. 1990).

Merkmal der Selbstorganisationsfähigkeit / Fremdorganisation

Hinter dieser Unterscheidung steht das wandelnde Bild des Beschäftigten in der Organisation weg vom tayloristischen Profil, welches in einer Ausführungs- und Befehlskultur eingebettet war, hin zu einer Kooperationskultur, welche die Selbstorganisationsfähigkeit im Lernprozess anerkennt (vgl. Arnold 1997b: 275). Von Befürwortern der kompetenzorientierten Wende wird die Fähigkeit zur Selbstorganisation ausschließlich dem Kompetenzbegriff zugeschrieben, denn nur er besitze „*dispositionell-selbstorganisativen Charakter*" (Erpenbeck/Heyse 1996: 110). Unbeantwortet bleibt allerdings hierbei die Frage, ob selbstständiges, selbstorganisiertes Lernen und dessen Befähigung nicht auch Charakteristika von Qualifikationen sein können (vgl. Knöchel 1996: 9). Denn die berufspädagogische Debatte errichtete vielmehr begriffliche Demarkationslinien zwischen Bildung und/oder Qualifikation als zwischen den Begriffen der Kompetenz und Qualifikation (vgl. Arnold 1995a; Kade 1983). Allerdings zeigen die Forderungen in dem Kompetenzdiskurs nach einheitlichen Standards deutlich, dass es nicht um die Ersetzung des Qualifikationsbegriffs geht, sondern um eine Verzahnung der Begriffsmerkmale (vgl. Heyse/Erpenbeck 2004: XVI; Arnold et al. 2001: 176; 268 ff.). Allerdings wurde dies in den 1990er-Jahren von der Erwachsenenpädagogik stark bezweifelt[71] und beeinflusste deren Kompetenzerfassung (vgl. Abschnitt 2.2.3).

Zusammenfassung

Die aktuelle berufs- und erwachsenenpädagogische Diskussion erweckt den Anschein, dass die Begriffe der Qualifikation und der betrieblichen Weiterbildung gegen die Begriffe der Kompetenz und der Kompetenzentwicklung ausgetauscht worden sind. Doch wie bereits beschrieben, fand seit Mitte der 1980er-Jahre ein Wandel in der gesellschaftlichen Realität von Arbeit und Lernen statt (vgl. Arnold 1997b: 256). Aufgrund wandelnder Arbeitsbedingungen und -anforderungen trat verstärkt die Forderung nach lebensbegleitendem Lernen in den Vordergrund. Diese Forderung hatte die Entstehung eines veränderten Handlungsfeldes zur Folge, so dass viele Wissenschaftler für einen Konzeptions- und Begriffswechsel (Kompetenz statt Qualifikation) in der Aus- und Weiterbildung plädierten (vgl. Kaufhold 2006: 50).

Jahrelang stand in der bildungstheoretischen Diskussion um Kompetenz versus Qualifikation die berufliche Handlungsfähigkeit mit der notwendigen Vermittlung von Qualifikationen im Vordergrund. Wie beschrieben, löste MERTENS' (1974) Konzept der Schlüsselqualifikation diese eng gefasste Sichtweise durch den weiter gefassten (Schlüssel-)Qualifikationsbegriff ab.

Somit erfuhr der Qualifikationsbegriff in der berufspädagogischen Debatte eine Erweiterung und ließ die strukturelle Einschränkung auf ein Anpassungs- und Anforderungslernen hinter sich (vgl. Arnold 1994; Pätzold 1995). Die aktuelle Kompetenzdiskussion scheint allerdings auf den klassischen Qualifikationsbegriff zurückzugreifen, der in der heutigen Berufs- und Erwachsenenpädagogik so nicht mehr vertreten wird (vgl. Arnold 1997b: 273).

---

71 Für ausführlichere Details siehe Kaufhold 2006: 50–54.

Es ist zu betonen, dass die berufs- und erwachsenenpädagogische Debatten um Kompetenzen und Qualifikationen die begrifflichen und konzeptionellen Probleme verstärkt, aber auch zu einem veränderten Nachdenken über die betriebliche Weiterbildung führt (vgl. Arnold 1997b: 256). Denn Begrifflichkeiten müssen aufgrund von gesellschaftlichen und arbeitsstrukturellen Entwicklungen weiterentwickelt oder verändert werden. Allerdings schließt solch eine Weiterentwicklung stets an vorangegangene wissenschaftliche Diskurse an. Selten wird ein Begriff völlig ausgewechselt. Dies veranschaulicht auch wieder der Kompetenzdiskurs um die kompetenzorientierte Wende: Der Kompetenzbegriff wird erstellt und mit nachvollziehbaren Konnotationen und Lesarten verbunden. Allerdings entstehen gerade durch diese Verbindungen, die mit dem Kompetenzbegriff verbunden sind, Missverständnisse und begriffliche Überlappungen. Hinzu kommt, dass die Historie des Kompetenzbegriffs unberücksichtigt bleibt und der Anschluss an die beschriebenen Hauptentwicklungslinien nicht gesucht wird. Daher wird der Kompetenzbegriff oftmals als traditionslos und neuartig dargestellt und es erweckt den Anschein, der Begriff sei frei definierbar (vgl. Arnold 1997b: 256). In der Konsequenz erscheint der gegenwärtig verwendete Kompetenzbegriff neuartig und unscharf (vgl. Bergmann 1996a: 249).

Ebenfalls fällt auf, dass Befürworter der kompetenzorientierten Wende die Begriffe Kompetenz und der Kompetenzentwicklung als Entgrenzungsbegriffe verwenden und Kompetenzentwicklung als innovatives Gegenbild zu einer verkrusteten Weiterbildung darstellen. In der berufs- und erwachsenenpädagogischen Diskussion hingegen werden die Entgrenzungs- und Entstrukturierungsprozesse approximativ dargestellt (vgl. Arnold 1997b: 269). Die Tendenz der Entgrenzung und Entstrukturierung der Erwachsenenbildung geht über eine lineare Ausdehnung und Anreicherung des Feldes hinaus.

Diese Diskussion ist eine:

a) Institutionelle Aufsplittung, da Erwachsenenlernen in unterschiedlichsten Einrichtungen möglich ist
b) Entgrenzung normativer Art, da pädagogische Prinzipien relativiert werden
c) Entgrenzung didaktischer Natur, da Aneignungsmotive und Formen vielfältig sind (vgl. Kade 1996: 9).

Auch auf internationaler Ebene werden die Begriffe der Qualifikation und der Kompetenz in einer entgegengesetzten hierarchischen Zuordnung oder synonym verwandt (vgl. Knöchel 1996: 16; Alaluf/Stroobants 1994: 57). Demnach kann die deutsche Diskussion und Uneinigkeit über eine einheitliche Kompetenzauffassung auch auf europäische Ebene übertragen werden und zeigt das Ringen um konkrete Begriffsdefinitionen.

Werden die Begrifflichkeiten Kompetenz und Qualifikation als ähnliche Konstrukte angesehen, so können bisher bewährte Konzepte der Qualifikationserfassung auf die Kompetenzerfassung übertragen werden. Wird allerdings die Auffassung vertreten, dass sich der Kompetenzbegriff dahingehend von der Qualifikation abgrenzt, als er einer Erweiterung entspricht, so ist im Vergleich zur Qualifikationsforschung die Kompetenzthematik ein langfristiger Ansatz mit Zukunftsausrichtung.

Denn hier steht vor allem die individuelle Kompetenzentwicklung des Beschäftigten im Vordergrund. Allerdings sind für die Implementierung dieses Ansatzes in der betrieblichen Weiterbildung neue Konzepte zur Kompetenzentwicklung erforderlich. Ein mögliches Konzept wird im nächsten Kapitel vorgestellt.

Folgt man der Logik der begrifflichen Abgrenzung durch Differenzierung (Demarkation), gehen wissenschaftliche Erkenntnisstände und Begriffsdefinitionen mit bildungspolitischem Konsens verloren (vgl. Arnold 1997b: 257). Dies würde geschehen, wenn der Qualifikationsbegriff durch den der Kompetenz und der Weiterbildungsbegriff durch den der Kompetenzentwicklung ersetzt werden würde. Demnach wird in dieser Arbeit der Kompetenzbegriff als Erweiterung des Qualifikationsbegriffs gesehen.

In Hinblick auf die Mehrheit der Ansätze und auf den erwachsenen- und berufspädagogischen Schwerpunkt dieser Arbeit wird Kompetenz im Sinne von Handlungsfähigkeit verstanden, die subjektorientiert ist und eine individuelle Disposition darstellt. Die Kompetenzauffassung der Arbeit basiert auf dem Kompetenzverständnis von HABERMAS und dessen Unterscheidung zwischen Kompetenz und Performanz sowie auf dem Ansatz von ROTH, dessen Kompetenzdimensionen grundlegend für Mündigkeit als entwickelte Handlungskompetenz aufgefasst wird.

Ebenfalls werden die vorgestellten, aktuelleren Kompetenzansätze wie bspw. die von WOLLERSHEIM und KAUFFELD einbezogen, da beide Kompetenz als selbstorganisierte Disposition sowie Grundlage und Ziel von Lern- und Bewältigungsprozessen unbekannter, komplexer Situationen auffassen. Kompetenzen sind in der Performanz erkennbar; Sie bilden und entwickeln sich in der realen Handlung (vgl. Grunert 2012: 63). Somit umfasst die Kompetenzforschung zum einen die Perspektive der bestehenden Kompetenzen und zum anderen die Perspektive der Entwicklung von Kompetenzen (vgl. Grunert 2012: 64).

Bei dem dargestellten Diskurs spricht die Deutsche Forschungsgemeinschaft von einer *„Koinzidenz ökonomischer und pädagogischer Vernunft“* (Deutsche Forschungsgemeinschaft 1990: VII) und macht deutlich, dass sich Bildung und

Qualifikation nicht ausschließen, sondern gegenseitig ergänzen (vgl. Kromrei 2006: 17). Die Konsequenz ist ein Umdenken in der betrieblichen Weiterbildung.

Die sachverhaltsorientierte Qualifikation, die garantiert, dass der Mitarbeiter für die Ausführung aktueller Anforderungen einer Tätigkeit geeignet ist und in die Organisationsstrukturen passt, sollte im Einklang mit dem offeneren, subjektorientierten Kompetenzbegriff stehen, der auch die Potenziale situationsadäquater Handlungsmöglichkeiten und den ganzheitlichen Anspruch aufgreift (vgl. Clement 2002: 7). Auf eine mögliche Konvergenz von pädagogischen und ökonomischen Anforderungen als Herausforderung für die betriebliche Bildung wird nun im nächsten Abschnitt genauer eingegangen.

2.3.3 Die pädagogische und ökonomische Konvergenz

Es ist ein Charakteristikum der beruflichen Bildung in einem stetigen Prozess pädagogisch reflektierter und verantworteter Ausgewogenheit die individuelle Persönlichkeitsentfaltung, welche sich an Mündigkeit und Bildung orientiert, mit dem ökonomischen Ziel der Vermittlung von beruflich relevanten Fertigkeiten, Kenntnissen und Fähigkeiten zu verbinden. Das Ziel der Verwertbarkeit ist hierbei im Kontext von ökonomischen und individuellen Interessen zu sehen. Einerseits geht es um das Interesse der Wirtschaft an geeigneten Arbeitskräften und andererseits um das Interesse des Beschäftigten, um die Sicherung seiner materiellen Existenz (vgl. Bader 2005: 46).

Es wurde bereits für diese Arbeit als bedeutend herausgearbeitet, dass die berufliche Handlungskompetenz die Fähigkeit der selbstorganisierten Bewältigung von unbekannten Situationen mit wandelnden Anforderungen umfasst und stark für Organisationen und Individuen an Bedeutung gewinnt. Was bislang fehlt ist die genaue Einbettung: In welchem Spannungsfeld steht die betriebliche Weiterbildung und welche ökonomischen und pädagogischen Anforderungen wirken auf die Kompetenzentwicklung ein? Jene Anforderungen werden nun im Folgenden herausgearbeitet. Die sich in diesem Zusammenhang ergebende Interdependenz zwischen individueller Kompetenzentwicklung und Weiterentwicklung der Arbeitsorganisation stellt eine Herausforderung für einen konvergenten Kompetenzentwicklungsansatz dar. Da in dieser Arbeit von einer Konvergenz der pädagogischen und ökonomischen Interessen ausgegangen wird, herrscht die Auffassung von Interessensgegensätzen, welche somit nicht auflösbar, sondern nur regulierbar sind. Exemplarisch für die Herleitung der Konvergenzbehauptung wird das Regensburger Konvergenz-Konzept vorgestellt.

Abgeleitet aus den bereits beschriebenen Punkten, ist es unstrittig, dass sowohl ökonomische als auch pädagogische Überlegungen die Arbeit der betrieblichen

Weiterbildung prägen. Denn innerhalb der betrieblichen Weiterbildung zählt zum einen die effektive Ausgestaltung der betrieblichen Arbeitsorganisation, zum anderen die Entwicklung und Förderung der individuellen Kompetenz der Beschäftigten zur Kernaufgabe (vgl. Harteis et al. 2004: 25).

Allerdings kristallisieren sich aus diesen Aufgaben zwei konträre Positionen heraus: das Paradigma der Divergenz und das der Konvergenz ökonomischer und pädagogischer Prinzipien. Bis in die 1970er-Jahre war es die vorherrschende Meinung, ökonomische und pädagogische Prinzipien seien nicht vereinbar; weshalb deren Divergenz postuliert wurde (vgl. Harteis et al. 2004: 34). Aufgrund des Wandels der Arbeitswelt und der Organisationsstrukturen, finden sich nun jedoch immer mehr Vertreter der Konvergenzthese (vgl. Baethge/Oberbeck 1986; Beyer et al. 1994; Picot et al. 1996).

Dies liegt in den neuen Formen der Arbeitsorganisation begründet, welche die dysfunktionalen Konsequenzen des tayloristischen Ansatzes verbessern sollten. Daher wurden Hierarchieebenen abgebaut und durch Dezentralisierung der Aufgaben und Verantwortlichkeiten die Handlungsspielräume der Beschäftigten ausgeweitet. Dem zugrunde liegt ein soziotechnischer Ansatz, in dem Beschäftigten in einem hohen Maß Verantwortungsbereitschaft sowie Selbstständigkeit übertragen und das selbstständige, lebensbegleitende Lernen stark betont wird. Hinzu kommt, dass teamorientierte Arbeitskonzepte entwickelt und von der sozialen Kompetenz der Gruppenmitglieder getragen werden sollen (vgl. Krämer 2009: 17 f.). Der soziotechnische Ansatz geht davon aus, „*dass Mensch, Technik und Organisation in ihrer gegenseitigen Abhängigkeit und ihrem optimalen Zusammenwirken verstanden werden müssen*“ (Ulich 1997: 15).

Vor allem der Wirtschaftspädagoge Frank ACHTENHAGEN sieht in dem Wandel und der Flexibilisierung der Arbeitswelt die pädagogische und ökonomische Konvergenz als gegeben an. Denn zur Bewältigung der neuen Herausforderungen müssen die betriebliche Weiterbildung und die Organisationsentwicklung in einem Ansatz Lernprozesse hervorheben, die durch ganzheitliche Problem- und Aufgabenstellungen geprägt werden (vgl. Achtenhagen 1990: VII).

Der Erwachsenen- und Berufspädagoge Rolf ARNOLD sieht in der „*Erosion des Zweckhaft-Fachlichen*“ den Bedeutungsverlust des Fachwissens und darin ebenfalls ein Argument für die Konvergenzannahme (vgl. Arnold 1995). An jene Stelle tritt die Bedeutungszunahme der Kompetenzen und des lebensbegleitenden, selbstorganisierten Lernens (vgl. Arnold 1995).

Diesen Positionen ist entgegenzuhalten, dass die Konvergenz der pädagogischen und ökonomischen Prinzipien aus den Zielen der normativen Programmatiken der betrieblichen Arbeitsgestaltung abgeleitet wird. Dadurch wird vorausgesetzt, dass eine Zustimmung bei der Zielgruppe der Programme/Maßnahmen vorliegt und dass jene sie in gewünschter Weise interpretieren und in ihrem Handeln umsetzen. Somit bleibt die individuelle Kompetenzperspektive der Beschäftigten unberücksichtigt.

Die genannten Punkte sind Defizite der Konvergenztheorie, da sie a priori vorausgesetzt werden (vgl. Harteis 2004: 34 f.).

Letztendlich wird der hier dargestellten Konvergenzbehauptung vollständig die Grundlage genommen, da hauptsächlich empirische Befunde aus der Industriesoziologie existieren, die eine Verallgemeinerung der Konvergenztheorie fraglich erscheinen lassen (vgl. Büchter 1998; Harney 1994; Kompacher 1994).

„Es kann keinen Zweifel daran geben, dass Wirtschaft und Bildung, Kapital und Kompetenz wechselseitig voneinander abhängen. Diskutabel und diskussionsbedürftig ist allerdings, wie und nach welchen Maßgaben diese Wechselbeziehung unter gegebenen oder zu gestaltenden Bedingungen organisiert werden kann oder soll.“ (Gruber et al. 2004: 7).

Mit dem dargestellten Ansatz lässt sich die Konvergenzannahme nicht halten, da sich in der Argumentation ausschließlich auf Unternehmensprogrammatiken gestützt wird. Würden allerdings über die Unternehmensprogrammatiken hinaus grundlegende ökonomische und pädagogische Konzepte sowie die heutigen Herausforderungen der betrieblichen Arbeitsorganisationsgestaltung einbezogen, könnte die Konvergenztheorie fundiert belegt werden.

Ziel der Konvergenz darf keine Unterordnung der Beschäftigten sein. Es muss ein Zusammenwirken von unternehmensnotwendiger Kompetenzentwicklung und individueller Entwicklung hergestellt werden. Ein Konvergenzkonzept muss genau dies zeigen, ein Beispiel dafür ist das Regensburger Konvergenz-Konzept.

Regensburger Konvergenz-Konzept

Das Regensburger Konvergenz-Konzept leitet die Stimmigkeit der pädagogischen und ökonomischen Konvergenz nicht durch eine Berufung auf Unternehmensprogrammatiken her, sondern durch die Einbeziehung der heutigen Herausforderungen der betrieblichen Arbeitsorganisationsgestaltung. Dabei wird sich auf grundlegende pädagogische und ökonomische Konzepte bezogen (vgl. Harteis 2004: 35).

Die **ökonomische** Perspektive der betrieblichen Weiterbildung und Organisationsentwicklung verfolgt das Ziel der Wirtschaftlichkeit: mit minimaler Nutzung der knappen Ressourcen wird ein bestmöglicher Grad an Nutzen und Zielen angestrebt. Je knapper die Ressourcen, desto sparsamer deren Verwendung (vgl. Ney 2006: 12). Im Hinblick auf die Endlichkeit der Ressourcen und somit auch auf nachhaltiges Wirtschaften wird die Maxime der Nutzenmaximierung durch die Nutzenoptimierung ersetzt (vgl. Vogt 2012: 35 f.). Wie bereits erläutert, wird die Kompetenz im Unternehmen unter ökonomischen Gesichtspunkten als ein knappes Ressourcengut verstanden, dessen Nutzen und Effizienz von der Erschließung des Kompetenzpotenzials abhängt (vgl. Abschnitt 2.2.1).

„Kompetenz kann (weiter-)entwickelt werden, so dass bei entsprechender Pflege der verfügbare Ressourcenstamm wächst und (entsprechende Erschließung und Verwertung vorausgesetzt) der erzielbare Nutzen zusätzlich steigt. Sind die Bedingungen für eine umfassende Erschließung des Kompetenzpotenzials sowie für eine (Weiter-) Entwicklung des Kompetenzprofils Beschäftigter nicht erfüllt, kann folglich nur ein suboptimaler Nutzen erzielt werden – das ökonomische Leitprinzip wird dann verletzt.“ (Harteis 2004: 36).

Die Konsequenz daraus sollte eine Investition[72] in die Förderung und Entwicklung der Kompetenzen der Beschäftigten, in das Humankapital des Unternehmens sein.

Investitionsmaßnahmen sind notwendig, da eine Organisation nur mit einem breiten und weitreichenden Stamm an individuellen Kompetenzen die Möglichkeit besitzt, die Herausforderungen des Wandels zu bewältigen (vgl. Harteis et al. 2004: 36). Denn eine Investition ist mit der Absicht verknüpft, dem Investor (Unternehmen) eine Zeitlang Nutzen zu stiften und nicht sofort verbraucht zu werden. Sie wird in einer spezifischen Erwartung eines Zielzustandes getätigt und soll nicht nur die Höhe der eingesetzten Mittel, sondern einen Überschuss erbringen (vgl. Brede 2004: 70). Dieses beschriebene ökonomische Prinzip bedeutet übertragen auf den Kompetenzkontext in einer Organisation, dass mit der Investition in die Kompetenzentwicklung der Beschäftigten ein Aufwand zu bezeichnen ist, der den Nutzen (Kompetenzerschließung) der individuellen Kompetenzanwendung bei der Bewältigung von Herausforderungen im Arbeitsalltag verfolgt (Zielzustand). Es ist ökonomisch irrational, wenn Investitionen zur Kompetenzentwicklung und Ausschöpfung der Möglichkeiten zur Erreichung des Zielzustands unterlassen werden (vgl. Harteis 2004: 37).

Wie bereits erläutert, ist das Humankapital, die Kompetenz nicht veräußerbar; Der Beschäftigte selbst entscheidet nach einer Kosten-Nutzen Abwägung über den Einsatz seiner Kompetenzen. Die Konsequenz dieser Theorie von der

72 Investition wird hier als „Aufwendungen für die Entwicklung und Sicherung individueller Kompetenz der Beschäftigten“ (Harteis 2004: 36) verstanden. Es ist eine Aufwendung zur Sicherung des zukünftigen Unternehmenserfolges.

Ökonomie menschlichen Verhaltens[73] nach dem Wirtschaftswissenschaftler Gary BECKER ist, dass Arbeitsorganisationen die Rahmenbedingungen so gestalten müssen, dass der Beschäftigte einen Nutzen/Anreiz in dem Einsatz seiner individuellen Kompetenz sieht. Allerdings subsumiert BECKER im Gegensatz zu TAYLOR und seinen Ausführungen zum *economic man* unter Anreizen nicht ausschließlich monetäre Kategorien (vgl. Abschnitt 1; Taylor 1977). Des Weiteren sieht BECKER keinen grundsätzlichen Widerspruch in dem individuellen und betrieblichen Nutzen. Er beschreibt sogar einen Gleichgewichtszustand – gleich dem Pareto-Optimum[74] – der konträr zueinanderstehenden Zielsetzungen (vgl. Harteis 2004: 37).

Die **pädagogische** Perspektive der betrieblichen Weiterbildung und Organisationsentwicklung umfasst alle Maßnahmen der Kompetenzentwicklung, deren Ziel die Erhöhung der Wahrscheinlichkeit der Wirkung ist. Das pädagogische Prinzip postuliert die Unterstützung und Entwicklung der individuellen Kompetenzentwicklung seitens der betrieblichen Weiterbildung und Organisationsentwicklung (vgl. Heid/Harteis 2004: 230).

Um das genannte Ziel zu erreichen, müssen die organisationalen Rahmenbedingungen für den individuellen Kompetenzerwerb und das Handlungsfeld in dem individuelle Kompetenz angewandt werden kann, verbessert werden. Demnach sollte eine lern- und kompetenzfördernde Bildungsarbeit:

- ihre Ziele genau operationalisieren und mit den betrieblichen Akteuren gemeinsam entwickeln.
- Lernprozesse am Arbeitsplatz ermöglichen, welche die individuelle Kompetenzentwicklung der Beschäftigten fördern und dies jene auch erkennen lassen.
- lernförderliche, organisationale Rahmenbedingungen identifizieren und umsetzen.
- die individuelle Einstellung der Beschäftigten am Arbeitsplatz unterstützen.

---

73 Theorie nach Becker 1993. Teilweise wird an dieser Theorie kritisiert, dass der Mensch auf ein egozentrisches Wesen der Nutzenmehrung reduziert wird. Demnach würde die kompetenzfördernde Ausgestaltung organisationaler Rahmenbedingungen ein unkalkulierbares Risiko für die Unternehmen birgen. Da Becker allerdings kein anthropologisches Bild des Menschen zeichnet, sondern das eines homo oeconomicus, welcher als Akteur in einer spezifischen Situation (über die anthropologische Situation hinaus) nutzenorientiert und zweckrational handelt, unterliegt die Kritik einem methodologischen Fehlschluss (vgl. Moosbrugger 2012: 112).

74 Vgl. Kleinewefers 2008: 66.

- betriebliche Kompetenzentwicklung fördern, die ebenfalls die individuelle Entwicklung unterstützt und über die Erfüllung externaler Anforderungen hinaus reicht

  (vgl. Heid/Harteis 2004: 230).

Weiterhin ist eine Auswahl zielführender Maßnahmen entscheidend, die besonders aus (erziehungs-)wissenschaftlicher Sichtweise eine erfolgreiche Kompetenzentwicklung unterstützen (vgl. Harteis 2004: 38 f.).

Zusammenfassend geht es bei dem pädagogischen Leitprinzip „*um die Entwicklung der potenziell für die Arbeitswelt (später einmal) relevanten Fähigkeiten und Kenntnisse, über deren Einsatz im beruflichen Arbeitsalltag die Beschäftigten individuell nach Maßgabe eigener und gesellschaftlich geteilter Orientierungen und Wertmaßstäbe (situativ) entscheiden. Dies bedeutet, dass Wissen über betriebliche, wirtschaftliche, gesellschaftliche und globale Zusammenhänge, Wissen um die Folgen beruflichen und betrieblichen Handelns angesammelt wird und dieses bei der individuellen Entscheidung über die Anwendung von Kompetenz im Arbeitsalltag zum Tragen kommt. Somit bleiben auch die Voraussetzungen eigenverantwortlichen Handelns Beschäftigter gewährleistet*“ (Heid 1995: 30). Den Beschäftigten zur individuellen Kompetenzentwicklung zu motivieren ist ein wichtiger Faktor der pädagogischen Kompetenzentwicklung. Zum einen erhöht sich dadurch der Marktwert des Beschäftigten, zum anderen tritt durch die eigene Entscheidung zur Kompetenzentwicklung und die damit verbundene neue Lernerfahrung eine Art der Befriedigung ein.

Die Konvergenz **ökonomischer und pädagogischer** Prinzipien ergibt sich aus den beschriebenen Perspektiven. Das pädagogische Leitprinzip stellt eine notwendige Voraussetzung für das ökonomische Leitprinzip dar (vgl. Harteis 2004: 39).

Wie bereits erläutert, ist es die einzige Möglichkeit für die Arbeitsorganisation bei undefinierbaren zukünftigen Anforderungen wettbewerbsfähig zu sein, indem eine breite Kompetenzsystematik im Sinne des klassischen Kompetenzmodells aufgebaut wird. Je breiter die Kompetenzsystematik, desto höher die Wahrscheinlichkeit der Nutzenrealisierung. Daher sind unterstützende Rahmenbedingungen für die individuelle Kompetenzentwicklung unerlässlich.

Nachfolgende Abbildung 14 verdeutlicht das Zusammenwirken unterschiedlicher Aspekte:

Abbildung 14: Die Triade des Regensburger Konvergenz-Konzeptes (vgl. Harteis et al. 2004: 40)

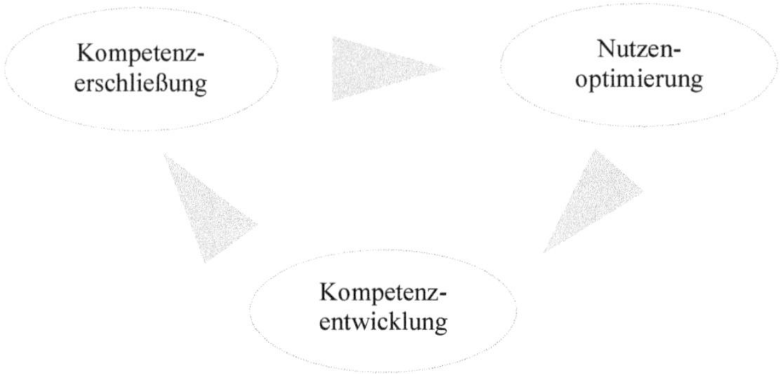

Der Nutzen ist abhängig von der Kompetenzerschließung, welche nur realisierbar ist, wenn der Beschäftigte seine individuelle Kompetenz bei der Bewältigung der Arbeitsaufgaben anwendet. Auch hier sind kompetenzfördernde Rahmenbedingungen der Anreiz für einen *homo oeconomicus*. Dieser Zusammenhang wird auch als Triade des Regensburger Konvergenz-Modells bezeichnet (vgl. Harteis et al. 2004: 40).

Somit unterstützt das Regensburger Kompetenz-Modell den individuellen Kompetenzerwerb und die umfassende Erschließung des Kompetenzpotenzials der Beschäftigten. Durch die Erfüllung dieser Komponenten bietet das Regensburger Kompetenz-Modell die bestmöglichen Voraussetzungen für:

- eine optimierte Ausschöpfung der Kompetenzentwicklung sowie
- die flexible Bewältigung künftiger, nur schwer prognostizierbarer Anforderungen (vgl. Harteis et al. 2004: 36).

Falls es allerdings zu einer Vernachlässigung des pädagogischen oder ökonomischen Prinzips kommen sollte, führt dies zu eingeschränkten Ergebnissen und das Erreichen von (betriebs-)pädagogischen Zielen wird verhindert.

Es ist zu beachten, dass sich der Aufwand kompetenzfördernder, betrieblicher Maßnahmen durch den zu erwartenden Nutzen rechtfertigen lassen sollte. Gleichzeitig, sollten optimale Bedingungen der Kompetenzentwicklung vorherrschen, damit dem Prinzip des sparsamen Umgangs mit knappen Ressourcen Rechnung getragen werden kann.

2.4 Resümee: Wissenschaftstheoretischer Diskurs

Abschließend zum wissenschaftstheoretischen Diskurs werden die wichtigen Erkenntnisse thematisch zusammengefasst.

Begriffserklärung und aktueller Kompetenzdiskurs

Hinsichtlich der begriffstheoretischen Ausführungen wurde herausgearbeitet, dass eine begriffliche Approximation des Qualifikationsbegriffs aus wissenschaftlicher und weiterbildungspolitischer Sichtweise einer Demarkation vorzuziehen ist. Konsens sowie Erkenntnisstände bleiben erhalten. Individualisierungstendenzen und veränderte Qualifikationsanforderungen lassen die Erweiterung der Berufsqualifikation zur Berufskompetenz zu und somit auch den Wandel der betrieblichen Bildung von einem zweckorientierten hin zu einem zwecksetzenden Lernen. Somit steht nicht mehr die Anpassung an den Wandel im Vordergrund, sondern die Vorbereitung auf die Selbstanpassung an den Wandel. Der Beruf als strukturierendes Prinzip tritt zugunsten einer kompetenz- und biografieorientierten Erwerbsbiografie in den Hintergrund. Auffällig ist ebenfalls, dass die Qualifikation in eine dichotomische Beziehung zur Kompetenz gesetzt und die Kompetenzentwicklung als kreatives Gegenbild zu der traditionellen Weiterbildung aufgebaut wird (vgl. Arnold 1997b: 269). Die kompetenzorientierte Wende veranschaulicht die Entgrenzung und Entstrukturierung der Weiterbildung auf institutioneller, normativer und didaktischer Ebene (vgl. Kade 1996: 9). Die Vertreter dieser Theorie ignorieren dabei, dass in der berufspädagogischen Debatte bereits beschriebene und etablierte Begriffe existieren und ein Neuansatz somit nur fingiert ist (vgl. Arnold 1997b: 269).

Die Beschäftigung mit dem Kompetenzbegriff und seinen vielfältigen Verwendungen begann in Deutschland bei dem tayloristischen Verständnis. Dieses vernachlässigt die Kompetenzen des einzelnen Individuums bis hin zu einem ganzheitlichen Kompetenzverständnis, das alle Komponenten des Individuums einbezieht und eine große Nähe zu der in Deutschland in den 1970er-Jahren geführten Schlüsselqualifikationsdiskussion aufweist (vgl. Münk/Regelin 2009: 6). Demnach wurde die Weiterentwicklung des Kompetenzbegriffs auch erst in den 1970er-Jahren forciert und der Kompetenzdiskurs eingeleitet.

Seit dieser Zeit rückte auch die berufliche Qualifizierung in den wissenschaftlichen Forschungsfokus. Die „reflexive Wende“ in den achtziger Jahren wurde durch einen Umdenkungsprozess eingeleitet, der durch Skeptizismus gegenüber nicht umgesetzten Bildungsreformen zur Zeit der „realistischen Wende“ bedingt wurde.

Im Mittelpunkt der beruflichen Qualifizierung/Erwachsenenbildung stand wieder der Persönlichkeitsbezug des Erwachsenenlernens. In diesem Lernverständnis wird Kompetenz als ein individuelles subjektgebundenes Konstrukt aufgefasst, was die Erwachsenenbildung in den Ansätzen der Interaktions- und Handlungstheorien stark prägte (vgl. Vonken 2005: 42).

Es müssen Lernumgebungen geschaffen werden, die eigenverantwortliches sowie selbstgesteuertes Lernen ermöglichen und zeitgleich Raum für die Entwicklung von Kompetenzen einräumen (vgl. Kaufhold 2006: 46). Dieses Verständnis greift auf den systemtheoretischen Gedanken zurück, dass das Individuum als ein geschlossenes operationales System zu betrachten ist, welches aufgrund seiner gesammelten Erfahrungen und der kognitiven Struktur strukturdeterminiert ist.

Von außen kommende Impulse werden auf dieser Grundlage subjektiv verarbeitet (vgl. Arnold 1997b: 271). Dieser Ansatz bietet die Möglichkeit Kompetenz und Performanz zusammenzubringen. Kompetenz ist in diesem Sinne ein Muster des operativen geschlossenen Systems des Beschäftigten, welches durch den Beschäftigten nach Außen getragen wird. Der Beschäftigte handelt nach dem Muster seines Systems (Kompetenz), aber nicht innerhalb des Systems, sondern außerhalb (Performance).

Die betriebliche Weiterbildung kann als Impulsgeber angesehen werden, die gestalterischen Einfluss auf die Lernumgebung nimmt. Inwieweit das Individuum das gebotene Lernumfeld für die Entwicklung von Kompetenzen nutzt, welche Kompetenzen es sich aneignet und ob es diese der Organisation zugänglich macht, obliegt dem Individuum selbst. Im Sinne der Systemtheorie wird der Beschäftigte die notwendigen Kompetenzen entwickeln, wenn die betriebliche Weiterbildung die dazu notwendigen Rahmenbedingungen schafft, denn das Muster der Umwelt bestimmt das Muster des operativ geschlossenen Systems.

Auf internationaler sowie nationaler Ebene wurde keine eindeutige Abgrenzung der Begriffe der Qualifikation und Kompetenz gefunden. In der europäischen Debatte finden sich sehr disparate Lesearten. In Deutschland hingegen wird die starke Subjektbezogenheit als Merkmal komplexer Fähigkeitspotenziale betont, wobei diese Betonung schon seit Mitte der 1980er-Jahre in der berufspädagogischen Diskussion um „erweiterte Qualifikation“ herausgearbeitet wurde. Die Argumentationen für eine kompetenzorientierte Wende beziehen sich sehr stark auf einen reduktionistischen Qualifikationsbegriff und setzen den Kompetenzbegriff mit der Selbstorganisationsfähigkeit gleich. Dieses dargestellte Verständnis ist schon seit den 1980er-Jahren in der Berufs- und Erwachsenenpädagogik nicht mehr vorherrschend. Daraus folgt die Konsequenz, dass der Kompetenzbegriff von den Ergebnissen der vergangenen berufs- und erwachsenenpädagogischen

Diskussionen abgeschnitten wurde und traditionslos erscheint. Dabei könnte dem entgegengewirkt werden, wenn an vorhandene linguistische, handlungstheoretische und moralpädagogische Debatten angeschlossen werden würde.

Interdisziplinäre Kompetenzauffassung

Die wissenschaftstheoretische Annäherung an den Kompetenzbegriff machte das kognitionsbezogene Kompetenzverständnis in der Psychologie und bei den Linguisten sowie das handlungsbezogene, konstruktivistische Kompetenzverständnis der Pädagogik deutlich. Die bereichsspezifischen Ansätze haben gemeinsam, dass sie zur Herausbildung einer spezifischen Handlungsfähigkeit führen sollen, im Sinne einer handlungsfähigen Persönlichkeit nach ökonomischen Maßstäben im gesellschaftlichen, wirtschaftlichen und politischen Wandel. Durch die Darstellung der Ansätze können vier allgemeine Merkmale von Kompetenz herausgearbeitet werden: der Handlungsbezug (Wollersheim), der Situations- und Kontextbezug (Weinert; McClelland), die Subjektgebundenheit (Erpenbeck und Heyse) und die Veränderbarkeit (Roth) des Kompetenzkonstrukts.

Rückblickend auf CHOMSKYs Kompetenzauffassung ist hervorzuheben, dass er der erste Wissenschaftler war, der die Trennung von Performanz und Kompetenz deutlich hervorhebt, was den jetzigen Kompetenzdiskurs stark prägt. Da diese Trennung deutlich macht, dass es sich bei dem Begriff der Kompetenz um ein Konstrukt handelt, mit dem die Fähigkeit eines Individuums, in konkreten Situationen zu handeln, erklärbar wird, wird ebenfalls betont, dass es um eine individuelle Kompetenz geht und jeder unterschiedlich handelt.

Ebenso ist die von HABERMAS vertretene Auffassung, dass Kompetenzentwicklung stets in einen gesellschaftlichen, kommunikativen Kontext gestellt werden muss, bedeutend für die Kompetenzförderung in Organisationen. Kompetenzentwicklung und -förderung muss in den jeweiligen Unternehmenskontext und in eine Interaktion zwischen Organisation und Mitarbeiter eingebunden werden.

BAACKEs Gedanken bezüglich einer stufenweisen, interaktiven Kompetenzentwicklung zieht sich mit seiner Aktualität bis in die heutige Wissenschaft und Praxis durch.

Die erwähnte wissenschaftliche disziplinäre Abgrenzung der Psychologie und der Pädagogik hält sich aufgrund der Entwicklungen des langjährigen Kompetenzdiskurses nicht konstant und führt zu einer Ausweitung des kognitionsbezogenen Kompetenzverständnisses. Durch die jahrelange Annäherung und Angleichung der interdisziplinären Kompetenzauffassungen entstand ein mehrdimensionaler und breit angelegter Kompetenzbegriff. Das mehrdimensionale Handlungskompetenzkonstrukt besteht aus mehreren Dimensionen, die sich gegenseitig beeinflussen und in Wechselwirkung mit Umwelt- und Rahmenbedingungen stehen.

Mehrdimensionales Handlungskompetenzkonstrukt

Diese Arbeit hat nicht die Entwicklung einer konkreten Kompetenzdefinition zum Ziel, sondern hat vielmehr einen Kompetenzbegriff herausgearbeitet, welcher auf der erwachsenen- und berufspädagogischer Tradition zurückgreift und als Basis für die empirische Untersuchung genutzt werden wird.

Die Arbeit orientiert sich inhaltlich am zentralen pädagogischen Kompetenzverständnis nach ROTH, welches ebenfalls in den aktuellen pädagogischen Kompetenzkonzepten zu finden ist:

- Kompetenzen sind Dispositionen, die bei Lern-, Bildungs- und Erziehungsprozessen erworben werden.
- Kompetenzen ermöglichen die selbstorganisierte, aufgabengemäße, zielgerichtete, situationsbedingte und verantwortungsbewusste Bewältigung von konkreten sowie vertrauten als auch neuartigen Aufgaben und Situationen (vgl. Kauffeld et al. 2002: 2).
- Kompetenzen umfassen Wissen, kognitive Fähigkeiten, sowie motivationale, volitionale und sozialen Bereitschaften und Fähigkeiten, um in variablen Situationen erfolgreich und verantwortungsvoll handeln zu können (vgl. Weinert 2001: 27 f.).

Da die Vermittlung und Förderung der individuellen Kompetenz als pädagogische Zielvorstellung herausgearbeitet wurde, wird das Prinzip der selbstorganisierten sowie verantwortungsvollen Handlung in den Fokus der Definition und dieser Arbeit gestellt. Bei dieser Definition werden die kognitive Leistungsdisposition sowie die motivationalen Faktoren im Gegensatz zur anfänglichen WEINERTschen Kompetenzauffassung, in der eine strikte Trennung zwischen kognitiven und motivationalen Faktoren betont wurde, berücksichtigt. Denn die Leistungserbringung in spezifischen Situationen sowie die langfristige Kompetenz- und Expertisenentwicklung sind in hohem Maße von motivationalen Faktoren abhängig (vgl. Bach 2012:19). Diese Auffassung betont die Kontextspezifität und die Mehrdimensionalität des Handlungskompetenzkonstrukts, dessen Dimensionen in gegenseitiger Wechselwirkung stehen.

Der Fokus auf die Handlungskompetenz ist darüber hinaus entscheidend und praxisrelevant. Die Handlungsbereitschaft ist die motivationale Basis für die individuelle Handlungskompetenz, die ebenfalls von Persönlichkeitseigenschaften beeinflusst wird (vgl. ebd.). Die individuelle Motivstruktur bestimmt die Dringlichkeit der Bedürfnisse des Individuums (vgl. Kromrei 2006: 27). Persönliche Bereitschaft und Fähigkeit reichen nicht für eine Entfaltung der individuellen Handlungskompetenz aus. Die Einbindung des Individuums in das Arbeitssystem und die Organisation ist entscheidend dafür, ob eine Handlung überhaupt vollzogen werden kann (vgl. Staudt/Kriegesmann 2002: 147). Dies wird auch von der Kultusministerkonferenz betont, für die Handlungskompetenz nur mit dem Vorhandensein der vier Teilkompetenzen Fachkompetenz, Methodenkompetenz, Sozialkompetenz und Selbstkompetenz gegeben und eine Erhöhung der Handlungskompetenz als vorrangiges Ziel der (Aus-) Bildung anzusehen ist (vgl. Arnold 1994: 182 f.).

Hinzuzufügen ist, dass diese weite Fassung des Kompetenzkonstrukts dessen präzise Modellierung und wissenschaftlichen Nutzen reduziert. Denn neben kognitiven (Leistungstest-) Abfragen, müssen ebenfalls Abfragen über die motivationalen Faktoren eingesetzt werden. Jede Facette des Kompetenzkonstrukts muss für sich gemessen werden, um valide Messergebnisse zu erhalten. Im Gegensatz zu kognitiven Dispositionen ist die Motivation ein Faktor, der im Zeitlauf stark variiert und demnach vergleichsweise eine geringere Stabilität aufweist (vgl. Bach 2012: 20).

Die berufliche Handlungskompetenz

Die Handlungsbereitschaft ist die motivationale Basis für die individuelle sowie berufliche Handlungskompetenz, die ebenfalls von Persönlichkeitseigenschaften beeinflusst wird (vgl. ebd.). Die individuelle Motivstruktur[75] bestimmt die Dringlichkeit der Bedürfnisse des Individuums (vgl. Kromrei 2006: 27). Persönliche Bereitschaft und Fähigkeit reichen nicht für eine Entfaltung der individuellen Handlungskompetenz aus. Die Einbindung des Individuums in das Arbeitssystem und die Organisation ist entscheidend dafür, ob eine Handlung überhaupt vollzogen werden kann (vgl. Staudt/Kriegesmann 2002: 147). Dies wird auch von der Kultusministerkonferenz betont, für die Handlungskompetenz nur mit dem Vorhandensein der vier Teilkompetenzen Fachkompetenz, Methodenkompetenz, Sozialkompetenz und Selbstkompetenz gegeben und eine Erhöhung der Handlungskompetenz als vorrangiges Ziel der (Aus-)Bildung anzusehen ist (vgl. Arnold 1994: 182 f.).

75 Ein Motiv ist eine interne Bedingung, ein Beweggrund für individuelle Verhaltensweisen und Handlungen. Es wird als erlernte und durch Sozialisation geprägte Persönlichkeitseigenschaft angesehen (vgl. Zimbardo 1992).

Hinzuzufügen ist allerdings, dass diese weite Fassung des Kompetenzkonstrukts dessen präzise Modellierung und wissenschaftlichen Nutzen reduziert. Denn neben kognitiven (Leistungstest-) Abfragen müssen ebenfalls Abfragen über die motivationalen Faktoren eingesetzt werden. Jede Facette des Kompetenzkonstrukts muss für sich gemessen werden, um valide Messergebnisse zu erhalten. Im Gegensatz zu kognitiven Dispositionen ist die Motivation ein Faktor, der im Zeitlauf stark variiert und demnach vergleichsweise eine geringere Stabilität aufweist (vgl. Bach 2012: 20).

Nichtsdestotrotz ist die Förderung der beruflichen Handlungskompetenz für die betriebliche Weiterbildung ein unumgängliches wichtiges Ziel, damit Beschäftigte unbekannte Arbeitssituationen erfolgreich bewältigen können. Hierbei ist hervorzuheben dass das Konstrukt der beruflichen Handlungskompetenz, welches aus den vier Kompetenzfacetten der Fach-, Methoden-, Sozial- und Selbstkompetenz zusammengesetzt ist und einem pädagogischen Ursprung entstammt.

Dies erklärt auch den ganzheitlichen Ansatz, welcher davon ausgeht, dass die berufliche Handlungskompetenz in komplexe Handlungs- und Denksysteme eingebunden ist. Diese wichtige Erkenntnis ist seitens der betrieblichen Weiterbildung bei der Förderung zu berücksichtigen. Es bedarf einer unterschiedlichen, aber gleichzeitigen Förderung der Handlungsfähigkeit, der Handlungsbereitschaft sowie der Persönlichkeit des Beschäftigten, um die berufliche Handlungskompetenz zu fördern (vgl. Kromrei 2006: 26).

Es wurde herausgearbeitet, dass die genannten Teilkompetenzen der Handlungskompetenz nicht losgelöst voneinander, sondern in einer vielfältigen Verflechtung zu betrachten sind. Die Summe der Teilkompetenzen ergibt die berufliche Handlungskompetenz. Die berufliche Handlungskompetenz kann in verschiedenen Ausprägungen bzw. in verschiedenen Kompetenzkonstruktmodellen (einfaktorielles bis vierfaktorielles Kompetenzkonstrukt) wahrgenommen werden. In dieser Arbeit wird auf das vierfaktorielle Kompetenzkonstrukt Bezug genommen.

Dieser Aspekt wird bei der empirischen Untersuchung erneut aufgegriffen. Denn daraus ergibt sich die Frage, ob bzw. wie stark die berufliche Handlungskompetenz bei Beschäftigten mit einer generalistischen oder spezialisierten Tätigkeit, bei erwerbstätigen Männern und Frauen, bei Beschäftigten verschiedener Berufsgruppen oder gar altersbedingt unterschiedlich ausgeprägt ist.

Für die betriebliche Weiterbildung bedeutet eine unterschiedliche Ausprägung der beruflichen Handlungskompetenz ebenfalls eine unterschiedliche Förderung. Im Hinblick auf die Herausforderung des demografischen Wandels sowie des

Fachkräftemangels ist die Beantwortung dieser Fragestellungen deshalb hoch interessant.

Die pädagogische und ökonomische Konvergenz

Wie bereits dargestellt, geht es bei der betrieblichen Weiterbildung um die Konvergenz pädagogischer und ökonomischer Prinzipien (vgl. Harteis 2002). Das Verhältnis der betrieblichen Weiterbildung zur Organisation lässt sich wie folgt beschreiben: individuelle und organisationale Lernprozesse greifen ineinander. Vor allem pädagogische Ansätze werden über diese dyadische Ebene erweitert und konzentrieren sich explizit – über das Individuum hinaus – auf organisationale Lernprozesse (vgl. Sausele-Bayer 2011: 36).

Die betriebliche Weiterbildung ist gefordert, ihren Beschäftigten ein Umfeld zu stellen, das die Möglichkeiten und auch die Motivation für eine permanente Kompetenzerweiterung bietet. Den Mitarbeitern obliegt es, die Relevanz der Kompetenzerschließung zu erkennen und somit einen zukunftsrelevanten Nutzen zu generieren (vgl. Harteis et al. 2004: 41).

Daraus ergibt sich, dass die individuelle Kompetenzentwicklung, die betriebliche Weiterbildung und die Organisation immer als Gesamtheit gesehen werden müssen, da eine isolierte Betrachtungsweise einzelner Komponenten nicht zielführend sein kann. Wenn sie dennoch als Einzelkomponenten betrachtet werden sollten, dann werden entweder das pädagogische Leitprinzip, durch beispielsweise schlechte Bedingungen individueller Kompetenzförderung, oder das ökonomische Leitprinzip, durch beispielsweise Vernachlässigung der Ausschöpfung von potenziellen Ressourcen/Kompetenzen der Beschäftigten, verletzt.

3. Kompetenzmethodischer Diskurs

Im vorangegangenen wissenschaftstheoretischen Diskurs wurden die historischen und zukunftsweisenden Entwicklungslinien und Gedankengänge des Kompetenzbegriffs herausgearbeitet. Resultierend aus den interdisziplinären Kompetenzauffassungen wurde. das für diese Forschungsarbeit verwendete Kompetenzkonstrukt, das mehrdimensionale Handlungskonstrukt, abgeleitet. Da die berufliche Handlungskompetenz als unabdingbares Konstrukt für die Handlungsfähigkeit der Zukunft von Beschäftigten definiert wurde, wird nun im kompetenzmethodischen Diskus auf deren Entwicklung und Erfassung seitens der betrieblichen Weiterbildung eingegangen.

Im folgenden kompetenzmethodischen Diskurs werden die Ausprägungen der beruflichen Handlungskompetenz aufgegriffen und methodisch beleuchtet. Dies ebenfalls basierend auf Lern- und Organisationstheorien bzw. -ansätzen. Hinführend zur empirischen Untersuchung werden Verfahren zur Erfassung der (beruflichen) Kompetenzstruktur sowie notwendige Gütekriterien herausgearbeitet.

Es werden folgende erkenntnisleitende Fragen beantwortet:

Entwicklung von Kompetenzen

- *Sind Kompetenzen gezielt entwickelbar?*
- *Welche Rahmenbedingungen zur Förderung der Kompetenzentwicklung können durch die betriebliche Weiterbildung geschaffen werden?*
- *Welche Rahmenbedingungen zur Kompetenzentwicklung benötigen Personen, deren Erwerbstätigkeitspotenzial aufgrund des demografischen Wandels stärker gefördert werden sollte?*
- *Entwickeln sich Kompetenzen in Wechselwirkung mit anderen Prozessen?*

Erfassung von Kompetenzen

- *Können Kompetenzen erfasst werden?*
- *Auf welche Methoden der Kompetenzerfassung kann die betriebliche Weiterbildung zurückgreifen?*
- *Welche Gütekriterien sind bei solchen Verfahren unabdingbar?*

Resümee: Kompetenzmethodischer Diskurs

- *Welche wesentlichen Erkenntnisse können aus dem kompetenzmethodischen Diskurs gezogen werden?*

- *Welche Schlussfolgerungen ergeben sich daraus?*

3.1 Entwicklung von Kompetenzen

Kompetenzen sind gezielt entwickel- und veränderbar. Hierbei gilt der Grundsatz: *„Individuelle Kompetenzen werden von Wissen fundiert, durch Werte konstituiert, als Fähigkeiten disponiert, durch Erfahrung konsolidiert und aufgrund von Willen realisiert.“* (Erpenbeck/Heyse 1999: 162).

Unter dem Aspekt des Wertewandels ermöglichen vor allem biografische Labilisierungssituationen wie Krisen und beruflich instabile Beschäftigungsverhältnisse eine forcierte Kompetenzentwicklung (vgl. Erpenbeck/Heyse 1999: 201). *„Krisen sind der Preis persönlichen und sozialen Wachstums“* (Erpenbeck/Heyse 1999: 220). Wendepunkte oder Krisen sind Situationen, in denen ein hoher Kompetenzerwerb erfolgen kann, da eine Umdeutung, eine neue Standortbestimmung bewirkt wird und eine Konversion in ein anderes Wertesystem erfolgt (vgl. Meueler 1987: 17). Folglich wirken biografische Labilisierungssituationen als strukturelle und biografische Ressourcen künftigen Handelns (vgl. Erpenbeck/Heyse 1999: 220).

Dies belegen deutlich die Erfahrungen hinsichtlich Kompetenzentwicklung im Rahmen des Transformationsprozesses in der ehemaligen DDR. Sie zeigten, dass Wissensaneignung sowie der Erwerb von Bildungs- und Berufsabschlüssen ohne Probleme verlief. Ebenso zeigte sich deutlich, *„dass individuelle Handlungsfähigkeit in einem neuen gesellschaftlichen und wirtschaftlichen System nur zu erlangen ist mit Hilfe veränderter Wertstrukturen, neuer Sozial- und Methodenkompetenz, neuer Erfahrungen und systemspezifischen Wissen. In besonderer Weise geht es auf der individuellen Ebene um die Interiorisierung neuer Wertstrukturen“* (Arbeitsgemeinschaft QUEM 1995: 7 ff.). Kompetenzlernen kann zunehmend als Wertelernen bezeichnet werden, das nur in spezifischen Formen selbstorganisierten Lernens gelingt und das den notwendigen Interiorisationsprozess von Werten berücksichtigt (vgl. Erpenbeck/Heyse 1999: 47). *„ Der Interiorisationsvorgang setzt jedoch echte, unter realer Entscheidungsfreiheit zu bewältigende Entscheidungssituationen voraus, die je nach psychologischer Beschreibungstheorie zu starker emotionaler Irritation bzw. Labilisation, kognitiver Dissonanz, motivationaler Widersprüchlichkeit usw. führen. Fehlen sie, werden Werte auch nicht interiorisiert, d. h. auch nicht dispositiv als Kompetenzen angeeignet. Kompetenzentwicklung ist also zunehmend Wertelernen, dieses setzt Interiorisationsprozesse voraus. Ohne Irritation, Labilisierung, Dissonanz usw. ist keine Wertinteriorisation, folglich auch keine Kompetenzentwicklung möglich“* (Erpenbeck/Heyse 1999: 26).

Daraus resultiert die Forderung für die betriebliche Weiterbildung, Werte und das dazugehörige Bewusstsein zu vermitteln (vgl. Arnold 1997b: 256).

Bei dieser wertorientierten Anforderung sollten moralpädagogische Theorien (vgl. Habermas 1983; Kohlberg/Turiel 1978) als fruchtbare Anwendung in der beruflichen Bildung angesehen werden (vgl. Lempert 1988; Beck et al. 1996). Denn die Auseinandersetzung mit der Entwicklung moralischer Kompetenz im Bereich der Berufsbildung geht bis in die Mitte der 1980er-Jahre zurück. *„Die Entwicklung moralischer Urteilssicherheit und Entscheidungsfähigkeit sowie der Bereitschaft zur Übernahme und Wahrnehmung sozialer Verantwortung ist […] an die Bedingungen der 'Lebensnähe', d. h. des Lernens in alltäglichen Situationen, zudem der spontanen Aktivität und damit der relativen Autonomie der Lernenden gebunden"* (Lempert 1996: 341).

Hinter all dem steht die Frage nach dem methodischen „Wie" der Kompetenzentwicklung.

Die Berufs- und Erwachsenenpädagogik plädiert schon länger für veränderte Lehr- und Lernformen. In denen sollte der Prozess des Lernens, mit denen sich der Lernende aktiv auseinandersetzt und reflektiert, selbst im Vordergrund stehen (vgl. Arbeitsgemeinschaft 1995: 41). Dazu kommt *„ein reflexives Erfahrungslernen sowie produktive, ganzheitliche, diskursive, selbstorganisatorische und identitätsstützende Lernmethoden"* (Erpenbeck/Heyse 1996: 43). Denn *„selbstorganisierte Lern- und Selbststeuerungsprozesse […] [sind] ein durchgängiges Charakteristikum aller Methoden der Kompetenzentwicklung"* (ebd. 36). Dieses Plädoyer wurde von den Vertretern der aktuellen Kompetenzdiskussion, unter Ignoranz der bereits bestehenden Erkenntnisse der Berufs- und Erwachsenenpädagogik, als neuartig aufgegriffen. Die Auffassung der Berufs- und Erwachsenenpädagogik entstand bereits durch die zahlreichen Debatten um handlungsorientiertes und ganzheitliches Lernen, die Handlungskompetenz, die erweiterte Qualifikation, das außerfachliche Lernen sowie das fachübergreifende Lernen (vgl. Arnold 1997b: 275; Ott 1995; Herzer et al. 1990). Bei den didaktisch-methodischen Prinzipien der Kompetenzentwicklung wird von den Vertretern der aktuellen Kompetenzbegriffsbefürwortung auf die bereits bestehenden Methoden der Erwachsenen- und Berufspädagogik verwiesen: *„Die Methoden zur Entwicklung von einzelnen Kompetenzen oder Kompetenzbestandteilen sind mit den bekannten Methoden der Weiterbildung identisch, denn es sind ja notwendige Methoden zur Entwicklung einzelner Dispositionen oder Qualifikationen. Solche Methoden werden eingefügt in Verfahren der gesamten Kompetenzentwicklung"* (Knöchel 1996: 21).

Nach Erpenbeck sind Werte die wichtigsten Komponenten von Kompetenzen, da jene das Handeln in eine offene Zukunft ermöglichen und dabei als Ordner individuellen und sozialen Handelns fungieren (vgl. Erpenbeck/Heyse 1999: 138).

Im Rahmen dieser Arbeit wird mithilfe einer empirischen Studie versucht herauszufinden, welche Kompetenzen innerhalb eines betrieblichen Alltags beeinflusst bzw. entwickelt werden. In diesem Kontext wird von einer arbeitsimmanenten Kompetenzentwicklung gesprochen. Im Hinblick auf die empirische Untersuchung ist dabei besonders der Einfluss des Alters und des Geschlechts bei der Kompetenzentwicklung von Interesse. Weitere Aspekte des betrieblichen Alltags, wie bspw. das lebensbegleitende Lernen und die Gleichberechtigung von Frauen und Männern werden im Folgenden erläutert.

Kompetenzentwicklung ist abhängig von verschiedenen Faktoren und basiert im Allgemeinen auf einer Wechselwirkung zwischen strukturellen, prozessualen, situativen und personalen Faktoren (vgl. Schüßler 2003: 11). Diese Wechselwirkung greift besonders in den Prozessen der Sozialisation, der Bildung und des Lernens. Im Folgenden werden die unterschiedlichen Ansätze der Kompetenzentwicklung vorgestellt.

3.1.1 Arbeitsimmanente Kompetenzentwicklung

Bei der arbeitsimmanenten Kompetenzentwicklung geht es um kontinuierliches, arbeitsimmanentes Lernen. Hierbei ist der Arbeitsplatz das Lernfeld (vgl. Bergmann 2000b: 41). Der Grundgedanke ist keine neue Erkenntnis, denn „*Menschen lernen durch die Auseinandersetzung mit Aufgaben, durch Tätigsein*" (Bergmann 2000b: 11). Daraus lässt sich schlussfolgern, dass Lernen eine permanente Anforderung der Arbeit ist. Wie bereits in den vorherigen Kapiteln beschrieben, werden Lernen sowie die Kompetenzentwicklung im traditionellen Verständnis der institutionellen Aus- und Weiterbildung zugeordnet (vgl. Abschnitt Kompetenzdiskurs). Allerdings ergeben Studien, dass ca. 80 % der Lerntätigkeiten von Erwachsenen selbstorganisiert stattfinden. Treibende Lernmotivation ist die Aussicht auf Nutzen oder Anwendung des Gelernten (vgl. Tough 1971). Demnach spielen bei einer arbeitsimmanenten Kompetenzentwicklung zum einen der Tätigkeitsinhalt/Aufgabe, zum anderen die lernrelevanten Bedingungen wie beispielsweise die Unternehmenskultur, fremd-/selbstbestimmtes Arbeiten, taktgebundenes, starres Arbeiten eine wichtige Rolle (vgl. Bergmann 2000b: 41). Fähigkeiten gehen bei Nichtgebrauch zurück. Vor allem, wenn die Lernanforderungen der Arbeitsaufgaben sehr gering sind und somit keine Anforderung an der Nutzung der Fähigkeiten besteht und Lernerfahrung oder Training ausbleiben (vgl. Bergmann et al. 2004: 247). Somit wird nicht nur berufliches Wissen gefördert, sondern auch persönliche Eigenschaften wie Selbstvertrauen, Kooperativität und Verantwortung, die zur beruflichen Handlungskompetenz bedeutend sind (vgl. Bergmann et al. 2004: 247).

In der klassisch und ökonomisch orientierten Form der betrieblichen Weiterbildung werden solche Erkenntnisse aufgrund von Rationalisierungsbemühungen, wie beispielsweise eine schlanke Organisationsstruktur mit Personalkosteneinsparungen, weniger berücksichtigt. Die Konsequenz für den Beschäftigten ist eine Arbeitsverdichtung, in der die zeitliche Möglichkeit zum Lernen im Arbeitsprozess kaum gegeben ist. Allerdings wäre gerade dies bei den stetig komplexer werdenden Tätigkeiten notwendig, da bei jenen problemlösendes Lernen gefordert wird (vgl. Bergmann 2000b: 11). Problemlösendes Lernen ist die höchste Form der Lernarten und ein zentraler Punkt des handlungsorientierten Lernens. Bei jenem wird der Erkenntnisgewinn nicht nur durch das Handlungsergebnis bestimmt, sondern auch durch den Weg und die Lösungsmethode (vgl. Ott 1998: 74). Ein Problem im Sinne des problemlösenden Lernens ist dann gegeben, *„wenn ein Mensch ein bestimmtes Ziel erreichen will, jedoch nicht weiß, wie er zu diesem Ziel gelangen kann, also nicht auf bekannte Verfahren, Techniken und reproduktive (Denk-)Operationen zurückgreifen kann, sondern eine heuristische Struktur als Strategie des Suchens und Findens entwickeln muß“* (Ott 1998: 74). Das problemlösende Lernen bedingt eine komplexe zweischichtige kognitive Struktur[76] und vollzieht sich über verschiedene Phasen (Problemdarstellung, -strukturierung, -bewertung, -lösung sowie Anwendung der Problemlösung) (vgl. Ott 2000: 171 ff.).

Arbeitsimmanente Kompetenzentwicklung ist ein langfristiger Prozess, der beeinflusst wird durch *„die Bedingungen in einer Organisation, die Wertschätzung, die Lernen und Selbstständigkeit erfahren, der Umfang an Lernunterstützungen und auch die Existenz oder das Fehlen von Zeitpuffern“* (Bergmann 2000b: 42). Aufgrund des längerfristigen Prozesses sind Effekte erst bei Beschäftigten mit langjähriger Berufserfahrung nachweisbar (vgl. Bergmann 2000b: 42). Zu betonen

---

76 Zum einen geht es hier um die Wissensstruktur und fertige Handlungsprogramme (epistemische Struktur), „um Kenntnisse über die Realitätsbereiche, Strukturmomenten und Objektbeziehungen zu erhalten, aber auch um Verfahrensweisen, Normen und Werte, als Abbild der realen und geistigen Umwelt zu verstehen.“ Zum anderen geht es um die Problemlösestruktur (heuristische Struktur), „um einerseits mit mentalen Operationen unvollständiges Wissen zu Denkabläufen zu verknüpfen, um Lösungswege anzubahnen, andererseits um mit geeigneten 'Strategien (Strukturregeln) und Repräsentationsregeln' (vgl. Aebli, Ruthemann & Staub 1986) einen (unbefriedigenden) Anfangszustand in den erwünschten Zielzustand zu transformieren.“ (Ott 1998: 75).

ist hierbei, dass arbeitsimmanente Kompetenzentwicklung kein Prozess ist, in dessen Rahmen sich die berufliche Handlungskompetenz nur in eine Richtung entwickelt. Demnach kann nicht direkt dem Beschäftigten eine Kompetenzentwicklung zugeschrieben werden, wenn ihm nur vom Arbeitsplatz ausgehend mehr Raum für das Lernen gegeben wird. Denn arbeitsimmanente Kompetenzentwicklung wirkt in Wechselseitigkeit. Der Beschäftigte entscheidet selbst über sein Aufgabenspektrum, wählt seine Aufgaben oder lehnt jene gegebenenfalls auch ab. Diese komplexen Wechselwirkungsprozesse werden als Selbstorganisationsprozesse angesehen, welche eine Passung zwischen dem Beschäftigten und seiner Tätigkeit anstreben (vgl. Bergmann 2000b: 42).

3.1.2 Geschlechtsspezifische Kompetenzentwicklung

Die Ergebnisse der Studie „Individuelle Kompetenzentwicklung durch Lernen im Prozess der Arbeit" (vgl. Bergmann/Richter 2003) ergaben, dass die Beschaffenheit der Arbeit bzw. die Gestaltung des Arbeitsplatzes zugunsten der Männer ausfallen (vgl. Rau 2001). Somit wurde exemplarisch herausgearbeitet, *„dass die für makroskopische Analysen von Berufsverläufen vielfach beschriebenen geschlechtsspezifischen Unterschiede sich auch in Mikroanalysen bezogen auf das Anforderungsspektrum am Arbeitsplatz finden lassen"* (Bergmann/Richter 2002: 214).

Allerdings zeigen dic Ergebnisse dieser Studie ebenfalls, dass bezüglich der Lernhaltigkeit der Arbeitssituation keine systematischen Geschlechtseffekte ausgemacht werden können (vgl. Bergmann/Richter 2002: 219). Die Gründe, weshalb die Arbeitsplatzgestaltung zugunsten von Männern ausfällt, wurden bereits im Abschnitt der beruflichen Handlungskompetenz bei erwerbstätigen Männern und Frauen erläutert (bspw. Positionseffekte, Zuweisung von Geschlechterrollen, Vollzeit-, Teilzeitbeschäftigung usw.).

Diese Befunde haben starke Auswirkungen auf die Kompetenzentwicklung, da nach dem Konzept der arbeitsimmanenten Kompetenzentwicklung Anforderungen am Arbeitsplatz auch als Prädiktoren beruflicher Kompetenzentwicklung aufgefasst werden (vgl. Bergmann/Richter 2002: 214). *„Über Motivations- und Trainingsprozesse beeinflussen sie ein kontinuierliches Lernen im Prozess der Arbeit. Vielfältige Tätigkeiten mit Entscheidungsspielräumen fordern zum Explorieren und Probieren heraus, ermöglichen damit eine Optimierung von Arbeitsmethoden und erlauben gleichzeitig, berufliches Wissen anzuwenden und dabei zu trainieren"* (Bergmann/Richter 2002: 214). Geschlechtereffekte bei der beruflichen Handlungskompetenz treten nur auf, wenn die Rahmenbedingungen für die Kompetenzentwicklung vergleichbar sind. Doch aus den genannten Gründen ist dies in der Praxis eher weniger der Fall. Demnach wäre hierbei nochmals der bereits vorgestellte Ansatz der emanzipatorischen Bewegung mit dem Interesse an der Anerkennung von informellen bzw. im sozialen und familiären Kontext erworbenen Kompetenzen – insbesondere bei hochqualifizierten weiblichen Beschäftigten – zu fokussieren.

3.1.3 Altersabhängige Kompetenzentwicklung

Der Abschnitt „Alterstrends der beruflichen Handlungskompetenz" aus dem wissenschaftstheoretischen Diskurs beschäftigte sich mit der Leistungsfähigkeit in Abhängigkeit mit dem Alter des Beschäftigten. Darauf aufbauend und vertiefend wird sich in diesem Abschnitt mit dem Alter und der Leistungsfähigkeit bzw. Kompetenzentwicklung in Abhängigkeit mit der Arbeitsplatzgestaltung bzw. -tätigkeit beschäftigt.

Wie bereits beschrieben, steigen die Lernanforderungen in Folge der beschleunigt ablaufenden Veränderungsprozesse. Aufgrund des demografischen Wandels erhöht sich auch der Anteil älterer Personen im erwerbstätigen Alter (vgl. Bergmann 2004: 32 f.).

Da diese Personengruppe mehrheitlich die steigenden Lernanforderungen meistern muss, ist der Frage nach der Kompetenzentwicklung in Abhängigkeit des Alters nachzugehen. Denn im Gegensatz zu dieser Fragestellung wurden in zahlreichen Studien die Altersdifferenzen in kognitiven Leistungen erhoben (vgl. Bergmann 2000b: 43). Die Ergebnisse dieser Studien belegen, dass Fähigkeiten bei Nichtgebrauch zurückgehen (vgl. Ilmarinen 1999). Vor allem dann, wenn die Lernanforderungen der Arbeitsaufgaben sehr gering sind und wenn Lernerfahrung oder Training ausbleiben (vgl. Bergmann et al. 2004: 247). Diese Auswirkungen machen sich besonders bei älteren Beschäftigten bemerkbar. Eine lern- und gesundheitsförderliche Arbeitsgestaltung hingegen (vielseitige Arbeitsaufgaben, Spielräume für eigenständige Entscheidungen, Zeitpuffer für selbstorganisiertes Lernen) fördert die intrinsische Motivation. Gleichzeitig wird auch durch diese Art von Arbeitsgestaltung der Erhalt und die Entwicklung von Fähigkeiten gefördert (vgl. Brandenburg/Domschke 2007: 179 ff.). Kompetenzentwicklung geschieht in einer Umgebung, in der Raum für selbstorganisiertes Lernen und Selbstständigkeit gegeben wird. Somit wird nicht nur berufliches Wissen gefördert, sondern auch persönliche Eigenschaften wie Selbstvertrauen, Kooperations- und Verantwortungsbereitschaft, die für die berufliche Handlungskompetenz bedeutend sind (vgl. Bergmann et al. 2004: 247).

Da arbeitsimmanente Kompetenzentwicklung im Wesentlichen über selbstorganisierte Prozesse funktioniert, ist eine hohe Eigenmotivation Voraussetzung zur ständigen Optimierung des eigenen Wissens und Könnens. *„Deshalb wird er-*

wartet, dass Arbeitende, die mehrjährig in lernhaltigen Arbeitssituationen tätig sind, die ihnen eine ständige Auseinandersetzung mit neuen fachlichen Entwicklungen abverlangen, ihre berufliche Kompetenz durch selbstorganisiertes Lernen entwickeln, so dass durch ein so erzeugtes Lerntraining die Kompetenz so entwickelt werden kann, dass Arbeitsanforderungen über die Spanne des erwerbsfähigen Alters entsprechend dem aktuell gültigen Standard gemeistert werden können." (Bergmann 2000b: 44). Es tritt keine Verlangsamung der Abnahme der Leistungsfähigkeit im Alter ein.

Selbstorganisierte Lernprozesse sind der Mechanismus der Kompetenzentwicklung. Mehrjährige Berufserfahrung bzw. Ausübung von Tätigkeiten führen zu besserer Leistung (vgl. Bergmann 2000b: 24). Berufsspezifisches Wissen wird über die Zeit kumuliert. Demnach kann durch Erfahrung altersbedingt nachlässige Leistungsfähigkeit kompensiert werden (vgl. Salthouse 1984).

Schlussfolgernd können somit auch negative Alterskorrelationen erwartet werden, wenn Beschäftigte in Arbeitssituationen mit geringem Lernpotenzial tätig sind und die berufliche Qualifizierung gering ist (vgl. Bergmann 2000b: 44).

3.1.4 Kompetenzentwicklung in Wechselwirkung mit dem Prozess der Sozialisation und Bildung

Die Sozialisation ist der „*Prozeß der Entstehung und Entwicklung der Persönlichkeit in wechselseitiger Abhängigkeit von der gesellschaftlich vermittelten sozialen und materiellen Umwelt. Vorranging thematisch ist dabei […], wie sich der Mensch zu einem gesellschaftlich handlungsfähigem Subjekt bildet.*" (Geulen/Hurrelmann 1980: 51). Durch die explizite Verwendung des Verbs „bildet" wird die Nähe zum Bildungsbegriff betont. Bildung in der Bedeutung einer Implikation ist *die „komplexe Einheit entfalteter Bewusstseinsformen und Kompetenzen*" (Huisinga/Lisop 1999: 18) und beschreibt somit den dynamischen Prozess der Kompetenz- und Identitätsentwicklung. Hier wird aus einer weiteren Sichtweise die Verbindung zwischen Bildung und Kompetenz deutlich. Da im Kontext der Entgrenzung der Weiterbildung auch Argumente im Rahmen der kompetenzorientierten Wende hinsichtlich Lernorte und Lernprozesse folgen und die Kompetenzentwicklung im informellen Rahmen immer mehr an Bedeutung für die Organisationen gewinnt, wird auf die Kompetenzentwicklung im formalen und informellen Bereich eingegangen. „*Der Lernprozess bewegt sich vom fremdorganisierten Lernprozeß der klassischen Weiterbildung mehr und mehr in Richtung selbstorganisiertes Lernen, in Richtung des Lernens im Prozeß der Arbeit, bis hin zu den in Ostdeutschland besonders eindrucksvoll zu studierenden Selbstlernprozessen während der Transformation*" (Arbeitsgemeinschaft 1995: 70). Hier ist die Nähe zum biografischen

Lernen ersichtlich, da sich die Persönlichkeit in Auseinandersetzung mit den Lebensbedingungen weiterentwickelt (ebd.).

Schon HUMBOLDT verstand unter dem Bildungsbegriff neben der individuellen Selbstvervollkommnung den dialektischen Prozess der „Wechselwirkung" des „Ich"s und der „Welt" (vgl. von Humboldt 1980: 236). An dieser Bildungsauffassung halten ebenfalls die neueren Reformansätze fest (vgl. Klafki 1994: 96 ff.; Peukert 2000). Ebenfalls in der Auffassung von Bildung als Transformationsprozess ist Bildung ohne Bezug zu gesellschaftlichen Bedingungen nicht möglich (vgl. Koller 2009: 20). Bildung als Transformationsgeschehen wird ausgelöst durch die Wechselwirkung und das Verhältnis des Individuums zu sich selbst und der Welt. Vor allem *durch „die Konfrontation mit neuartigen gesellschaftlichen Problemlagen ausgelöst [...], zu deren Bearbeitung die Grundfiguren seines bisherigen Welt- und Selbstverständnisses nicht mehr ausreichen."* (ebd.). Diese Auffassung lässt eine Assoziation mit der Entwicklung der Handlungskompetenz zu. Denn jene wird ebenfalls durch Situationen gefördert, die mit bekannten Verhaltensweisen nicht zu bewältigen sind, aber durch die Veränderung eingespielter Handlungen.

Sozialisation wird durch die Erfahrungen im Kontext von Familie, Beruf, Alltag und Freundeskreis beeinflusst und hat Auswirkung auf die Kompetenzentwicklung. Denn die Annahme der Sozialisationshypothese besagt, dass durch Lernprozesse bei der Arbeit eine Interaktion zwischen der Arbeit und der Persönlichkeit zustande kommt. Somit wird Lernen und Kompetenzentwicklung gefördert (vgl. Bergmann/Pietrzyk 2000).

3.1.5 Ansatz Biografie- und Identitätslernen

Die Biografieforschung beschäftigt sich mit dem individuellen Lernen, welches durch Lebensereignisse und -veränderungen zustande kommt, wenn bekannte Handlungsmuster nicht mehr greifen (vgl. Schäfer 2006: 20). Zur Bewältigung unbekannter Situationen wird sich an bekannten Handlungsmustern und Lebensereignissen orientiert. Diese Reflexion fördert die Identitäts- und Handlungsmusterentwicklung. Hier kristallisiert sich heraus, dass Kompetenzentwicklung durch Biografielernen stattfinden kann und auch, dass Biografie Ausdruck der eigenen Sozialisationserfahrungen ist.

Krisenbegleitende und krisenvorbereitende Bildung zählt zu den Formen der Erwachsenenbildung. Individuen suchen biografische Selbstvergewisserung als Stärkung für unerwartete biografische Veränderungen. Demnach überprüfen, vergleichen und entwickeln sie ihre bisherigen (berufs-)biografischen Erfahrungen. Dadurch möchten sie sich und ihre Identität kennenlernen und Bedeutungsmuster herausarbeiten (vgl. Kade 1989).

Wie der Soziologe Zygmunt BAUMANN treffend beschrieb, scheint sich alles *„gegen ferne Ziele, lebensbegleitende Entwürfe, dauerhafte Bindungen, ewige Bedürfnisse, unwandelbare Identitäten zu verschwören […]. Ich kann nicht langfristig auf meinen Arbeitsplatz, meinen Beruf, ja nicht einmal auf meine Fähigkeiten bauen; ich kann darauf wetten, daß mein Arbeitsplatz wegrationalisiert wird, daß mein Beruf sich bis zur Unkenntlichkeit verändert, daß meine Fähigkeiten nicht länger gefragt sind"* (Baumann 1993: 17).

Die Erwachsenenbildungsforschung der 1980er-Jahre beschäftigte sich mit biografischen Voraussetzungen des Lernens sowie mit der Binnenperspektive des Lernenden im Lernprozess selbst (vgl. Arnold 1997b: 286). Daraus folgt die Erkenntnis *„daß das Lernen Erwachsener nie nur den Maßgaben von Inhaltsbezügen folgt, sondern immer auch in die biographischen und aktuellen Interaktionsbeziehungen sowie in das subjektive Bemühen um Identitätserhalt und Identitätssicherung „eingebettet"* (Arnold 1997b: 286) ist. Für die betriebliche Weiterbildung ist dies in hohem Maße bedeutend, da das lebensbegleitende Bildungslernen immer wichtiger für die Individuen selbst und ihr Selbstverständnis wird (vgl. Wittwer 1996: 12). Das Individuum ist dauerhaft mit der Konstruktion seiner Identität beschäftigt, die wiederum nur für den Augenblick Gültigkeit besitzt. Das Konzept der Kompetenzentwicklung und des Lernens muss subjektive Handlungshintergründe und fragmentierte Identitäten berücksichtigen, denn dies ist die Anforderung der Beschäftigten an ihre Weiterbildung (vgl. Holzkamp 1993: 28). *„Die Erwachsenenbildung stellt sich vielmehr als ein Deutungslernen dar, d. h. als die systematische, mehrfach reflexive und auf Selbsttätigkeit verwiesene Auseinandersetzung des Menschen mit eigenen und fremden Deutungen"* (Arnold 1997b: 287). Diese Deutungen können dann in Weiterbildungsveranstaltungen abgeglichen, analysiert und auf ihre Standhaftigkeit in wandelnden Anforderungen sicher zu handeln, überprüft werden. Die betriebliche Weiterbildung geht somit über die Vermittlung von Fachwissen hinaus und muss genügend Gestaltungsraum für die Überprüfung, Deutung und Weiterentwicklung von Deutungen geben (vgl. Arnold 1997b: 287). Hierbei ist die enge Definition von betrieblicher Weiterbildung im Betriebsverfassungsgesetz ein interessanter Nebenaspekt.

Danach ist alle Weiterbildung Bestandteil der Mitbestimmung. Wenn allerdings Weiterbildung auch außerhalb der Organisation stattfinden sollte, so wäre nach heutigem Stand eine formale Mitbestimmung nicht mehr möglich. Somit haben die in dieser Forschungsarbeit aufgezeigten Aspekte auch einen gesellschaftlichen Einfluss auf die bildungspolitischen Auseinandersetzungen.

Lernen

Die Kompetenzentwicklung ist immer an einen Lernprozess gebunden und kann somit auch durch die unterschiedlichen Lernmodelle und -theorien beschrieben werden (vgl. Dehnbostel 2007: 24). Grundsätzlich hat der Lernbegriff eine zentrale Bedeutung für die Humanwissenschaften, denn es geht um Menschen und Veränderungen. *„Lernen ist jede relative überdauernde Änderung der Verhaltensmöglichkeiten eines Menschen, die nicht auf altersbedingte Veränderungen zurückgeführt werden können."* (Bredenkamp 1998: 22). Lernen ist ein Aneignungsprozess hinter dem die Absicht steht, eine Grundlage für Leistung und Leistungsverbesserung zu bilden, im Sinne eines bewussten und zielgerichteten Prozesses (vgl. Hacker/Skell 1993: 18). Demnach ist der Aneignungsprozess genau genommen ein Verarbeitungsprozess von Wissenserwerb, Erfahrungssammlung, Aneignung von Einstellungen und Verhalten sowie der Annahme von Werten und Normen. Somit wird das individuelle Handlungspotenzial durch komplexe Lern-, Sozialisations- und Enkulturationsprozesse verändert (vgl. Sonntag/Stegmaier 2007: 18). Die eintretende Veränderung kann eine Verbesserung, aber auch Rückentwicklung oder Verlernen bedeuten (vgl. Schäfer 2006: 21). Lernen findet in Organisationen auf vielfältige Arten statt. Dies kann beabsichtigt, unbeabsichtigt oder auch beiläufig geschehen (vgl. Sonntag/Stegmeier 2007: 18). Um eine individuelle Veränderung zu ermöglichen sind die kognitiven Fähigkeiten zur Informationsaufnahme und -verarbeitung, die Eigenmotivation und Einstellung des Lernenden sowie subjektive Erfahrungen entscheidend und beeinflussen ebenfalls das Lernverhalten und die Fähigkeit zur Selbstorganisation (vgl. Scherer/Tran 2001: 374 f.).

Das Themenfeld des Lernens im Arbeitsprozess wurde bisher aus der Sichtweise der betrieblichen Weiterbildungsarbeit, der Arbeits- und Organisationspsychologie und unter sich veränderten Bedingungen des Lernens betrachtet. Aus pädagogisch-lerntheoretischer sowie berufspädagogischer Sichtweise kann weniger auf vorhandene Forschungsarbeiten zurückgegriffen werden, obgleich lerntheoretische Konzepte und Zugänge zur Erklärung von Kompetenzentwicklung heranzuziehen wären (vgl. ebd.) Eine einheitliche Auffassung von Lernbegriff und Lerntheorien ist gleich des Kompetenzbegriffs nicht beschrieben worden (vgl. Sonntag/Stegmeier 2007: 19). In der Berufs- und Weiterbildung dominiert der handlungstheoretische Ansatz, der die behavioristischen und kognitivistischen Theorien abgelöst hat. Im Folgenden werden zwei aktuell diskutiert Ansätze der Berufs- und Weiterbildung in Bezug auf die Kompetenzentwicklung erläutert.

3.1.6 Ansatz handlungs- und erfahrungsorientiertes Lernen

Die Entwicklung der Kompetenz zum Umgang mit Unsicherheiten und unerwarteten Anforderungen steht im Vordergrund des Lehr-Lernprozesses der betrieblichen Weiterbildung (vgl. Arnold 1997b: 284). Demnach sollten Lernprozesse so gestaltet sein, dass selbstständige Suchbewegungen ermöglicht werden. Dies spricht für einen sehr flexiblen Lernprozess, in dem der Lernende die Initiative und Steuerung sukzessiv übernimmt (vgl. Arnold 1997b: 285). Um dem nachzukommen, müssen didaktisierte Selbstlernmaterialien für den Lernenden entwickelt und zur Verfügung gestellt werden. Diese Aufgabe kommt ebenfalls auf die betriebliche Aus- und Weiterbildung zu. Sie muss sich einerseits dafür unterstützende Strukturen schaffen und andererseits für diese Entwicklung als Teil ihrer Zuständigkeit für die Gestaltung von Lernumgebungen und die Eröffnung von Selbstlernwegen in Verantwortung steht (vgl. ebd.).

Der Ansatz des handlungs- und erfahrungsorientierten Lernens des Pädagogen John DEWEY (1859–1952)[77] weist höchste Aktualität in der heutigen Kompetenzentwicklung auf. Er richtet seinen Fokus auf das Lernen durch Erfahrung, lebensbegleitendes Lernen[78] und soziales Lernen. Für ihn ist Erziehung ein Prozess der Selbstverwirklichung (vgl. Dewey 1930: 111 ff.). *„Durch Erfahrung lernen heißt das, was wir den Dingen tun, und das, was wir von ihnen erleiden, nach rückwärts und vorwärts miteinander in Verbindung zu bringen“* (Dewey 1930: 218). Er prägte den Begriff des „Learning by doing“ und vertrat die Ansicht, dass *„Lernen durch Handeln nachhaltiger wirkt als Befehle, Verbote, Billigungen und Mißbilligungen“* (Heckmair/Michl 2008: 48). Erziehung und Pädagogik haben für ihn einen politischen und demokratischen Aspekt: *„Die Feststellung, dass Erziehung eine soziale Funktion ist, die die Leitung und Entwicklung der Unreifen durch ihre Teilnahme am Leben ihrer Gruppe sicherstellt, umschließt bereits die weitere, dass die Erziehung je nach Art des Gruppenlebens in den verschiedenen Gemeinschaften verschieden ist“* (Dewey 1930: 220).

DEWEYs pragmatisch funktionalistischer Ansatz prägte die angewandten Sozialwissenschaften, die bei der Entstehung der Organisationsentwicklung nach dem Zweiten Weltkrieg benachteiligt waren (vgl. Gairing 2007: 27). Ebenso sind nicht nur DEWEYs Aussagen zu Erziehung und Lehr-/Lernprozessen von ak-

77 Vgl. Dewey/Oelkers 2000: 1.

78 „Lebenslanges oder lebensbegleitendes Lernen bezeichnet einen alle Bürger erfassenden Prozess der lebenslangen Veränderung durch das freiwillige Aufnehmen, Erschließen, Deuten und Einordnen von Informationen während der gesamten Lebenszeit. Weiterbildung versteht sich als Bestandteil lebenslangen Lernens“ (Kirchhöfer 2004: 56).

tueller Bedeutung, sondern auch seine pädagogischen Konzepte des Erfahrungslernens, des sozialen Lernens, des Gruppenlernens und des Projektlernens. Die beschriebenen Postulate sind in der betrieblichen Bildung und des Organisationslernens zentrale pädagogische und methodische Prämissen (vgl. Gairing 2007: 26). Die Schaffung von Lernsituationen und von Anreizen zum Handeln zählen zu den Kernaufgaben der betrieblichen Bildung. Die beschriebenen pädagogischen Lernkonzepte werden in der aktuellen Kompetenzdiskussion auch als Argumente für eine größere Flexibilität der betrieblichen Weiterbildung genutzt (Weinberg 1996b: 6). Zukünftig müsse es verstärkt darum gehen *„die unterschiedlichen Optionen für das Lernen gleichermaßen zu entwickeln und zu gestalten und nicht einseitig institutionalisierte Lernformen zu präferieren“* (Weinberg 1996b: 4).

Diese Perspektive stärkt die Tendenz der betrieblichen Weiterbildung informell erworbene Kompetenzen und deren Lernprozesse in der betrieblichen Kompetenzentwicklung zu berücksichtigen (vgl. Arnold 1997b: 278). Nach den Wissenschaftlern STAUDT und MEIER erwerben sogar Erwachsene mehr als die Hälfte ihrer Kompetenzen *„außerhalb der institutionellen Erwachsenenbildung“* (Staudt/Meier 1996: 290). Hierbei ist zu bedenken, dass der Transfergehalt von informell erworbenen Kompetenzen wissenschaftlich erst am Anfang steht. Die beispielsweise in der Familienarbeit erworbenen Managementkompetenzen werden im beruflichen Kontext benötigt, doch ob diese Managementkompetenzen tatsächlich auch den betrieblich geforderten Managementkompetenzen entsprechen, ist noch unbeantwortet. Ebenfalls müssen Kompetenzen, die im beruflichen Kontext bei einer Person in Erscheinung treten, nicht zwingend im informellen Kontext reproduzierbar sein (vgl. Käpplinger/Reutter 2005: 129).

Dabei ist ebenfalls zu berücksichtigen, dass Personen privat und beruflich unterschiedliche Rollen einnehmen. Möglicherweise können Lernergebnisse nur in den unterschiedlichen Rollen abgerufen werden.

Auch das Vorhaben, informelles Lernen zu formalisieren, um eine Effektivitätssteigerung herbei zu führen, wäre paradox und würde die Eigentümlichkeit, die gerade in der Informalität liegt, dieser Lernprozesse zerstören (vgl. Arnold 1997b: 278). Auf die Gefahr der Institutionalisierung und der absichtsvollen Verwendung des informellen Lernens wurde bereits in der Erwachsenenbildungsdebatte der 1980er-Jahre hingewiesen (vgl. Geißler 1986: 168).

3.1.7 Ansatz organisationales Lernen – lernende Organisation

Lernende Organisation und organisationales Lernen sind Kernbegriffe der Organisations- und betrieblichen Weiterbildungsforschung (vgl. Käpplinger 2010: 1). Je nach wissenschaftlicher Position wird der Ansatz des organisationalen Lernens häufig als Synonym zu dem der lernenden Organisation verwendet (vgl. Rahim 1995: 5), unter lernender Organisation subsumiert (vgl. Sattelberger 1996) oder als eigenständige Position aufgefasst (vgl. Lundberg 1995: 10).

In dieser Arbeit werden gleich der Auffassung von KOFMAN und SENGE beide Begriffe als redundant verstanden und von einer detaillierten Begriffsabgrenzung wird abgesehen (vgl. Kofman/Senge 1993: 16). Denn letztlich geht es um kollektive Lernprozesse innerhalb einer Organisation. Die Notwendigkeit organisationalen Lernens und der daraus entstehenden organisationalen Lernprozesse ist seit den 1960er-Jahren von verschiedenen Forschungsarbeiten hervorgehoben worden. Dieses Erfordernis begründet sich aus Studien von ARGYRIS und SCHÖN, die besagen, dass Organisationen zur Sicherung ihrer Handlungsfähigkeit dazu gezwungen sind, sich kontinuierlich zu verändern (vgl. Argyris/Schön 1978: 9). Die organisationale Fähigkeit zum Lernen ist eine Bedingung zur Aufrechterhaltung der eigenen Wettbewerbsfähigkeit in einer ökonomisch, politisch und technologisch instabilen Umwelt.

Individuelles Lernen ist ein Prozess, der auf Erfahrung aufbaut und zu einer Veränderung im Verhalten oder im Verhaltenspotenzial führt. Lernen führt zu einem neuen Verständnis und bedeutet Veränderung im kognitiven, emotionalen und psychomotorischen Bereich (vgl. Senge 1990: 3 ff.).

„Organisationales Lernen kann verstanden werden als Lernen des Individuums unter den spezifischen Bedingungen einer Organisation einschließlich der lernenden Aneignung der Regeln dieser Organisation durch das Individuum. Darunter kann aber auch verstanden werden, dass die Organisation ihre Zustände und Reaktionsweisen verändert (Organisationslernen) und mehr ist als das Lernen individueller Organisationsmitglieder.“ (Kirchhöfer 2004: 55). Diese Definition berücksichtigt nicht nur die in der Wissenschaft vorherrschende Fokussierung auf kognitive Lernprozesse auf der Ebene der Individuen, sondern auch auf die Organisation als Subjekt des Lernens, abstrahiert von den individuellen Lernprozessen der Organisationsmitglieder (vgl. Duncan/Weiß 1979: 88).

Zu Diskussionen führt die Frage, ob eine Organisation in ihrer Gesamtheit tatsächlich lernen kann oder ob dies nur für die Individuen gilt. *„Begreift man die Organisation als kollektives Subjekt von Lernprozessen, so geben die vorliegenden Befunde Anlass zur Ernüchterung, denn bis dato lassen sich hierzu lediglich ‚einfache‘ Lernprozesse nachweisen; anstelle globaler Kompetenz und komplexen Lernens findet sich in Organisationen überwiegend Aneignung und Verstetigung von Regelwissen.“* (Preisinger-Kleine 2002: 29)

Der Ansatz des methodologischen Individualismus und des Analogiekonzeptes liefert eine Antwort auf jene Diskussion. Sie erklären den Zusammenhang zwischen dem individualen und organisationalen Lernen. Nach dem Ansatz des methodologischen Individualismus' wird ausschließlich Individuen und nicht Organisationen die Fähigkeit des Lernens und der Verhaltensänderung zugeschrieben. Allerdings kann das individuelle Lernverhalten hinsichtlich der Organisationszugehörigkeit[79] und der (Außen-) Wirkung[80] der Organisation unterschieden werden (vgl. Stotz 1999: 152). Nach dem Analogiekonzept lernen Organisationen in Analogie zu individualen Lernprozessen. Allerdings gilt: „*die Wahrnehmung von Problemen und ihre Lösung wird in Organisationen arbeitsteilig gestaltet; Konflikte werden u. U. durch Verhandlungsprozesse unter Einsatz von Koalitionsbildung und Machteinsatz ausgetragen; der Wechsel von Gedächtnissystemen, Vorurteilen und Mythen wird durch Abberufung/Entlassung bzw. Neubesetzung vorgenommen, Verarbeitungsprozesse werden nicht nur von Einzelpersonen, sondern von Problemlösungsgruppen und häufig unter Einsatz maschineller Problemlösungskapazitäten durchgeführt*" (Hedberg 1981: 6). Bei dieser Analogie muss die Gefahr der Personifizierung von Organisationen bedacht werden (vgl. Wagner/Surrey 2003: 9).

Das Multi-/Mehrebenenmodell geht von unterschiedlichen Lernprozessen zwischen Individuen, Gruppen, Organisationen und deren Umwelt aus. In diesem Modell werden die Lernprozesse von Organisationen von den individualen Lernprozessen unterschieden.

„*Although organizational learning occurs through individuals, it would be a mistake to conclude that organizational learning is nothing but the cumulative result of their members´ learning. Organizations do not have brains, but they have cognitive systems and memories. As individuals develop their personalities, personal habits, and beliefs over time, organizations develop world views and ideologies. Members come and go, and leadership changes, but organizations´ memories preserve certain behaviors, mental maps, norms, and values over time.*" (Hedberg 1981: 6)

---

79 „Das Verhalten eines Individuums, das in eine Organisation integriert ist, wird i. d. R. – aufgrund formaler sowie informaler Faktoren einer Organisation – anders sein als das Verhalten des Individuums, das nicht der Organisation angehört." „Die Wirkung, die das Verhalten eines Individuums in seiner Rolle als Organisationsmitglied in arbeitsteiligen sozialen Systemen erzielt, wird eine andere sein als die, die das Individuum als Nicht-Organisationsmitglied erzielen würde." (Wagner/Surrey 2003: 8) (vgl. Müller-Stewens/Pautzke (1991): 189).

80 „Das Verhalten eines Individuums, das in eine Organisation integriert ist, wird (bspw. von Markteilnehmern) in seiner Außenwirkung dieser Organisation zugerechnet." (Wagner/Surrey 2003: 8) (vgl. Müller-Stewens/Pautzke 1991: 189).

Demnach wird das individuelle Lernen als eine notwendige Voraussetzung für organisationales Lernen erfasst (vgl. Feld/Meisel 2010: 46). Wie bereits beschrieben, findet Lernen immer durch Individuen statt, wobei nicht ausgeschlossen werden kann, dass in Teams gemeinsame Lernerfahrungen gemacht werden können.

Diese sind allerdings nicht unabhängig von der individuellen Erfahrung der einzelnen Teammitglieder zu sehen. Besonders dabei ist, dass jedes Teammitglied individuell die gleiche Erfahrung macht wie das Team. Dies ist auch für eine ganze Organisation möglich. Interessant ist hierbei, dass durch diese Lernerfahrungen Teams und Organisationen gleichwertig Kompetenzen erwerben. Beispielsweise ist die Kompetenz einer Organisation mehr als die Summe der Kompetenzen ihrer Mitglieder. Die Veränderungsprozesse des organisationalen Wissens werden durch das organisationale Lernen beschrieben.

Wie diese Veränderungsprozesse gestaltet und gelenkt werden können, ist Gegenstand des Wissensmanagements (vgl. Probst 2006: 33).

3.2 Erfassung von Kompetenzen

Unter dem Begriff der Kompetenzerfassung bzw. Messung wird die „*Zuordnung von Zahlenwerten und numerischen Verfahren zu empirischen Größen und Vorgängen (verstanden, was) die Charakterisierung eines Größenbereichs voraus [setzt], dessen Elemente und Relationen arithmetisiert werden sollten. Je nachdem, welche Relationen arithmetisiert werden sollen, lassen sich verschiedene Messskalen unterscheiden z. B. Ordinalskalen, Intervallskalen, Verhältnisskalen*“ (Mittelstraß 1995: 862). In dieser Arbeit wird die Kompetenzerfassung jedoch in einem viel weiteren Sinne verstanden, da ein Überblick zu den Möglichkeiten der Kompetenzerfassung unter Einschluss gegenwärtiger Bemühungen gegeben werden soll. Die vorgestellten Verfahren werden ebenfalls in Hinblick auf ihre Erfassung der beruflichen Handlungskompetenz untersucht. Daher wird neben der methodischen Exaktheit die inhaltliche Darstellung im Vordergrund stehen.

Denn in der berufspsychologischen, betrieblichen, sozialpädagogischen oder schulischen Praxis setzen sich nicht unbedingt die methodisch exakten Verfahren durch, sondern die mit hoher sozialen Validität (Akzeptanz) (vgl. Schuler 2000: 182 ff.). Dies ist auch der Grund dafür, dass Hypothesen zum Kompetenzverständnis und deren Entwicklung meist nur qualitativ formuliert oder beschreibend umrissen werden können.

In vielen Forschungs- und Praxisbereichen spielt die Erfassung von Kompetenzen eine bedeutende Rolle. Im schulischen- sowie im Ausbildungsbereich dient die Kompetenzerfassung zur Dokumentation von Interessen, Stärken und

Schwächen der einzelnen Person. Ziel ist die Erfassung eines ganzheitlichen Bildes einer Person, um so bei der Berufsvorbereitung und -orientierung zu unterstützen (vgl. Käpplinger 2007: 28). Erfassungen im innerbetrieblichen Kontext bewerten Mitarbeiterkompetenzen am Arbeitsplatz. Kompetenzerfassungsverfahren im überbetrieblichen Bereich werden von Bildungseinrichtungen und wirtschaftlichen Organisationen, wie beispielsweise von der Agentur für Arbeit angeboten. (vgl. ebd.).

Die gängigen Kompetenzmessverfahren in der Erwachsenen- und Berufspädagogik erfassen die vier Kompetenzklassen der Fach-, Methoden-, Sozial- und Selbstkompetenz (vgl. Sonntag/Schmidt-Rathjens 2005: 59). Die Verfahren, die in Betrieben verwendet werden, basieren auf diesen Kompetenzeinteilungen, sind jedoch besonders auf die Belange des Betriebs zugeschnitten. Doch die Erfassung von Kompetenzen wird bei abstrakten Kompetenzdefinitionen, die auf unterschiedliche Abstraktionsniveaus angepasst werden, erschwert (vgl. Stark 2009: 21). Denn Kompetenzen sind – im Gegensatz zu formal prüfbaren Qualifikationen – *„nicht direkt prüfbar, sondern nur aus der Realisierung der Dispositionen erschließbar und evaluierbar“* (Erpenbeck/Rosenstiel 2007: XI).

Im Gegensatz zu den gängigen Methoden der Wissenschaft ist die Definition von Kompetenzen abhängig von der eingesetzten Messmethode und dem methodologischen Ansatz (vgl. Erpenbeck/Rosenstiel 2007: XVII). Die Kompetenzmessung umfasst jegliche Verfahren, um Kompetenzen quantitativ zu erfassen, sie qualitativ zu charakterisieren oder sie komparativ zu beschreiben (vgl. Erpenbeck 2005: 12). Diese Verfahren werden grundsätzlich nach ihrer Objektivität[81], Reliabilität[82], Validität[83], Akzeptanz und Ökonomie bewertet (vgl. Erpenbeck/Rosenstiel 2007: XXVIII). Diese Gütekriterien bringen die Qualität der Verfahrensergebnisse zum Ausdruck. Allerdings wird mit diesen Gesichtspunkten lediglich das Endergebnis und nicht die Qualität der Einflüsse und des Verfahrensprozesses bewertet. Daher sollten bei den Methoden und Instrumenten des (Kompetenz-) Messverfahrens noch die Akzeptanz der Beteiligten sowie deren ethische und wirtschaftliche Vertretbarkeit berücksichtigt werden. Zusätzlich müssen oftmals

81 Nach dem Kriterium der Objektivität müssen (Kompetenz-) Messverfahren unabhängig von den durchführenden Personen dieselben Ergebnisse aufweisen (vgl. Häder 2010: 108).

82 Das Gütekriterium der Reliabilität bzw. der Zuverlässigkeit, Die Reliabilität gibt eine Aussage über das Maß, der Zuverlässigkeit der Reproduzierbarkeit der (Kompetenz-) Messergebnisse (vgl. Häder 2010: 109).

83 Validität ist der Grad der Genauigkeit, mit dem angegeben wird, was tatsächlich im (Kompetenz-) Messverfahren gemessen wird (vgl. Häder 2010: 113).

die unterschiedlichen Zielkonflikte der Gütekriterien im (Kompetenz-)Messverfahren ausgeglichen werden.

Im internationalen Kontext werden vorrangig die Begriffe der Kompetenzvalidierung und Kompetenzzertifizierung verwandt. Des Weiteren existieren die Begriffsverwendungen der Akkreditierung, Bilanzierung, Valorisierung, Messung, Anerkennung, Homologation sowie Zertifizierung (vgl. Käpplinger 2007: 24)[84].

In dieser Arbeit wird bevorzugt der Begriff der Kompetenzerfassung verwandt, da sich jener auf erworbene Kompetenzen in der formalisierten Aus- und Weiterbildung, wie auch auf Kompetenzen, die darüber hinaus erworben worden sind bezieht (vgl. Kirchhofer 2004: 68 f.).

In der beruflichen Aus- und Weiterbildung waren jahrelang die zertifizierten formalen Abschlüsse ein aussagekräftiges Indiz für berufliches Können. Das Bewusstmachen und die Anerkennung von ausschließlich berufsfachlichen Kompetenzen sind nicht mehr ausreichend. Die Bedeutung von informell erworbenen Kompetenzen für die Bewältigung von beruflichen Anforderungen ist unumstritten. Der Erwerb von berufsspezifischen Kenntnissen erfolgt zu über 70 Prozent durch informelles Lernen[85] (vgl. Livingstone 1999: 83).

Kompetenzerfassungen sind einerseits bedeutsam, weil sie einen hohen Mehrwert zur Stärkung der Persönlichkeit leisten und *„der Defizitzuschreibung (die längerfristig im Selbstbild wirksam wird) den Blick auf die eigenen Kompetenzen entgegen [zu] setzen und so Wiedergewinnung von Würde zu ermöglichen; andererseits wäre die Betonung der Berufsrelevanz informell erworbener Kompetenzen unlauter, weil bei den Problemgruppen des Arbeitsmarktes die Nachfrageseite keinerlei Interesse an den vielfältigen Kompetenzen zeigt"* (Käpplinger/Reuter 2005: 13). Der Bedeutungszuwachs an Kompetenzbilanzierung steigt stetig. Doch ist dem vorherrschenden Postulat eines generellen Nutzens der Kompetenzbilanzierung hinzuzufügen, dass jener gerade im betrieblichen Kontext unterschiedlich für Organisationen und Beschäftigten ausfällt (vgl. Strauch 2008).

Demnach ist der Motor dieses Zuwachses durch die bescheidene Wirkmächtigkeit pädagogischer Anstrengungen in *„weniger pädagogische[n] als vielmehr ökonomisch[en] und politische[n] Entwicklungen"* (Erpenbeck 2004: 4) begründet. Kompetenzbilanzierungen im pädagogischen Sinne haben die Stärkung des Subjekts und dessen Empowerment zum Ziel. Ökonomisch begründete Kompetenzbilanzierungen tendieren jedoch oftmals sehr stark ins Profiling. Ein Instrument

84 Für eine detailliertere Ausführung der Begrifflichkeiten siehe Käpplinger 2007: 24 ff.

85 Hierzu zählen auch die Zertifikate der unterschiedlichen Organisationen, beispielsweise PMI, CISCO und nicht zuletzt auch der Führerschein.

in Form eines Chancen-Profils oder zur Neuorientierung, welches die ganzheitliche Eignung einer Person auf potentielle Positionen erfasst und dafür formale wie auch informelle Qualifikationen berücksichtigt (vgl. Rudolph 2004: 272). Dahinter verbirgt sich aber auch eine Entscheidungshilfe für Aus- oder Einschluss und somit die Diskreditierung der Kompetenzbilanzierungsansätze, welche in ihrer Intention auf Empowerment abzielen. Zum Wohle der Beschäftigten und zur Stärkung deren Organisationbindung sollten die Prinzipien der Kompetenzbilanzierung wie Vertrauen, Verlässlichkeit, Unparteilichkeit, Glaubwürdigkeit und Legitimierung gesichert sein (vgl. Erpenbeck 2004: 4).

3.2.1 Methoden der Kompetenzerfassung

Kompetenzen selbst können nicht erfasst werden, was die Kompetenzausführungen im theoretischen Abschnitt darlegen. Da sich Kompetenzen nur in Handlungen zeigen, kann nur indirekt aus den Handlungen auf Kompetenzen geschlossen werden. Somit werden diese gemessen, um auf Kompetenzen zu schließen.

Daraus ergibt sich wiederum eine Vielfalt an Verfahren, welche ihrerseits eine teilweise eigenständige Validierungslogik verfolgen und mit speziellen Methoden der Kompetenzmessung verbunden sind (vgl. Schuler 2001: 95).

Mit diesen Verfahren wird teilweise auch versucht Vorhersagen über Handlungen in einem konkreten Berufsumfeld zu treffen.

- **Quantitative Messungen** (Bspw. psychometrische Testverfahren, Kompetenztests) (vgl. Erpenbeck/Rosenstiel 2007: XXX)

Hier existieren Verfahren zur Kompetenzerfassung, die Kompetenzen schriftlich oder mündlich realitätsnah abfragen (vgl. Käpplinger 2007: 26). Die Testverfahren stehen für eine konstruktorientierte Vorgehensweise und werden zur Erfassung von Kompetenzkonstrukten eingesetzt (vgl. Schuler 2001: 96). Diese psychologisch-psychometrischen Tests sind standardisierte Verfahren, bei denen durch die Erfassung von Personenmerkmalen auf die individuellen Kompetenzen geschlossen werden kann (vgl. Manke 2008: 84).

Diese Verfahren zur Erfassung von Persönlichkeitsmerkmalen, Fähigkeiten und Fertigkeiten werden vorranging im Bereich der Personaldiagnostik verwendet. Diese psychologischen Testverfahren (Intelligenz-, Leistungs- oder Persönlichkeitstests) finden ihren Einsatz im beruflichen Kontext, insbesondere bei der Personalauswahl und -entwicklung (vgl. Kaufhold 2006: 146). Verfahren zur Erfassung von Motivation und Emotion werden in der Motivationsdiagnostik und der Emotionspsychologie eingesetzt. Standardisierte Skalen, offene Fragebögen oder Interviewtechniken werden zur Erfassung der subjektiven Emotionen herangezogen. Um situative Bedingungen sowie Wissen, Fähigkeiten und Fertigkeiten zu erfassen, werden Verfahren der Arbeitsanalyse verwendet, die Komponenten der Tätigkeits- und Anforderungsanalyse enthalten (vgl. ebd.). Verfahren, die explizit auf die Erfassung von Kompetenzen ausgerichtet sind, wurden speziell in der Kompetenzforschung entwickelt, sind aber in allen genannten Bereichen zu finden (vgl. Kaufhold 2006: 146 f.). Diese Testverfahren haben den Vorteil, dass sie stark theoriegeleitet, standardisiert und in ihrer Durchführung ökonomisch sind. Des Weiteren zeichnen sich diese Verfahren durch ein hohes Maß an Fremdeinschätzungen aus, was einen höheren Grad an Objektivität ermöglicht, da die Kompetenzeinschätzungen nicht nur durch einen Beobachter, sondern durch Mehrere erzielt werden (vgl. Weiß 1999: 451). Doch genau diese Objektivität ruft Kritik hervor, da sich psychosoziale Verhaltensweisen nicht objektiv messen lassen und somit nur von einer relativen Objektivität gesprochen werden kann (vgl. Erpenbeck/Heyse 1999: 176).

Vor allem werden mit diesen Verfahren transsituatives und zeitlich stabiles Verhalten bzw. Persönlichkeitsmerkmale erfasst. Die zeitliche Stabilität von Persönlichkeitsmerkmalen steht im Widerspruch zu der Veränderbarkeit von Kompetenzen. Demnach eignen sich diese Verfahren nicht zur Erfassung der beruflichen Handlungskompetenz (vgl. Henschel 2005: 7 aus Kauffeld 2005 (unveröffentlicht)). Auch hinsichtlich messtechnischen Kriterien zur Kompetenzerfassung kann bilanziert werden, dass sich die Kompetenzmessung *„zu einem großen Teil auf informellen Wege und ohne Reflexion wissenschaftlicher Standards“* (Weiß 1999: 448) vollzieht.

- **Simulative Verfahren** (Bspw. Flugsimulatoren, Assessment-Center) (vgl. Erpenbeck/Rosenstiel 2007: XXX)

Ebenso werden simulative Verfahren in der beruflichen Eignungsdiagnostik und der Kompetenzmessung verwendet. Diese Verfahren ermöglichen die Kompetenzerfassung eines Individuums in konkreten beruflichen Situationen und Anforderungen. Eine Simulation der beruflichen Anforderungen und Herausforderungen wird modellhaft dargestellt. Daraufhin wird vom Individuum die Bearbeitung dieser simulierten, situativen Anforderungen auf schriftliche, mündliche oder interaktive Weise gefordert (vgl. Blickle 2011a: 228). Führt man diese simulierten, situativen Übungen interaktiv durch, was meistens im Rahmen von Einstellungsverfahren geschieht, werden sie in der psychologischen Eignungsdiagnostik im Vergleich zu nicht situativen Verfahren als sehr aussagekräftig eingestuft (vgl. Schuler/Stehle 1992: 146 f.). Der Grund hierfür ist, dass situative Übungen (beispielsweise Rollenspiele, Vorträge usw.) beobachtbare komplexe Verhaltensweisen des Teilnehmers offenlegen und zudem einen hohen Anforderungsbezug aufweisen. Wie das Verfahren der Tests, finden auch die Simulationsverfahren unter

Mehrfachbeobachtung innerhalb eines Auswahlprozesses in Organisationen statt. Dies minimiert zusätzlich Fehleinschätzungen und erhöht die Objektivität der Ergebnisse. Kritisch ist hier ebenfalls die suggerierte Objektivität wie auch, dass die gezeigte Verhaltensweise des Teilnehmers simuliert wurde und/oder dass die simulierten Anforderungen kaum mit den tatsächlichen Anforderungen übereinstimmen. Beide Kritikpunkte haben möglicherweise eine Fehleinschätzung der Kompetenzen des Individuums zur Folge. Trotz allem ist dieser Verfahrensansatz am geeignetsten zur Erfassung der beruflichen Handlungskompetenz und deckt sich mit der Kompetenzauffassung dieser Arbeit.

- **Qualitative Charakterisierungen** (Bspw. Kompetenzpässe) (vgl. Erpenbeck/Rosenstiel 2007: XXX)

Die meisten (Bildungs-)Institutionen verwenden zur Kompetenzerfassung sogenannte Bilanzierungsverfahren, wie beispielsweise den Profilpass (vgl. Nes/Bretschneider/Seidel 2007), den Talent-Kompass (vgl. Volzke 2007) oder den Qualipass (vgl. Gerber 2007). Diese Instrumente ermöglichen dem Beschäftigten die eigene Kompetenzdokumentation. Es entsteht ein individuelles Kompetenzportfolio, welches die Basis einer Kompetenzbilanzierung bildet, die durch Selbst- und Fremdeinschätzung vorgenommen werden kann (vgl. Käpplinger 2007: 27).

Um ein ganzheitliches Bild von der Person und ihrer Kompetenzen zu erfassen, werden die vorgestellten Methoden zu einer Triangulation kombiniert. Diese Art von Kompetenzerfassung wird mehrheitlich bei freien Bildungsträgern für ihre ehrenamtlichen Mitarbeiter angeboten, daher stammen kritische Stimmen dazu überwiegend von Bildungsträgern und Jugendverbänden. Die Kritik *„richtet sich dagegen, dass offene, selbstbestimmte und selbstorganisierte Bildungsprozesse zum Nachteil der Engagierten und der Organisationen eingeschränkt würden, wenn Kompetenzen zertifiziert und damit auch standardisiert werden"* (IJAB 2010: 17). Weitere Bedenken sind, dass freiwilliges Engagement ökonomisiert und für den Arbeitsmarkt instrumentalisiert wird (vgl. ebd.).

- **Komparative Beschreibungen** (Bspw. Kompetenzbiografien) (vgl. Erpenbeck/Rosenstiel 2007: XXX)

Die biografieorientierte diagnostische Herangehensweise ermöglicht Rückschlüsse der bisherigen Biografie auf zukünftige Verhaltensweisen (vgl. Blickle 2011a: 229). Bei dieser Kompetenzmessung wird durch eine Analyse des bisherigen Werdegangs von Fertigkeiten, Motivation und Fähigkeiten auf zukünftige Leistung, Könnens- und Wollenskomponenten geschlossen.

Es gibt bereits einige Messverfahren, die Kompetenzen im Rahmen von Arbeitsprozessen zu erfassen versuchen. Allerdings werden durch diese Messmethoden berufliche Handlungssituationen sowie die *„daraus abgeleiteten ar-*

beitsorganisatorischen sowie qualifikatorischen Konsequenzen ermittelt" (Weiß 1999: 447). Daraus wird deutlich, dass Messen, Charakterisieren, Beschreiben und Diagnostizieren immer in einer Grundsituation kommunikativen Handelns geschehen. Unter zeitlichen, sozialen und räumlichen Gesichtspunkten wird eine Aussage über Kompetenzen zufällig oder systematisch getroffen (vgl. Erpenbeck/Rosenstiel 2007: XXXII). Da nur die zur Bewältigung der jeweiligen Handlung nötigen Kompetenzen erfassbar sind, können nur begrenzt Rückschlüsse auf latente oder manifeste Merkmale, Fähigkeiten, Qualifikationen oder eben Kompetenzen gezogen werden (vgl. Weis 1999: 447). *„Die über kommunikatives oder physisches Handeln gestiftete Beziehung von Urteilenden und Beurteilten ist methodenvermittelt"* (Erpenbeck/Rosenstiel 2007: XXXII). Je nach Methode, etwa über Test, Fragebogen, Interview oder Verhaltensbeobachtung werden die Variablen, Faktoren, Eigenschaften usw. sehr unterschiedlich begriffen und gemessen (vgl. ebd.). Somit sind diese Verfahren kritisch zu sehen, wenn es um die Messung der beruflichen Handlungskompetenz geht. Denn orientiert an der Kompetenzauffassung dieser Arbeit, sind Kompetenzen nur in der Performanz, bzw. Handlung sichtbar. Dann aber auch nicht messbar durch biografieorientierte Verfahren.

- **Observative Erfassungen** (Bspw. Arbeitsproben)
  (vgl. Erpenbeck/Rosenstiel 2007: XXX)

Kompetenzen können ebenfalls durch Beobachtung erfasst werden. Hierbei wird die Handlung, also die Bewältigung einer Situation oder Arbeitsaufgabe beobachtet und von dieser auf das Vorhandensein erforderlicher Kompetenzen geschlossen (vgl. Gnahs 2010: 65). Diese Beobachtung kann durch Dritte durchgeführt werden und findet häufig in einem standardisierten, simulierten Kontext statt bspw. computersimulierte Szenarien, Arbeitsproben, Praxisprojekte usw. (vgl. Henschel 2005: 10 f. aus Kauffeld 2005 (unveröffentlicht)). Dadurch wird das gezeigte Verhalten meist nach vorgegebenen Beobachtungskriterien anhand von Checklisten gemessen (vgl. Brouër 2014: 86).

Die Fremdeinschätzung kann durch ein oder mehrere Personen durchgeführt werden. Bspw. durch den Vorgesetzten, den Kunden, einen Kollegen, einem Mitarbeiter oder eben durch eine Gruppe (vgl. Ortmann 2010: 284). Durch die subjektive Kompetenzerfassung von Dritten sowie die Einschätzung anhand von definierten Kriterien wird versucht ein objektiveres Bild des Verhaltens zu erfassen, als dies bei einer Selbsteinschätzung eventuell der Fall wäre (vgl. Henschel 2005: 12 aus Kauffeld 2005 (unveröffentlicht)). Ziel der Beobachtung sollte stets eine Kompetenzerhebung und keine Beurteilung sein. Denn das Individuum sollte bei seiner Kompetenzentwicklung unterstützt werden.

Im Gegensatz zu der dargestellten Fremdeinschätzung beobachtet sich das Individuum bei der Selbsteinschätzung selbst. Die eigene Handlung sowie Fähigkeiten sollten aus einer Metaebene bei der Selbstbeurteilung erfasst werden. Hierbei spielt das Selbstkonzept der Person eine beeinflussende Rolle, welches hingegen bei einer Fremdeinschätzung nicht direkt zugänglich ist (vgl. Brouër 2014: 84 f.). In das Selbstkonzept fließen *„die kognitiven Repräsentationen und die dazugehörigen emotionalen Bewertungen, die eine Person in Bezug auf sich selbst hat"* (Sonntag/Schäfer-Rauser 1993: 164) mit ein. Somit setzt eine Erfassung der individuellen Handlungskompetenz voraus, dass die befragten Personen zum einen die Fähigkeit der Selbsteinschätzung besitzen und zum anderen ihr Arbeitsgebiet einschätzen können. Denn so wird eine Einschätzung des arbeitsbezogenen Wissens und Könnens ermöglicht (vgl. Bergmann 2000b; Hacker 1998).

Um individuelle Kompetenzentwicklung und Lernprozesse selbstorganisiert zu planen, steuern und zu bewerten, ist Selbsteinschätzung ein wesentliches Element dafür. Denn nur durch dieses metakognitive Element wird die eigene Entwicklung verinnerlicht und selbstorganisiert geschehen.

Ob ein Verfahren eher aus der Perspektive der Fremd- oder Selbsteinschätzung verwendet wird, ist abhängig von seinem Zweck. Hat das Kompetenzerfassungsverfahren die individuelle Entwicklung zum Ziel, so steht primär die **Selbsteinschätzung** im Fokus der Erhebung, da der individuelle Entwicklungsprozess angeregt werden soll. Elemente der **Fremdeinschätzung** hingegen werden eingesetzt, wenn die Kompetenzbewertung das Ziel der Erfassung ist und relativ objektive Ergebnisse zur Bewertung erhoben werden sollen (vgl. Käpplinger 2007: 27/; Bjørnåvold 2001).

Die Darstellung zeigt auf, dass Verfahren des verhaltensanalytischen Modelles gut zur Erfassung der beruflichen Handlungskompetenz herangezogen werden können (vgl. Henschel 2005: 17). Als Methoden können Beobachtungs- und Befragungsinstrumente unterschieden werden, die unterschiedliche Vor- und Nachteile hinsichtlich ihrer Kompetenzerfassung haben. Bei dem methodischen Ansatz der Beobachtung wird direktes und kontextgebundenes Verhalten erfasst. Im Gegensatz dazu bietet der Ansatz der Befragung die Möglichkeit eines ganzheitlichen Blicks auf die berufliche Handlungskompetenz. Durch Befragungen kann eine Einschätzung über typisches, arbeitsplatzbezogenes Verhalten gegeben werden, da die Erkenntnis von Potenzialen, welche bei einer einmaligen Beobachtung höchstwahrscheinlich verborgen bleiben würden, eher gegeben ist (vgl. Henschel 2005: 18 aus Kauffeld 2005 (unveröffentlicht)).

Insgesamt erscheint der Ansatz der Befragung als die geeignetere Methode, wenn berufliche Handlungskompetenz als Fähigkeit einer Person zur Aufgabenbewältigung verstanden wird, wie in dieser Arbeit (vgl. Henschel 2005: 18).

Die Abbildung 15 zeigt noch einmal die Vor- und Nachteile von Beobachtung und Befragung in übersichtlicher Form:

Abbildung 15: Gegenüberstellung methodischer Ansatz der Beobachtung versus Befragung (Henschel 2005: 15; vgl. Muellerbuchhof/Zehrt 2004)

Ansätze	Vorteile	Nachteile
Beobachtung	• Kompetenzermittlung als Lernprozess • Veränderungen können nachvollzogen werden • Direkte Erfassung	• Aufwändige Konzeption und/oder Durchführung und/oder Auswertung • Grenzen der Praktikabilität • Schauspielern im Sinne des Impression Managements (bei Fremdbeobachtung) • Potentiale sind nicht erfassbar, da von gezeigtem Verhalten auf Kompetenz geschlossen wird • Reaktivität
Befragung	• Ökonomische Vorbereitung, Durchführung und Auswertung • Abbildung von typischem Verhalten; Potentiale können erfasst werden • Veränderungen sind erfassbar • Anstoß für Reflexionsprozesse	• Bewusste und unbewusste Verfälschung möglich • Selbsteinschätzungen höher als Fremdeinschätzungen • Beschreibung ist maximal so gut wie die zu Grunde liegende Bobachtung

Selbsteinschätzung beruflicher Kompetenz

Um die Bedeutung von Kompetenzen im eigenen Tätigkeitsbereich einschätzen zu können, ist es notwendig, dass der Befragte Experte seines eigenen Tätigkeitsbereichs sowie seiner selbst ist (vgl. Bergmann 2000b; Hacker 1998). Das Selbstkonzept bildet sich durch Einflüsse von Personen und Erfahrungen aus der individuellen Umwelt (vgl. Shavelson et al. 1976). Wenn Personen aufgrund fehlender objektiver Kriterien keine Einschätzung treffen können, so erfolgt jene unter Bezugnahme auf soziale Vergleichsprozesse[86] (vgl. Arnscheid 1999: 52).

Eine hohe Selbsteinschätzung der eigenen beruflichen Kompetenz führt häufig auch zu der Präferenz von anspruchsvolleren sowie komplexeren Tätigkeiten. Eine niedrigere Selbsteinschätzung der eigenen beruflichen Kompetenzen ist demnach mit der Wahl von weniger anspruchsvollen und komplexen Aufgaben verbunden (vgl. Heilman et al. 1991). Generell fallen individuelle Selbsteinschätzungen oftmals besser aus als Fremdeinschätzungen (vgl. Heidemeier 2005; Sundvik/ Lindeman 1998). Die Gründe liegen unter anderem darin, dass Befragte bei Selbsteinschätzungen zu einem Selbstwertschutz sowie einer Selbstwerterhöhung tendieren (vgl. Stahlberg et al. 1985). Ebenfalls können individuelle Interpretationen und Mutmaßungen des Sachverhaltes und der eigenen beruflichen Kompetenzen Gründe für eine Verzerrung der individuellen Einschätzung sein (vgl. Feldmann 1994; Henschel 2005: 13). Ein gesundes Selbstvertrauen führt meistens zu einer milden Selbsteinschätzung (vgl. Kauffeld/ Grote: 2000), während eine offensichtliche Selbstüberschätzung der eigenen beruflichen Kompetenzen als Indiz für mangelnde Lernfähigkeit gilt (vgl. Arnold/Davey 1992; Henschel 2005: 14). Eine verzerrte Selbstbeurteilung kann ebenfalls durch eine geringe Bereitschaft zur aktiven, konstruktiven Befragungsteilnahme entstehen (vgl. Flechter/Kerslake 1992) oder wenn die Selbstbeurteilung in Hinblick auf mögliche Konsequenzen geschieht. Dann können Beschönigungs- und Attributionstendenzen die Folge davon sein (vgl. Sonntag/Schäfer-Rauser 1993; Henschel 2005: 14).

Aufgrund der beschriebenen Faktoren kann die Annahme getroffen werden, dass die Aussagekraft und Qualität der Selbstbeurteilung nicht besonders valide ist.

Die folgenden Ausführungen zu den Gütekriterien von Selbstbeurteilungen liefern Beurteilungskriterien für deren Aussagen, beziehen sich allerdings mehrheitlich auf die allgemeingültigen Gütekriterien für wissenschaftliche Verfahren.

3.2.2 Gütekriterien von Selbstbeurteilungen

Urteilstendenzen und psychometrische Maße sind die zwei wesentlichen Gruppen[87] von Kriterien, mit der die Qualität von Selbstbeurteilungen bewertet werden kann (vgl. Moser 2004: 85).

86 Vgl. soziale Vergleichstheorie Leon Festinger 1954.

87 Die Gruppe der Akkuratheit wird in diesem Kontext nicht berücksichtigt, da sie bei Selbstbeurteilungen von beruflichen Handlungen und Leistungen keine/kaum Anwendung findet (vgl. Moser/Heidemeier 2011: 321).

Urteilstendenzen: Selbstbeurteilungen können als qualitativ hochwertig eingestuft werden, wenn sie Urteilstendenzen gar nicht oder nur im geringen Maße unterliegen (vgl. Moser 2004: 85). Insgesamt werden drei Arten von Urteilstendenzen unterschieden, nämlich Mittelwerts-, Streuungs- sowie Korrelationstendenzen. Bei der *Mittelwertstendenz* wird davon ausgegangen, dass sich die Beurteilungen idealerweise um den Mittelwert der Skala gruppieren (vgl. Moser/Heidemeier 2011: 318). Allerdings liegen Selbstbeurteilungen im Allgemeinen über den Mittelpunkten der Skalen und weisen auch eine höhere bzw. mildere Tendenz als Fremdbeurteilungen auf. Demnach lassen sich auch unter den Begriff der Mittelwertstendenzen die Milde- und Strengetendenz subsumieren (vgl. Blickle 2011b: 267). Wie die Begrifflichkeiten bereits erahnen lassen, wird unter einer Mildetendenz eine höhere, bessere bzw. mildere Beurteilung im Vergleich zu dem Durchschnitt verstanden. Die Strengetendenz beschreibt den umgekehrten Fall (vgl. ebd. 267).

Von *Streuungstendenz* wird gesprochen, wenn der Befragte nicht das Gesamte, ihm zur Verfügung stehende Spektrum der Beurteilungsskala berücksichtigt und somit die Werte keiner idealen Normalveteilung entsprechen (vgl. Lienert/Raatz 1998: 285). Allgemein wird bei Selbst- sowie bei Fremdbeurteilungen kaum das gesamte Skalenspektrum ausgenutzt und insbesondere Werte unterhalb des Skalenmittelpunkts gemieden (vgl. Moser/Heidemeier 2011: 318). Weichen die Beurteilungen allerdings kaum vom Mittelwert ab, so wird von einer zu geringen Streuung von einer sogenannten Varianzeinschränkung gesprochen, was mehr bei Selbst- als bei Fremdbeurteilungen vorkommt (vgl. Blickle 2011b: 267).

Als drittes Kriterium wird die *Korrelationstendenz* erläutert, welche mit dem Halo-, Überstrahlungs-, Irradiations- oder Hofeffekt[88] in Verbindung gesetzt wird (vgl. Blickle 2011b: 267). Tritt dieses Kriterium auf, dann wird bei der Beurteilung nicht zwischen den einzelnen Dimensionen und Aspekten unterschieden und es kommt somit zu einer Korrelation der Urteile auf den verschiedenen Urteilsdimensionen (vgl. Moser 2004: 86). Auch wenn dies nicht dem Idealfall entspricht, ist zu berücksichtigen, dass durch Korrelationstendenzen die tatsächlichen Zusammenhänge hervorgehoben werden (vgl. Murphy/Cleveland 1995).

Im Allgemeinen wird allerdings bei Beurteilungen gefordert, dass jene sich auf verschiedene Urteilsaspekte oder -dimensionen beziehen und dass jene von

88 Diese Effekte sind Wahrnehmungsverzerrungen. Wenn ein zu beurteilendes Merkmal positiv oder negativ bewertet wird, und dies auf ein anderes Merkmale übertragen wird, dann tritt ein Überstrahlungseffekt ein. Somit wird ein Zusammenhang zwischen den Merkmalen hergestellt, der objektiv betrachtet nicht vorhanden ist (vgl. Aigner/Bauer 2008: 79).

dem Beurteiler auseinandergehalten werden. Im Idealfall sollte keine Korrelation zwischen den einzelnen Beurteilungen auf den Urteilsaspekten oder -dimensionen in Erscheinung treten (vgl. Moser 2004: 86). Bei Selbstbeurteilungen fällt die Korrelationstendenz geringer aus als bei Fremdbeurteilungen (vgl. Moser/Heidemeier 2011: 319).

Psychometrische Kriterien: Die zweite Gruppe, die Angaben über die Güte der Beurteilung ermöglicht, sind die psychometrischen Kriterien: In dieser Gruppe sind vor allem Reliabilität und Validität zu nennen.

Reliabilität: Die Reliabilität beschreibt die Zuverlässigkeit des Messinstrumentes. Demnach ist ein Messinstrument zuverlässig, wenn die Messwerte trotz mehrmaliger Messversuche eines Objektes konstant bleiben (vgl. Schnell et al. 2011: 143). Durch die Reliabilität werden zum einen das Prinzip der inneren/internen Konsistenz sowie die zeitliche Stabilität des Fragebogens geprüft (vgl. Mummendey/Grau 2008: 100). Die innere Konsistenz überprüft, ob durch das Erhebungsinstrument dasselbe Ergebnis bei den verschiedenen Fragebogenteilen erbracht wird. Der Fragebogen misst genau, wenn die einzelnen Ergebnisse der Fragebogenteile korrelieren (vgl. Schnell et al. 2011: 143). Um dies zu überprüfen, bietet es sich methodisch an, den Fragebogen in zwei Hälften zu teilen und die Split-Half-Reliabilität zu errechnen, also die Berechnung der Korrelation beider Hälften (vgl. Mummendey/Grau 2008: 100). Um die Reliabilität des gesamten Fragebogens und nicht der einzelnen Fragebogenteile zu berechnen, wird ein Gesamtwert aus den beiden Einzelwerten ermittelt und anschließend mit der Spearman-Brown-Formel[89] bezüglich der Fragebogenlänge angepasst (vgl. ebd. 101).

Ein weiterer methodischer Zugang der internen Konsistenz kann über nur einen Koeffizienten ausgedrückt werden, bspw. über den Koeffizienten Alpha nach Cronbach. Bei dieser Methodik wird der Fragebogen nicht in zwei Teile, sondern in die Anzahl seiner Items[90] unterteilt. Anhand des Koeffizienten Alpha nach Cronbach wird ein Kennwert ermittelt, durch den eine Aussage über die Homogenität des gesamten Fragebogens gemacht werden kann. Die Trennschärfe[91] der einzelnen Items bestimmt die innere Konsistenz. „*Wenn alle Items*

89 Detailliertere Ausführungen zur Spearman-Brown-Formel siehe Krohne/Hock 2007: 62 ff.

90 Ein Item ist das kleinste Element einer Skala (Fragebogen, Test etc.). Inhalt des Items sind Fragen, Meinungen usw. sowie das dazugehörige Antwortformat (vgl. Rost 1996: 60).

91 Die Trennschärfe gibt an, wie sehr das Item die Gesamtheit aller Items widerspiegelt (vgl. Bühner 2011: 50).

hoch mit dem Rest des Fragebogens korrelieren, ergibt sich daraus selbstverständlich, dass auch Fragebogenteile beliebiger Zusammensetzung hohe Zusammenhänge miteinander aufweisen" (vgl. Mummendey/Grau 2008: 101). Werden aufgrund dessen weniger trennscharfe Items aus der Befragung genommen, so erhöht dies die innere Konsistenz.

Um die zeitliche Stabilität der Messergebnisse zu überprüfen, wird dasselbe Messinstrument zweimal auf dasselbe Objekt angewandt. Die Korrelation beider Messungen bzw. Retestkoeffizienten ist die Schätzung der Reliabilität (vgl. Schnell et al. 2011: 143). Diese Test-Retest-Methode basiert auf dem Gedanken, dass die Ergebniswerte trotz zeitlich verschiedener Messungen unverändert sind (vgl. Mummendey/Grau 2008: 143). Hier wird von einer relativen Konstante des zu erfassenden Merkmals ausgegangen. Demnach ist hinsichtlich von Selbstbeurteilungen von beruflichen Leistungen bzw. Handlungen eher eine eingeschränkte Reliabilität möglich. Denn solange nicht sichergestellt ist, dass in Hinblick auf die erste Messung auch bei der zweiten Messung das Umfeld oder die Einstellung und Eigenschaften der Person stabil geblieben sind, so verliert die Retest-Reliabilitätsprüfung ihren Sinn (vgl. Mummendey/Grau 2008: 102).

Die Werte des Reliabilitätskoeffizienten und auch der inneren Konsistenz liegen, je nach Länge des Fragebogens und des Fokus' auf eher stabile oder weniger stabile Kriterien, bei .70. bis ca. um .90. (vgl. ebd.).

Somit wird eine Bestimmung der internen Konsistenz in den meisten Verfahren als nicht sinnvoll erachtet. Die Aussagekraft einer hohen internen Konsistenz bedeutet, „*dass die analysierten Items hoch korrelieren, was wiederum ein Beleg für eine Korreliationstendenz ist*" (Moser/Heidemeier 2011: 319). Dies verdeutlicht, dass eine Verlängerung des Befragungsbogens mit ähnlichen Items zwar die Reliabilität erhöht, aber die Wirtschaftlichkeit und die Motivation des Befragten reduziert (vgl. Mummendey/Grau 2008: 102).

Validität: In der Wissenschaft existieren einige Metaanalysen, welche sich mit der Validität der Selbstbeurteilung von beruflicher Leistung befassen (vgl. Henschel 2005: 14). In den Analysen werden der Validität Werte zwischen r=.22 (vgl. Conway/Huffcut 1997; Harris/Schaubroeck 1988; Heidemeier 2005) und r=.29 (vgl. Mabe/West 1982) zugeordnet. Diese Werte geben den Grad der Genauigkeit an, also inwieweit die Schlussfolgerungen der Beurteilungen als angemessen und genau eingestuft werden können (vgl. Lienert/Raatz 1998: 16). Um zu überprüfen, wie valide der Befragungsbogen tatsächlich die berufliche Handlungskompetenz misst, wird überprüft mit welchen Außenkriterien jener in Zusammenhang steht (vgl. Lienert/Raatz 1998). Es wird von einer konvergenten Validität gesprochen, wenn ein positiver Zusammenhang zwischen dem Fragebogen und dem außenstehenden Kriterium besteht. Wenn allerdings keine Korrelationen (Nullkorrelation) zu erwarten sind und eine Überprüfung von konstruktfernen Kriterien durchgeführt wird, so ist von einer diskriminanten Validität die Rede (vgl. Bortz/Döring 2006: 203). Demnach sollen die Skalen des Fragebogens einen Zusammenhang mit konstruktnahen Kriterien aufweisen, und sich von konstruktfernen Kriterien unterscheiden (vgl. Henschel 2005: 22). Kriterien der Validität können als objektiv oder subjektiv eingestuft werden. Objektive Indikatoren sind Kennzahlen wie beispielsweise soziodemographische oder demographische Angaben (Alter, Geschlecht, Berufserfahrung). Subjektive Indikatoren hingegen beruhen auf der Selbsteinschätzung und sind psychographische Angaben (Wertvorstellung, Motiv, Persönlichkeitseigenschaften) (vgl. Heise 1997: 193).

Um die Validität der Selbstbeurteilung als gegeben betrachten zu können, sollten diverse Bedingungen erfüllt sein:

Klärung der Beurteilungszielsetzung: Es ist wichtig, dass der Befragte eine realistische Beurteilung als zielführend erkennt. Beispielsweise kann die Beurteilung folgende Ziele verfolgen: der Artikulation der Tätigkeitsanforderungen, Maßnahmen der Personalentwicklung, Gestaltung von Arbeitsbedingungen etc. (vgl. Moser 2004: 4), welche letztendlich dem Befragten in seiner beruflicher Tätigkeit unterstützen (Zedeck/Cascio 1982).

Urteilsdimensionen: Im Allgemeinen gewichten Beurteiler diverse Urteilsaspekte unterschiedlich und kommen somit zu verschiedenen Globalurteilen. Durch ein differenzierteres Beurteilungsinstrument kann dies vermieden bzw. gemildert werden. Denn dadurch erhalten diverse Urteilsaspekte genauere Operationalisierungen der zu bewertenden Sachverhalte. Ebenso wird eine höhere korrelative Übereinstimmung erzielt (vgl. Moser/Heidemeier 2011: 326). Die Validität der Selbstbeurteilung wird durch dimensionierte Messverfahren – im Gegensatz zur Verwendung von globalen Bewertungsskalen – erhöht (vgl. Harris/Schaubroeck 1988).

Beschreibungsebenen: Die Einschätzung von Fähigkeiten und Eigenschaften unterliegt oftmals aufgrund individueller Interpretationen und Ansichten, größeren Beurteilungsdifferenzen, als die Einschätzung von Verhaltensweisen und Ergebnissen (vgl. Bormann 1974). Eine aktuellere Metaanalyse widersprach der Stabilität dieses Aspektes, dass verhaltensbezogene Selbstbeurteilungen valider seien als eigenschaftsbezogene Beurteilungen (vgl. Heidemeier/Moser 2002).

Zeitlicher Bezug der Beurteilung: Beurteilungen können sich auf vergangene (vergangenheitsorientiertes Verfahren) sowie auf zukünftige (zukunftsorientiertes Verfahren) berufliche Handlungen und Leistungen beziehen. Zukunftsorientierte Beurteilungen sind fehleranfälliger und haben eine geringere Selbstbeurteilungsvalidität als vergangenheitsorientierte Verfahren, da sie die Erkenntnis und den Transfer von vorhandenen Fähigkeiten auf zukünftige berufliche unbekannte Situationen voraussetzen (vgl. Mabe/West 1982). Daher sollten sich im Idealfall Beurteilungen auf bereits gezeigtes Verhalten beziehen.

Beurteilungserfahrung: Die Validität der Beurteilung ist ebenfalls abhängig von der Selbstbeurteilungserfahrung der befragten Person. Personen, die bereits Erfahrung in der Selbstbeurteilung gesammelt haben, schätzen sich im Allgemeinen valider und weniger überhöht ein, da sich diese bereits ausgiebiger mit ihren Fähigkeiten und Erfahrungen beschäftigt haben (vgl. Moser 2004: 93).

Arbeitskomplexität: Beurteilungen für komplexe Tätigkeitsbereiche wie bspw. Führung weisen geringe Validitäten auf, während die Validitätskoeffizienten für die Tätigkeitsbereiche Schule und Sport deutlich höher einzustufen sind (vgl. Mabe/West 1982). Eine komplexe Tätigkeit ist durch weniger Strukturiertheit und eine ungenaue und wenig detaillierte Arbeitsschrittbeschreibung gekennzeichnet. Damit gehen meistens eine geringere Beobachtbarkeit und eine geringere Beurteilbarkeit einher. Analysen belegen, dass die Validität der Selbstbeurteilung von Personen mit einer gewerblichen Tätigkeit erkennbar über der von Angestellten liegen (vgl. Harris/Schaubroeck 1988).

Die Entwicklung von objektiven Messverfahren sowie subjektiven Kompetenzeinschätzungen und -beschreibungen kommen dem Wunsch nach der Messung und Charakterisierung von Kompetenzen nach (vgl. Kirchhofer 2004: 68). „*Kompetenzbewertung kann als objektives Messverfahren zur Erklärung von Kompetenzen wie auch als subjektives Kompetenzverstehen gestaltet werden. Subjektive Einschätzungen können quantifiziert und objektive Bemessungen können qualitativ ausgewertet werden*" (Erpenbeck/Rosenstiel 2007: XX).

Die **objektiven Messverfahren** sollen das Anliegen erfüllen, Kompetenzen wie naturwissenschaftliche Größen messen zu können, womit statistische oder kausale Aussagen über künftiges Handeln getroffen werden. Diese Messverfahren legen ihren Schwerpunkt auf die Fremdeinschätzung, Beobachtung und Bewertung „von außen" (vgl. Erpenbeck/Rosenstiel 2007: XXVI f.). Ein Beispiel hierfür sind anforderungsorientierte Verfahren, die individuelle Anforderungen aus den Arbeitsplatzbedingungen ableiten und sie somit überprüfbar machen (vgl. Käpplinger 2007: 27).

Subjektive Messverfahren hingegen legen großen Wert auf Selbst- und auf subjektive Fremdeinschätzung. Denn es herrscht die Überzeugung vor, dass eine „*solche Objektivität für human- und sozialwissenschaftliche Variablen prinzipiell nicht zu erreichen sei*" (Erpenbeck/Rosenstiel 2007: XXVII). Die „*enge Verflechtung von Beobachter und Beobachtungsgegenstand sowie die damit ver-*

bundene Unmöglichkeit objektiver Erkenntnis [erzwinge] ein anderes Vorgehen" (Luhmann et al. 1990: 8). Bei diesen subjektorientierten Verfahren steht nicht die Überprüfung einer Anforderung, sondern das Individuum selbst und das Sichtbarmachen und die Entwicklung seiner Kompetenzen im Mittelpunkt (vgl. Käpplinger 2007: 27).

Summative Messverfahren zielen auf eine bewertende Kompetenzbilanzierung ab, damit eine Zuordnung oder Zensur vorgenommen werden kann (bspw. Personalauswahl, Zertifikatsvergabe) (vgl. Wick 2009: 26/ Bjørnåvold 2001).

Werden Kompetenzen aus einem gestaltenden Zweck erfasst, so werden **formative Messverfahren** angewandt. Hier steht die Förderung des Individuums im Mittelpunkt innerhalb eines organisierten Prozesses der Kompetenzentwicklung (vgl. Wick 2009: 26/ Bjørnåvold 2001).

Die meisten Messverfahren stellen eine Kombination zwischen den beiden vorgestellten Positionen dar, was auch einschließt, dass subjektive Beurteilungen quantifiziert und objektive Einschätzungen qualitativ analysiert werden können (vgl. Hesse 2004: 62). Bei der Kompetenzerfassung wird das Individuum als Subjekt angesehen, das vermittelnd zwischen der wissensbasierten Kompetenz und der Performanz steht. Objektive Messungen können dies nicht allein erschließen. Nur in Kombination mit einer qualitativen, verstehensorientierten Messung können das Selbst bzw. die Kompetenzen, die als Selbstorganisationsdispositionen erfasst werden, erschlossen werden (vgl. Hesse 2004: 62).

Viele Wissenschaftler stehen den Verfahren zur Kompetenzerfassung aufgrund des aktuellen theoretischen Standes kritisch gegenüber: *„Vorschläge zur Identifizierung, Erfassung, Einschätzung, Evaluierung [...] weisen eher auf beschreibende als auf Lösungswege zur Quantifizierung hin. Vielfältige Definitionsansätze aus unterschiedlichen Forschungsdisziplinen auf nationaler und internationaler Ebene sorgen nicht nur für einen inflationären Gebrauch und für inhaltliche Verwirrungen, sondern letztlich für eine Deformierung des Grundanliegens"* (Hübner zit. in Arnold/Schüßler 2001: 67). Vor der Durchführung von Kompetenzmessungen sollte die Frage geklärt werden, ob die Ergebnisse der Wissenschaft, dem Betrieb oder dem Individuum dienen sollen (vgl. Arnold/Schüßler 2001: 67). Es soll hervorgehoben werden, dass Kompetenzanalysen erst dann *„einen Sinn und eine Berechtigung [haben], wenn sie als individuelle Diagnose- und Informationsinstrumente eingesetzt werden, um dem einzelnen eine Hilfe bei seiner Berufs- und Karriereplanung zu geben"* (Weiß 1999: 483).

ARNOLD und SCHÜSSLER fassen treffend zusammen, dass es einer kompetenzgerichteten Berufs- bzw. Bildungsforschung weniger um Fragen der offiziellen Kompetenzvalidierung gehen sollte *„als um die Entwicklung unabhängiger* *aber arbeitsmarktnaher Einrichtungen, deren eignungsdiagnostische Analysen in Verbindung mit anderen Methoden, wie z. B. der Lernberatung, dem Einzelnen Hilfe zur erfolgreichen Positionierung auf dem Arbeitsmarkt bereitstellen*" (Arnold/Schüßler 2001: 67).

3.3 Resümee: Kompetenzmethodischer Diskurs

Die Entgrenzung der Weiterbildung hat eine Optimierung und Nutzung des informellen Lernens zum Ziel. Hierbei ist Vorsicht geboten, denn dieser Wunsch könnte die autodidaktische Kraft des informellen Lernens zerstören und somit zum gegenteiligen Ergebnis führen (vgl. Arnold 1997b: 280).

Die Argumente für eine kompetenzorientierte Wende von der Weiterbildung zur Kompetenzentwicklung haben auch hier deutlich gemacht, dass mit einem reduktionistischen Verständnis von Weiterbildung gearbeitet wird. Die kritischen Diskussionen um die „realistische Wende" in den 1960er und 1970er-Jahren werden ignoriert und Weiterbildung richtet sich auf die Weitergabe von Fachkompetenz bzw. auf die unidirektionale Vermittlung eines fachteiligen, systematischen Lehrplans. Dieser Curriculum soll dann möglichst das komplette Wissen enthalten, welches zur Ausübung einer Tätigkeit, des Berufes etc. erforderlich ist (vgl. Erpenbeck/Heyse 1996: 31). Doch die Erwachsenenpädagogik sieht die beschriebene Auffassung nicht als charakteristisch für sich an, sondern nur als ein Teilbereich ihres Aktivitätsfeldes. Selbst dieser Teilbereich wird innerhalb der Erwachsenenpädagogik kritisiert, weil darin Fachvertretern der Bildungscharakter fehlt. Sie kritisieren, dass Subjektivität, Selbsttätigkeit sowie „Suchbewegungen" ursprünglich nicht zu den Kernanforderungen der betrieblichen Weiterbildung zählten und dass diese Beschränkung erst allmählich im Rahmen der neuen Anforderungen an die betriebliche Weiterbildung überwunden wird (vgl. Arnold 1997b: 280).

Als Resümee ist unter anderem festzuhalten, dass sich eine kompetenzförderliche Lernkultur nicht nur in den organisationalen Rahmenbedingungen zeigt, sondern auch Ausdruck verschiedener Lernformen ist. Demnach tragen die biografische Sozialisation sowie formelle und informelle Lernprozesse maßgeblich zur individuellen Kompetenzentwicklung bei. In der Summe ist ihnen gemein, dass Lernen ein kontinuierlicher, situativer, selbstgesteuerter, kollektiver und sozialer Prozess ist. Es findet in einem bestimmten (Arbeits-) Kontext und im Austausch mit anderen statt. Das verfolgte Lernziel ist die Kompetenzentwicklung.

Kompetenzmess- und -erhebungsmethoden

Die Auffassung des mehrdimensionalen Handlungskompetenzkonstrukts beeinflusst auch die Kompetenzmess- und -erhebungsmethode.

Konstruktivistische Erhebungsverfahren sind potenziell geeignet, um die Beziehung der einzelnen Dimensionen untereinander und mit ihrer Umwelt zu erfassen. Die Analyse der einzelnen Erhebungsergebnisse ist dadurch ebenfalls gegeben, allerdings nicht die vergleichende Kompetenzanalyse, da sich diese Verfahren nur auf den Einzelfall beziehen. Die derzeit meistens eingesetzten Kompetenzmessverfahren greifen auf kognitionstheoretische Zugänge und quantitative, standardisierte Instrumente zurück, welche aus der Kompetenzdiagnostik stammen (vgl. Frosch 2012: 10). Deren Gütekriterien Reliabilität und Objektivität besitzen zwar eine hohe Aussagekraft, können allerdings nicht die Wechselbeziehungen der einzelnen Dimensionen erfassen, da sie nur einen geringfügigen spezifischen Kompetenzbereich abdecken. Ebenso schränkt die Fokussierung auf geistige Be- und Verarbeitungsprozesse eine Messung des Kompetenzkonstrukts in seinen Dimensionen ein (vgl. Werning 2013: 59).

Die Ausführungen über die Messbarkeit von Kompetenzen geben keine vollständige Übersicht über gängige Kompetenzmessverfahren, machen aber dennoch deutlich, dass individuelle Kompetenzen durch psychologische Verfahren beobachtbar und „messbar“ gemacht werden können.

Allerdings „messen“ die psychologischen Verfahren mehrheitlich die kognitive Leistungsfähigkeit und Persönlichkeitseigenschaften; Kompetenzkorrelate und eine tatsächliche Aussage über das Handlungsvermögen einer Person in einer konkreten Situation sind daher nur bedingt möglich und anwendbar zur Kompetenzdiagnose und -messung (vgl. Frosch 2012: 2 f.). Demnach können Kompetenzen nur über das Ergebnis der Handlung erschlossen/gemessen werden. Die Kompetenzen eines Menschen bleiben allerdings prinzipiell unbestimmbar.

Da sich das Kompetenzkonstrukt aus mehreren Dimensionen zusammensetzt, kann es nicht mit einem Verfahren, sondern nur durch eine Verfahrenskombination gemessen werden.

Eine Verfahrenskombination sollte auch angewandt werden, um potenzielle Fehleinschätzungen, die durch das Verhalten einer Person in verschiedenen Situationen oder die Diskrepanz zwischen Simulationssituation und Realsituation entstehen, zu überwinden. Es ist die Aufgabe der Organisationspsychologie. anhand von Verfahren Kompetenzkriterien zu entwickeln, um individuelle Fähigkeiten zu identifizieren und Kompetenzentwicklungsmaßnahmen daraus abzuleiten. Darüber hinaus wird durch die psychologischen Diagnoseverfahren meist nur ein (Kompetenz-)Ausschnitt zugelassen und nicht das mehrdimensionale Kompetenzkonstrukt vollständig erfasst. Auch wenn von einem ähnlichen Konstrukt wie beispielsweise dem Wissen oder der Intelligenz auf das Konstrukt Kompetenz geschlossen wird, wird nicht die Messung des ganzen Kompetenzkonstrukts gewährleistet.

Daraus folgt, dass das Kompetenzkonstrukt für dessen Messung auf einzelne Dimensionen eingegrenzt werden muss, beispielsweise auf Aspekte der Fachkompetenz für ein bestimmtes Berufsfeld. Allerdings würde dies dem beschriebenen Kompetenzverständnis widersprechen.

Demnach ist der Begriff der Kompetenzmessung irreführend und wird im weiteren Verlauf dieser Arbeit durch den genaueren Begriff der Kompetenzkonstruktfacettenerfassung ersetzt. Für die Beantwortung der Forschungsfrage bedeutet dies, dass ein Verfahren aufgezeigt werden muss, das Kompetenzfacetten aus dem konkreten Verhalten erfasst. Dies setzt nach der in dieser Arbeit vertretenen Auffassung die Entwicklung eines universellen Kompetenzmodells voraus, das die Herausforderungen des Kompetenzdiskurses aufgreift und die Verhältnisse der einzelnen Elemente erfasst. Welche Elemente dies im zu entwickelndem Modell sind, wird die empirische Analyse herauskristallisieren.

Kompetenzmodelle

Der Fokus der Kompetenzorientierung – speziell innerhalb der Pädagogik und des Bildungsbereichs – geht in die Richtung der operationalisierten Kompetenzniveaus und der messbaren Lernergebnisse. Die Entwicklung theoretisch fundierter Kompetenzmodelle und deren Messbarkeit ist die zukünftige Ausrichtung der Kompetenzforschung.

Wie bereits beschrieben, wird die Kompetenz im aktuellen disziplinübergreifenden Kompetenzdiskurs als ein theoretisches, komplexes und mehrdimensionales Konstrukt, als Basis der individuellen Handlungsfähigkeit angesehen. In diesem Konstrukt werden Handlungsziele, Verfügbarkeit, Verwendung von Methoden und Verfahren, wie auch allgemeine kognitive und nicht kognitive Dispositionen einer Person integriert, um die Handlungsziele zu erfüllen (vgl. Frosch 2012: 5). Diese Dimensionen stehen in gegenseitiger und rahmenbedingter Wechselwirkung (vgl. Birkelbach 2005: 9).

Gerade aufgrund dieser Mehrdimensionalität lässt sich dieses theoretische Konstrukt durch einzelne Mess- und Erhebungsverfahren nicht in seiner Gänze erfassen, sondern nur selektierte Dimensionen daraus.

Demnach bleiben folgende Herausforderungen offen, welche in der vorliegenden Arbeit Berücksichtigung finden werden:

1) Ein Kompetenzmodell soll entwickelt werden, das Aussage über die komplexe Kompetenzstruktur gibt und die einzelnen Kompetenzaspekte wie die kognitiven, multivationalen sowie volitionalen Elemente herausstellt.
2) Das mehrdimensionale Kompetenzkonstrukt sollte eine situationsabhängige, berufsspezifische und arbeitsplatzbezogene Kompetenzmessung ermöglichen, die über die Beschränkung auf geistige Be- und Verarbeitungsprozesse hinausgeht.

Der Erfolg eines Unternehmens ist abhängig von dem Zusammenspiel der Beschäftigten. Deren Kompetenzvielfalt ist für die unterschiedlichen Positionen im Unternehmen wichtig und kann nicht durch ein unternehmensweites standardisiertes Kompetenzmodell aufgezeigt werden. Von der Passung des Mitarbeiterkompetenzprofils und des allgemeingültigen, positionsübergreifenden Unternehmenskompetenzmodells lassen sich weniger erfolgreich gezielte Personalentwicklungsmaßnahmen ableiten. Gezielte Entwicklungsmaßnahmen können vielmehr aus der Passung zwischen Positionsanforderungsprofil und Mitarbeiterkompetenzprofil entwickelt werden. Aus den bereits beschriebenen Gründen (bspw. zu viele und tätigkeitsferne Merkmale), ist eine praxisgerechte Entwicklung von unternehmensspezifischen und positionsübergreifenden Kompetenzmodellen schwer (vgl. Abschnitt 2.2.1). Kompetenzkonstrukte der Persönlichkeitspsychologie hingegen sind eine geeignete Grundlage zur Kompetenzmodellentwicklung.

Daraus resultieren die Anforderungen an die Kompetenzforschung und die Herausforderung dieser Arbeit, das pädagogische Kompetenzkonstrukt mit psychologischen Kompetenzmodellen und Messverfahren zu kombinieren. Demnach wird kein unternehmens- und positionsübergreifendes Kompetenzmodell entwickelt, sondern eine Modellkombination beider Ansätze. Diese besteht aus Kompetenzen mit Verhaltensmerkmalen, die der Sach- und der überfachlichen Kompetenz zugeordnet sind.

Das Kompetenzmodell hat die Gruppe der Fachexperten im Fokus und umfasst deren Kompetenzen, nicht die der Führungskräfte. Der Grund hierfür ist, dass durch die langjährige Fokussierung der Führungskräfteentwicklung als Teilbereich der Personalentwicklung die Fachexpertenförderung in Praxis und Forschung in den Hintergrund rückte (vgl. Stock-Homburg/Wolff 2011: 226). Seit der Industrialisierung wurde der Personengruppe der Führungskräfte eine wesentliche Bedeutung für den Unternehmenserfolg zugeschrieben (vgl. Heuel 2004: 286). Durch die Übertragung der Führungsverantwortung auf ausgewählte Personen im Unternehmen wurde eine Möglichkeit gesehen, die Gewinnerwartungen des Unternehmens durch Führung zu optimieren: Durch die richtige

Auswahl und Positionierung einer Führungskraft kann eine positive Wirkung auf Beschäftigte sowie die Organisation beobachtet werden. Hierbei sind die Persönlichkeit, Passung zur Organisation, zu den Beschäftigten sowie zum Team entscheidend (vgl. Bekk/Spörrle 2012).

Von einer Führungsperson wird neben einer hohen Führungsmotivation eine Ziel- und Ergebnisorientierung, Konflikt- und Entscheidungsfähigkeit sowie die Fähigkeit zur Kommunikation, Überzeugung, Berücksichtigung und Durchsetzung individueller und kollektiver Interessen erwartet (vgl. Niermeyer/Postall 2008: 12).

Diese Anforderungen sowie die Umsetzung unternehmerischer Handlungsanweisungen zum Unternehmenserfolg werden als die „Kompetenz zur Führung" (Schuppert 1993) definiert. Daher setzt die Kompetenzförderung bei Führungskräften vor allem bei der Führungskompetenz an. Doch die eingangs erwähnten Veränderungen bedingen einen Wandel der Unternehmensstrategien und insbesondere der traditionellen Wahrnehmungs-, Denk-, Entscheidungs- und Verhaltensmuster (vgl. Dierkes/Mützel 2009: 722). Vor diesem Hintergrund wird allerdings die ausschließliche Förderung und Weiterentwicklung der Führungskräfte zu einem zukünftigen Unternehmensrisiko werden, wenn der Handlungsfokus nicht auch die Förderung der Fachexperten und deren Schlüsselkompetenzen, Anforderungen sowie technische Innovationsprozesse berücksichtigt. Der optimale Einsatz und die Entwicklung von Fachexperten ist eine bedeutende Aufgabe von Unternehmen, die zukunftsorientiert ausgerichtet sind. Individuelle Weiterbildungsmöglichkeiten durch herausfordernde Tätigkeiten und (Fach-) Expertenlaufbahnen sind grundlegende Maßnahmen zur Fachexpertenförderung und -bindung. Denn kompetente Fachexperten sind künftig die Grundlage für Innovations- und Wettbewerbsfähigkeit der Unternehmen (vgl. Bohinc 2008: 17.).

Wegen dieser schwerwiegenden und bedeutenden Gründe wird sich das zu entwickelnde Modell auf die Schlüsselkompetenzen der Fachexperten eines Unternehmens konzentrieren.

Handlungslernen, erfahrungsorientiertes Lernen, Identitätslernen

Die Handlungskompetenz ist die Fähigkeit, welche als Grundqualifikation für kompetentes Handeln in der Berufsbildung angesehen wird. Die berufspädagogische Debatte hat diesen Ansatz in den letzten Jahren konkretisiert (vgl. Ott 1995; Pätzold 1992). Es folgt die Erkenntnis, dass übergreifende Qualifikationen wie Schlüsselqualifikationen (Problemlösungsfähigkeit, Selbstständigkeit usw.) nicht fremdbestimmt entwickelt werden können, sondern nur vom Individuum selbst entwickelbar sind (vgl. Arnold 1997b: 284). Demnach rücken Methoden der Kompetenzentwicklung in den Fokus der betrieblichen Weiterbildung, die ein selbsterschließendes und aktives Lernen ermöglichen (vgl. Bunk 1994: 12). Somit wird eine eigenständige Didaktik des selbstorganisierten Lernens entwickelt, die auf Projektansätze der Reformpädagogik zurückgreift. Charakteristisch ist hierbei, dass die außerfachlichen Dimensionen der Kooperation eine höhere Bedeutung in der Lernzieldefinition einnehmen und somit als tatsächlichen Schwerpunkt der Fachqualifikation wahrgenommen werden (vgl. Arnold 1997b: 284). Zunehmend wird die Anforderung an die betriebliche Weiterbildung gestellt die Fähigkeiten der Mitarbeiter zu Konfliktlösung und zu Kooperation usw. zu erhöhen. Im didaktischen Kontext müssen dafür offene Lernprozesse gestaltet werden (vgl. Arnold 1997b: 284). Diese Lernprozesse enthalten komplexe Situationen, in denen der Lernende selbstständig Entscheidungen treffen und verantworten muss. Lernziel ist ein souveräner Umgang mit unerwarteten Situationen und die Entwicklung der Kompetenz bei unvorhersehbaren Anforderungen adäquat zu handeln. Dafür ist die Aneignung der Methodenkompetenz wichtig, denn das alleinige Fachwissen, welches primär im Vordergrund des Lehr-Lernprozesses stand, ist nicht mehr ausreichend, um sich selbst neues Wissen, Übersicht zu unerwarteten Situationen und Zugang zu Problemlösemechanismen zu erschließen (vgl. Arnold 1997b: 285).

Im Rahmen der Kompetenzentwicklung wird eine Werteorientierung im Lernprozess als notwendig erachtet. Allerdings stehen hinter dieser Aussage kaum reflektierte und ausgearbeitete Konzepte der Weiterbildungsforschung. Auch die Antworten auf die Frage nach der Gestaltung einer solchen Wertehaltung und -orientierung des Lernenden im Lernprozess sind noch sehr allgemein (vgl. Erpenbeck 1996: 10). Eine tiefgehende Auseinandersetzung mit den Fragen, ob sich Wertvorstellungen im Erwachsenenalter überhaupt noch verändern lassen und ob dies überhaupt ethisch legitim ist, steht in der Erwachsenbildung noch aus. Fest steht, dass vorhandene sozial-kommunikative und personale Werthaltungen zu Motivation und Emotion interiorisiert sein müssen, um in Handlungen wirken zu können und somit auf eine Kompetenzaneignung geschlossen werden kann. Dieser Interiorisationsprozess kann nicht in einem klassischen Schulungsformat übermittelt werden, sondern lässt sich meist in trainingsartigen Bildungsprozessen gestalten. Der betriebliche Weiterbildner kann hierbei nur die Moderatorenfunktion ausüben, da es letztlich um selbstorganisiertes Lernen zur Kompetenzentwicklung geht (vgl. Erpenbeck 1996: 10).

Auf den sehr interessanten Aspekt der Werteorientierung und dessen Gestaltung im Lernprozess wird aus Gründen der Komplexität im weiteren Verlauf der Arbeit kein Bezug mehr genommen.

Im Kontext des Identitätslernens wurde herausgearbeitet, dass es die Aufgabe der Erwachsenenbildung ist, Deutungen zu reflektieren und jene „umzudeuten", also neue Sichtweisen zu ermöglichen (vgl. Siebert 1993: 44). Die Kompetenzentwicklung sollte unter Berücksichtigung der erwachsenenpädagogischen Erkenntnisse des Deutungs- bzw. Identitätslernens gestaltet werden, denn somit wird stärker an die Bedürfnisse der Beschäftigten angeknüpft und Kompetenzentwicklung ermöglicht.

Organisationales Lernen – lernende Organisation

In Wissenschaft und Wirtschaft wird sich seit den 1960er-Jahren mit der Bedeutung von organisationalem Wissen und Lernen auseinandergesetzt.

Lernen wird als Mittel zur strategischen Entwicklung der Organisation angesehen. Um die Organisation optimal an ihre Umwelt anzupassen, ist der Aufbau von organisationalem Wissen durch organisationales Lernen das Ziel jeder Organisationsentwicklung (vgl. Feldhoff 2011: 66).

Da die Anpassungsfähigkeit eines Unternehmens an seine Umwelt für den Unternehmenserfolg unabdingbar ist, ist mittlerweile die Organisationsentwicklung ein feststehender Bestandteil eines jeden Unternehmens. Um das Ziel der ständigen Transformation der Organisation an die wechselnden organisationalen Rahmenbedingungen zu erreichen, werden die Ansätze des organisationalen Lernens, der lernenden Organisation und des Wissensmanagements miteinander verbunden. Damit eine Organisation allerdings die Fähigkeit zur Anpassung entwickeln und nutzen kann, ist der Umgang mit ihren Wissensressourcen entscheidend. Denn auch die Wissensträger innerhalb der Organisation müssen die Fähigkeit zur Anpassung auf Veränderungen entwickeln und bei der Entwicklung von wissensrelevanten Kompetenzen organisational unterstützt werden. Gelingt es der Organisation, die Lernfähigkeit zur Transformation zu entwickeln sowie den Gestaltungsraum und die Lernförderung für die Mitarbeiter bereitzustellen, dann ist dies ein zentraler Wettbewerbsvorteil (vgl. Reinmann-Rothmeier 2001: 9). Dies zeigt, dass das lebensbegleitende Lernen einen hohen Stellenwert in Unternehmen innehat. Allerdings herrscht Einigkeit in der Forschung, dass nur ein bewusst von der Organisation angestoßener Prozess als Lernen definiert wird und nicht ein evolutionär bedingter, zufälliger Wandel (vgl. Argyris 1999: 12).

Ebenso herrscht Konsens darüber, dass sich organisationales Lernen aus den individuellen Lernprozessen der Organisationsmitglieder zusammensetzt und nicht aus der Summe des Wissens seiner Mitglieder.

Damit das gesamte Unternehmen als lernende Organisation wahrgenommen wird, muss das von den Mitarbeitern individuell und selbstorganisierte Wissen aktiv durch organisational gestaltete Lernprozesse innerhalb der Organisation gesammelt, vernetzt und zugänglich gemacht werden (vgl. Argyris/Schön 1999: 200). Darin zeigt sich, dass vor allem im Rahmen von gesellschaftlich-wirtschaftlichen Veränderungsprozessen eine Prozessorientierung sowie ein auf Entwicklung ausgerichtetes Lernen notwendig sind (vgl. Erpenbeck/Sauer 2000: 292).

Das Konzept des organisationalen Lernens wirft zusätzlich die Frage auf, inwieweit eine Organisation, die – aus systemtheoretischer Sichtweise betrachtet – ein monolithisches Kollektivsubjekt darstellt, tatsächlich „lernen" kann, wenn die Organisation als Subjekt des Lernens empfunden wird und deren Lernprozesse von den individuellen Lernprozessen der Organisationsmitglieder abstrahiert sowie die organisationalen Lernprozesse auf einer dem Individuum übergeordneten Ebenen angesetzt werden.

Die Debatte über informell erworbene Kompetenzen hinterfragt die Bedeutung des Lernens im formalen Kontext. Sie fördert eine größere Lernortunabhängigkeit und ermöglicht Kompetenzfelder in den Blick zu nehmen, die außerhalb organisierter Lernkontexte liegen (vgl. Käpplinger/Reutter 2005: 16).

Allerdings ist nicht davon auszugehen, dass sie dessen Bedeutung mindern wird. Vielmehr erweitern sich die Aufgaben der betrieblichen Weiterbildung. Denn Kompetenzen, die in informellen Kontexten erworben wurden, müssen anerkannt und verstärkt zum Thema organisierter Bildungsprozesse werden (vgl. Käpplinger/Reutter 2005: 16).

In dieser Arbeit wird davon ausgegangen, dass das Unternehmen ein soziales Gefüge ist, innerhalb dessen unterschiedliche Personen mit diversen Interessen, Motivationen und Machtpositionen agieren (vgl. Ludwig 2000). Dabei wird von einer komplexen wechselseitigen Beziehung von Handeln und Struktur ausgegangen. Die Akteure befinden sich weder in einer vollständigen Autonomie noch in einer kompletten strukturellen Abhängigkeit (vgl. Käpplinger 2010: 2; vgl. Archer 1996/Giddens 1984). Demnach sind strukturelle und motivationale Voraussetzungen für eine lernende Organisation unabdingbar, um Wissen im Prozess des Lernens zu erlangen.

Die bedeutende Fähigkeit zur Selbstorganisation wurde in allen vorgestellten Konzepten hervorgehoben. Nun gilt es, die Wechselwirkungen und die Anforderung an diese Fähigkeit auf den verschiedenen Ebenen in einem Modell zu verbinden. Dies gilt ebenfalls für die Verbindung des ressourcen- und lernorientierten Ansatzes bezüglich des Kompetenzmanagements. Nur wenn die organisationale und personale Kompetenz in einem Modell berücksichtigt werden, kann das Kompetenzmanagement innerhalb der Organisation in jedem geschäftsrelevanten Unternehmensprozess verankert werden. Somit wird es als integrativer

Leitgedanke von der Organisation und seinen Mitgliedern verstanden und gelebt (vgl. North et al. 2013: 23). Dazu ist oftmals ein Kulturwechsel von Nöten, wozu auch die Schaffung von Freiräumen für Gestaltungs- und Lernprozesse, ein gegenseitiger (Wissens-) Austausch, Transparenz, gegenseitige Wertschätzung und der Wechsel von der Defizitorientierung hin zur Kompetenzorientierung zählen (vgl. North et al. 2013: 23). Dies kann das vorherrschende Kompetenzmanagement allerdings nicht leisten, da sich die aktuellen Konzepte vorwiegend auf die Erfüllung administrativer Aufgaben fokussieren (vgl. Mayr 2009: 173).

Nicht die Vernetzung und der Austausch der Mitarbeiter untereinander, sondern die Verwaltung von Qualifizierungsmaßnahmen steht im Vordergrund. Ebenso bergen Kompetenzmodelle und -profile die Gefahr einer Entwicklung der Mitarbeiter nur auf diese definierten Kompetenzen beschränkt (vgl. ebd.). Ebenso entfällt häufig die strategische Ausrichtung des Kompetenzmanagements auf zukünftig benötigte Kompetenzen, so dass weder das Unternehmen noch seine Beschäftigten einen Wettbewerbsvorteil erhalten.

Die betriebliche Weiterbildung muss die Brücke zwischen den statischen Aspekten der Organisationsentwicklung und der dynamischen Kompetenzentwicklung schlagen.

4. Gesamtresümee – Theoretische Betrachtung

Die dargestellten Überlegungen und Diskussionen haben verdeutlicht, dass Kompetenzentwicklung als ein wesentlicher Bestandteil der betrieblichen Weiterbildung zu begreifen ist (vgl. Erpenbeck/Heyse 1996: 104) und auch, dass die arbeitsimmanente Kompetenzentwicklung im Rahmen des arbeitsaufgabenorientierten organisierten Lernens ein zentraler Gegenstand der beruflichen Weiterbildung werden muss (vgl. Erpenbeck/Heyse 1996: 32).

Im Abriss des wissenschaftstheoretischen und kompetenzmethodischen Abschnittes wurde analysiert, dass sich die Argumentationen der Kompetenzdiskussion auf

- einen verengten Qualifikationsbegriff beziehen,
- das Risiko bezüglich einer Aushöhlung des informellen Lernens ausgeblendet wird,
- der Anschluss an erwachsenen- und berufspädagogischen Diskussionen oftmals versäumt wird (vgl. Arnold 1997b: 280).

Es ist richtig, dass sich kritisch mit der betrieblichen Weiterbildung auseinander gesetzt wird, vor allem, weil Weiterbildung in vielen Organisationen lediglich als Anpassungsqualifizierung gesehen wird oder überhaupt keine Wertschätzung erfährt (vgl. Dehnbostel 2001: 57; Schröder/Reinecke 2011: 169). Gerade deswegen muss kritisch hinterfragt werden, weshalb ein problemorientierter und aktueller Theorieansatz auf Gedankengänge bzw. Argumentationen zurückgreift, welche schon längst zu Gegenstandsfeldern der Berufs- und Erwachsenenpädagogik gehören (vgl. Arnold 1997b: 291).

Dies hat einerseits zur Folge, dass der aktuelle kompetenzorientierte Diskurs aus einer personalwirtschaftlichen und arbeitspsychologischen Sichtweise dargestellt wird, in der Fachvertreter der Berufs- und Erwachsenenpädagogik kaum gehört werden (vgl. Bunk 1994; Weinberg 1996a/b); Andererseits werden viele Begrifflichkeiten und Auffassungen als neuartig dargestellt und diskutiert, obwohl sie bereits auf vorangegangene Diskussionen (realistische, reflexive Wende, Ganzheitswende, utilitaristische Wende) zurückgreifen könnten.

Durch diese Tatsache werden folgende wichtige erwachsenen- und berufspädagogische Diskussionen ignoriert:

- Der Kompetenzbegriff ist ein Begriff mit Tradition.
- Der handlungsorientierte Ansatz der Berufspädagogik liefert Antworten für praxisrelevante Fragestellungen der Kompetenzentwicklung.

- Das Identitätslernen ist ein wichtiger Hinweis für die Kompetenzentwicklung.

Hervorzuheben ist, dass die betriebliche Weiterbildung sicherlich nicht allein eine Persönlichkeitsentwicklung leisten kann, die das Individuum in die Lage versetzt, sich neues Wissen anzueignen, sich in unerwarteten Situationen einen Überblick zu verschaffen und sich den Zugang zu neuen Problemlösungsmechanismen selbst zu erschließen. Unabdingbar ist hierbei eine kritische Analyse und Veränderung der Lernkultur in allen Bildungsinstitutionen, was bei der Definition von Lernplänen, Lernmotivation und außerfachlichen Lernzielen anfängt (vgl. Krapf 1993). Auch muss gerade bei der Förderung und in Hinblick auf Werthaltungen und Einstellungen beachtet werden, dass nicht jeder Beschäftigte mit selbstorganisiertem Lernen vertraut ist. Traditionelle Lernvorstellungen, basierend auf vorherigen Erfahrungen sind meist vorherrschend. Hier sind Überlegungen wertvoll, wie Beschäftigte didaktisch zum selbstorganisierten Lernen angeregt werden können (vgl. Arnold 1997b: 291).

Hervorzuheben ist, dass die methodischen Hinweise zur Kompetenzentwicklung weit hinter den dargestellten berufs- und erwachsenenpädagogischen Ansätzen zurückliegen. Dies wird deutlich, wenn von identitätsstützenden und selbstorganisierten Lernmethoden die Rede ist, da selbstorganisierte Lern- und Selbststeuerungsprozesse charakteristisch für alle Methoden der Kompetenzentwicklung sind (vgl. Erpenbeck/Heyse 1996: 36). Das Gleiche gilt für die Ansätze der Entwicklung einer Lernkompetenz (Knöchel 1996: 20 ff.).

Fakt ist, der Kompetenzbegriff kann und sollte durch seine lange berufs- und erwachsenenpädagogische Tradition bei den Fragen der kompetenzorientierten Weiterbildung Anwendung finden. Primär sollte hierbei das Konzept der Handlungsorientierung im Fokus stehen.

Es wurde herausgearbeitet, dass die betriebliche Weiterbildung ein Handlungsfeld der Pädagogik und für Pädagogen ist. Aus pädagogischer Perspektive besitzt die betriebliche Weiterbildung in der lernenden Organisation eine zweifache Zweckstruktur (vgl. Arnold/Bloh 2003: 10). Dies bezieht sich zum einen auf das ökonomische Verwertungsziel und zum anderen auf den individuellen Kompetenzgewinn (vgl. Heuer/Gieseke 2006: 9 ff.). Die betriebliche Weiterbildung steht im Spannungsfeld pädagogischer Prinzipien und ökonomischer Anforderungen, was durch ein Konvergenzmodell aufgelöst werden könnte.

Die Ergebnisse der theoretischen Untersuchung:

- Die betriebliche Bildungsarbeit darf sich nicht nur auf die individuelle oder auf die organisationale Ebene beschränken, sondern muss beide Ebenen fokussieren.

Dies ist wichtig, da sie, um ihre Ziele zu erreichen, als eine Einheit verstanden werden sollte. Nur als Einheit können organisationale Voraussetzungen ermöglicht und dann an konkrete Individuen gebunden werden. Daher ist die individuelle Kompetenzentwicklung der Beschäftigten mit der organisationalen Entwicklung verzahnt. Darüber hinaus ist die individuelle Kompetenz als ökonomische Größe im Sinne eines knappen Gutes zu verstehen und die betriebliche Arbeitsorganisation als pädagogisches Lehr-Lern-Umfeld.

- Um den Wandel und den Unternehmenserfolg zu gestalten, hat die Förderung der individuellen Kompetenz der Beschäftigten eine entscheidende Bedeutung.

Dies liegt darin begründet, dass die individuelle Kompetenzentwicklung nicht fremdgesteuert funktioniert, sondern nur von dem Beschäftigten selbst initiiert werden muss. Dieser Bedeutung wird dadurch Rechnung getragen, dass Kompetenzanforderungen ein hohes Maß an Fachwissensbeschreibungen sowie fachübergreifenden Fähigkeiten (wie etwa Problemlösefähigkeit) enthalten, dass von den Beschäftigten ein hohes Maß an Selbstständigkeit und Verantwortungsbereitschaft verlangt wird, dass Soft-Skills und emotionale Intelligenz eine Aufwertung erfahren. Auch sind immer mehr Arbeitskonzepte teamorientiert ausgerichtet und von der sozialen Kompetenz der Gruppe getragen. Ebenso ist eine starke Betonung des selbstständigen lebensbegleitenden Lernens in der Arbeitsorganisation präsent.

- Die gezielte Erweiterung und Förderung der Handlungsbereitschaft und Handlungsfähigkeit stehen im Fokus der individuellen Kompetenzförderung.

Die berufliche Handlungskompetenz ist jene ausschlaggebende Kompetenz, die Beschäftigte sowie Organisationen auch zukünftig im dynamischen Wandel handlungsfähig macht. Da diese Kompetenz unabdingbar ist, ist eine Strategie seitens der betrieblichen Weiterbildung notwendig, die das informelle Lernen sowie die Kompetenzorientierung systematisiert. Zu berücksichtigen ist hierbei, dass selten der Beschäftigte mit mangelnder Lernbereitschaft und -fähigkeit ein einengender Faktor ist, sondern vielmehr inadäquate innerbetrieblich organisatorische und personalwirtschaftliche Rahmenbedingungen zur Förderung der beruflichen Handlungskompetenz. Die berufliche Handlungskompetenz wird als Vier-Faktoren-Strukturmodell aufgefasst.

- Pädagogische und ökonomische Prinzipien sind in der betrieblichen Weiterbildung konvergent.

Die Stimmigkeit der These der pädagogischen und ökonomischen Konvergenz wurde durch das Regensburger Konvergenz-Konzept und dessen Bezugnahme auf Grundkonzepte pädagogischer und ökonomischer Prinzipien begründet.

Schlussfolgernd müssen folgende Punkte im zu entwickelnden Modell berücksichtigt werden, damit eine Realisierung kompetenzfördernder Lernstrukturen möglich ist:

- Die Entwicklung von lernförderlichen Strukturen darf ihren Fokus nicht auf eine mögliche betriebliche Verwertbarkeit legen.
- Wertorientierung im Lernprozess wird im Rahmen der Kompetenzentwicklung als notwendig angesehen.
- Es muss ein Bewusstsein in Arbeitsorganisationen geschaffen werden, dass die pure Existenz von kompetenzfördernden Maßnahmen nicht automatisch zu Verhaltensänderungen führt.
- Kompetenzfördernde Maßnahmen müssen auf individueller und organisationaler Ebene eingebunden werden und zur Unternehmenskultur passen.
- Da Kompetenzen nicht direkt zugänglich sind, können Kompetenzen nur erschlossen werden.
- Aufgrund der Verhaltensweise des homo oeconomicus ist die Kompetenzerschließung nicht immer ein kausales Ergebnis von kompetenzfördernden Maßnahmen. Da der Mensch ein operativ geschlossenes System ist, können kompetenzfördernde Maßnahmen nur stimulierend, aber nicht direkt auf die Kompetenzentwicklung des Beschäftigten einwirken.

Auf der Basis dieser Erkenntnisse sind die Methodologie und das Untersuchungsdesign zu entwickeln.

Teil II – Empirische Betrachtung

Die nun folgende empirische Betrachtung greift die Erkenntnisse der theoretischen Betrachtung auf und untersucht empirisch die theoretisch abgeleitete Forschungsfrage.

Dazu wird wie folgt vorgegangen:

Konkretisierung der Fragestellung, Methodologie und Untersuchungsdesigns

- *Die Forschungsmethode*
- *Methoden der Auswertung*
- *Fragestellung und erwartete Zusammenhänge*

Beschreibung, Entwicklung und Pretesting des Erhebungsinstruments

- *Entwicklung des Fragebogens*
- *Pretesting des Fragebogens*

Durchführung der Hauptuntersuchung

- *Struktur des Erhebungsbogens*
- *Beschreibung der Stichprobe*

Auswertung der Hauptuntersuchung

- *Analyse Datensätze*
- *Eignung der Stichprobe*
- *Explorative Faktorenanalyse*
- *Konfirmatorische Faktorenanalyse*

Gesamtresümee

- *Wesentliche Erkenntnisse*
- *Schlussfolgerungen*

5. Fragestellung, Methodologie und Untersuchungsdesign

Um ein Modell der beruflichen Handlungskompetenz für drei Berufsgruppen aus dem pädagogischen und ökonomischen Tätigkeitsbereich zu konzeptionieren, wird eine Kompetenzerhebung der genannten Berufsgruppen durchgeführt. Die Anforderungen an ein Modell der beruflichen Handlungskompetenz wurden bereits im theoretischen Abschnitt abgeleitet und nun empirisch gestützt.

Der Kern dieses Abschnitts liegt auf der Beschreibung und Erläuterung der unabdingbaren Maßnahmen zur Vorbereitung der Untersuchung. Die Erläuterungen beziehen sich auf Hypothesenentwicklung, Stichprobenbestimmung, Forschungs- und Auswertungsmethode sowie Fragestellung und erwartete Zusammenhänge.

Die empirisch ausgerichteten Untersuchungen werden anhand erkenntnisleitender Fragestellungen durchgeführt. Die übergeordnete Hypothese sowie die Fragestellungen leiten sich aus den theoretischen Überlegungen zu den Herausforderungen der betrieblichen Weiterbildung im Spannungsfeld zwischen ökonomischen Anforderungen und pädagogischem Anspruch ab. Die erkenntnisleitenden Fragestellungen besitzen einen deskriptiven und hypothesenprüfenden Charakter.

Danach wird der wissenschaftliche Zugang, die Methodologie beschrieben. Hierbei wird auf die empirische Sozialforschung im Spannungsfeld zwischen quantitativen und qualitativen Methoden eingegangen und die eingesetzten Forschungsinstrumentarien erläutert.

Abschließend wird Untersuchungsdesign dargestellt, welches aus der Methodologie resultiert.

5.1 Hypothesenentwicklung

Die im Theorieabschnitt erarbeiteten Grundlagen bezüglich des Kompetenzkonstrukts, dessen erwachsenen- und berufspädagogische Historie sowie die pädagogischen und ökonomischen Herausforderungen der betrieblichen Weiterbildung, heben die Notwendigkeit eines konvergenten Modells der beruflichen Handlungskompetenz hervor. Zudem sind diese Grundlagen die gedankliche Basis der Hypothesenentwicklung. Die empirische Untersuchung fokussiert die stets aufgeworfenen und von bisherigen wissenschaftlichen Ansätzen oberflächlich beantworteten Leitfragen. Zusätzlich baut die Hypothese auf den Gedankengängen der von der Europäischen Kommission in Auftrag gegebenen Studie „Key competences for adult learning professionals“ (vgl. Buiskool et al. 2010) auf.

Studie „Key competences for adult learning professionals“

Die europaweite Studie „Key competences for adult learning professionals“ wurde von der Europäischen Kommission in Auftrag gegeben und hatte die Ermittlung eines Sets von europaweiten Kernkompetenzen von Beschäftigten im Erwachsenenbildungsbereich[92] zum Ziel (vgl. Buiskool et al. 2010: 22).

Im Rahmen dessen erforschten und fokussierten die Wissenschaftler des niederländischen Instituts Research voor Beleid in Kooperation mit Wissenschaftlern der Universitäten Leiden, Glasgow und Thessanoliki folgende Fragen: *„What competences are relevant for working in the field of adult learning?“* (Buiskool et al. 2010: 22) sowie: *„What instruments can be used for delivering the key competences identified to adult learning professionals and to help adult learning professionals develop the key competences?“* (Buiskool et al. 2010: 22).

Zu der Zielgruppe der Beschäftigten im Tätigkeitsbereich der Erwachsenenbildung zählen nicht nur Lehrtätige, sondern auch Berater, Bildungsplaner und Institutionsleiter im Tätigkeitsfeld der Erwachsenenbildung. Folglich wird das Kompetenzset nicht auf die individuelle Person erfasst, sondern auf die gesamten Aktivitäten einer Einrichtung im Tätigkeitsbereich der Erwachsenenbildung.

Der Studie liegt eine Kompetenzauffassung zugrunde, wonach: *„competences should be understood as a complex combination of knowledge, skills and abilities/attitudes needed to carry out a specific activity, leading to results.“* (Buiskool et al. 2010: 22). Diese Definition referenziert auf die vorangegangenen Initiativen „Key Competences of lifelong learning“ (vgl. Europäische Kommission 2006) sowie „Terminology of European education and training policy“ (vgl. Cedefop 2008). Die Studien enthalten die Aufforderungen nach lebensbegleitendem Lernen, Qualität und Professionalisierung der Erwachsenenbildung, Validierung (informell) erworbenen Kompetenzen sowie Kompetenz-, bzw. Lernergebnisorientierung[93]. Die Kompetenzauffassung der Europäischen Kommission ist deckungsgleich mit dem Kompetenzmodell nach ERPENBECK und KAUFFELD. In deren Modellen

---

92 Da es nicht das Ziel dieses Abschnittes ist, die gesamte Studie in ihrem Aufbau und methodischen Vorgehen zu beschreiben, wird für detaillierte Informationen auf die Studie selbst verwiesen (vgl. Buiskool et al. 2010).

93 Kritische Anmerkungen zur Studie, bezüglich der Heranziehung des Qualitätsmanagementansatz für Professionalisierungskonzepte in der Erwachsenenbildung/Weiterbildung vgl. Egetenmeyer/Käpplinger 2011.

wird Kompetenz als eine Kombination von Fähigkeiten, Fertigkeiten, Wissen und Haltungen angesehen. Allerdings deckt es sich nicht mit dem ganzheitlichen, subjektorientierten Kompetenzverständnis dieser Arbeit, in dem Kompetenz als ein komplexes Konstrukt zur Bewältigung von komplexen Situationen, durch ein gelingendes Zusammenspiel der genannten Elemente, vor allem der persönlichen Selbstorganisationsdisposition angesehen wird, welche erst unter Einbeziehung der motivationalen, ethischen, volitionalen und/oder sozialen Anforderungen und Lernprozessen, in der Performanz sichtbar wird.

Das „Set" an Kompetenzen wird nach den Wissenschaftlern BUISKOOL und BROEK als ein Kompetenzrahmen aufgefasst (vgl. Buiskool/Broek 2012: 88). Ein Kompetenzrahmen ist *„eine bestimmte Zusammenstellung von Kompetenzen, die für einen bestimmten Sektor oder Handlungsbereich als grundsätzlich relevant erachtet werden."* (Strauch/Pätzold 2012: 69).

Für die Hypothese dieser Arbeit wird der Gedankengang aufgenommen ein Set an Kompetenzen zu definieren. Dieses Kompetenzset wird sich allerdings nicht nur auf die Berufsgruppe der Erwachsenenbildung beziehen, sondern strebt einen berufsgruppenübergreifenden Vergleich an. Analog zum Fokus dieser Arbeit soll diese Sichtweise/Vorgehensweise einen Vergleich zwischen pädagogisch- und ökonomisch- orientierten Berufsgruppen zulassen.

Berufliche Handlungskompetenz

Abgeleitet aus dem theoretischen Abschnitt wird aus der berufs- und erwachsenenpädagogischen Sichtweise die Fähigkeit und Bereitschaft des Einzelnen sich in beruflich unbekannten Situationen *„sachgerecht, durchdacht sowie individuell und sozial verantwortlich zu verhalten"* (Ständige Konferenz der Kultusminister der Länder 2000: 4), als die unabdingbare Kompetenz angesehen, welche Organisationen und Beschäftigte erfolgreich in der dynamischen Zeit des Wandels unvorhersehbare Anforderungen bewältigen lässt.

Wie schon erläutert, setzt sich die Handlungskompetenz aus der Methoden, Sach-, Sozial- und Selbstkompetenz zusammen. In einer weiteren Auffassung von ERPENBECK ist die Handlungskompetenz eine eigenständige Grundkompetenz. Daran anknüpfend ergeben sich die Fragen, welche Teilkompetenzen als Voraussetzungen für die berufliche Handlungskompetenz angesehen werden können und ob diese Teilkompetenzen eine berufsfeldübergreifende Geltung besitzen.

Folgende übergeordnete Hypothese wird daraus abgeleitet:

Für bestimmte Berufsgruppen lässt sich ein Set an Kompetenzen definieren, welches die Basis der beruflichen Handlungskompetenz bildet.

5.2 Zielgruppe

Anhand dieser Hypothese wird die Zielgruppe der Befragung abgeleitet. Zum einen stellt sich die Frage nach dem Verständnis einer Berufsgruppe und zum anderen müssen für die Befragung bestimmte Berufsgruppen herausgearbeitet und bestimmt werden.

Zum Verständnis und Bestimmung der Berufsgruppen wird auf die Berufsklassifikation aus dem Jahr 2010 zurückgegriffen. Die Bundesagentur für Arbeit entwickelte in Zusammenarbeit mit bildungswissenschaftlichen Institutionen[94] von 2007 bis zum Jahre 2010 eine neue Klassifikation der Berufe[95] (vgl. BA 2011).

---

94 Dies geschah mit der Unterstützung des Arbeitskreises „Klassifikation der Berufe 2010", welcher aus dem Statistischen Bundesamt (Destatis), dem Bundesministerium für Arbeit und Soziales (BMAS), dem Bundesministerium für Bildung und Forschung (BMBF), dem Bundesministerium für Ernährung, Landwirtschaft und Verbraucherschutz (BMELV), dem Bundesministerium für Umwelt, Naturschutz und Reaktorsicherheit (BMU), dem Bundesministerium für Wirtschaft und Technologie (BMWi), dem Bundesinstitut für Berufsbildung (BIBB) sowie dem Rat für Sozial- und Wirtschaftsdaten (RatSWD) bestand (vgl. BA 2011: 7).

95 Der Begriff des Berufs umfasst viele Verwendungsdefinitionen und auch innerhalb der Berufsforschung ist keine einheitliche Bedeutung geklärt. Nach Auffassung des Berufssoziologen Friedemann Stooß wird die Gesellschaft durch den Beruf gegliedert und strukturiert. Der Beruf reguliert den Arbeitsmarkt und wird charakterisiert durch Erwerb, Arbeit und Qualifikation (vgl. Stooß 1985: 198 ff.). Somit spielt der Berufsbegriff auf einer gesamtökonomischen (Gliederungs- und Strukturprinzip), gesellschaftlichen (Integration- und Sozialisation), unternehmerischen (Arbeitsbedingungen, Entlohnung) und individuellen (Aufstiegs-und Qualifikationsmöglichkeit) Ebene eine bedeutende Rolle (vgl. Kupka 2005: 17). Bedeutend für den Beruf ist ein „Bündel von Qualifikationen im Sinne charakteristischer Ausprägungen und Anordnungen von Wissen (Sachverhalte kennen und anwenden sowie Arbeitstechniken/Fertigkeiten beherrschen) und Sozialkompetenz (als eine Bündelung typischer Verhaltensweisen, Orientierungen und Werthaltungen)" (Dostel et al. 1998: 440). Des Weiteren spielen „Aufgabenfelder, die den Qualifikationsbündeln zugeordnet sind und die durch eine Kombination aus Arbeitsmitteln, Objekt (Gegenstand) und Arbeitsumfeld geprägt sind" (ebd.) eine große Bedeutung. Vervollständigt werden diese Charakteristika mit „hierarchisch abgestuften Handlungsspielräumen, die sich aus der Verknüpfung der Qualifikationsseite (Arbeitskraftseite) mit der funktionalen Ausprägung der Arbeitsaufgaben (Arbeitsplatzseite) ergeben" (ebd.). Jene sind „bestimmt durch den Status (die betriebliche Position des Einzelnen), die Organisationseinheit (Aufgabengebiet/Abteilung) und das spezifische Arbeitsmilieu" (ebd.).
Charakteristisch für die Berufsbedeutung in dieser Arbeit ist hervorzuheben, dass sie tätigkeits- und nicht personenbezogen und dass sie eine Bündelung von Tätigkeiten ist.

Hintergrund dieser Neuklassifizierung ist, dass die bisherige Berufsklassifikation aus den Jahren 1988 sowie 1992 nicht mehr zeitgemäß, praxistauglich und überaltert war. Die Aussagekraft von Erhebungen und Statistiken zum Arbeitsmarkt und zur sozioökonomischen Lage in Deutschland wurde somit erheblich eingeschränkt (vgl. ebd.: 6 f.). Eine Berufsneuklassifizierung war notwendig, da sich in den letzten fünfzig Jahren die Tätigkeiten und deren Bedeutung stark gewandelt haben und die aktuelle Berufsstruktur in den bisherigen Berufsklassifikationen nicht abgebildet wurde. Als Beispiel hierfür ist der Bedeutungsverlust von Produktions- und Fertigungsberufen oder der Bedeutungs- und Entstehungszuwachs von Dienstleistungsberufen zu nennen (vgl. ebd.: 6). Die Hauptanliegen des Vorgehens zur Neuentwicklung waren die theoretische Fundierung, die empirische Belegung sowie die Praxisnähe (vgl. BA 2011: 22). Demnach wurde zuerst eine Bestandsaufnahme bestehender Berufsklassifikationen, Anwendungsfelder und Anforderungen durchgeführt, der Berufsbegriff analysiert und zuletzt anhand der theoretischen Erkenntnisse die beiden Strukturdimensionen (Berufsfachlichkeit und Anforderungsniveau) bestimmt (vgl. BA 2011: 22).

Die neue Klassifikation der Berufe ist hierarchisch und mit fünf Gliederungsebenen aufgebaut. Es wurden:

- 10 Berufsbereiche (1-Steller), die
- 37 Berufshauptgruppen (2-Steller), die
- 144 Berufsgruppen (3-Steller), die
- 700 Berufsuntergruppen (4-Steller), die
- 1286 Berufsgattungen (5-Steller)

umfassen entwickelt und im Jahr 2011 implementiert (vgl. BA 2011: 16).

Die ersten vier Gliederungsebenen (Berufsbereich, Berufshauptgruppe, Berufsgruppe, Berufsuntergruppe) sind eine Zusammenfassung der Berufe und basieren auf ihrer berufsfachlichen Ähnlichkeit. Die Datengrundlage[96] bilden Kompetenzprofile von etwa 4.000 Berufen aus der Berufsdatenbank der Arbeitsagentur (vgl. BA 2011: 22).

Die Berufsfachlichkeit ist gekennzeichnet durch ähnliche Tätigkeiten, Kenntnisse und Fertigkeiten, die einen Beruf auszeichnen (vgl. BA 2011: 22). Für jede Gliederungsebene wurde zusätzlich eine Dimension des Anforderungsniveaus entwickelt. Das heißt, dass jede Berufsgruppe auf Fachexpertenebene in vier un-

---

Zusätzlich ist die Berufsverwendung dieser Arbeit durch zwei Dimensionen gekennzeichnet: Berufsfachlichkeit und Anforderungsniveau (vgl. BA 2011: 26).

96 Detailliertere Informationen zu der Entstehung der einzelnen Gliederungsebenen bzw. Berufsklassifikationen unter AB 2011: 29 ff.

terschiedlichen Anforderungsniveaus, Komplexitätsstufen sowie auf Führungsebene ausgeübt werden kann (vgl. BA 2011: 16).

Im thematischen Sinne der Forschungsfragestellung soll durch die Befragung ein ökonomisches und pädagogisches Bild der Handlungskompetenz und ihrer Teilkompetenzen abgebildet werden. Basierend auf den Berufsklassifikationen 2010 wird die Zielgruppe der Befragung aus folgenden Berufsbereichen ausgewählt:

- Unternehmensorganisation, Buchhaltung, Recht und Verwaltung sowie der Berufsbereich (Bezifferungsschlüssel 7)
- Gesundheit, Soziales, Lehre und Erziehung (Bezifferungsschlüssel 8)

Tabelle 2: Berufsbereiche der Klassifizierung der Berufe 2010 (vgl. BA 2011: 17)

Schlüssel KIdB 2010	**Berufsbereich**
1	Land-, Forst- und Tierwirtschaft und Gartenbau
2	Rohstoffgewinnung, Produktion und Fertigung
3	Bau, Architektur, Vermessung und Gebäudetechnik
4	Naturwissenschaft, Geografie und Informatik
5	Verkehr, Logistik, Schutz und Sicherheit
6	Kaufm. Dienstleistungen, Warenhandel, Vertrieb, Hotel und Tourismus
7	Unternehmensorganisation, Buchhaltung, Recht und Verwaltung
8	Gesundheit, Soziales, Lehre und Erziehung
9	Sprach-, Literatur-, Geistes-, Gesellschafts- und Wirtschaftswissenschaften, Medien, Kunst, Kultur und Gestaltung
10	Militär

Der Berufsbereich *der Unternehmensorganisation, Buchhaltung, Recht und Verwaltung* wurde nochmals in drei Berufshauptgruppen *(Berufe in Unternehmensführung und -organisation / Berufe in Finanzdienstleistungen, Rechnungswesen und Steuerberatung sowie Berufe in Recht und Verwaltung)* unterteilt. Der Berufsbereich der *Gesundheit, Soziales, Lehre und Erziehung* umfasst vier Berufshauptgruppen *(Medizinische Gesundheitsberufe / Nicht medizinische Gesundheits-, Körperpflege- und Wellnessberufe, Medizintechnik / Erziehung, soziale und hauswirtschaftliche Berufe, Theologie / Lehrende und ausbildende Berufe).*

Um tatsächlich eine ökonomische und pädagogische Sichtweise auf die Handlungskompetenz erfassen zu können, werden nochmals die jeweiligen Berufshauptgruppen mit ihren Berufsgruppen und deren Berufsuntergruppen basierend auf deren Tätigkeits- und Fähigkeitsfokus analysiert. Aus dem Berufsbereich *Unternehmensorganisation, Buchhaltung, Recht und Verwaltung* bündelt die Berufshauptgruppe mit der gleichnamigen Berufsgruppe *Unternehmensorganisation und -strategie* vorwiegend Berufe, die fokussiert betriebswirtschaftliche Fähigkeiten und Kenntnisse verlangen. Da der Fähigkeits- und Tätigkeitsschwerpunkt dieser Berufsgruppe auf der kaufmännischen, technischen Betriebswirtschaft sowie der Unternehmensorganisation, -strategie und -planung liegt, wird davon ausgegangen, dass die Befragung von dieser Zielgruppe aus einer ökonomisch-strategischen Sichtweise beantwortet wird. Ebenso wird davon angenommen, dass in dieser Berufsgruppe überwiegend Personen mit einer betriebswirtschaftlich ausgerichteten Ausbildung tätig sind.

Tabelle 3: Berufsklassifikation: Berufshauptgruppe, Berufsgruppe, Berufsuntergruppe, Berufsgattung (vgl. BA 2011: 132 f.)

7	**Unternehmensorganisation, Buchhaltung, Recht und Verwaltung**	
71	Berufe in Unternehmensführung und -organisation	
713	Unternehmensorganisation und -strategie	
7130	Berufe in der kaufmännischen und technischen Betriebswirtschaft (ohne Spezialisierung)	
	71302	Berufe in der kaufmännischen und technischen Betriebswirtschaft (ohne Spezialisierung) – fachlich ausgerichtete Tätigkeiten
	71303	Berufe in der kaufmännischen und technischen Betriebswirtschaft (ohne Spezialisierung) – komplexe Spezialistentätigkeiten
	71304	Berufe in der kaufmännischen und technischen Betriebswirtschaft (ohne Spezialisierung) – hoch komplexe Tätigkeiten
7131	Berufe in der Unternehmensorganisation und -planung	
	71314	Berufe in der Unternehmensorganisation und -planung – hoch komplexe Tätigkeiten
7132	Berufe in der Unternehmensberatung	
	71324	Berufe in der Unternehmensberatung – hoch komplexe Tätigkeiten
7133	Berufe in der Wirtschaftsförderung	

7	Unternehmensorganisation, Buchhaltung, Recht und Verwaltung	
	71333	Berufe in der Wirtschaftsförderung – komplexe Spezialistentätigkeiten
7138	Berufe in der Unternehmensorganisation und -strategie (sonstige spezifische Tätigkeitsangabe)	
	71382	Berufe in der Unternehmensorganisation und -strategie (sonstige spezifische Tätigkeitsangabe) – fachlich ausgerichtete Tätigkeiten
	71383	Berufe in der Unternehmensorganisation und –strategie (sonstige spezifische Tätigkeitsangabe) – komplexe Spezialistentätigkeiten
	71384	Berufe in der Unternehmensorganisation und –strategie (sonstige spezifische Tätigkeitsangabe) – hoch komplexe Spezialistentätigkeiten
7139	Aufsichts- und Führungskräfte – Unternehmensorganisation und -strategie	
	71393	Aufsichtskräfte – Unternehmensorganisation und -strategie
	71394	Führungskräfte – Unternehmensorganisation und -strategie

Dieser betriebswirtschaftlich orientierten Zielgruppe wird der Berufsbereich *Gesundheit, Soziales, Lehre und Erziehung* gegenübergestellt. Dessen Berufshauptgruppe *Lehrende und ausbildende Berufe* bündelt in der Berufsgruppe *Lehrtätigkeit an außerschulischen Bildungseinrichtungen* Berufe, deren Fokus auf der Erwachsenenbildung, also auf der Weiterbildung und Beratung von Menschen liegt. Da der Bündelungsfokus dieser Berufsgruppe auf erwachsenenpädagogischen Tätigkeiten und Fähigkeiten liegt, wird Personen dieser Berufsgruppe unterstellt, dass sie aus einer pädagogisch orientierten Sichtweise die Befragung beantworten werden. Bei dieser Berufsgruppe wird angenommen, dass in ihr überwiegend Personen mit einer pädagogisch ausgerichteten Ausbildung tätig sind.

Tabelle 4: Berufsklassifikation: Berufshauptgruppe, Berufsgruppe, Berufsuntergruppe, Berufsgattung (vgl. BA 2011: 151)

84	**Lehrende und ausbildende Berufe**	
844	Lehrtätigkeit an außerschulischen Bildungseinrichtungen	
8440	Berufe in der Erwachsenenbildung (ohne Spezialisierung)	
	84404	Hoch komplexe Tätigkeiten Bildungsreferent/in, Dozent/in – Erwachsenenbildung, Studienleiter/in, Tutor/in, Verhaltenstrainer/in, Kommunikationstrainer/in
8441	Berufe in der Musikpädagogik	
	84412	Fachlich ausgerichtete Tätigkeiten Erzieher/in – Musik, Musiklehrer/in (schulische Ausbildung), Singschullehrer/in
	84413	Komplexe Spezialistentätigkeiten Fachererzieher/in – Musik
	84414	Hoch komplexe Tätigkeiten Instrumentallehrer/in, Musikpädagoge/-pädagogin, Musikschullehrer/in, Rhythmiklehrer/in
8442	Berufe in der Religionspädagogik	
	84424	Hoch komplexe Tätigkeiten Evangelische/r Religionspädagoge/-pädagogin, Katechet/in (evangelisch), Katholische/r Religionspädagoge/-pädagogin
8443	Berufe in der Kunst- und Theaterpädagogik	
	84434	Hoch komplexe Tätigkeiten Kreativitätspädagoge/-pädagogin, Kunstpädagoge/-pädagogin, Theraterpädagoge/-pädagogin
8444	Berufe im IT-Anwendungstraining	
	84444	Hoch komplexe Tätigkeiten EDV-Lehrer/in, IT-Trainer/in, Lehrer/in – Informationstechnologie
8445	(Fremd-) Sprachenlehrer/innen	
	84454	Hoch komplexe Tätigkeiten Fremdsprachenleher/in, Lehrer/in – Deutsch als Fremdsprache, Sprachentrainer/in
84	**Lehrende und ausbildende Berufe**	
844	Lehrtätigkeit an außerschulischen Bildungseinrichtungen	
8448	Lehrkräfte an außerschulischen Bildungseinrichtungen (sonstige spezifische Tätigkeitsangabe)	

84	Lehrende und ausbildende Berufe	
	84483	Komplexe Spezialistentätigkeiten Ausbilder/in – Erste Hilfe/lebensrettende Sofortmaßnahmen, Erste-Hilfe-Ausbilder/in, Produkttrainer/in
	84484	Hoch komplexe Tätigkeiten Kursleiter/in – Atemtherapie, Museumspädagoge/-pädagogin, Verhaltenstrainer/in
8449	Führungskräfte – außerschulische Bildungseinrichtungen	
	84494	Hoch komplexe Tätigkeiten Leiter/in – Musikschule, Leiter/in – Sprachenschule, Leiter/in – Volkshochschule, Schulleiter/in – Erwachsenenbildung

Die beiden herausgearbeiteten Berufsgruppen ermöglichen eine Beantwortung der Hypothese aus betriebswirtschaftlicher und pädagogischer Sichtweise. Zur Zielgruppe der Befragung wird eine dritte Berufsgruppe hinzugenommen, die den betriebswirtschaftlichen und pädagogischen Handlungsfokus vereint. Diese Berufsgruppe zählt gemäß der Berufsklassifikation zu dem Berufsbereich *der Unternehmensorganisation, Buchhaltung, Recht und Verwaltung* und der Berufshauptgruppe *Berufe in Unternehmensführung und -organisation.* Die Berufsgruppe vereinigt alle Berufe des Personalwesens und der Personaldienstleistung (vgl. BA 2011: 134). Diese dritte Berufsgruppe fokussiert in ihrem Tätigkeitsfeld zum einen betriebswirtschaftliche Prozesse und Kennzahlen zum anderen die Entwicklung und Bildung des Menschen. Den Befragten dieser pädagogisch-betriebswirtschaftlich orientierten Berufsgruppe wird eine Bearbeitung des Fragebogens aus solch einem Blickwinkel unterstellt. Es wird gemutmaßt, dass in dieser Berufsgruppe Personen mit einer pädagogisch und betriebswirtschaftlich ausgerichteten Ausbildung tätig sind.

Tabelle 5: Berufsklassifikation: Berufshauptgruppe, Berufsgruppe, Berufsuntergruppe, Berufsgattung (vgl. BA 2011: 134)

7	Unternehmensorganisation, Buchhaltung, Recht und Verwaltung	
71	Berufe in Unternehmensführung und -organisation	
715	Personalwesen und -dienstleistung	
7151	Berufe in der Personalentwicklung und -sachbearbeitung	
	71512	Berufe in der Personalentwicklung und -sachbearbeitung – fachlich ausgerichtete Tätigkeiten

7	Unternehmensorganisation, Buchhaltung, Recht und Verwaltung	
	71513	Berufe in der Personalentwicklung und -sachbearbeitung – komplexe Spezialistentätigkeiten
	71514	Berufe in der Personalentwicklung und -sachbearbeitung – hoch komplexe Tätigkeiten
7152	Berufe in der Personaldienstleistung	
	71522	Berufe in der Personaldienstleistung – fachlich ausgerichtete Tätigkeiten
	71523	Berufe in der Personaldienstleistung – komplexe Spezialistentätigkeiten
	71524	Berufe in der Personaldienstleistung – hoch komplexe Tätigkeiten
7159	Führungskräfte – Personalwesen und -dienstleistung	
	71594	Führungskräfte – Personalwesen und -dienstleistung

Somit umfasst die Zielgruppe der Befragung ökonomisch, erwachsenenpädagogisch sowie betriebswirtschaftlich-pädagogisch orientierte Berufsgruppen:

- der Unternehmensorganisation und -strategie,
- der Lehrtätigkeit an außerschulischen Bildungseinrichtungen,
- des Personalwesens und der Personaldienstleistung.

5.3 Die Forschungsmethode

Forschung dient der Erkenntnisgewinnung und hat die Überprüfung von Theorien über die Wirklichkeit zum Ziel. Es ist eine zentrale Aufgabe der empirischen Sozialforschung, neben der Beschreibung und Vorhersage valider Kausalerklärungen, soziales Handeln empirisch zu begründen, zu konstruieren und zu überprüfen (vgl. Kelle 2008: 290).

Die Kontroverse über die Konvergenz oder Divergenz der quantitativen und qualitativen Forschungsmethoden ist nicht jung, sie dauert bereits seit den siebziger Jahren des vergangenen Jahrhunderts an (vgl. u. a. Esser 1987; Hauck 1995; Kelle/Erzberger 2000).

Seit 100 Jahren ist in der Wissenschaft eine nennenswerte Unterscheidung zwischen diesen beiden konkurrierenden Paradigmen zu finden (vgl. Thonhauser 2008: 32). Allerdings betonte schon der Soziologe Max WEBER, dass die Kombination der beiden Methoden als fruchtbarer Erkenntnisgewinn anzusehen sei (vgl. Weber 1980: 5). Es existieren jedoch auch Meinungen darüber, dass jeweils der andere Forschungsansatz mangelnde Funktionen aufweist (vgl. Thonhauser 2008: 32) oder dass der qualitative über den quantitativen Ansatz zu stellen sei (vgl. Garz / Blömer 2002). Obwohl WEBERs Grundgedanke in dieser Arbeit verfolgt wird, wird übersichtshalber eine Kurzzusammenfassung über die Ansätze gegeben, in denen die Forschungsansätze als Gegensätze dargestellt werden.

Vertreter der qualitativen Forschung kritisieren am quantitativen Ansatz, dass er praxisfern, abstrakt und undurchschaubar sei. Darüber hinaus stütze er sich auf ein mechanistisches Menschen- und Weltbild. Somit werden die Individuen hinter den Messmethoden gar nicht mehr wahrgenommen (vgl. Nuissl 2010: 57).

Im Gegenzug wird von Vertretern des quantitativen Ansatzes an der qualitativen Forschung kritisiert, dass sie weder objektiv, kontrollierbar noch repräsentativ, dafür kostspielig und zeitaufwändig sei und ungerichtet arbeite (vgl. ebd.).

Vor dem Hintergrund dieser heterogenen Ansichten wurden Dichotomien mit den jeweiligen Charaktereigenschaften der beiden Ansätze herausgearbeitet. Auch wenn somit recht künstlich die jeweiligen Unterschiede beschrieben werden, geben sie dennoch einen Überblick über Tendenzen der beiden Ansätze. Sie werden im Folgenden in Form einer Übersicht detailliert dargestellt (vgl. Lamnek 1995: 218 f.; Bortz/Döring 2006: 296 ff.).

Tabelle 6: Methodologische Implikationen von quantitativer und qualitativer Forschung (vgl. Bortz/Döring 2006: 296 ff.; Menche 2011: 41)

	Qualitativer Forschungsansatz	**Quantitativer Forschungsansatz**
Ziel	Soziale Wirklichkeit aus der subjektiven Perspektive beschreiben und verstehen	Gesetzmäßigkeiten entdecken Allgemeingültige Aussagen treffen
Verständnis von Wirklichkeit	Subjektive Realität, so wie sie vom Individuum wahrgenommen wird	Objektive Realität existiert und ist messbar Objektive Erkenntnisse sind möglich
Funktion von Wissenschaft	Wissenschaftliche Aussagen beschreiben das Erscheinungsbild der Realität	Wissenschaftliche Aussagen bilden die Realität ab

	Qualitativer Forschungsansatz	Quantitativer Forschungsansatz
Forschungslogik	Induktiv-explorativ Theorieentwickelnd idiografisches Vorgehen	Deduktiv-explanativ Theorieprüfend nomothetisch Vorgehen
Datenmaterial	Weiche Daten: Verbalisierung der Erfahrungsrealität	Harte Daten: Numerische Beschreibung der Erfahrungsrealität
Datenerhebung	Offene, halbstandardisierte Erhebungsmethoden Geringe Teilnehmeranzahl Kleine Stichproben Prinzip der Datensättigung	Standardisierte Erhebungsmethoden Hohe Teilnehmeranzahl Große Stichproben Prinzip der Repräsentativität

Es ist zu betonen, dass einige Aussagen zur quantitativen Forschung überholt sind. So sind beispielsweise objektive Erkenntnisse nicht in einem Bezug zu einer objektiven Realität zu sehen, sondern aus dem Blickwinkel des kritischen Realismus und einer interindividuellen Überprüfbarkeit. Denn sozialwissenschaftliche Forschung geht nicht von einer Realität aus, sondern von der Konstruktionen der Realität (vgl. Lenk 2000: 6). Auch betrifft das Prinzip der Repräsentativität nur populationsbeschreibende, seltener aber hypothesenprüfende Forschung. Gerade die interne Validität (also Ausschluss von Alternativerklärungen) spielt eine große Rolle. Auch die Gegenüberstellung von Labor und Feld ist nicht haltbar. Beispielsweise findet die Bildungsforschung mit erziehungswissenschaftlichem Hintergrund methodisch fast ausschließlich im Feld statt (vgl. Prenzel 2006: 75).

Es ist der Anspruch des empirisch-analytischen, quantitativen Ansatzes, menschliches Erleben und Verhalten zu beschreiben, zu erklären und vorherzusagen. Radikale Lerntheoretiker der ersten Hälfte des 20. Jahrhunderts gehen in Bezugnahme auf die Existenz der sozialen Gesetzmäßigkeiten und bezüglich des mechanistischen Weltbilds davon aus, dass der Mensch von äußeren Faktoren und Ursachen maßgeblich beeinflusst wird (vgl. Nuissl 2010: 57). Doch bereits Kurt LEWIN hat in den 1930er-Jahren in der allgemeinen Verhaltensgleichung Verhalten als Funktion von Person- und Umweltfaktoren (V=f (P, U)) (vgl. Lewin 1982:27 vgl. auch 196 f.) beschrieben.

Dahingegen greift der interpretative, qualitative Ansatz auf ein Menschenbild des selbstbestimmten und sinnvoll handelnden Menschen mit einer subjektiven Weltsicht zurück. Die Lebenswelt des Menschen mit ihren Prozessen und Zusammenhängen wird nicht nur analysiert, sondern auch rekonstruiert (vgl. Lamnek 2003: 17).

Auch wenn in der tabellarischen Darstellung dem quantitativen Forschungsansatz die Erklärung allgemeiner Gesetzmäßigkeiten, Prinzipien als Ziel zugeschrieben wird, soll der qualitativen Forschung dieses Ziel, derartige verallgemeinerbare Gesetzmäßigkeiten zu identifizieren, keinesfalls abgesprochen werden. Allerdings lässt sich eine induktive Forschungslogik sowohl bei der qualitativen Forschung als auch eine deduktive Forschungslogik bei der quantitativen Forschung erkennen, welche sich auf die Hypothesenformulierung beziehen (vgl. Lamnek 2003: 18).

Bereits die Hypothesenentscheidung ist in der quantitativen Forschung strikt induktiv, d. h. es wird von einer Stichprobe auf die Population geschlossen.

Das quantitativ erhobene Datenmaterial entsteht durch die Messung von Ausschnitten aus der Beobachtungsrealität, welches dann in der statistischen Verarbeitung von Messwerten mündet (vgl. Bortz/Döring 2006: 296). Das Datenmaterial in der qualitativen Forschung ist eine Verbalisierung der Erfahrungsrealität, wobei auch das eine Form der Messung ist. Sie wird grafisch, in Texten bzw. in nichtnumerischer Symbolisierung abgebildet und interpretativ ausgewertet. Der grundlegende Unterschied liegt allerdings darin, dass in der quantitativen Forschung die zu messenden Konstrukte explizit operationalisiert werden, während beim qualitativen Zugang eher ein Messraum abgesteckt wird. Interessanterweise können Messwerte auch bei qualitativen Zugängen entstehen, was bei der Mehrheit der Fälle so ist, insbesondere auch dann, wenn z. B. am Ende einzelne Kategorien ausgezählt werden.

Um qualitative Daten zu erheben, wird nicht auf standardisierte, sondern offene Erhebungsmethoden zurückgegriffen. Offene, individuelle Befragungen möchten die subjektive Ergebnisvielfalt herbeiführen und dem Befragten persönlichen Raum zur Antwortmöglichkeit lassen. Somit ist die Vergleichbarkeit der Ergebnisse eingeschränkt und die Ergebnisse vielfältiger und umfassender als ein erhobener Messwert. Durch interpretative Verfahren können Hintergrundstrukturen der qualitativ erfassten Ergebnisse dennoch einem Vergleich unterzogen werden (Bortz/Döring 2006: 296).

Da gezielte, meist individuelle Befragungen an personelle und technologische Voraussetzungen geknüpft sind, bspw. erhöhter Zeitaufwand durch Datentranskription oder Bewältigung der Datenmenge (Stichwort Big Data), können insgesamt weniger Personen befragt werden (vgl. King 2014: 113).

Bei einer quantitativen Datenerhebung hingegen wird hauptsächlich mit standardisierten Methoden gearbeitet. Dadurch werden die Antwortmöglichkeiten stark eingegrenzt, was allerdings den Erhebungsvorgang zeitlich minimiert, leichter durchführen und auswerten lässt.

Bei dieser Argumentation wurde stark aus der Perspektive geschlossener Antwortformate gedacht. Denn wie bereits beschrieben, besteht der Unterschied eher darin, dass bei einem quantitativen Zugang im Vorfeld klar ist, welche Konstrukte erfasst werden soll. Diese werden dann operationalisiert, wobei der Standardisierungsgrad eine Frage des Erhebungsinstrumentes ist. In der qualitativen Forschung hingegen gibt es diese a priori festgelegten Konstrukte nicht, so dass das Vorgehen weitaus exploratorischer ist.

Die standardisierte Befragung erlaubt eine Vergleichbarkeit der Ergebnisse, welche von theoretischer und praktischer Relevanz sind (vgl. Bortz/Döring 2006: 297). Durch die verschiedenen methodischen Herangehensweisen, ergeben sich auch Vor- und Nachteile für die Datenerhebung, den Informationsgehalt der Daten, die Anonymität und der Atmosphäre. Allerdings sind die Begriffe des Vor- und Nachteils irreführend, da jede Methodenart anhand der Zielsetzung des Forschungsziels ausgewählt werden sollte.

Die Datenerhebung bei der qualitativen Forschung ist sehr zeit- und eventuell auch kostenaufwändig. Sehr kommunikative Teilnehmende und diese, die das Schreiben gewöhnt sind, wird die Teilnahme an qualitativen Erhebungsmethoden tendenziell leichter fallen. Die Nutzung der verbalen Daten ist eingeschränkt. Die erhobenen Daten können nicht immer zur Verallgemeinerung verwandt werden, doch eine Lösung würde das theoretische Sampling[97] der Grounded Theorie[98] bieten. Weiterhin ist zu beachten, dass die Validität bei qualitativen Erhebungs-

---

97 „Theoretisches Sampling meint den auf die Generierung von Theorie zielenden Prozeß der Datenerhebung, währenddessen der Forscher seine Daten parallel erhebt, kodiert und analysiert sowie darüber entscheidet, welche Daten als nächstes erhoben werden sollen und wo sie zu finden sind. Dieser Prozeß der Datenerhebung wird durch die im Entstehen begriffene – materiale oder formale – Theorie kontrolliert" (Glaser/Strauss 1998: 53).

98 In der Grounded Theory wird davon ausgegangen, dass die Qualität einer Theorie im Prozess ihrer Generierung begründet liegt. Demnach wird mit der Grounded Theory sowohl die Theorie als auch der Prozess ihrer Generierung, welcher die Verwendung systematischer Methoden einschließt, bezeichnet (vgl. Strauss/Corbin 1996: 32).
Die Tradition der Grounded Theory ist auf Barney Glaser und Anselm Strauss aus dem Jahre 1967 zurück zu führen (vgl. Glaser/Strauss 1998). Allerdings entwickelten sich aus diesem Ansatz zwei weitere Ansätze. Der eine Ansatz wurde von Anselm Strauss und Juliet Corbin (vgl. Strauss/Corbin 1996) vorangetrieben und der andere Ansatz

instrumenten eingeschränkt überprüfbar ist. Dies ist durch die Entwicklung von Kriterien zur Bewertung von qualitativer Forschung zu überwinden.

Die Kritik am quantitativen Forschungsansatz der Realitätsferne und Oberflächlichkeit liegt angeblich in dessen Erhebungsprozess begründet. Doch dieser Punkt sowie, dass die Ursache im Erhebungsprozess zu suchen ist, ist kritisch zu hinterfragen. Denn die Aussage bezieht sich stark auf die Methode des Experiments, da im Bildungsbereich die meisten Determinationsmodelle korrelativ ausgerichtet sind und sich experimentelle Ansätze eher im Zusammenhang mit Interventionsstudien finden. Ebenso ist fraglich, ob eine standardisierte Erhebung, womit die Kontrolle von Moderatoren (also Störvariablen) gemeint ist, tatsächlich nur für die quantitative Forschung relevant sein sollte (vgl. Bortz/Döring 2006: 299).

Es handelt sich zwar grundsätzlich um erkenntnisbezogene und unterschiedliche Ansätze zur Erforschung der Wirklichkeit, doch die hervorgehobenen Gegensätzlichkeit sind von der Sache her schwer nachvollziehbar. Schließlich greifen auch beide Ansätze forschungsmethodisch auf die gleichen Instrumentarien wie auf die Befragung, Beobachtung zurück (vgl. Nuissl 2010: 57).

Zwischen den quantitativen und qualitativen Forschungsansätzen besteht kein grundsätzlicher Gegensatz. Es ist vielmehr eine pragmatische Unterscheidung zweier methodischen Zugänge, die als kompatibel bzw. als erkenntnisbereichernde Kombination angesehen werden können (vgl. Hascher 2008: 117).

Mit Hilfe der nomothetischen Vorgehensweise innerhalb der Naturwissenschaften werden Naturgesetze aufgestellt, die die Individualisierung einzelner historischer Ereignisse oder die Beschreibung des Kulturprodukts in den Vordergrund rücken. Gegenwärtig ist diese Sichtweise allerdings nicht mehr von Bedeutung, *„da die Sozial- und Humanwissenschaften typischerweise Aussagen treffen, die weder universell auf alle Individuen und soziale Gebilde zutreffen noch singulär nur ein einzelnes Ereignis oder Erlebnis beschreiben“* (Bortz/Döring 2002: 299). Das bedeutet, dass im Rahmen dieser Forschungsarbeit die qualitativen und quantitativen inter- und intraindividuellen Komponenten der betrieblichen Weiterbildung erforscht und darauf basierend objektive Gesetze generiert werden, die nachfolgend auf individueller Ebene Anwendung finden sollen.

---

von Barney Glaser (vgl. Glaser 1992) weiterentwickelt (dargestellte Unterschiede vgl. Strübing 2008: 65 ff.). Zusätzliche und jüngere Traditionslinien werden unter anderem von Kathy Charmaz (2006), Ian Dey (1999) oder Adele Clarke (2005) vertreten.

Die Methodenverknüpfung

Im vorangegangenen Kapitel wurde auf methodologischer Ebene der quantitative und qualitative Ansatz der Sozialforschung dargestellt. Um einen Erkenntnisgewinn über traditionelle Grenzen hinaus zu ermöglichen, ist eine Verbindung beider Paradigmen im Sinne einer Komplementarität sowie der Erkenntniserweiterung unabdingbar.

Zur Erhöhung der Ergebnisvalidität wird der zu untersuchende Gegenstand mit (mindestens) zwei verschiedenen Forschungs- und Erhebungsmethoden analysiert (vgl. Jick 1979).

Seit den 1950er-Jahren wird in der Sozialforschung die Betrachtung eines Forschungsgegenstandes aus mindestens zwei Perspektiven als multimethodisches Vorgehen bezeichnet, was die Kombination von verschiedenen Forschungsmethoden bedeutet (vgl. Mathison 1988: 13 f.).

In der Literatur gibt es verschiedene Modelle, um qualitative und quantitative Daten zu verbinden (vgl. Steckler et al. 1992; Mayring 1999; Mayring et al. 2000). Häufig wird die Verfahrensverknüpfung auf zweierlei Weise beschrieben (vgl. Flick 2006: 383 ff.; Fromm 1990; Wolf 1995):

Additative Verknüpfung

Für die additive Verbindung von Daten ist es *„charakteristisch, dass quantitative und qualitative Methoden nebeneinander im Rahmen eines umfassenden Untersuchungsrahmens zur Erfassung unterschiedlicher Datenarten genutzt werden“* (Fromm 1990: 471).

Transformation

Eine Transformation liegt dann vor, wenn qualitative Daten in quantitative bzw. umgekehrt überführt werden (vgl. Findl 2005: 3).

Weitere Möglichkeiten der Methodenverknüpfung werden im **Vorstudien-, Verallgemeinerungs-, Vertiefungs- und Triangulationsmodell** dargestellt (vgl. Mayring 2001), welche auch unter die Zweiteilung der Phasen- und Parallelmodelle subsumiert werden können. Diese Einteilung kommt daher, da oftmals im klassischen Forschungsprozess quantitative und qualitative Methoden parallel bzw. nebeneinander sowie auch nacheinander eingesetzt werden (vgl. Seipel/ Rieker 2003).

Das **Vorstudienmodell** ist ein häufig vorzufindendes Design, welches Anwendung in der Phase vor der Untersuchung findet (vgl. Mayring 2001: 7). Es ist eine klassische Variante qualitativ orientierten Vorgehens. Die Untersuchung wird mit einer qualitativ-explorativen Vorstudie durchgeführt, um die Hauptuntersuchung vorzubereiten und Hypothesen zu generieren[99] (vgl. Veber 2010: 74). Dem schließt sich eine quantitativ hypothesentestende Phase an, um abschließend Ergebnisse zu erhalten (vgl. Gerhold 2012: 166).

Im **Verallgemeinerungsmodell** wird eine qualitative Studie komplett durchgeführt und ausgewertet. Diese Ergebnisse werden durch die darauffolgende quantitative Studie verallgemeinert und sichergestellt (vgl. Mayring 2001: 22).

Das **Vertiefungsmodell** geht umgekehrt zum Verallgemeinerungsmodell vor. Beim Vertiefungsmodell werden die Ergebnisse einer quantitativen Studie mit qualitativen Ansätzen interpretiert. Durch dieses Vorgehen sind die Ergebnisse besser zu interpretieren (vgl. Mayring 2001: 8). Fallanalysen, welche mit statistischen Methoden Korrelationen deuten, sind ein Beispiel für den Vertiefungsmodellansatz. Denn Fallanalysen können quantitative Verfahren unterstützen, indem sie Tendenzen möglicher Kausalitäten erklären. Dadurch sind sie eine Ergänzung zu quantitativen statistischen Verfahren, die Kausalitäten nicht nachweisen können (vgl. Mayring 2001: 8).

Der Begriff **Triangulation** bezieht sich auf die Mehrfacherfassung von Daten. *„Sinn einer solchen Mehrfacherfassung von Daten ist es, […], von mehreren Bezugspunkten aus das in Frage stehende Phänomen genauer zu erfassen, als dies durch eine einzelne Messung möglich wäre“* (Fromm 1990: 473). Demnach wird im Triangulationsmodell eine Forschungsfrage parallel aus verschiedenen Blickwinkeln mit unterschiedlichen Methoden betrachtet. Es ist ein komplexeres Verfahren, in dem sich die Teilergebnisse gegenseitig ergänzen sollen, um breit gestützte Ergebnisse zu erhalten (vgl. Derungs 2008: 150).

Abbildung 16 zeigt die verschiedenen Modelle zur Kombination von qualitativer und quantitativer Forschung im Überblick:

99 Vgl. Abbildung 16: Da im Gegensatz zu den folgenden Modellen keine alleinstehenden, abschließenden Ergebnisse aus der qualitativ-explorativen Untersuchung entstehen, ist diese Untersuchungsphase in der Abbildung gestrichelt.

Abbildung 16: Modelle zur Kombination von qualitativer und quantitativer Forschung (Sun 2010: 50; vgl. Mayring 2001)

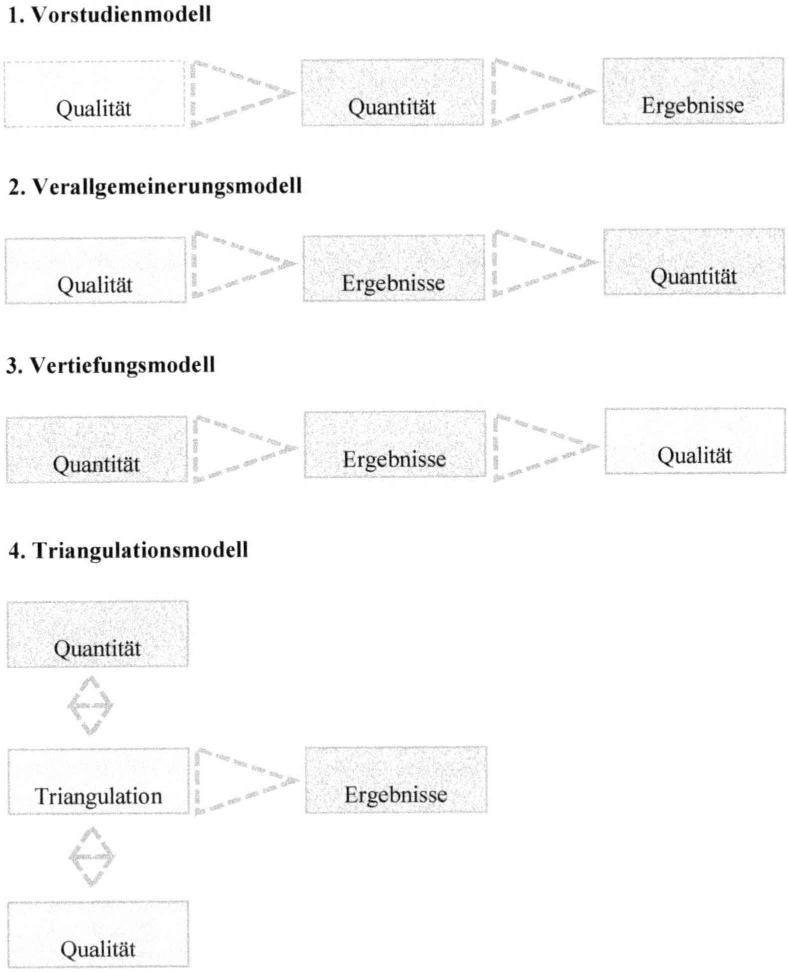

Generell finden sich noch weitere Kombinationsmöglichkeiten[100] in der Literatur (vgl. bspw. Miles/Huberman 1994: 40 ff.), was dazu führt, dass auf kein standardisiertes Vorgehen zurückgegriffen werden kann.

100 Weitere Differenzierungen der Methodenkombinationen siehe Tashakkori und Teddlie (1998).

Durch den Ausgleich der Schwächen mit den Stärken der einzelnen Ansätze zeigt sich die Effektivität der Methodenkombination (vgl. Jick 1979: 602 ff.). Die Basis ist das Prinzip der methodologischen Offenheit. Es wird ein Bild der sozialen Wirklichkeit skizziert, welche nur noch minimale subjektive Verzerrung beinhaltet. Die empirischen Erkenntnisse sind mehr zurückzuführen auf die Realität als auf die Art und Weise der Messung (vgl. Lamnek 1995: 245). Durch die Methodenkombination wird der Forschungsgegenstand umfassender beleuchtet sowie verstanden. Es wird eine höhere Validität der Erhebung ermöglicht. Die interne Konsistenz der Forschungserhebung (Reliabilität) wird überprüft und sichergestellt.

Aufgrund der dargestellten Vor- und Nachzüge der einzelnen Methoden wird die empirische Untersuchung dieser Arbeit auf einer Methodenkombination basieren. Es wird Wert darauf gelegt, dass die ausgewählten Verfahren mehr dem Forschungsgegenstand angemessen sein werden, als einem bestimmten theoretischen Ansatz Rechnung zu tragen (vgl. Reichardt/Cook 1979). Demnach wird das Vorgehen aus den beschriebenen methodischen Ansätzen abgeleitet, aber nicht identisch durchgeführt. Konkret werden in dieser Arbeit qualitative/quantitative Vorgehensweisen mit quantitativen Analyseschritten verbunden (vgl. Mayring 2003: 21 ff.).

Somit ergibt sich für den Ablauf des Forschungsprozesses folgende methodische Aufteilung:

Abbildung 17: Methodische Aufteilung der Arbeit / Studie

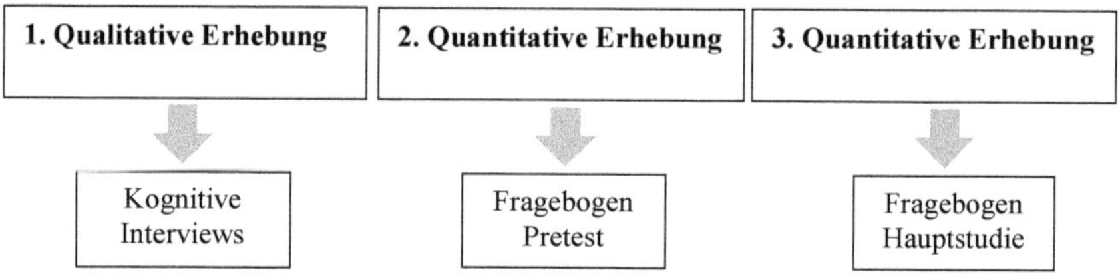

Das dargestellte Vorgehen kann systematisch als quantitative Hauptstudie mit einem vorgeschalteten erweiterten Vorstudienmodell beschrieben werden. Da die quantitative Pretesterhebung mit den Ergebnissen der qualitativen Erhebung (kognitive Interviews) weiterarbeitet, wird hier von einer Erweiterung des Vorstudienmodells gesprochen. Ebenso greift die quantitative Erhebung (Hauptstudie) auf die Ergebnisse der quantitativen Erhebung (Pretesterhebung) zurück. Da die Hauptstudie in ihrem Umfang einen größeren Datensatz erhebt, ist die Sicherstellung der Ergebnisse der quantitativen Pretesterhebung sowie die Verallgemeinerung der Ergebnisse das Ziel. Inhaltlich, aber nicht methodisch, deckt sich dieses Vorgehen mit dem des Verallgemeinerungsmodells.

5.3.1 Qualitative Datenerhebung: Kognitives Interview

Kognitive Interviews zählen zu den empirischen Evaluationsverfahren und finden oftmals Anwendung in der empirischen Sozialforschung. Ziel dieser Verfahren ist die Überprüfung der Verständlichkeit und Allgemeingültigkeit der Items sowie der Befragungskonstruktion (vgl. Peters 2010: 129). Dies ist wichtig, da nicht davon ausgegangen werden kann, dass das Begriffsverständnis des Forschers mit dem des Befragten übereinstimmt (vgl. Faulbaum et al. 2009: 97).

Eng gefasst, kann bei diesem Verfahren kein Anspruch auf Allgemeingültigkeit erhoben werden, da nicht alle potenziell auftretenden Probleme und Schwierigkeiten während der Befragung erhoben und behoben werden können. Allerdings werden durch das Verfahren mögliche Probleme identifiziert und die Verarbeitung der Ergebnisse führt zu einer höheren Qualität des Erhebungsbogens und des Prozesses (vgl. Prüfer/Rexroth 2005: 19).

In der Umfragenforschung werden kognitive Interviews als effektives Werkzeug gesehen, um anhand von kognitiven Techniken einen Einblick in kognitive Prozesse des Befragten, welche beim Bewerten, Einordnen und Beantworten der Fragen ablaufen, zu erhalten.

Dabei ist von Interesse:

- das Fragen- und Begriffsverständnis bzw. -interpretation des Befragten,
- das Abrufen von Ereignissen und Informationen aus dem Gedächtnis des Befragten,
- die Art und Weise wie die Entscheidung zur Beantwortung der Frage getroffen wird,
- die Zuordnung der Entscheidung des Befragten zu den formalen Antwortkategorien des Fragebogens (vgl. Prüfer/Rexroth 2005: 3).

Kognitive Interviews zeichnen sich durch eine persönlich-mündliche Durchführung aus und laufen in zwei Schritten ab. Im ersten Schritt wird der befragten Testperson die Frage gestellt und nach deren Bewertung werden im zweiten Schritt Nachfragen gestellt. Als Ausnahme gilt die Technik des lauten Denkens, die vor der Fragenbewertung ansetzt. Hier wird der Befragte gebeten seine Gedankengänge zur Bewertung der Frage laut auszusprechen (vgl. Prüfer/Rexroth 2005: 3 f.). Um Hinweise zu erhalten, ob die Fragen die Hinweise generieren, die vom Forscher erwünscht sind, können folgende Fragetechniken angewandt werden:

- Nachfragetechnik (Probing)

Um zu überprüfen, ob der Befragte die Frage im Sinne des Forschers verstanden hat, werden mittels Zusatzfragen einzelne Worte, Sätze oder Satzelemente nach ihrem Verständnis nachgefragt. Beispielsweise „Was verstehst Du unter innovativ?" (vgl. Anhang D Item 2). Auch wird nachgefragt, weshalb eine bestimmt Antwortkategorie oder Skala gewählt wurde oder woher die Informationen stammen, die zur Antwortfindung geführt haben. Auch unspezifisches Nachfragen wie „Gibt es etwas, was Du nicht verstanden hast?" (Anhang D Item 4) kann zu einem Erkenntnisgewinn führen.

- Bewertung der Verlässlichkeit der Antwort (Confidence Rating)

Hier wird der Befragte nach Bewertung der Frage nochmals aufgefordert, den Grad der Verlässlichkeit seiner Antwort zu bewerten (vgl. Faulbaum et al. 2009: 98).

- Paraphrasieren (Paraphrasing)

Der Befragte wird gebeten, die Aussage der Frage oder einzelner Elemente in eigenen Worten zu beschreiben oder zu wiederholen (vgl. Peters 2010: 130).

- Sortiertechnik (Sorting)

Items werden Gruppen bzw. Kriterien zugeordnet. Dabei wird ein Verständnis über Kategorien und Begriffe gewonnen (vgl. Prüfer/Rexroth 2005: 13).

- Technik des lauten Denkens (Think Aloud)

Der Befragte wird vor der Bewertung der Frage darum gebeten, seine Gedankengänge und Überlegungen laut zu formulieren (vgl. Faulbaum et al. 2009: 98).

In der Regel sollten kognitive Interviews eine Stichprobe zwischen 5 und 15 Fällen umfassen (vgl. Prüfer/Rexroth 2005: 16). Diese Stichprobenanzahl ist notwendig, da in der Regel nicht mit jedem Befragten alle Items besprochen werden (vgl. Faulbaum et al. 2009: 96).

Testperson

Um die Inhalte der zu überprüfenden Fragen sinnvoll testen zu können, ist bei der Wahl von Befragungsteilnehmenden bzw. Testpersonen auf deren demografische sowie weitere Merkmale bspw. Berufsgruppenzugehörigkeit zu achten. Die Testpersonen werden über den Testcharakter und das Ziel des Interviews vorab informiert. Hierbei wird betont, dass nicht die Person selbst, sondern der Erhebungsbogen bzw. dessen Fragen bewertet werden sollen (vgl. Prüfer/Rexroth 2005: 17).

Durchführung

Für die Durchführung von kognitiven Interviews wird eine Situation empfohlen, die einer Laborsituation nahe kommt. Zusätzlich sollte das Interview auf Tonband aufgezeichnet werden, damit sich der Testleiter auf die Interviewführung und nicht auf das Mitprotokollieren konzentrieren kann (vgl. Prüfer/Rexroth 2005: 16). Da die Konzentration nach 90 Minuten nachlässt, sollte das Interview diese Dauer nicht überschreiten. Die Durchführung der Interviews kann stark standardisiert[101] oder sehr offen[102] geschehen.

Diese beiden Durchführungsarten haben bei Erhebungsinstrumenten zwei Facetten:

- der Itemtext (bzw. Stimulus) selbst (also die Frage, Aufgabe etc.)
- das Antwortformat (also wie darauf reagiert werden soll)

Beides kann (theoretisch) unabhängig voneinander standardisiert oder offen sein. So wäre ein lockerer Smalltalk z. B. im Format offen/offen (Stimulus/Antwortformat) möglich.

Da beide Extrempositionen Vor- und Nachteile mit sich bringen wie bspw., dass bei einer offenen Form der Befragung unterschiedlich gesetzte Stimuli wenig vergleichbare Ergebnisse liefern oder dass bei einer stark standardisierten Form weniger Informationen abgegriffen werden können. Da der Testleiter nicht spontan und frei auf Äußerungen reagieren oder Zusatzfragen stellen kann, bietet sich in der Praxis eine Kombination der beiden Methoden an: In einem Evaluationsfragebogen werden die Techniken und konkrete Nachfragen pro Item formuliert. Diese Standardisierung kann allerdings vom Testleiter während des Interviews hinsichtlich Reihenfolge oder der Fragetechnik etc. verändert werden (vgl. Prüfer/Rexroth 2005: 17).

Auswertung

Pro kognitives Interview wird ein Evaluationsbogen angelegt, welcher Raum für die Beschreibung folgender Merkmale lässt:

- Name der Testperson
- Nummer des zu testenden Items

101 Die Technik und die Nachfrage ist konkret für jede einzelne Frage vorgegeben und davon ist während des Interviews nicht abzuweichen (vgl. Prüfer/Rexroth 2005: 17).

102 Die Techniken und die Nachfragen ergeben sich spontan aus dem Interview und sind vorab nicht festgelegt (vgl. ebd.)

- Antwort auf das Item
- Spontane Reaktion der Testperson
- Kognitive Frage/Technik
- Antworten/Reaktionen auf die kognitiven Fragen/Techniken
- Anmerkung/Testleiter (vgl. Prüfer/Rexroth 2005: 18).

Fallspezifisch werden die einzelnen Aussagen analysiert und in einer Übersicht im Gesamtevaluationsbogen zusammengeführt. Daraufhin werden die Fragebogenkonstruktion und die Items bearbeitet.

5.3.2 Quantitative Datenerhebung: Fragebogenbefragung

Es wurde hervorgehoben, dass der Fragebogen eine geeignete Methode zur Erfassung der beruflichen Handlungskompetenz sein kann. Da bereits diverse Selbstbeschreibungsverfahren der beruflichen Kompetenz existieren, wird für das eigene Forschungsvorhaben auf einen bestehenden und den vorgestellten Gütekriterien erfüllenden Fragebogen zurückgegriffen (vgl. Erpenbeck/Rosenstiel 2007; Kanning/Holling 2002; Sarges/Wottawa 2001).

Um einen geeigneten Erhebungsbogen für das eigene Forschungsvorhaben zu identifizieren, wurden öffentlich zugängliche Instrumente zur Erfassung und Diagnose von Kompetenzen nach folgenden Anforderungen analysiert:

Ebenen der Kompetenzerfassung

Je nach Erkenntnisinteresse kommen unterschiedliche Erhebungsbögen in Betracht. Kompetenzen können über einen Erhebungsbogen auf systematischer, institutioneller oder individueller Ebene erfasst werden. Da im eigenen Forschungsvorhaben weder Kompetenzen auf systematischer noch auf institutioneller, sondern auf individueller Ebene erfasst werden sollen, kommen Erhebungsbögen wie bspw. der PISA-Studien-Erhebungsbogen nicht in Frage (vgl. Seeber/Nickolaus 2010: 11).

Kompetenzerfassung auf individueller Ebene kann in Form einer individuellen Selbstauskunft oder einer Fremdbeschreibung durch Dritte geschehen. Wird in einem Befragungsbogen der Befragte um seine Einschätzung der beruflichen Handlungskompetenz gebeten, so wird das Selbstkonzept der Person abgebildet (vgl. Bernien 1997). Ein Beispiel hierfür ist der Erhebungsbogen des Kompetenz-Reflexions-Inventars (KRI) (vgl. Kauffeld 2003).

Berufsgruppenunabhängige Kompetenzerfassung

Einige Erhebungsbögen wurden ausschließlich für die Kompetenzerfassung von bestimmten Berufsgruppen entwickelt bspw. KOMET-Kompetenzmessung, welche gezielt die beruflichen Kompetenzen im Berufsfeld Elektronik misst (vgl. Rauner 2010: 22).

Dieser Erhebungsbogen ist allerdings für das eigene Forschungsvorhaben nicht geeignet, da die berufliche Handlungskompetenz verschiedener Berufsgruppen auf der Basis eines Erhebungsbogens gemessen und verglichen werden soll. Demnach wird nach einem berufsgruppenunabhängigen Erhebungsbogen gesucht.

Wie bereits erwähnt, kann auf die berufliche Handlungskompetenz einer Berufsgruppe über die individuelle Einschätzung von bestimmten beruflichen Kompetenzen im eigenen Tätigkeitsfeld geschlossen werden. Demnach kommt für das eigene Forschungsvorhaben ein Erhebungsbogen in Frage, der berufsgruppenunabhängige Kompetenzerfassungen über das Selbstkonzept einer Person ermöglicht.

Facetten der Kompetenzerfassung

Hinsichtlich des bereits abgeleiteten eigenen Forschungsinteresses sollen durch den Befragungsbogen alle Facetten bzw. die herausgearbeiteten Facetten der beruflichen Handlungskompetenz erfasst werden (vgl. Henschel 2005: 17).

Aus diesem Grund ist beispielsweise der Beurteilungsbogen zu sozialen und methodischen Kompetenzen (smk) (vgl. Frey/Balzer 2007) nicht für das eigene Forschungsvorhaben geeignet, da durch jenen nur die Sozial- und Methodenkompetenzdimensionen abgefragt werden.

Die beschriebene Anforderung ist wichtig, da durch eine globale Erfassung der Kompetenzen, keine Kompetenzfacetten und kein Set an Kompetenzfacetten der Handlungskompetenz pro Berufsgruppe abgeleitet werden können. Zusätzlich steigert eine differenzierte Bewertung die Validität (vgl. Moser 1999).

Erfüllung wissenschaftlicher Kriterien

Neben der Erfüllung der beschriebenen Anforderungen ist ein weiteres Selektionskriterium an das Erhebungsinstrument bedeutend: die Erfüllung der wissenschaftlichen Konstruktions- und Validierungskriterien (vgl. Frey/Balzer 2005; Sonntag/Schäfer-Rauser 1993). Denn einige Erhebungsinstrumente erfüllen die wissenschaftlichen Gütekriterien nicht, sind primär durch Vermarktungsinteresse getrieben oder stellen lediglich erste Ansätze dar, deren Erprobung noch ausstehend ist (vgl. Sonntag/Schmidt-Rathjens 2004).

Hilfreich bei der Analyse waren Auflistungen von publizierten Instrumenten, welche berufliche Kompetenzen diagnostizieren und die Testgütekriterien ausreichend erfüllen (vgl. Frey 2006: 35 ff.; Quem Arbeitsgemeinschaft 2005; Erpenbeck/Rosenstiel 2007). Hierbei stach das Befragungsinstrument des Kompetenz-Reflexions-Inventar (KRI; vgl. Kauffeld 2003) hervor. Jenes wurde für das eigene Forschungsvorhaben ausgewählt, da es die geforderten Kriterien erfüllt:

- Inhaltliche Nähe zum eigenen Forschungsvorhaben
- Erfüllung wissenschaftlicher Konstruktions- und Validierungskriterien
- Erfassung aller Facetten der beruflichen Handlungskompetenz
- Basierend auf verschiedenen Modellen der beruflichen Handlungskompetenz

Somit ermöglicht jenes eine differenzierte Erfassung der beruflichen Handlungskompetenz (vgl. Henschel 2005: 18). Da es sich bei dem eigenen Forschungsvorhaben um eine Fragebogenstudie handelt, werden auch die Kompetenzen der beruflichen Handlungskompetenz über einen subjektiven Analysezugang erfasst. Hierbei dient der KRI Fragebogen als Grundlage des eigenen Erhebungsinstruments.

Das eigene Erhebungsinstrument wird nach Abschluss der kognitiven Phase entwickelt und vor der endgültigen empirischen Erhebung auf seine Funktionsfähigkeit geprüft (vgl. Prüfer/Rexroth 2005: 19). Demnach wird vor der empirischen Erhebung mit der endgültigen Fragebogenversion in einem Feldpretest[103] die Handhabung oder Akzeptanz der Befragungsdauer überprüft. Der Stichprobenumfang von Feldpretests umfasst in der Regel zwischen 20 und 100 Befragte (vgl. Faulbaum et al. 2009: 96). Diese Erhebung ist eine Simulation der Hauptstudie mit einer stark verkleinerten Stichprobe, doch sie wird unter möglichst realistischen Bedingungen der Hauptstudie durchgeführt (vgl. Faulbaum et al. 2009: 98).

Im vorliegenden Forschungsvorhaben wurde sich für eine Onlinebefragung (Web-Befragung)[104] als empirische Erhebungsmethode entschieden. Diese Art der Befragung zählt mittlerweile zu den am häufigsten einsetzten Instrumenten (vgl. Welker/Wünsch 2010: 492).

---

103 auch benannt als Standardpretest, konventioneller Pretest oder klassischer Pretest (vgl. Faulbaum et al. 2009: 98).

104 Bei der Web-Befragung wird ein Fragebogen auf dem Server abgelegt und die Antworten dort gespeichert (vgl. Welker/Wünsch 2010: 492).

Sie birgt wie andere Datenerhebungsmethoden (vgl. Dillmann 2000) Vor- und Nachteile, welche im Folgenden grob skizziert werden:

Tabelle 7: Vor- und Nachteile der Online-Erhebung (vgl. Welker/Wünsch 2010: 492; Scholl 2003)

Vorteile	Nachteile
Geringerer Zeit- und Kostenaufwand als bei anderen Erhebungsverfahren	Technische Voraussetzungen und Kenntnisse müssen erfüllt sein
Automatisierte Darstellung, Durchführung und Erfassung der Daten	Beschränkung auf Personen, die online erreichbar sind
Validierung der Antworten	Befragungsdauer darf 10 Minuten wegen Motivationsabbruch nicht überschreiten
Protokollierung und Möglichkeit der schnelleren Datenverarbeitung	Beschränkte Kontroll- und Steuerungsmöglichkeit
Entschärfung der sozial erwünschten Beantwortung der Fragen	
Zeitlich flexible Bearbeitung der Fragen	
Automatische Filterung	

Nach Abwägung der Vor- und Nachteile wurde die online Befragungsmethode für das eigene Forschungsvorhaben als geeignet eingestuft. Hauptargumente dafür sind die sofortige Verfügbarkeit der Daten sowie die automatisierte Unterstützung der Erfassungs-, Darstellungs- und Auswertungsform. Weiterhin wird als positiv angesehen, dass durch die automatische Vorgabe der Itemreihenfolge versucht wird einem Motivationsabbruch vorzubeugen, welcher sich im Ergebnis niederschlagen würde.

Zusätzliche positive Aspekte für die online Befragungsmethode sind der geringere Zeit- und Kostenaufwand, vor allem, da mit der Durchführung der kognitiven Interviews bereits eine zeitintensivere und kostspieligere Erhebungsmethode genutzt wurde.

Das Risiko, bestimmte Personen aufgrund nicht vorhandener technischer Voraussetzungen auszuschließen, wird als gering eingestuft, da davon ausgegangen wird, dass Personen der Befragungszielgruppen zumindest am Arbeitsplatz über die technischen Voraussetzungen verfügen und vorwiegend Personen an ihrem Arbeitsplatz angeschrieben worden sind. Die beschränkte Kontroll- und Steuerungsmöglichkeit, beispielsweise, dass die Zusammensetzung der Stichprobe schwieriger zu kontrollieren ist, muss als Nachteil hingenommen werden. Dies wird allerdings als Komponente mit geringer Auswirkung eingestuft, da die Zielgruppen der Befragung gezielt angeschrieben werden.

5.3.3 Das Kompetenz-Reflexions-Inventar

Der Fragebogen des eigenen Forschungsvorhabens basiert auf dem bereits existierenden sowie in der Wissenschaft und Praxis etablierten Fragebogen des *Kompetenz-Reflexions-Inventar* (KRI)[105] von Simone Kauffeld (vgl. Kauffeld 2010). Die Gründe zur Auswahl dieses Instruments – in Abgrenzung zu anderen Instrumenten – wurden bereits im vorherigen Abschnitt erläutert.

Das Kompetenz-Reflexions-Inventar (KRI) ist ein neu entwickeltes Verfahren zur Selbsteinschätzung der beruflichen Handlungskompetenz von Beschäftigten (vgl. Friebe 2005: 155). Das KRI wurde als Ergänzung zu objektiven Kompetenzmessverfahren entwickelt und basiert auf dem Kassler-Kompetenz-Raster (vgl. Kauffeld 2006), diversen Kompetenzmodellen (vgl. Grote et al. 2006) sowie Definitionen der Facetten

Fach-, Methoden-, Sozial- und Selbstkompetenz (vgl. Weinert 2001; Kauffeld 2006).

Durch das KRI werden zum einen die persönliche Kompetenzeinschätzung und zum anderen die Bedeutung des Kompetenzaspekts für das eigene Berufsfeld erfragt. Diese beiden Einschätzungen werden anschließend miteinander verglichen und der Kompetenzentwicklungsbedarf wird heraus gestellt (Kauffeld 2010: 204) Somit erfüllt das KRI zum einen eine Diagnosefunktion, durch welche die individuelle Ausprägung der Kompetenzfacetten des Beschäftigten dargestellt werden und zum anderen eine Gestaltungsfunktion, durch welche notwendige Entwicklungsmaßnahmen abgeleitet werden können (vgl. Friebe 2005: 155).

Der Fragebogen des KRIs wurde als Grundlage für den zu entwickelten Fragebogen ausgewählt, da jener sich mit dem Einsatzbereich des eigenen Forschungsvorhabens deckt und nach Überprüfung der zentralen Testgütekriterien, als standardisiertes, reliables und valides Messinstrument gilt (vgl. Henschel 2005).

105 Da das KRI im Rahmen einer Kooperationsvereinbarung mit dem Institut für Psychologie an der Technischen Universität Braunschweig angefragt wurde, darf jenes ausschließlich für Forschungszwecke genutzt werden, unterliegt der Vertraulichkeit und eine Weitergabe an Dritte wird ebenfalls ausgeschlossen. Demnach liegt das KRI nicht dem Anhang dieser Arbeit bei, kann aber auf Nachfrage bei der Verfasserin angefragt werden.

Das KRI enthält 80 Items, deren faktorenanalytische Zuordnung (N = 156 Befragte) zu 19 Skalen an einer zweiten Stichprobe (N = 368 Befragte) bestätigt wurde (vgl. Henschel 2005: Zusammenfassung).

Dimensionalität des KRIs

Die im KRI abgefragte berufliche Handlungskompetenz setzt sich aus der Fach-, Methoden-, Sozial- und Selbstkompetenz zusammen, was das Ergebnis einer konfirmatorischen Faktorenanalyse war. Die Kompetenzfacettenzusammensetzung der beruflichen Handlungskompetenz sowie deren wissenschaftliche Herleitung sind im Sinne des eigenen Forschungsvorhabens. Denn es werden die Anforderungen an wissenschaftliche Gütekriterien erfüllt und das Kompetenzkonstrukt deckt sich mit dem in dieser Arbeit verwendeten Kompetenzkonstrukt.

Um alle berufsrelevanten Fertigkeiten und Fähigkeiten in die Befragung einzuschließen, wurden im KRI Items für diese vier Kompetenzbereiche ausgearbeitet (vgl. Friebe 2005: 155). Wie bereits beschrieben, wurden jene bzw. das KRI in einer Pilotstudie mit 156 Berufstätigen hinsichtlich seiner psychometrischen Qualität überprüft. Auf Basis der 19 Skalen wurden alle Items mit Faktorladungen $a<.50$ und einer Trennschärfe unter $r_{it}=.30$ ausgeschlossen. Somit umfasst die Endversion des KRIs 80 Items, welche eine Trennschärfe über $r_{it}\geq.30$ aufweisen (vgl. Friebe 2005: 155).

Zur Veranschaulichung werden im Folgenden die vier Hauptkompetenzfacetten des KRIs mit ihren vier bis sechs Subskalen dargestellt.

Die **Fachkompetenz** wird mit vier Unterkompetenzen (Subskalen) beschrieben und insgesamt durch 14 positiv formulierte Items erfasst:

Tabelle 8: Die Fachkompetenz und ihre vier Unterkompetenzen (vgl. Kauffeld 2010: 202)

Konzeptionelles Denken	Den Arbeitsprozess als Ganzes sehen; vom konkreten Einzelfall auch auf andere Vorgänge generalisieren.
Kenntnis der Organisation und Abläufe	Das eigene fachliche Wissen sowie die Kenntnisse über den Aufbau der Organisation, wie z. B. die Zuständigkeiten der jeweiligen Fachgebiete, sinnvoll einsetzen können.
Problemerkennung	Probleme und Veränderungsbedarf bei der Arbeit identifizieren und bestehende Abläufe und Prozesse kritisch hinterfragen.
Entwicklung von Lösungen	Neue Ideen zur Verbesserung der Arbeit entwickeln.

Die internen Konsistenzen der Subskalen (Cronbachs Alpha)[106] liegen zwischen a = .62 und a = .85 (vgl. Friebe 2005: 155).

Die **Methodenkompetenz** wird durch sechs Unterkompetenzen (Subskalen) konkretisiert und mit 19 positiv und fünf negativ formulierten Items erfasst:

Tabelle 9: Die Methodenkompetenz und ihre sechs Unterkompetenzen (vgl. Kauffeld 2010: 202 f.)

Planung	Planung und Strukturierung der eigenen Arbeitsabläufe: Zielgerichtetes Vorgehen, bei dem Prioritäten gesetzt, die einzelnen Arbeitsschritte koordiniert werden und die erforderliche Zeit eingeplant wird.
Aufgabenverteilung	Aufgaben angemessen an Mitarbeiter oder Kollegen delegieren bzw. verteilen.
Konzentration	Aufgaben zu Ende bringen, „bei der Sache bleiben“, sich beim Arbeiten nicht ablenken lassen, sich auf das Wesentliche konzentrieren, sich nicht in Kleinigkeiten verlieren.
Moderation und Präsentation	Sachverhalte und Vorgehensweisen klar und verständlich erläutern, zu moderieren und Ergebnisse auch für andere nachvollziehbar zusammenfassen und zu dokumentieren.
Umgang mit EDV und Technik	Problemlöser, spielender Umgang mit den Arbeitshilfsmitteln und Maschinen, wie mit dem PC, Software, Datenbanksystemen, Onlinediensten und dem Internet.
Reflexion	Über gemachte Erfahrungen bei der Arbeit nachdenken: die Ergebnisse der Arbeit mit den aufgestellten Zielen vergleichen und bewerten und überlegen, wie Schwierigkeiten und Probleme für die Zukunft besser zu lösen sind.

Die Reliabilitäten der sechs Subskalen liegen zwischen a = .71 bis a = .89 (vgl. Friebe 2005: 155).

Die **Sozialkompetenz** umfasst fünf Unterkompetenzen (Subskalen) und wird ebenfalls mit 19 positiv und fünf negativ formulierten Items erfasst:

106 Vgl. hierzu Abschnitt 3.2.2

Tabelle 10: Die Sozialkompetenz und ihre fünf Unterkompetenzen (vgl. Kauffeld 2010: 203)

Kontaktaufbau und -pflege	Auf andere Personen zugehen, neue Arbeitskontakte knüpfen und pflegen.
Positionierung des eigenen Standpunktes	Die eigene Meinung gegenüber Kollegen und Vorgesetzten vertreten, sachliche Kritik üben, Durchsetzungsvermögen.
Motivation von anderen	Kollegen, Mitarbeiter, Kunden, Geschäftspartner, etc. für eine Idee begeistern, anspornen und zu hervorragenden Leistungen bringen.
Akzeptanz und Anerkennung	Sich auf andere Personen (Kollegen, Mitarbeiter, Kunden, Geschäftspartner etc.) gut einstellen können, ihre Meinungen berücksichtigen und auf ihre Vorschläge und Bedürfnisse eingehen.
Rücksichtnahme und Besonnenheit	Auch bei Ärger ruhig und bedächtig reagieren und anderen Personen gegenüber rücksichtsvoll sein.

In der Dimension der Sozialkompetenz und ihren fünf Subskalen wird der höchste Wert der internen Konsistenz zwischen a = .79 bis a = .92 gemessen (vgl. Friebe 2005: 155).

Die **Selbstkompetenz** wird konkretisiert durch folgende vier Unterkompetenzen sowie 13 positiv und fünf negativ formulierten Items:

Tabelle 11: Die Selbstkompetenz und ihre vier Unterkompetenzen (vgl. Kauffeld 2010: 203)

Interesse an Veränderungen	Interesse an neuen Ideen und (Arbeits-) Konzepten, aufgeschlossen sein für Veränderungen innerhalb der Organisation.
Verantwortungsübernahme und Initiative	Verantwortung für das eigene Handeln übernehmen und die Konsequenzen dafür tragen können.
Mitwirkung	Umsetzungsstärke, konkrete Maßnahmen zur Realisierung planen und sich selbst günstige Rahmenbedingungen schaffen.
Selbstmanagement	Vertrauen in sich selbst zu haben, sich mit den persönlichen Schwächen und Grenzen realistisch einschätzen können und mit den eigenen Kräften vernünftig zu haushalten.

Der Reliabilitätskoeffizient der Selbstkompetenz mit ihren vier Subdimensionen weist Werte von a = .65 bis a = .87 auf (vgl. Friebe 2005: 155).

Die aufgelisteten Reliabilitätswerte der (Sub-) Skalen zeigen, dass die Reliabilitäten durchweg in einem zufriedenstellenden Bereich liegen.

Die Validität der Skalen wurde anhand der Außenkriterien *Zufriedenheit im Job* sowie *Bruttojahreseinkommen* überprüft. Für das Außenkriterium *Zufriedenheit im Job* konnte mehrheitlich eine signifikante positive Korrelation im mittleren Bereich festgestellt werden. Die Subskalen der Selbstkompetenz weisen die höchsten Korrelationen auf. Die Korrelationen mit den Subskalen in Abhängigkeit des Außenkriteriums *Bruttojahreseinkommen* fallen zwar etwas schwächer aus, sind allerdings größtenteils signifikant (vgl. Friebe 2005: 155).

Hinzuzufügen ist allerdings, dass trotz dieser akzeptablen Werte die Anpassung des Vier- Faktoren-Modells nicht besonders gut ist, auch wenn es in Relation zu den anderen Modellen am besten passt. Die Gesamt- und inkrementellen Fitmaße (CFI, RMSEA etc.) sind nicht wirklich überzeugend (vgl. Henschel 2005: 70). Somit sind die Ausgangsbedingungen für eine Replikation der Struktur nicht optimal. Dem wird versucht entgegen zu wirken, indem keine Replikation, sondern eine Adaption angestrebt wird. Detailliert bedeutet dies, dass die einzelnen Items auf das eigene Forschungsvorhaben angepasst werden. Als zusätzliche Überprüfungsinstrumente werden das GESIS Pretestlabor[107] sowie kognitive Interviews die Qualität des eigenen Fragebogens überprüfen.

Antwortskala

Wie vorangegangen beschrieben, besteht das KRI aus insgesamt 80 Items, welche verhaltensorientierte Aussagen zu den vier Kompetenzfacetten bzw. deren Unterkompetenzen treffen. Anhand „einer 11-stufigen Antwortskala mit den Verankerungen ‚trifft überhaupt nicht zu' (0 %) bis ‚trifft völlig zu' (100 %)" (Kauffeld 2010: 204) werden diese Aussagen von dem Befragten eingeschätzt.

Das KRI greift auf eine Mischung zwischen Rang- und metrischer Skala, einer Ratingskala, zurück. Es werden wie bei einer endpunktbenannten Skala –

107 Das „GESIS-Leibniz-Institut für Sozialwissenschaften ist die größte deutsche Infrastruktureinrichtung für die Sozialwissenschaften. Mit seinen über 250 Mitarbeiterinnen und Mitarbeiter an drei Standorten (Mannheim, Köln, Berlin) erbringt GESIS grundlegende, überregional und international bedeutsame forschungsbasierte Dienstleistungen" (Gesis 2014: online). Im eigenen Pretestlabor bietet das Institut unentgeltlich Beratungen zu Pretestingverfahren und Fragebogenkonstruktion an, was für diese Arbeit genutzt wurde.

welche auch als numerische Skala bezeichnet wird – nur die beiden extremen Skalenpunkte benannt. Die Skalenwerte zwischen den Extrempunkten sind zur Orientierung mit Prozentzahlen versehen (vgl. Bold/Reiners 2011: 27). Im Gegensatz zu einer verbalisierten Skala mit einem sogenannten ordinalen Skalenniveau – bei der jeder Skalenpunkt eine verbale Zuordnung aufweist – können die Skalenpunkte gleichabständig und somit (durch die Kombination der verbalen Benennung und gleich abständigen numerischen Werten) als quasi-metrisch betrachtet werden. Wobei auch hier beachtet werden sollte, dass die vorgegebene Gleichabständigkeit nicht zwangsläufig auch die des Befragten ist (vgl. Götze et al. 2002: 235). *„Rating-Skalen liefern nur dann intervallskalierte (d. h. metrisch skalierte) Merkmale, wenn die Skalenstufen die in gleiche Abstände gegliederte Eigenschaftsdimension linear auf reelle Zahlenintervalle abbilden"* (Götze et al. 2002: 235).

Hierbei ist es problematisch, dass tatsächliche intervallskalierte Merkmale in den Sozialwissenschaften eher selten sind. *„Eindeutig kein Intervallskalenniveau haben Ratingskalen aller Art, auch wenn diese mit 5, 7, 10 oder mehr Skalenpunkten konstruiert werden. Das Messniveau dieser Skalen zur Messung von Intensitäten ist und bleibt ordinal"* (Jacob et al. 2013: 32); wobei auch diese absolute Aussage eingeschränkt werden sollte, da es empirisch prüfbar ist, inwiefern die Abstände der Antwortkategorien gleichgroß sind.

Abbildung 18: Ratingskala des KRI

0%	10%	20%	30%	40%	50%	60%	70%	80%	90%	100%

trifft überhaupt nicht zu — trifft völlig zu

Das KRI hat eine unipolare Ratingskala, denn die Skalenendpunkte sind unterschiedlich benannt, bilden allerdings keine Gegensatzpaare, wie dies bei einer bipolaren Ratingskala der Fall ist (beispielsweise häßlich – schön) (vgl. Götze et al.: 2002: 233 f.). Von der Stufenanzahl wurde eine ungerade Zahlskala gewählt und somit existiert in natürlicher Weise eine Skalenmitte, auf die der Befragte ausweichen kann (vgl. Götze et al.: 2002: 235).

Bevor der Adaptionsprozess des KRIs auf das eigene Forschungsvorhaben beschrieben und erläutert wird, werden davor die Fragestellungen und die zu erwartenden Zusammenhänge erläutert.

5.4 Fragestellung und erwartete Zusammenhänge

Um das Set an Kompetenzen innerhalb der Handlungskompetenz pro Berufsgruppe ermitteln zu können, werden im ersten Untersuchungsschritt die Kompetenzdimensionen innerhalb der Kompetenzfacetten pro Berufsgruppe bestimmt.

Frage 1: Unterscheiden sich die Berufsgruppen in einer unterschiedlichen Ausprägung der beruflichen Handlungskompetenz mit den vier Kompetenzfacetten (Fach-, Methoden-, Sozial- und Selbstkompetenz)?

Hypothese 1: Die Berufsgruppen unterscheiden sich hinsichtlich ihrer Ausprägung der beruflichen Handlungskompetenz mit den vier Kompetenzfacetten (Fach-, Methoden-, Sozial- und Selbstkompetenz).

Frage 2: Besitzen männliche Befragungsteilnehmer eine höhere Fähigkeit zur Selbstorganisation und somit zur Kompetenzentwicklung als weibliche Befragungsteilnehmer?

Hypothese 2: Männliche Befragungsteilnehmer bewerten die Items der Selbstkompetenz höher als weibliche Befragungsteilnehmer.

Basierend auf den Ergebnissen der Studie „Individuelle Kompetenzentwicklung durch Lernen im Prozess der Arbeit“ (Bergmann/Richter 2003) existiert eine geschlechtsspezifische Kompetenzentwicklung zugunsten der männlichen Beschäftigten. Da neben der üblichen Kompetenzklassifizierung der Fach-, Methoden-, Sozial- und Selbstkompetenz das selbstorganisierte Lernen als Hauptmechanismus bei der Entwicklung der beruflichen Handlungskompetenz herausgearbeitet wurde, werden die motivationalen Gesichtspunkte der Selbstkompetenz näher betrachtet (vgl. Richter/Bergmann 2002: 216).

Frage 3: Gibt es eine berufsgruppenunabhängige Sichtweise auf die Handlungskompetenz von Personen, die länger als 10 Jahre dieselbe Tätigkeit ausüben und somit als Experten gelten?

Diese Frage wird aus den vorangestellten Ergebnissen bezüglich der „Alterstrends der beruflichen Handlungskompetenz“ abgeleitet, in denen beschrieben wurde, dass die berufliche Handlungskompetenz bei Beschäftigten, die länger als 10 Jahre dieselbe Tätigkeit ausüben, berufsgruppenunabhängig ausgeprägter ist als bei Jüngeren.

Hinzu kommt, dass die arbeitsimmanente Kompetenzentwicklung ein längerfristiger Prozess ist und somit die Effekte vor allem bei Beschäftigten mit langjähriger Berufserfahrung nachzuweisen sind. Da in der Literatur keine allgemeingültige Klassifizierung darüber existiert, wie viele Berufsjahre einen

Beschäftigten als Berufseinsteiger, -anfänger, Berufserfahrener, -experte charakterisieren, wird in Anlehnung an das Karrieremodell von Beratungsfirmen eine eigene Klassifikation erarbeitet. Dies ist entscheidend, da die unterschiedliche Sichtweise auf die Handlungskompetenz zwischen einem Beschäftigten mit wenig und einem mit viel Berufserfahrung untersucht werden soll.
Im Folgenden wird demnach ein Beschäftigter mit bis zu zwei Jahren Berufserfahrung als Berufsanfänger charakterisiert (vgl. Brink 2010: 147). Kann der Beschäftigte auf zwei bis fünf Jahren Berufserfahrung zurück blicken, ist er ein sogenannter „Young Professional". Ab zehn Jahren Berufserfahrung wird von einem Beschäftigten als ausgewiesener Experte mit großem Erfahrungsschatz ausgegangen (vgl. Ericsson et al. 1993).

Hypothese 3: Bezüglich der beruflichen Handlungskompetenz stimmen die Antworten der Personen die schon länger im Berufsleben stehen, unabhängig von ihrer Berufsgruppe, überein.

Frage 4: Haben Personen der Berufsgruppe „Lehrtätigkeit an außerschulischen Bildungseinrichtungen" mit einer pädagogischen Ausbildung eine andere Sichtweise auf die berufliche Handlungskompetenz als Personen derselben Berufsgruppe, die eine wirtschaftswissenschaftliche Ausbildung genossen haben?

Hypothese 4: Bezüglich der beruflichen Handlungskompetenz in der Berufsgruppe „Lehrtätigkeit an außerschulischen Bildungseinrichtungen" stimmen die Antworten der Personen, die eine pädagogische Ausbildung genossen haben stärker überein als von Personen derselben Berufsgruppe mit wirtschaftswissenschaftlicher Ausbildung.

5.4.1 Erkenntnisinteresse zu der Qualität der Skala

Auch wenn der Fragebogen des eigenen Forschungsvorhabens auf einem bereits gütekriterienerfüllenden Fragebogen basiert, wird im eigenen Forschungsvorhaben nochmals auf die Itemgütekriterien wie Schwierigkeit und Trennschärfe sowie auf die Gütekriterien der Skala: Objektivität, Reliabilität, Validität und auf die Nebengütekriterien wie Zumutbarkeit und Ökonomie eingegangen. Begründet wird dieses Vorgehen, da Änderungen am Originalfragebogen vorgenommen worden sind.

Analyse der Items: Die Items sollten eine hohe Trennschärfe aufweisen (vgl. Lienert/Raatz 1998). Die Hypothese lautet demnach wie folgt:

Erkenntnisinteresse 1: Die Items der beruflichen Handlungskompetenz und ihrer vier Kompetenzfacetten weisen eine hohe Trennschärfe auf.

Objektivität: Die Ergebnisse des Fragebogens sollen unabhängig von der befragten Person sowie Zeit und Ort der Erhebung zustande kommen. Die Objektivität bezieht sich auf Durchführung-, Auswertung- und Interpretation[108] der Erhebung bzw. der Ergebnisse (vgl. Krope 2002: 54).

Erkenntnisinteresse 2: Durch den Erhebungsbogen werden die vier Kompetenzfacetten der beruflichen Handlungskompetenz objektiv erfasst.

Reliabilität: Die Prüfung der Reliabilität geht der Frage nach, ob mit dem Fragebogen genau das, was gemessen werden soll auch zuverlässig gemessen wird (vgl. Mummendey/Grau 2008: 100). Hinsichtlich des eigenen Forschungsvorhabens bedeutet dies:

Erkenntnisinteresse 3: Die Reliabilität des Fragebogens zur Erfassung der vier Kompetenzfacetten der beruflichen Handlungskompetenz ist gegeben.

Da Reliabilität und Validität für das eigene Forschungsvorhaben unerlässlich sind, wird nach dem Pretest, welcher auf einer Befragungszahl von 105 Teilnehmenden basiert, eine zweite Stichprobe, die Hauptstudie mit 300 Teilnehmenden, durchgeführt. Die ermittelten Ergebnisse des Pretests sowie der Hauptstudie werden zu einem Datensatz konsolidiert und ausgewertet.

Skaleninterkorrelation: Die Skaleninterkorrelation beschreibt den statistischen Zusammenhang (Korrelation) zwischen den Skalen der Befragung. Die Skaleninterkorrelation ist ein bedeutender Aspekt der Validität und das Ausmaß ist abhängig von der theoretischen Grundannahme.

Die Richtung der Korrelation wird hier nicht angeführt, denn sie hängt von der Operationalisierung ab. Da die Skalen des Befragungsbogens dem übergeordnetem Konstrukt der beruflichen Handlungskompetenz untergeordnet sind, sollten sie substanziell sein, aber dennoch

108 Detailliertere Erläuterung zur Durchführungs-, Auswertungs- und Interpretationsobjektivität siehe bspw. Rammstedt 2010: 240 ff.

den Schluss der Eigenständigkeit der Subfacetten nahelegen (vgl. Lienert/Raatz 1998).

Um die Handlungskompetenz abzubilden, bestehen Interdependenzen zwischen den einzelnen Kompetenzfacetten. So sind Facetten der Methodenkompetenz notwendig, um die Fachkompetenz anzuwenden. Facetten der Sozialkompetenz bedingen die Selbstkompetenz und umgekehrt (vgl. Becker 1994; Faix/Laier 1991; Schuler/Barthelme 1995; Strasmann/Schüller 1996). Daraus ist folgende Hypothese abzuleiten:

Erkenntnisinteresse 4: Es ist eine Korrelation der Skalen der vier Kompetenzfacetten zu erwarten.

5.4.2 Zusammenhänge zwischen Itemkennwerten und Gütekriterien

Die beschriebenen Item-, Skalen und Nebengütekriterien stehen nicht losgelöst, sondern in einem Zusammenhang zueinander (vgl. Mummendey/Grau 2008: 109).

Die Konsistenz des Fragebogens (Reliabilität) wird einerseits durch die Trennschärfe der Items, andererseits durch deren Anzahl sowie die Ähnlichkeit der Items untereinander beeinflusst. Sind Items trennscharf, so weist auch der Fragebogen Reliabilität auf. Die besten Voraussetzungen für hohe Trennschärfen weisen Items mit einem mittleren Schwierigkeitsgrad auf, weil jene die meisten Differenzierungen erlauben. Durch viele Items kann ein Konstrukt präziser erfasst werden. Sind die Items sehr homogen zueinander, so wird zumindest ein bestimmter Ausschnitt des Konstrukts präzise erfasst.

Reliabilität gilt als zentrale Voraussetzung für eine hohe Validität. Die Validität kann durch eine zu geringe Konstruktabdeckung oder durch eine konstruktirrelevante Varianz beeinträchtigt sein (vgl. Messick 1995: 5 ff.). Auf diesem Weg kann sich die Suche nach hoher Reliabilität negativ auf die Validität auswirken (Verdünnungsparadox). Die Ursache kann zum einen ein zu langer Fragebogen sein, dessen Beantwortung durch andere Konstrukte beispielsweise durch einen Mangel an Konzentration oder Motivation verzerrt wird. Zum anderen kann es auch ein sehr ausgeprägt homogener Erhebungsbogen sein, dessen Items sich sehr ähnlich sind und den gleichen Aspekt abfragen. Somit wird durch den Fragebogen ein zu kleiner Ausschnitt des zu messenden (Kompetenz-)Konstrukts erfasst. In beiden Fällen weist der Bogen nur noch geringe Korrelationen mit Maßen auf, welche außerhalb der Untersuchungssituation erhoben werden.

Aus den genannten Gründen wird im eigenen Forschungsvorhaben beachtet, dass eine ausgewogene Anzahl von Items vorliegt und sich die Items inhaltlich nicht wiederholen. Somit kommt es nicht zu Einschränkungen der Validität (vgl. Mummendey / Grau 2008: 10).

6. Instrument der Untersuchung

Nach Formulierung und Bestimmung der Hypothesen, der Zielgruppe und der Untersuchungsmethodologie folgen nun die nächsten vorbereitenden Schritte für die empirische Untersuchung: die Entwicklung des Fragebogens sowie dessen Testung auf Inhalt und Funktion.

Abbildung 19: Schritte zur Vorbereitung der Hauptuntersuchung

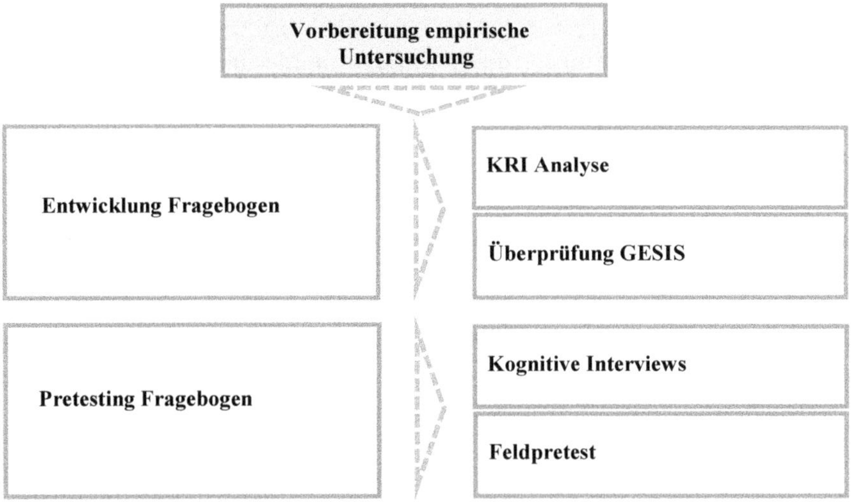

6.1 Entwicklung des Fragebogens

Das eigene Forschungsvorhaben knüpft an bestehende Forschungsansätze an und untersucht einen spezifischen Aspekt daraus. Wie im Theorieabschnitt erarbeitet, wird im eigenen Forschungsvorhaben die berufliche Handlungskompetenz von drei Berufsgruppen untersucht. Aus diesem Grund wird auf das KRI in einer abgewandelten Variante zurückgegriffen.

Über ein mehrstufiges Verfahren (Interviews, Feldpretest) wurden für die Hauptstudie insgesamt 38 Items, basierend auf dem KRI ausgewählt. Dabei wurde durchgehend darauf geachtet, dass jede ausgewählte Subdimension gleichmäßig repräsentiert ist und dass die Subskalen sowie die einzelnen Items inhaltlich passend für die Zielgruppe der Befragung sind. Um diese Anforderungen zu erreichen, wurden in der Erstversion des Fragebogens, der bei den kognitiven

Interviews zum Einsatz kam, bewusst mehr Items pro Subskala selektiert als für die Hauptuntersuchung notwendig.

Dieser größere Pool an Items wurde als notwendig erachtet, um die Möglichkeit für weitere Itemselektionen, abhängig von den Ergebnissen der kognitiven Interviews, vorzunehmen.

Die Erstversion des Fragebogens wurde zur Überprüfung der Fragebogenkonstruktion an das GESIS Pretestlabor geschickt.

Die Rückmeldungen von GESIS wurden in die Fragebogenversion eingearbeitet, so dass die sechs kognitiven Interviews auf dieser Version basieren (vgl. Anhang C). Nach Einarbeitung der Ergebnisse aus den kognitiven Interviews folgten der tatsächliche Pretest und die Haupterhebung. Die einzelnen Entwicklungsschritte bis zur Endversion des Fragebogens werden im Folgenden beschrieben. Basierend auf dem KRI findet im ersten Entwicklungsschritt eine Analyse der Werteverteilung statt.

6.1.1 Entwicklung Fragen: Verteilungsanalyse

Vor der Itemselektion für den eigenen Erhebungsbogen wird die Itemverteilung des KRIs betrachtet.

Die aufgelisteten Reliabilitätswerte der (Sub-)Skalen zeigen, dass alle Reliabilitäten in einem zufriedenstellenden Bereich liegen (vgl. Anhang B). Die Validität der Skalen wurde anhand der Außenkriterien *Zufriedenheit im Job* sowie *Bruttojahreseinkommen* überprüft. Für das Außenkriterium *Zufriedenheit im Job* konnte mehrheitlich eine signifikante positive Korrelation im mittleren Bereich festgestellt werden. Die Subskalen der Selbstkompetenz weisen die höchsten Korrelationen auf. Die Korrelationen mit den Subskalen in Abhängigkeit des Außenkriteriums *Bruttojahreseinkommen* fallen etwas schwächer aus, sind allerdings größtenteils signifikant (vgl. Friebe 2005: 155).

Im zweiten Schritt wurden die Items des KRIs analysiert und selektiert, um sie daraufhin auf die Items des eigenen Fragebogens anzupassen.

6.1.2 Entwicklung Fragen: Itemanalyse und -selektion

Basierend auf den Rohwerten werden Itemschwierigkeit sowie deren Trennschärfe im Rahmen der statistischen Itemanalyse berechnet (vgl. Bühner 2011: 50). Items, die einen geringen Zusammenhang zur Gesamtheit aufweisen (Trennschärfe) werden im Befragungsbogen nicht weiter berücksichtigt, da sie zur Ergebnisgewinnung nur im geringen Maße etwas beitragen können (vgl. Bühner 2011: 50).

Bei der Itemselektion bzw. deren Reduktion wird beachtet, dass die Reliabilität des Erhebungsinstruments weiter gegeben ist und nicht durch die Itemreduktion an Messgenauigkeit verliert. Alternativ sollte der Erhebungsbogen durch weitere Items ergänzt werden, welche dem Messanspruch gerecht werden.

Basierend auf den Rohwerten des KRIs werden Items beibehalten, die bezüglich des Forschungsvorhabens inhaltlich passend und/oder gute empirische Kennwerte bzw. eine hohe positive Trennschärfe aufweisen. Im ersten Schritt wurden alle Items mit der Faktorladungen und dem Cut-Off-Kriterium $|a|=0{,}50$ markiert. Für die Trennschärfe wurde als Richtwert der Durchschnittswert der beiden Ladungswerte aus der ersten und zweiten Stichprobe ermittelt (vgl. Anhang A).

Da die zweite Stichprobe des KRIs größer als die erste ausfiel, wäre eine ausschließliche Wertbetrachtung der zweiten Stichprobe bereits ausreichend gewesen. Da die Stichproben allerdings ähnliche Werte aufweisen und eine fundierte und ausführlichere Analyse aus Qualitätsaspekten angestrebt wird, wurde der Durchschnittswert beider Stichproben als Maßstab gewählt.

Zusätzlich wurden aus der item- und skalenanalytischen Kennwertetabelle des KRIs die Items mit positiver Trennschärfe, also Werten $|a|=.50$ markiert (vgl. Anhang B). Obwohl der ungefähre untere Grenzwert einer positiven Trennschärfe bei .30 liegt (vgl. Krohne/Hock 2007: 48) wurden Items mit höherer Korrelation ausgewählt. Allerdings wurde auch bei dieser Vorgehensweise der inhaltlichen Passung Vorrang gegeben. Ziel dieses Vorgehens ist die Reduzierung der vier Items pro Unterkompetenzbereich auf drei Items. Mehrheitlich wurde dasselbe Item aufgrund seines hohen Wertes der Faktorenladung sowie der Trennschärfe bestätigt. In den wenigen Ausnahmen wurde nur nach dem Wert der Trennschärfe selektiert, welcher dann mindestens über .30 liegen musste.

Der Wert der Trennschärfe wurde gegenüber der Faktorenladung bevorzugt, da er Eigenkorrelationen[109] vermeidet und somit genauer ist.

Anstelle der Durchschnittswertbildung aus der ersten und zweiten Stichprobe wäre es auch möglich und statistisch exakter gewesen, die Faktorladungen bzw. Trennschärfen vor der Durchschnittswertbildung erst in sogenannte Fisher-Z-Werte[110] zu transformieren und diese dann zu mitteln und wieder zu inver-

109 Eigenkorrelation: bei der Trennschärfe wird das Item mit einem Skalensummenwert korreliert, von dem das Item wieder abgezogen wurde, der Summenwert und das Item sind also unabhängig voneinander; bei der Faktorenanalyse korreliert das Item mit einem latenten Faktor, dessen Bildung nicht unabhängig von dem Item ist.

110 Es bedarf der Fisher Z-Transformation, wenn für einen Merkmalszusammenhang mehrere Korrelationen existieren, beispielsweise durch mehrere durchgeführte Untersuchungen. Dann ist es sinnvoll den Mittelwert aus den Korrelationen zu bilden. Da Korrelationskoeffizienten nicht intervallskaliert sind, müssen die Korrelationen in Fishers Z-Werte transformiert werden. Hierbei ist zu beachten, dass die Fishers

tieren. Zusätzlich hätte es sich auch angeboten, die Einzelwerte noch mit der Stichprobengröße zu gewichten. Doch dies hätte vermutlich nicht zu einer anderen Auswahl geführt, weil erhebliche Abweichungen erst bei größeren Beträgen zu erwarten sind. Nach diesen genannten Kriterien wurden 50 Items des KRIs für das eigene Forschungsvorhaben selektiert. Diese Items wurden umformuliert, so dass sie sprachlich auf die Fragestellung „In meinem Tätigkeitsbereich ist es von Bedeutung, …" einen Sinn ergeben. Somit wurde der subjektive Einstieg der Items relativiert und die Items erfragen nun nicht mehr Verhalten, sondern fokussieren auf die zugrundeliegende Kompetenz. Beispielsweise wurde aus dem Item: „Es gelingt mir gut, mich vom konkreten Einzelfall in meiner Arbeit zu lösen und alles von einer konzeptionellen, übergeordneten Ebene aus zu betrachten." (Item 1 Fachkompetenz/konzeptionelles Denken KRI) das Item: „In meinem Tätigkeitsbereich ist es von Bedeutung, mich vom konkreten Einzelfall in meiner Arbeit zu lösen und alles von einer konzeptionellen, übergeordneten Ebene aus betrachten zu können." (Item 1 Fachkompetenz/konzeptionelles Denken Pretest).

Um eine Kompetenz zu erfragen, wurde stets mit den Wörtern „können" oder „kennen" gearbeitet. Weiterhin wurden die angepassten Items nochmals inhaltlich dahingehend analysiert, dass keine Doppelbezüge auftreten und die Anker stimmig sind. Beispielsweise Item 13 der Fachkompetenz: Zuständigkeiten kennen und die Expertise von KollegInnen kennen ist nicht das Gleiche. Entsprechend verhält sich beispielsweise auch das Item „Veränderungsbedarf im Fachgebiet muss erkannt werden".

Hier könnte der Veränderungsbedarf und das Erkennen wie folgt „quantifiziert" werden:

- grundlegender Veränderungsbedarf im Fachgebiet muss erkannt werden
- minimalster Veränderungsbedarf im Fachgebiet muss erkannt werden
- Veränderungsbedarf im Fachgebiet muss immer erkannt werden
- Veränderungsbedarf im Fachgebiet sollte meistens erkannt werden

---

Z-Werte von den normalen z-Werten zu trennen sind, welche standardisierte Werte der Standardnormalverteilung (z-Verteilung) sind. Diese Werte kennzeichnen, dass sie einen Mittelwert von Null und eine Streuung von 1 haben. Bei der Fishers Z-Transformation werden die Korrelationen annähernd auf Intervallskalenniveau abgebildet. Um das arithmetische Mittel einer Korrelation zu bilden, werden zuerst die einzelnen Korrelationen (r1 = x; r2 = y) in Fishers Z-Werte (z1 = x; z2 = y) transformiert, das arithmetische Mittel der Fishers Z-Werte (z=x) gebildet und dann das arithmetische Mittel der Fishers Z-Werte in eine Korrelation zurücktransformiert ($r = \frac{e^{2Z}-1}{e^{2Z}+1}$) (vgl. Rasch et al.: 2004: 118 ff.)

Darauf basierend wurden für viele Items neue Ankerpunkte gesetzt. Natürlich wäre es ebenfalls möglich, dass ein Item mehrere Ankerpunkte aufweist, doch das würde den Verständnisgrad der Items erschweren. Demnach galt als oberste Devise, dass die Items klar, prägnant und möglichst auch konkret formuliert sind.

Demzufolge wurden die Items soweit überarbeitet, dass sie immer nur einen Bezug aufweisen. Dazu wurden die Doppelbezüge entweder auf zwei Items verteilt oder es wurde nur ein Bezug berücksichtigt.

Die Verankerung der Items wurde so gewählt, dass die meisten Personen der Zielpopulation auf einem mittleren Niveau antworten. Items, denen alle Personen (nicht) zustimmen, sind empirisch wertlos, weil sie nicht differenzieren.

Zusätzlich beinhaltet das KRI negativ gepolte Items, welche aus anderen Fragebögen übernommen wurden (vgl. Henschel 2005: 44). Manchmal entstehen durch negativ gepolte Items artifizielle Subfaktoren (z. B. beim Selbstkonzept). Allerdings könnten negative Items auch Hinweise auf Antwortverzerrungen bieten, z. B. wenn die negativen Aussagen konsequent verneint werden, könnte das auf soziale Erwünschtheit hinweisen, wovon ggf. auch die anderen Itemantworten betroffen sein könnten.

Im KRI wird mit den negativ formulierten Items ein subjektives Zutreffen für bestimmte Merkmale abgefragt. Die negativ formulierten Items zielen auf Merkmale ab, die eher zur Gruppe der sozial nicht erwünschten Verhaltensweisen zählen. Eine positive Formulierung würde vielleicht dazu führen, dass die Probanden vorschnell „nein, trifft nicht zu" antworten. Die negative Formulierung verändert evtl. die Sichtweise auf die Iteminhalte.

Da im eigenen Forschungsvorhaben nicht wie im KRI subjektive Wahrheitsurteile (trifft zu bis trifft nicht zu), sondern subjektive Zustimmungsurteile (stimme zu bis stimme nicht zu) erfragt werden sollen, werden die anvisierten Bereiche/ Konstrukte über positiv formulierte Items erfragt.

Im dritten Schritt wurde das Antwortlabel des KRIs auf den Fragebogen des eigenen Forschungsvorhabens angepasst.

6.1.3 Antwortskalaanpassung

Als Konsequenz aus der Itemformulierung wurden ebenfalls die Antwortlabels abgeändert und die unipolare Ratingskala wurde beibehalten.

Durch die Verringerung der Antwortabstufungen leidet die itembezogene Differenzierung, denn im KRI wird ein Antwortformat gewählt, über welches auch Veränderungen abgebildet werden. Für diesen Zweck sind feine Abstufungen von Vorteil. Allerdings ergibt sich daraus wiederum der Nachteil, dass jede Itemantwort kognitiv sehr beanspruchend ist. Da im eigenen Forschungsvorhaben kein so differenziertes Antwortverhalten anvisiert wird und eine Verringerung der Antwortstufen vorteilhaft ist, weil sie kognitiv leichter zu bearbeiten sind, wurde eine Antwortlabelanpassung vorgenommen.

Die Antwortstufenanzahl wurde in eine sechsstufige, geradlinige Skala verändert. Diese Skala scheint sinnvoll, um die zu beurteilenden Kompetenzfacetten in ihrer Ausprägung beurteilen zu können.

Eine Mittelkategorie ist nicht (mehr) erwünscht, da davon ausgegangen wird, dass die Befragten in der Lage sind, jeder Kompetenz eine Bedeutung für die eigene Tätigkeit zuzuordnen. Dadurch wird einerseits die Positionierung des Befragten erzwungen, andererseits wird als Ausweichmöglichkeit angeboten, das Item auszulassen bzw. zu überspringen (vgl. Götze et al. 2002: 235 f.). Wie auch bei einer ungradzahligen Antwortskala[111] besteht hier zwar die Gefahr von fehlerhaften Antworten, doch beschriebene positive Punkte überwiegen. Die unipolare Skalenstruktur wurde beibehalten, allerdings wurden die verbalen Benennungen der Skalenextreme umgetauscht („trifft völlig zu“ bis „trifft überhaupt nicht zu“), da eine Beantwortung der Frage „Inwieweit die beschriebene Aussage zutrifft“ mit der Trifft-zu-Skala intuitiver ist.

Wissenschaftliche Basis der Antwortskala ist die sechstufige Likertskala der Beurteilungsbogen zu sozialen und methodischen Kompetenzen (smk) (vgl. Frey/Balzer 2007). Dieser Fragebogen ist ein valides und reliables Instrument zur Selbst- und Fremdbeurteilung der Sozial- und Methodenkompetenzdimension (vgl. Frey/Balzer 2005: 3). Der smk wurde ebenfalls für den Aus- und Weiterbildungssektor sowie die Personalentwicklung entwickelt und passt somit von der Antwortskalenkonstruktion sowie inhaltlich zu dem eigenen Forschungsvorhaben.

Da die Fragebogenitems so formuliert sind, dass der Befragte diese entweder als zutreffend oder als nicht zutreffend für sich und seinen Tätigkeitsbereich bewerten kann, stellt sich die Frage, warum die Befragten anhand einer gemischten Ratingskala (numerisch, Prozentwerte in sechser Schritten und verbal, „trifft-zu-Skala“) antworten sollen. Aus theoretischer Sichtweise würde eine numerische „triff-zu-Skala“ ausreichen, insbesondere, da die Prozentwerte später äquivalent zu einer 6-Punkte-trifft-zu-Skala verwendet werden. Aus diesen Überlegungen

111 Der Befragte hat bei einer ungradzahligen Skala die Möglichkeit auf die Mittelkategorie auszuweichen. Die Gründe hierfür sind verschieden, beispielsweise wenn er unentschieden ist, die Frage nicht versteht, jene zu ungenau formuliert ist, die Mittelkategorie am bequemsten ist oder die Meinung weder in positiver noch negativer Richtung positioniert werden soll. Diese Gründen können in der Auswertungsanalyse nicht differenziert werden (vgl. Götze et al. 2002: 235 f.).

heraus, wurden den Befragten der kognitiven Interviews drei verschiedene Darstellungsarten von Ratingskalen zur Rückmeldung zur Verfügung gestellt. Für die Fragebogenerstversion wurde im Endeffekt eine unipolare verbale, eine rein nummerische Ratingskala sowie eine Mischform der beiden Skalen eingesetzt (vgl. Anhang F). Die unterschiedlichen Skalen wurden jeweils in der Fragebogenerstversion zehn Items lang eingesetzt. Die Entscheidung für eine endgültige Ratingskala wird auf der Basis der Ergebnisse der kognitiven Interviews getroffen.

6.2 Pretesting Fragebogen

Erhebungen, die vor der finalen empirischen Erhebung durchgeführt werden, werden als Pretestverfahren bezeichnet (Faulbaum et al. 2009: 96).

Diese empirischen Evaluationsverfahren haben *„die Mängel von Fragen und Fragebögen auf der Basis empirischer Informationen über den Befragten und sein Verhalten (zu) identifizieren“* zum Ziel (Faulbaum et al. 2009: 96).

Bei den Pretestverfahren kann zwischen zwei grundlegenden Verfahrensarten unterschieden werden:

Abbildung 20: Pretestverfahren im Überblick (Faulbaum et al. 2009: 96)

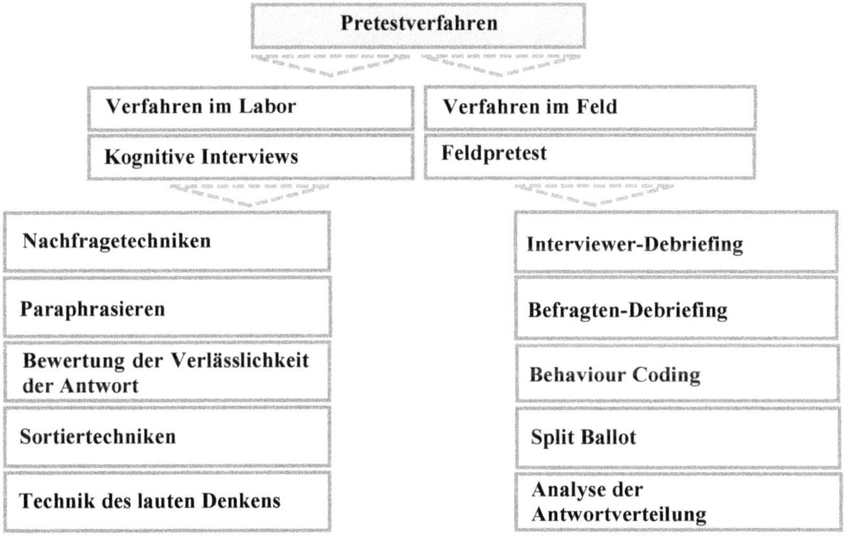

Um auch im Pretestingverfahren dem Anspruch der Methodentriangulation gerecht zu werden und um eine fundierte Analyse des Erhebungsinstruments zu erhalten, wird qualitativ mit kognitiven Interviews sowie quantitativ mit einer standardisierten Befragung vorgegangen.

6.2.1 Kognitive Interviews

Kognitive Interviews haben die Evaluierung der Fragen zum Ziel. Mit dem Verfahren können vor der tatsächlichen Erhebung potenzielle Schwierigkeiten erkannt und behoben werden.

Um Probleme und Unklarheiten des Fragebogens zu beseitigen, umfasst der Fragebogen eine hohe Anzahl von Items – insgesamt 50. Diese hohe Anzahl an Items ist notwendig, um die Items hinsichtlich der Interviewergebnisse zu verbessern, zu selektieren und zu reduzieren. Kognitive Interviews zählen zu den empirischen Evaluationsverfahren (vgl. Peters 2010: 129). Die Auswertungsergebnisse der kognitiven Interviews werden als Basis für den Erhebungsbogen des Pretests genutzt.

6.2.1.1 Struktur

Der Befragungsbogen (vgl. Anhang C) für die kognitiven Interviews besteht aus folgenden Elementen:

- Erklärungstext über das Vorhaben, die Ziele und Vorgehensweise,
- Befragung: 50 Items zum Thema der beruflichen Handlungskompetenz,
- Abschließende Bewertung des Fragebogens: 5 Items,
- Angaben zur Person und Tätigkeit: 6 Items,
- Danksagung,
- Antwortskalen in drei Varianten (prozentuale Antwortmöglichkeit, trifft völlig zu bis trifft überhaupt nicht zu Antwortmöglichkeit, prozentuale und verbale Antwortmöglichkeit kombiniert).

6.2.1.2 Testperson

Die kognitiven Interviews wurden mit sechs Testpersonen (n=6) durchgeführt. Die Testpersonen wurden nach demografischen (Alter, Geschlecht, Berufserfahrung etc.) Merkmalen und ihrer aktuellen Tätigkeit, die zu einer der drei Berufsgruppen zugehörig sein sollte, ausgewählt. Somit wurden jeweils eine männliche und eine weibliche Testperson pro Berufsgruppe interviewt.

6.2.1.3 *Durchführung*

Für die Durchführung der kognitiven Interviews wurde ein abgeschlossener Raum bei der Testperson zu Hause gewählt. Des Weiteren wurden die Interviews auf Tonband aufgezeichnet[112]. Parallel wurde jedes Interview in einem Auswertungsbogen protokolliert. Die Testpersonen wurden gebeten, alle Items zu bewerten. Die Interviews dauerten maximal 90 Minuten.

Die Interviews wurden – wie für die wissenschaftliche Praxis empfohlen – in einer Kombination aus standardisiertem Evaluationsbogen mit konkret formulierten Fragen und Techniken pro Item sowie der situationsangepassten, flexiblen Möglichkeit zur Fragestellung durchgeführt.

Von den fünf beschriebenen Fragetechniken wurden drei angewandt: die Nachfragetechnik, das Paraphrasieren und die Technik des lauten Denkens (vgl. Anhang D).

6.2.1.4 *Auswertung: Itemanalyse und -selektion*

Insgesamt wurden sechs Interviews nach einem Auswertungsschema durchgeführt und protokolliert (vgl. Anhang D). Fallspezifisch wurden die einzelnen Aussagen analysiert und in einem Gesamtauswertungsbogen zusammengeführt (vgl. Anhang E).

In dem Gesamtauswertungsbogen sind alle entscheidenden Rückmeldungen und Aussagen der einzelnen Testpersonen zusammengefasst worden.

Die Ergebnisse des Gesamtauswertungsbogens zeigen, dass sich die Testpersonen insgesamt in ihrer Rückmeldung einig waren. Gab es unterschiedliche Aussagen beispielsweise auf die Frage *„Welche der letzten drei genannten Fragen ist am unverständlichsten?"* wurde basierend auf die Rückmeldungen und letztendlich nach der mehrheitlichen Aussage entschieden. Auf Basis dieser Ergebnisse wurden die Fragebogenkonstruktion sowie die

-items bearbeitet, verbessert und reduziert. Insbesondere bei der Reduzierung der Items waren zwei Aspekte entscheidend: Zum einen wurde weiterhin Wert darauf gelegt, dass jede ausgewählte Subdimension gleichmäßig repräsentiert ist, und dass die Subskalen sowie die einzelnen Items inhaltlich auf die Zielgruppe der Befragung passen. Zum anderen wurde der ökonomische bzw. zeitliche Aspekt

112 Wegen technischer Schwierigkeiten wurde das Interview von Testperson zwei sowie von Testperson vier nur unvollständig aufgenommen. Da parallel in den Evaluationsbögen mit protokolliert wurde, sind die Informationen zwar auditiv nicht vollständig aber ausreichend nutzbar gewesen.

berücksichtigt. Um die Rücklaufquote der Befragungsteilnehmenden zu erhöhen, wurde darauf geachtet, dass der Fragebogen eine Bearbeitungszeit von zehn Minuten nicht übersteigt. Aus diesen Gründen wird jede ausgewählte Subdimension mit zwei Items bzw. Kompetenzen erfragt.

6.2.1.5 Auswertung: Antwortskala

Es wurde bereits beschrieben, dass eine numerische „trifft-zu-Skala" aus theoretischer Sichtweise ausreichen würde, insbesondere, da die Prozentwerte später äquivalent zu einer 6-Punkte-Trifft-zu Skala verwendet werden können. Diese theoretische Einschätzung deckt sich mehrheitlich mit den Ergebnissen der kognitiven Interviews. Demzufolge ist eine unipolare rein nummerische Ratingskala am verständlichsten und eindeutigsten. Im Pretest wurde somit dieser Einschätzung gefolgt und die Antwortskala des smk wurde nicht komplett übernommen (vgl. Frey/Balzer 2005: 5 f.).

6.2.2 Pretest

Die Verarbeitung der Ergebnisse aus den kognitiven Interviews führte zu einer Bearbeitung, Verbesserung und Reduzierung der Fragebogenkonstruktion bzw. der Fragebogenitems. Das Ergebnis wurde in einem zweiten Fragebogenentwurf festgehalten, dessen Funktionalität im Rahmen eines Vorabtests (Pretest) getestet wurde.

6.2.2.1 Struktur

Der Pretest enthält 38 Fragen, welche die vier Hauptkompetenzen (Fach-, Methoden-, Sozial- und Selbstkompetenz) sowie deren Unterkompetenzfacetten abdecken. Jede Unterkompetenzfacette wird mit zwei Items abgefragt.

Tabelle 12: Aufbau des Fragebogens per Hauptkompetenz, Unterkompetenzfacette und Item am Beispiel der Fachkompetenz. Für die spätere Auswertung stehen bereits in Klammern die Abkürzungen der jeweiligen Items sowie deren Reihenfolge im Fragebogen. Die Abkürzungen demonstrieren die Zugehörigkeit der Items zur Haupt- bzw. Unterkompetenzfacette

Hauptkompetenz	Unterkompetenzfacette	Item
Fachkompetenz (FK1.1-FK4.2)	**Konzeptionelles Denken/ Innovatives Prozessdenken** (FK1.1-FK1.2)	FK1.1 … mich vom konkreten Einzelfall in meiner Arbeit zu lösen und alles von einer konzeptionellen, übergeordneten Ebene aus betrachten zu können (1)
		FK1.2 … von vornherein mögliche Stolpersteine bei der Entwicklung von Lösungen bedenken zu können. (2)
	Kenntnis der Organisation und Abläufe (FK2.1-FK2.2)	FK2.1 .. zu wissen, wer die zuständige Expertin/der zuständige Experte für das jeweilige Fachgebiet (innerhalb meiner Organisation) ist. (3)
		FK2.2 … den strukturellen Aufbau der Organisation sehr gut zu kennen. (4)
	Problemerkennung (FK3.1-FK3.2)	FK3.1 … Abläufe bzw. Prozesse in der Organisation hinterfragen zu können. (5)
		FK3.2 … Veränderungsbedarf innerhalb meines Fachgebiets schnell erkennen zu können. (6)
	Entwicklung von Lösungen (FK4.1-FK4.2)	FK4.1 … neue Lösungen für mein Fachgebiet zu entwickeln. (7)
		FK4.2 … sehr unterschiedliche Ideen in meinem Fachgebiet miteinander verbinden zu können. (8)

Der im Anhang H abgebildete Fragebogen wurde online wie folgt abgebildet:

Abbildung 21: Auszüge des Erhebungsbogen, online abgebildet (vgl. Anhang H)

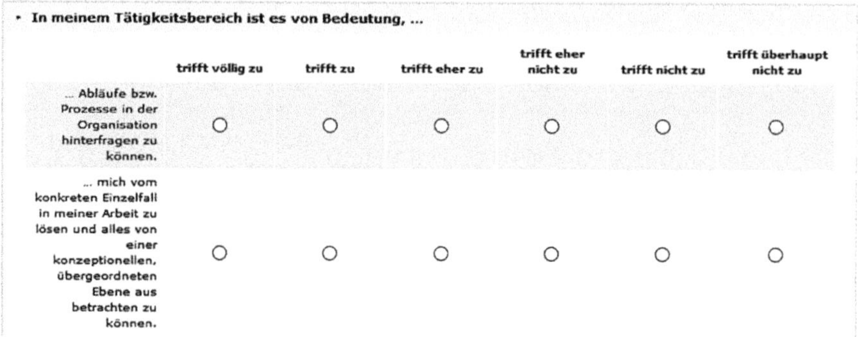

- **In meinem Tätigkeitsbereich ist es von Bedeutung, ...**

	trifft völlig zu	trifft zu	trifft eher zu	trifft eher nicht zu	trifft nicht zu	trifft überhaupt nicht zu
... Abläufe bzw. Prozesse in der Organisation hinterfragen zu können.	○	○	○	○	○	○
... mich vom konkreten Einzelfall in meiner Arbeit zu lösen und alles von einer konzeptionellen, übergeordneten Ebene aus betrachten zu können.	○	○	○	○	○	○

Wie in Abbildung 21 deutlich, wurde die Zugehörigkeit und Reihenfolge der Items zu einer bestimmten Kompetenz nicht im Fragebogen abgebildet. Somit war für den Befragungsteilnehmenden eine gezielte Beantwortung nach Kompetenz nicht möglich, sondern ausschließlich nur nach Item.

Der Pretest wurde in fünf Abschnitte unterteilt:

a) Willkommensseite
b) Befragung
c) Abschließende Bewertung des Fragebogens
d) Angaben zur Person und Tätigkeit
e) Danksagung

Im Onlinebefragungsinstrument wurde systemseitig die zufällige Antwort- bzw. Itemreihenfolge aktiviert. Diese Einstellung bewirkt, dass jedem Befragten die Items in einer zufälligen und unterschiedlichen Anordnung angezeigt werden. Durch diese zufällige Verteilung werden jegliche Sequenzeffekte verhindert, d. h. systematische Verzerrungen in den Items aufgrund der Position in der Skala; eventuelle Ermüdungs- und Motivationserscheinungen sowie Neigungen/Tendenzen des Befragten zu einzelnen Antworten können zwar auch aufkommen, aber es wären dann immer unterschiedliche Items betroffen.

Auf Datenschutz und Anonymität wurde systemseitig und bei der Auswertung geachtet.

6.2.2.2 *Stichprobe*

Zur Überprüfung des Fragebogenentwurfs und um die Veränderungen von Validität und Reliabilität im Vergleich zu den Werten des KRIs einschätzen zu können, wird ein Pretest durchgeführt. Hierfür ist eine ausreichend große Stichprobe notwendig. Befragungsteilnehmende sind Personen der drei herausgearbeiteten Berufsgruppen. Als eine gängige Größe zur zuverlässigen Überprüfung der Reliabilität wird in der Literatur die Anzahl von N=100 angegeben (vgl. Mendoza et al. 2000: 367).

Da sich die Befragung des eigenen Forschungsvorhabens allerdings an drei Berufsgruppen richtet und eine über die Berufsgruppen gleichmäßige Rückmeldung erwünscht ist, wurde N=105 (35 Rückmeldungen pro Berufsgruppe) angestrebt.

6.2.2.3 *Durchführung*

Der Pretest findet im Feld unter realistischen Bedingungen statt. Konkret wurde sich für eine Onlinebefragung (Web-Befragung)[113] als empirische Erhebungsmethode entschieden. Diese Art der Befragung zählt mittlerweile zu den am häufigsten eingesetzten Instrumenten (vgl. Welker/Wünsch 2010: 492). Die Befragung wird mit dem Online-Instrument *„Lime Survey"* durchgeführt, welches von der Humboldt-Universität zu Berlin[114] bereitgestellt wird. Insgesamt war die Befragung des Pretests über einen Zeitraum von neun Wochen aktiv, wobei sich der aktive Zeitraum nach der Erreichung der Anzahl an Mindestbefragungsteilnehmenden richtete.

6.2.2.4 *Auswertung*

Da der Pretest neben der Überprüfung der Itemverständlichkeit vor allem zur Überprüfung der technischen Durchführbarkeit dienen soll, werden nur diese Punkte ausgewertet.

---

113 Bei der Web-Befragung wird ein Fragebogen auf dem Server abgelegt und die Antworten dort gespeichert (vgl. Welker/Wünsch 492).

114 Vom Computer- und Medienservice (CMS) der Humboldt-Universität zu Berlin wird eine, auf die Hochschule angepasste und gepflegte Installation von LimeSurvey bereitgestellt. „Die Umfragen und deren Ergebnisse werden in einer zentralen Datenbank des CMS (MySQL) abgelegt und stehen i. d. R. ein halbes Jahr zur Verfügung. Für Inhalt, Sicherung und Datenschutz der Umfragen sind die Nutzer selbst verantwortlich" (Homepage CMS).

Auswertung: Testperson

Insgesamt beinhaltet der Pretest 159 Antworten, wovon auf 128 vollständige Antworten und 31 unvollständige Antworten zurückgegriffen werden kann. Obwohl die Möglichkeit bei der Befragung gegeben war, auch keine Antwort anzugeben, wurde diese Variante durchgehend von keiner Testperson in Anspruch genommen.

Von den 159 Befragungsteilnehmenden nahmen 70 (44.03 %) weibliche und 58 (36,48 %) männliche Testpersonen teil, 31 Personen haben ihr Geschlecht nicht angegeben (19,5 %) (vgl. Anhang G).

Das Durchschnittsalter der Testpersonen lag bei 40 Jahren. Jeweils 50 Testpersonen (31.45 %) haben einen wirtschaftswissenschaftlichen oder einen pädagogischen Ausbildungshintergrund. Bei dieser Abfrage wurde den Testpersonen zusätzlich die Möglichkeit zur Angabe einer anderen, nicht wirtschaftswissenschaftlichen oder pädagogischen Ausbildungsrichtung gegeben, welche allerdings für das Forschungsvorhaben nicht relevant ist (vgl. Anhang G).

Auf die Nachfrage nach der Berufsausbildung gaben 5 Personen (3,14 %) an, eine abgeschlossene Lehre/Ausbildung absolviert zu haben, 119 Personen (74,84 %) haben eine abgeschlossene (Fach-)Hochschulausbildung und 4 Personen (2,52 %) eine andere, nicht genannte Berufsausbildung, die für das Forschungsvorhaben nicht relevant ist und somit nicht berücksichtigt wird.

Die Berufserfahrung der Testpersonen verteilt sich bei 14 Personen (8,81 %) auf weniger als 3 drei Jahren, bei 26 Personen (16,35 %) auf drei bis fünf Jahren, bei weiteren 26 Personen (16,35 %) auf sechs bis zehn Jahren, bei 27 Personen (16,98 %) auf elf bis zwanzig Jahren und bei 35 Personen (22,01 %) auf 21 und mehr Jahren.

46 Testpersonen (28,93 %) gaben an disziplinarische Mitarbeiterverantwortung zu haben, 82 Personen (51,57 %) verneinten dies. Wie Tabelle 13 zeigt, sind 36 Testpersonen (22,64 %) zum Zeitpunkt der Befragung in der Berufsgruppe der Unternehmensorganisation

und -strategie, 36 Testpersonen (22,64 %) in der Berufsgruppe des Personalwesens und der Personaldienstleistung, 35 Testpersonen (22,01 %) in der Berufsgruppe Lehrtätigkeit an außerschulischen Bildungseinrichtungen, sowie 21 Testpersonen (13,21 %) in anderen Berufsgruppen tätig.

Tabelle 13 stellt die Antworten auf die Frage nach der Zugehörigkeit der eigenen Tätigkeit zu den verschiedenen Berufsgruppen dar:

Tabelle 13: Antworten auf die Frage nach der Zugehörigkeit der eigenen Tätigkeit zu Berufsgruppen

In welcher Berufsgruppe sind Sie tätig?		
Antwort	**Anzahl**	**Prozent**
Unternehmensorganisation und -strategie (Berufe in der kaufmännischen und technischen Betriebswirtschaft, Unternehmensorganisation und -planung, Unternehmensberatung, Wirtschaftsförderung) (A1)	36	22.64 %
Personalwesen und Personaldienstleistung (Berufe in der Personalentwicklung, Personalsachbearbeitung, Personaldienstleistung) (A2)	36	22.64 %
Lehrtätigkeit an außerschulischen Bildungseinrichtungen (Berufe in der Erwachsenenbildung, Musik-, Religions-, Kunst-, Theaterpädagogik, Sprachenlehrer) (A3)	35	22.01 %
andere (A4)	21	13.21 %
keine Antwort	0	0.00 %
Nicht beendet oder nicht gezeigt	31	19.50 %

Die zum Zeitpunkt der Erhebung ausgeübte Tätigkeit wird von 39 Testpersonen (24,53 %) seit weniger als drei Jahren, von 30 Testpersonen (18,87 %) seit drei bis fünf Jahren, von 24 Testpersonen (15,09 %) seit sechs bis zehn Jahren, von 20 Testpersonen (12,58 %) seit elf bis zwanzig Jahren und von 15 Testpersonen seit einundzwanzig und mehr Jahren ausgeübt.

Diese Auswertungen im Überblick lassen auf eine repräsentative Studie schließen:

Personen mit unterschiedlicher Berufsausbildung, Berufserfahrung, Berufsgruppen, Alter und Geschlecht haben an dem Pretest teilgenommen. Die Resultate sind somit generalisierbar, weil das Erhebungsinstrument auch auf einem wissenschaftlich fundierten und zugleich in der Praxis bewährten Instrument aufbaut.

Aufgrund der fundierten Daten zu den Testpersonen inklusive deren Ausbildung sowie beruflichen Tätigkeit werden im Folgenden die Rückmeldungen der Testpersonen zum Fragebogen analysiert. Die Ergebnisse der Analyse liefern fundierte Informationen für den Erhebungsbogen der Hauptstudie.

Auswertung: Erhebungsbogen

Bei dem Forschungsvorhaben wird auf einen zeitlich und inhaltlich ökonomischen Erhebungsbogen, durch den die notwendigen Informationen erhoben werden, Wert gelegt. Der ökonomische Aspekt wird berücksichtigt, da dieser Einfluss auf die Teilnehmermotivation ausübt. 10 Personen (6,29 %) empfanden den Fragebogen als zu kurz. 100 Testpersonen (62,89 %) empfanden die Länge des Fragebogens als genau richtig und 18 Personen (11,32 %) fanden ihn zu lang.

Tabelle 14 gibt einen Überblick über die erhaltenen Antworten auf die Frage nach der Länge des Fragebogens:

Tabelle 14: Antworten auf die Frage nach der Länge des Fragebogens

Wie empfanden Sie die Länge des Fragebogens?		
Antwort	**Anzahl**	**Prozent**
viel zu kurz (A1)	0	0.00 %
zu kurz (A2)	10	6.29 %
genau richtig (A3)	100	62.89 %
zu lang (A4)	18	11.32 %
viel zu lang (A5)	0	0.00 %
keine Antwort	2	1.26 %
Nicht beendet oder nicht gezeigt	29	18.24 %

Trotz der Überprüfung der Itemsverständlichkeit durch die kognitiven Interviews wurde jene nochmals im Pretest abgefragt.

75 Testpersonen (47.17 %) empfanden die formulierten Fragen als sehr verständlich. Für 49 Testpersonen (30,82 %) waren die Fragen eher verständlich formuliert und vier Testpersonen (2,52 %) empfanden die Fragenformulierung als eher unverständlich. Zwei Personen (1,26 %) gaben dazu keine Antwort.

Tabelle 15 zeigt im Überblick die Antworten, die auf die Frage nach der Verständlichkeit der Fragen im Fragebogen gegeben wurden:

Tabelle 15: Antworten auf die Frage nach der Verständlichkeit der Fragen

Waren die Fragen verständlich formuliert?		
Antwort	**Anzahl**	**Prozent**
sehr verständlich (A1)	75	47.17 %
eher verständlich (A2)	49	30.82 %
eher unverständlich (A3)	4	2.52 %
sehr unverständlich (A4)	0	0.00 %
keine Antwort	0	0.00 %
Nicht beendet oder nicht gezeigt	31	19.50 %

Mit dieser Frage wurden die Testpersonen gezielt nach Schwierigkeiten bei der Beantwortung der Fragen befragt. 108 Testpersonen (67,92 %) verneinten dies, während 20 Testpersonen (12,58 %) die Frage mit einem Ja beantworteten (vgl. Tabelle 16):

Tabelle 16: Antworten auf die Frage ob es Fragen gibt, die der Testperson Schwierigkeiten bereitet haben

Gab es Fragen, die Ihnen Schwierigkeiten bereitet haben?		
Antwort	**Anzahl**	**Prozent**
Ja (Y)	20	12.58 %
Nein (N)	108	67.92 %
keine Antwort	0	0.00 %
Nicht beendet oder nicht gezeigt	31	19.50 %

Den 20 Personen (12,58 %), die Schwierigkeiten bei der Beantwortung der Fragen hatten, wurde direkt die Gelegenheit gegeben, ihre Fragen konkret zu benennen (ausführliche Tabelle siehe Anhang G).

Tabelle 17: Benannte Unklarheiten sowie deren Bewertung für das weitere Vorgehen (vgl. Anhang G)

<table>
<tr><th>Schwierigkeit / Unklarheit</th><th>Bewertung</th></tr>
<tr><td>Diese beiden Fragen sind zu lang.
Ich empfehle bei dieser hohen Anzahl von Fragen, kürzer zu formulieren. Insbesondere die erste Frage muss man drei Mal lesen, um zu verstehen worum es geht: „mich vom konkreten Einzelfall in meiner Arbeit zu lösen und alles von einer konzeptionellen, übergeordneten Ebene aus betrachten zu können.“
„… nach Abschluss eines Projektes oder eines größeren Arbeitsschrittes systematisch beurteilen zu können, was gut oder was schlecht gelaufen ist.“</td><td rowspan="2">Die beschriebenen Schwierigkeiten wurden insgesamt zweimal genannt. Deswegen wurden die genannten Fragen nochmals mit drei weiteren Personen aus dem persönlichen Umfeld aus den jeweiligen drei Berufsgruppen diskutiert. Ergebnis der Diskussionen ist, dass die Fragen als nicht zu lang und als verständlich empfunden werden. Schlussfolgernd werden diese Items auch so bei der Hauptstudie eingesetzt werden.</td></tr>
<tr><td>„mich vom konkreten Einzelfall in meiner Arbeit zu lösen und alles von einer konzeptionellen, übergeordneten Ebene aus betrachten zu können.“</td></tr>
<tr><td>Habe ich bereits telefonisch erklärt: für Selbstständige nicht immer zutreffend.</td><td rowspan="2">Zweimalige Nennung dieses Aspekts. Bei der Hauptstudie wird demnach darauf geachtet, dass Selbstständige nicht zur Zielgruppe des Befragungsbogens zählen.</td></tr>
<tr><td>Die Formulierungen sind für Freiberufler oft nicht passend. Für sie geht es ja eher um das Verhältnis zu Auftraggebern und Auftragnehmern (externe Delegation).</td></tr>
<tr><td>Teilweise sehr ähnliche Fragen.</td><td>Dieser Aspekt wurde bereits in den kognitiven Interviews zu bedenken gegeben. Die Items fühlen sich für einige Befragungsteilnehmer ähnlich an, faktisch fragen jene allerdings unterschiedliche Kompetenzen ab und sind somit valide. Schlussfolgernd werden diese Items auch so bei der Hauptstudie eingesetzt werden.</td></tr>
</table>

Tabelle 18: Antworten auf die Frage, ob die Testperson spontan auf die Fragen antworten konnte

Konnten Sie auf die Fragen spontan antworten oder mussten Sie lange überlegen?		
Antwort	**Anzahl**	**Prozent**
sehr spontan (A1)	58	36.48 %
eher spontan (A2)	63	39.62 %
weder/noch (A3)	1	0.63 %
eher länger überlegen (A4)	6	3.77 %
sehr lange überlegen (A5)	0	0.00 %
keine Antwort	0	0.00 %
Nicht beendet oder nicht gezeigt	31	19.50 %

58 Testpersonen (36,48 %) sowie weitere 63 (39,62 %) konnten sehr spontan bzw. eher spontan auf die Fragen antworten. Diese Antwort deckt sich mit der vorherigen Frage, ob es Schwierigkeiten bei der Beantwortung der Fragen gab (67,92 % verneinten dies)[115].

Tabelle 19: Antworten auf die Fragen nach der Kompetenz im eigenen Tätigkeitsbereich

Spiegeln die Fragen die Kompetenzen in Ihrem Tätigkeitsbereich wider?		
Antwort	**Anzahl**	**Prozent**
trifft völlig zu (A1)	38	23.90 %
trifft eher zu (A2)	78	49.06 %
weder/noch (A3)	8	5.03 %
trifft eher nicht zu (A4)	4	2.52 %

115 Die Antwortdifferenz von 13 Personen zwischen den Items ist durch das unterschiedliche Antwortformat zu erklären. Bei der Frage nach Schwierigkeiten bei der Beantwortung der Fragen, verneinten dies 108 Personen. Wobei die Antwortskala 3-stufig war (ja, nein, keine Antwort) und eine positive Antwortmöglichkeit nur durch die Beantwortung mit ja zugelassen wurde. Die Frage nach der Spontanität der Antworten wurde von 121 Personen mit einer positiven Antwort (sehr spontan; eher spontan) beantwortet. Die Antwortskala war 6-stufig und der positive Antwortbereich wurde auf zwei Antwortmöglichkeiten (sehr spontan; spontan) verteilt. Dies führt dazu, dass beide Antworten sich bestätigen, allerdings in einer Differenz von 13 Personen.

Spiegeln die Fragen die Kompetenzen in Ihrem Tätigkeitsbereich wider?		
Antwort	**Anzahl**	**Prozent**
trifft gar nicht zu (A5)	0	0.00 %
keine Antwort	0	0.00 %
Nicht beendet oder nicht gezeigt	31	19.50 %

Ebenso mit positiver Tendenz (trifft völlig zu; trifft eher zu) antworteten 38 Testpersonen (23,90 %) bzw. 78 Testpersonen (49,06 %) auf die Frage, inwieweit die Fragen die Kompetenzen des eigenen Tätigkeitsbereichs widerspiegeln. 8 Testpersonen (5,03 %) antworteten auf diese Frage mit einem weder/noch und für 4 Testpersonen (2,52 %) spiegelten die Fragen eher nicht die Kompetenzen des eigenen Tätigkeitsbereichs wider. 67,92 % der Testpersonen gaben an, keine Schwierigkeiten bei der Beantwortung der Fragen gehabt zu haben.

6.2.2.5 Fazit, Auswertung Pretest

Wie bereits beschrieben, diente der Pretest ausschließlich der funktionalen Überprüfung des Onlinetests. Demnach wurde sich auch nur auf die Auswertung des Abschnitts „Abschließende Bewertung des Fragebogens" konzentriert. Aufgrund der positiven Rückmeldungen werden die Items sowie die Antwortskala in ihrer Form belassen.

Dennoch sind methodisch folgende Punkte kritisch zu erwähnen:

Da bereits die Items nach den kognitiven Interviews reduziert worden sind, wurde nicht mehr auf die Möglichkeit zurückgegriffen, die Items nach den Ergebnissen des Pretests zu reduzieren.

Eine Veränderung der Items wurde ausgeschlossen, da die Wahrscheinlichkeit einer Itemverschlechterung als zu hoch angesehen wurde.

Da 2/3 der Stichprobe vollständige und verwendbare Datensätze enthält, werden diese Datensätze mit der Hauptstudie ausgewertet werden.

7. Durchführung Hauptuntersuchung

In den vorangegangenen Arbeitsschritten wurden die Fragestellung, die Methodologie, das Untersuchungsdesigns sowie das Instrument der Untersuchung konzeptioniert und über mehrere Stufen getestet und auf das Forschungsvorhaben angepasst. Diese Arbeitsschritte ermöglichen die Durchführung der Hauptuntersuchung.

Die Hauptuntersuchung wurde zeitnah nach dem Pretest durchgeführt und ebenfalls über das Online-Instrument „Lime Survey“ abgebildet.

Die Befragung wurde am 01. März 2015 aktiv geschaltet. Der Befragungszeitraum war solange aktiv, bis die Stichprobe 300 Datensätze umfasste. Diese Zielsetzung wurde am 31. März 2015 erreicht und die Befragung wurde am 01. April 2015 inaktiv gesetzt. Somit wurde die Befragung geschlossen und es war keine weitere Dateneingabe mehr möglich.

Im Folgenden werden die Struktur des Erhebungsbogens sowie die Stichprobe beschrieben.

7.1 Struktur Erhebungsbogen

Aufgrund der positiven Ergebnisse des Pretests wurde dieser Fragebogen ebenfalls als Erhebungsbogen für die Hauptstudie eingesetzt.

Es wurden nur minimale strukturelle Veränderungen am Erhebungsbogen des Pretests vorgenommen, um ihn als Erhebungsbogen der Hauptstudie nutzen zu können. Zum einen wurde die Willkommensseite angepasst: hier wurde die Erklärung herausgenommen, dass dies ein Pretest ist, und dass um Rückmeldung bei technischen und inhaltlichen Anmerkungen gebeten wird. Die Items sowie die Itemstruktur wurden belassen. Die abschließenden fünf Items zur inhaltlichen Bewertung des Fragebogens wurden aufgrund des Hauptstudiencharakters entfernt. Die sechs Items zur Person und ihrer Tätigkeit wurden konkretisiert. Die Antwortskala wurde beibehalten. Ebenso die Danksagung.

7.2 Beschreibung Stichprobe

Eine geeignete Stichprobengröße sollte n= 200, besser n=250 Fälle umfassen (vgl. Bühner 2011: 432). Bei kleineren Stichprobengrößen wie n=100 treten häufiger Schätzprobleme auf (vgl. Marsh et al. 1998: 213). Beispielsweise können mit steigender Stichprobengröße multivariate Ausreißer besser entdeckt werden, die Teststärke des χ^2-Test steigt und die Schätzwerte der Parameter im Modell werden genauer, je mehr sich die Stichprobengröße an die Populationsgröße annähert (vgl. Bühner 2011: 423; 449). Weitgehend unabhängig von der Stichprobengröße sind die Kennwerte zur Modelltestung, die Fit-Indizes, welche darauf abzielen, die Güte der Passung von den Daten mit einem Modell zu beurteilen (ebd.: 418). Demnach wurde in der eigenen Untersuchung eine Stichprobe im Umfang von 300 Teilnehmenden angestrebt.

Insgesamt umfasst die Stichprobe der Hauptuntersuchung 430 Antworten, wovon 109 Antworten unvollständig waren und somit mit 321 vollständigen Antworten gearbeitet werden konnte (vgl. Anhang I)

Aufgrund der genannten Aspekte war es wichtig, dass die angestrebte Stichprobe von 300 Personen nur vollständige Datensätze enthält.

Da die Studie zur Zielgruppe Berufstätige aus einer der drei Berufsgruppen mit pädagogischer oder wirtschaftlicher Ausbildungsrichtung zum Ziel hatte, sollten sich die 300 vollständigen Datensätze aus Befragungsteilnehmenden zusammensetzen, die zugehörig zu einer der drei Berufsgruppen sind und auf eine pädagogische oder wirtschaftswissenschaftliche Ausbildungsrichtung zurück greifen können (vgl. Anhang I).

Tabelle 20: Übersicht Anzahl erhobene, vollständige Datensätze nach Berufsgruppenzugehörigkeit

Berufsgruppenzugehörigkeit		
	Anzahl	**Prozent**
Unternehmensorganisation und -strategie	92	28.66 %
Personalwesen und Personaldienstleistung	95	29.60 %
Lehrtätigkeit an außerschulischen Bildungseinrichtungen	91	28.35 %
Sonstige	72	22.43 %

Weiterhin wurde darauf geachtet, dass die Stichprobe in etwa gleichmäßig hinsichtlich Geschlecht, Alter, Führungsverantwortung, Berufsgruppenzughörigkeit und Ausbildungsrichtung verteilt ist. Um diese Zusammensetzung zu erhalten, wurden gezielt im eigenen Netzwerk Personen angesprochen bzw. angeschrieben, die die Zielgruppenkriterien erfüllen. Im Business Netzwerk Xing wurde ebenfalls zielgruppenorientiert den eigenen Kontakten eine Anfrage zur Teilnahme an der Umfrage gesendet. Darüber hinaus wurde über die Xingsuche nach potenziellen Befragungsteilnehmenden gesucht und jene angeschrieben. Parallel wurden gezielt Organisationen mit der Bitte zur Teilnahme an der Befragung angeschrieben wie Volkshochschulen (deutschlandweit), Akademien der Caritas, Malteser Akademie, Akademien für Fort- und Weiterbildung der Diakonie, Unternehmensberatungen, Personalberatungen und Personaldienstleister.

Um ebenfalls Befragungsteilnehmende zu gewinnen, welche nicht direkt von mir angeschrieben worden sind, enthielt das Anschreiben neben der Anfrage um Teilnahme an der Befragung auch die Bitte, meine Befragung (innerhalb der Organisation) an weitere Personen weiterzuleiten, welche in einer der drei genannten Berufsgruppen tätig sind.

Dieses Vorgehen hat den Vorteil, dass weitere Personen an der Umfrage teilnehmen, die über eine Vertrauensbeziehung eines Bekannten geworben wurden. Somit erhöht sich die Wahrscheinlichkeit, dass jene den Befragungsbogen eher ausfüllen, als wenn sie anonym von mir angeschrieben worden wären.

Allerdings geht über diese Methode auch die gezielte Selektion verloren, ob der Angesprochene tatsächlich zu der gewünschten Befragungszielgruppe zählt. Um sicherzustellen, dass der Befragungsbogen tatsächlich nur von Personen ausgefüllt wird, die zur Zielgruppe gehören, wurde explizit in dem Anschreiben und auf der Willkommensseite auf die Zielgruppe der Befragung hingewiesen.

Falls dennoch Personen an der Befragung teilgenommen haben sollten, die nicht zur Befragungsgruppe zählen, müssten jene bei der Frage nach deren Ausbildungsrichtung sowie nach der Zugehörigkeit zur Berufsgruppe „Sonstiges“ angegeben haben. Da die Datensätze der Kategorie „Sonstiges“ nicht zur Zielgruppe der Befragung zählen, wurden sie in der Auswertung nicht berücksichtigt. Durch diese Vorgehensweise kann zwar nicht ausgeschlossen werden, dass Personen an der Befragung teilgenommen haben, die nicht zur Zielgruppe zählen, doch die Reinheit des Datensatzes wurde bestmöglich erreicht.

8. Auswertung Hauptuntersuchung

In diesem Abschnitt werden die erforderlichen Schritte zur Auswertung der Hauptuntersuchung beschrieben. Es werden unterschiedliche Methoden angewandt, um die berufliche Handlungskompetenz aus verschiedenen Perspektiven auszuwerten:

1) Strukturierung der Datensätze
2) Explorative Faktorenanalyse
3) Konfirmatorische Faktorenanalyse

Basierend auf dem erhobenen Datenmaterial bzw. den konsolidierten Datensätzen aus Pretest und Hauptstudie werden die Daten im ersten Schritt untersucht und strukturiert. Es ist das Ziel der Strukturierung, dass nur die Datensätze in der Auswertung berücksichtigt werden, die tatsächlich in den Zielrahmen bzw. zur Zielgruppe der Befragung zählen.

Konfirmatorische und explorative Faktorenanalyse

Da mehrere Merkmale[116] gleichzeitig analysiert werden sollen, wird auf das multivariate Verfahren der Hauptkomponentenanalyse zurückgegriffen. Ziel der Faktorenanalyse ist die Zurückführung von Zusammenhängen unter den manifesten Variablen auf deren Abhängigkeit von einigen wenigen latenten Variablen (Faktoren). Über ein faktorenanalytisches Modell werden Kovarianzen bzw. Korrelationen erklärt (vgl. Reinecke 2014: 137). Somit wird angenommen, dass nicht direkt beobachtbare (latente) Variablen (Faktoren) existieren, die die gemessenen Werte der beobachtbaren (manifesten) Variablen (Indikatoren) beeinflussen und die Korrelation zwischen diesen gemessenen Werten herbeiführen.

Indikatoren korrelieren, weil ihnen eine gemeinsame Ursache zugrunde liegt, das Konstrukt. Deswegen wird empirisch über die Faktorenanalyse die Anzahl und die Eigenschaften der latenten Variablen bestimmt, die auf den manifesten Varianzen und Kovarianzen bzw. Korrelationen der Indikatoren basieren (vgl. DeVellis: 2003). Die Varianz eines jeden Indikators wird in zwei Anteile aufgeteilt. Einmal in die Varianz, die durch den latenten Faktor erklärt wird (common variance) und die, die für diesen Indikator spezifisch ist (unique variance: bestehend aus individueller systematischer Varianz und Fehlervarianz) (vgl. Brown 2006).

116 Bspw. Berufserfahrung, Alter, Geschlecht – Handlungskompetenz.

Grundsätzlich werden zwei Hauptarten von Faktorenanalysen unterschieden: die explorative Faktorenanalyse (EFA) und die konfirmatorische Faktorenanalyse (CFA), wobei letztere eine Komponente von Strukturgleichungsmodellen (SEM) ist.

Bei dem methodischen Verfahren der EFA wird vorab kein theoretisches Modell aufgestellt, sondern explorativ nach möglichen Faktoren gesucht (vgl. Reinecke 2014: 137). Es werden also vorher keine Annahmen über die Struktur der Faktorenladungen getroffen. Der mathematische Algorithmus errechnet die Anzahl der interpretierbaren Faktoren, die sich aus einer Korrelationsmatrix generieren lassen. Wegen des Attributes der Ergebnisoffenheit wurde sich für dieses Verfahren als ersten Auswertungsschritt entschieden. Auch wenn im theoretischen Abschnitt eine vierfaktorielle Struktur der beruflichen Handlungskompetenz herausgearbeitet wurde, wurde dabei auch deutlich, dass diese Modellvariante nicht immer vorzufinden ist. Demnach wird ergebnisoffen geprüft, welche Faktorenstruktur generell in der beruflichen Handlungskompetenz vorhanden ist bzw. durch die Daten abgebildet wird.

Eine andere Herangehensweise an die berufliche Handlungskompetenz und ihre Facetten wird durch eine CFA ermöglicht. Hierbei steht die Überprüfung eines theoretisch aufgestellten Modells im Vordergrund (ebd.: 137). Da dies im theoretischen Abschnitt durch die Formulierung eines vierfaktoriellen Modells der beruflichen Handlungskompetenz geschehen ist, wird jenes im Rahmen der Datenanalyse untersucht. Detailliert wird überprüft wie gut sich die gegebene Korrelationsmatrix mit Hilfe des vorgegebenen (Vier-)Faktorenstrukturmodells reproduzieren lässt.

Seit den 1970er-Jahren haben Strukturgleichungsmodelle bei empirischen Untersuchungen komplexer Wirkungszusammenhänge in den Wirtschafts- und Sozialwissenschaften enorm an Bedeutung gewonnen (vgl. Förster et al. 1984: 346; Bollen 1989: 4 ff.). „*Strukturgleichungsmodell-Ansätze stellen leistungsfähige Generalisierungen früherer statistischer Methoden dar, mit dem zentralen Unterschied, dass sie die explizite Berücksichtigung von Messfehlern zulassen*“ (Schilke 2007: 134). Im Rahmen von Strukturgleichungsmodellen können für das theoretische Modell angenommene Hypothesen über strukturelle Beziehungen zwischen Variablen (Strukturmodellen) wie auch über Messbeziehungen geprüft werden (vgl. Christ/Schlüter 2012: 49).

Demnach werden Strukturgleichungsmodelle nach formulierten Hypothesen aufgestellt und überprüft. Sie eigenen sich vor allem zur Messung von latenten Variablen mittels einer Vielzahl von Indikatoren (vgl. Bollen 1989: 20). Dazu wird die Beziehung zwischen nicht beobachtbaren (latenten) und beobachtbaren (manifesten) Faktoren (Variablen) modelliert bzw. untersucht (vgl. Daniels 2008: 181 f.). Durch Strukturgleichungsmodelle können Beziehungsstrukturen von abstrakten Konstrukten analysiert werden. Somit ist eine gleichzeitige Untersuchung mehrerer kausaler Beziehungen zwischen verschiedenen Variablen möglich, *„wobei eine abhängige Variable der einen Kausalbeziehung gleichzeitig eine unabhängige Variable einer anderen Kausalbeziehung sein kann“* (Schilke 2007: 134). Grundsätzlich eigenen sich Strukturgleichungsmodelle, wenn latente Variablen innerhalb von komplexen Kausalstrukturen betrachtet werden sollen (vgl. Backhaus et al. 2008: 11). Somit wird auch bei dieser statistischen Methode der konfirmatorische Charakter deutlich (vgl. Reinecke 2014: 1). Da es sich hierbei meist um komplexe Modelle handelt, werden die Beziehungen graphisch anhand eines Pfaddiagramms abgebildet. Diese Pfadanalyse stellt die Struktur zwischen den verschiedener Faktoren dar. Der Einfluss zwischen den verschiedenen Faktoren wird durch die konfirmatorische Faktorenanalyse gemessen. Demnach verbinden Strukturgleichungsmodelle ein Mess- mit einem Strukturmodell (vgl. Daniels 2008: 182). Die konfirmatorische Faktorenanalyse als Messmodell und auch als Komponente des allgemeinen Strukturgleichungsmodells aufgefasst werden (vgl. Reinecke 2014: 138 f.).

Die beschriebenen Charakteristika von Sturkturgleichungsmodellen begründen deren Verwendung im Rahmen dieser Untersuchung. Es werden komplexe Kausalstrukturen betrachtet mit gleichzeitiger Untersuchung mehrerer Beziehungen zwischen den Konstrukten.

Innerhalb der Strukturgleichungsmodelle werden der kovarianzbasierte und der varianzbasierte Ansatz unterschieden[117] und in Abhängigkeit des Forschungsvorhabens angewendet. Mit *kovarianzbasierten Modellen* wird angestrebt, den Unterschied zwischen der empirischen und der theoretischen (aus dem Untersuchungsmodell generierten) Kovarianzmatrix zu minimieren bzw. bestmöglich anzupassen (vgl. Keesling 1972; Wiley 1973; Jöreskog 1973). Dabei findet eine Prüfung der Nullhypothese statt, sodass die empirische Kovarianzmatrix mit der modelltheoretischen Kovarianmatrix übereinstimmt bzw. sich nähert. Dementsprechend werden die Parameter der Gleichungsmodelle so gewählt, dass sich die modelltheoretische Kovarianzmatrix mit einer bestmöglichen Wahrscheinlichkeit an die empirische Kovarianzmatrix anpasst (vgl. Betzin/Henseler 2005: 50).

117 Einen Vergleich der beiden Ansätze siehe Chin/Newsted 1999: 314; Bliemel et al. 2005: 11; Gefen et al. 2000: 34 ff; Herrmanm et al. 2006: 44.

Als Schätzverfahren wird hierbei oftmals die Maximum-Likelihood-Methode[118] eingesetzt (vgl. Hiddemann 2007: 99).

Bei *varianzbasierten Ansätzen* hingegen existiert keine Zielfunktion wie die erwähnte Nullhypothese. Ziel dieser Verfahren ist eine bestmögliche Reproduktion der tatsächlichen Datenstruktur, der Indikatorenwerte (vgl. Herrmann et al. 2006: 44). Demnach wird versucht, die Parameter konkret zu schätzen, so dass die erklärte Varianz der abhängigen Variablen im Strukturmodell und der empirischen Indikatoren in den Messmodellen maximiert wird (vgl. Herrmann et al. 2008: 571).

Auf diesem Hintergrund und bei der in der Literatur zu findenden Anwendungsempfehlungen (vgl. Chin/Newsted 1999: 314; Bliemel et al. 2005: 11; Gefen et al. 2000: 34 ff; Herrmanm et al. 2006: 44) wird sich für das Verfahren des kovarianzbasierten Ansatzes entschieden. Denn es ist das zentrale Anliegen dieser Forschungsarbeit eine konzeptionelle Antwort auf die Herausforderungen an die betriebliche Weiterbildung im Spannungsfeld zwischen ökonomischen Anforderungen und pädagogischem Anspruch zu geben. Im Rahmen dessen werden die theoriebasierten Hypothesen bezüglich des Kompetenzkonstrukts, der abhängigen und moderierenden Variablen überprüft. Des Weiteren wurde im Rahmen der Datenerhebung eine für das kovarianzbasierte Verfahren ausreichend große Stichprobe (> 200) erreicht und wie in der deskriptiven Statistik zu sehen, liegt keine extreme Verletzung der Normalverteilungsannahme vor.

Die Datensätze werden zur Bearbeitung aus „Lime Survey“ exportiert und je nach Arbeitsschritt in die Programme Excel, SPSS oder Stata importiert bzw. in diesen Programmen berechnet.

8.1 Strukturierung Datensätze

Diese methodische Herangehensweise ist notwendig für die Erstellung analysierbarer Datensätze. Die Datensätze werden hierbei individuell angeschaut, um bestmöglich sicher zu stellen, dass nur Datensätze analysiert werden, welche auch tatsächlich in den Befragungsrahmen (Zielgruppe der Befragung zählen). Die Problematik, die geeignete Zielgruppe zu erreichen, wurde bereits beschrieben.

118 Ist eine Methode zur Schätzung der Parameter in Modellen. Die Parameter der Schätzfunktion werden dabei so gewählt, dass die Wahrscheinlichkeit, genau die Beobachtungspunkte der vorliegenden Stichprobe zu erhalten, maximal wird, d. h. die Schätzwerte maximieren die sog. Likelihood-Funktion. Voraussetzung bei diesem Verfahren ist eine Normalverteilung der manifesten Messvariablen (vgl. Backhaus et al. 2008: 368).

Demnach wurden die Antworten der Kategorien „Sonstiges" auch nicht mit in die Auswertung hinein genommen. Bei der Auswertung der Antworten wurde ein weiterer Punkt herausgearbeitet. Durch die Möglichkeit bei den Fragetypen P3 und P7 die Ausbildungsrichtung- bzw. die Berufsgruppenzugehörigkeit zu spezifizieren, konnte nochmals überprüft werden, ob der Befragte tatsächlich in die Ausbildungsrichtung bzw. Berufsgruppe fällt.

Aufgrund der Mannigfaltigkeit an Berufstiteln konnte nicht jeder Datensatz in letzter Konsequenz überprüft werden, allerdings wurden augenscheinlich nicht zutreffende aussortiert, so dass die Reinheit der Datensätze weiterhin gewahrt wurde.

Exemplarisch sahen die Antworten der Fragestellung wie folgt aus:

Tabelle 21: Ausschnitt der Antworten auf die Frage nach der Ausbildungsrichtung. Komplette Tabelle siehe Anhang J.

Feld-Zusammenfassung für P3 **Welche Ausbildungsrichtung haben Sie eingeschlagen?**	
wirtschaftswissenschaftliche Ausbildung, und zwar … 115 (35,83 %) vollständige Datensätze	**pädagogische Ausbildung, und zwar …** 116 (36,15 %) vollständige Datensätze
Bwl	Erwachsenenbildner
Sozialversicherungsbetriebswirt	Kinderpflegerin
Wirtschaftswissenschaftler	Gym
Diplom Kaufmann	Realschullehrerin
Betriebswirtschaft	Dipl.-Erziehungswissenschaftlerin (Uni)
MBA	abc
BWL Diplom	Ausbildungseignerpruefung
BWL Studium	Erwachsenenbildung
Diplom Informatikerin	Pädagogik
BBA International Management	Kunstpädagoge

Tabelle 22: Ausschnitt der Antworten auf die Antworten auf die Frage der Berufsgruppenzugehörigkeit. Komplette Tabelle siehe Anhang K.

Feld-Zusammenfassung für P7 In welcher Berufsgruppe sind Sie tätig?		
Unternehmensorganisation und -strategie und zwar als … 92 (28,66 %) vollständige Datensätze	**Personalwesen und Personaldienstleistung und zwar als …** 95 (29,60 %) vollständige Datensätze	**Lehrtätigkeit an außerschulischen Bildungseinrichtungen und zwar als …** 91 (28,35 %) vollständige Datensätze
Sozialversicherung	Personalentwickler	Hochschullehrerin
Competitive Intelligence	Personalentwickler	Yogalehrerin, Physiotherapeutin
Produktmanagement	Personalvermittler	Yogalehrer
Assistentin	Teamassistentin	Honorardozent
Controller	Personalentwickler	Musik- und Grundschullehrerin
Leiter im Bereich Business Operations	Personalreferent	Lernberaterin, Jobcoach
Filialleiterin	Personalentwicklung	VHS Dozentin

Die Antworten wurden nur hingehend der Rechtschreibung verändert. Nicht alle Befragten fügten dem Kommentarfeld Antworten hinzu. Eindeutig falsch zugeordnete Datensätze (grau markiert) wurden aus der Auswertung heraus genommen, wie bspw.: IT, Presse- und Öffentlichkeitsreferentin. Unklare Spezialisierungen (blaue Markierung) wie bspw. Projektentwicklung, Forschungsplanung wurden als Datensatz behalten, da keine Möglichkeit zur Überprüfung gegeben war und sie nicht eindeutig falsch waren. Dieses Vorgehen hätte auch noch für die Spezifikation im Kommentarfeld „Sonstige" durchgeführt werden können. Dort hätten Datensätze, die eindeutig zu den pädagogischen oder ökonomischen Datensätzen zählen würden, von „Sonstige" zu den anderen Datensätzen hinzugefügt werden können. Allerdings wurde hier dem Befragten unterstellt, dass er sich bewusst für das Datensatzfeld „Sonstige" entschieden hat und demnach wurde dieses Vorgehen nicht durchgeführt.

Ein Beispiel ist hier der VHS Leiter, der als Titelbezeichnung bei den Pädagogen sowie in „Sonstige" zu finden war. Angenommen wird hier, dass bei „Sonstige" nur die organisatorische Leitung der VHS vorliegt und somit keine Lehrtätigkeit im Sinne der Berufsgruppe der Pädagogen gegeben ist. Wenn allerdings der Leiter der VHS in der Berufsgruppe der außerschulischen Lehrtätigkeit zu finden war, wurde davon ausgegangen, dass es sich hier um eine VHS handelt, in der der Leiter ebenfalls Lehrtätigkeiten ausübt und in der Rolle als Lehrender die Befragung ausgefüllt hat.

8.2 Explorative Faktorenanalyse

Ziel der EFA ist die Exploration der beruflichen Handlungskompetenzstruktur. Demnach ist auch die übergeordnete Hypothese für die Analyse leitend: *„Für bestimmte Berufsgruppen lässt sich ein Set an Kompetenzen definieren, welches die Basis der beruflichen Handlungskompetenz bildet."* Es wird erwartet, dass sich alle Variablen auf die Facetten der beruflichen Handlungskompetenz (Faktoren) – wie theoretisch vermutet – verteilen lassen.

Tabelle 23: EFA gesamt

	Faktor				
Rotierte Faktorenmatrix	**1**	**2**	**3**	**4**	**5**
FK1_1konzeptionelles_Denken_Einzelfall_lösen			,587		
FK1_2konzeptionelles_Denken_Stolpersteine	,511		,512		
FK2_1Kenntnisse_Organisation_Experte	,517		,561		
FK2_2Kenntnisse_Organisation_Aufbau			,605		
FK3_1Problemerkennung_Prozesse_hinterfragen			,588		
FK3_2Problemerkennung_Veränderungsbedarf_erkennen			,515		
FK4_1Entwicklung_Lösungen_Fachgebiet			,531		
FK4_2Entwicklung_Lösungen_Ideen_verbinden					
MK1_1Präsentation_Sachverhalte_erläutern	,622				
MK1_2Präsentation_Arbeitsergebnisse_zusammenfassen	,617				
MK2_1Planung_Arbeitsschritte_priorisieren	,742				
MK2_2Planung_Arbeitsschritte_koordinieren					
MK3_1Reflexion_Systematisch_beurteilen		,542			
MK3_2Reflexion_Arbeitsresultate_beurteilen					
MK4_1EDV_Arbeitsplatz_Software	,642				
MK4_2EDV_Kommunikationsformen_arbeiten					

	Faktor				
Rotierte Faktorenmatrix	**1**	**2**	**3**	**4**	**5**
MK5_1Konzentration_Aufgaben_Zeitdruck	,696				
MK5_2Konzentration_Fokus_Kleinigkeiten					,782
MK6_1Aufgabenverteilung_Aufgaben_delegieren				,741	
MK6_2Aufgabenverteilung_Arbeitsschritte_konkretisieren					
SK1_1Standpunkt_Kritik_üben					
SK1_2Standpunkt_kritische_Einschätzung				,692	
SK2_1Motivation_Leistungen_anspornen				,749	
SK2_2Motivation_wertschätzende_Atmosphäre	,707				
SK3_1Anerkennung_Bedürfnisse_eingehen	,699				
SK3_2Anerkennung_andere_einstellen	,755				
SK4_1Kontaktaufbau_Arbeitskontakte_knüpfen		,518			
SK4_2Kontaktaufbau_unangenehme_Kontakte	,537				
SK5_1Rücksichtsnahme_Situationen_besonnen	,802				
SK5_2Rücksichtsnahme_Kollegen_unterstützen	,597				
SLK1_1Mitwirkung_Ziele_umsetzen		,758			
SLK1_2Mitwirkung_Gestaltungsmöglichkeiten_nutzen		,673			
SLK2_1Verantwortungsübernahme_Vorgesetzte_ Ratfragen					,540
SLK2_2Verantwortungsübernahme_Probleme	,631				
SLK3_1Veränderungsinteresse_neugierig_ Arbeitsinhalte	,547	,622			
SLK3_2Veränderungsinteresse_Interesse_Ideen	,509	,650			
SLK4_1Selbstmanagement_Fähigkeiten_einschätzen	,638				
SLK4_2Selbstmanagement_Gesundheit	,668				

Extraktionsmethode: Maximum Likelihood.
Rotationsmethode: Varimax mit Kaiser-Normalisierung

Die Ergebnisse der EFA zeigen, dass die vier Kompetenzfacetten nicht in den Daten existieren. Insgesamt gibt es fünf Faktoren, auf die sich die Facetten verteilen.

Da die Verteilung der Facetten sehr vielfältig ist, ist selbst eine grobe Strukturierung nicht möglich.

Im Bereich der Fachkompetenz lädt eine Variable (FK8) unter .500 und wurde deshalb ausgeblendet, da sie mit diesem Wert für das weitere Vorgehen nicht relevant ist. Die restlichen sieben Variablen der Fachkompetenz laden auf Faktor 3 während zwei Variablen (FK2, FK3) noch zusätzlich auf Faktor 1 laden.

Bei der Methodenkompetenz laden vier Variablen (MK12, MK14, MK16, MK20) unter .500, fünf Variablen auf Faktor 1 (MK9, MK10, MK11, MK15, MK17), eine Variable (MK13) auf Faktor 2. Die Variable MK19 lädt auf Faktor 4 und MK18 auf Faktor 5 (MK18).

In der Facette der Sozialkompetenz lädt SK21unter .500 und ist wegen der geringen Relevanz für das weitere Vorgehen auch hier ausgeblendet. Sechs Variablen der Sozialkompetenz laden auf Faktor 1 (SK24, SK25, SK26, SK28, SK29, SK30), zwei Variablen (SK22, SK23) auf Faktor 4 und Variable SK27 auf Faktor 2.

Im Bereich der Selbstkompetenz lädt keine Variable unter .500, fünf Variablen auf Faktor 1 (SLK34-SLK38) und vier Variablen auf Faktor 2 (SLK31, SLK32, SLK35, SLK36). Hier ist zu betonen, dass die Variablen SLK 35 und SLK36 auf Faktor 1 und 2 laden. Variable SLK33 lädt als einzige auf Faktor 5.

Insgesamt laden 6 Variablen unter .500 und sind somit als ungeeignet zu werten.

18 Variablen laden auf Faktor 1, 6 auf Faktor 2, wovon zwei Variablen auch bereits auf Faktor 1 laden. Insgesamt laden alle Variablen der Fachkompetenz auf Faktor 3, wovon ebenfalls wieder zwei Variablen der Fachkompetenz auch auf Faktor 1 laden. Im Gegensatz zu den anderen Variablen laden die Variablen der Fachkompetenz homogen auf einen Faktor. Die Fachkompetenz stellt daher in den Daten exakt die vermutete theoretische Facette dar.

Merklich und demnach erwähnenswert ist, dass 19 Variablen, die inhaltlich zusammen gruppiert wurden, auch auf den selben Faktor laden (bspw. SLK37, SLK38 untersuchen die Selbstmanagementfähigkeit oder MK9 und MK10 untersuchen die Präsentationsfähigkeit).

Als Qualitätskriterien der Faktorenanalysen wurde das Kaiser-Meyer-Olkin (KMO)[119] Kriterium (Überprüfung der Geeignetheit der Itemauswahl für die

---

119 KMO-Maß ist eine Abkürzung für Kaiser-Mayer-Olkin-Maß und gibt an, ob eine Stichprobe für eine Faktorenanalyse geeignet ist (Brosius 2011: 795). Kaiser, Meyer und Olkin entwickelten eine Prüfgröße, die als mesaure of sampling adequacy (MSA) bezeichnet wird. Diese Prüfgröße MSA zeigt an, in welchem Ausmaß die Variablen zusammengehören und dient als Hinweis, ob eine Faktorenanalyse sinnvoll ist. Wenn die Stichprobe für eine Faktorenanalyse gut geeignet ist, sollte es mindestens einen zugrundeliegenden Faktor geben und somit Korrelationen zwischen den Items. Der

Analyse) sowie der Bartlett-Test (H_0 – Test auf Korrelation)[120] und das Rotationsverfahren[121] herangezogen. Variablen unter .500 wurden ausgeblendet, da diese für Faktoren praktisch kaum Relevanz besitzen.

Tabelle 24: KMO Maß der Stichprobe

<table>
<tr><th colspan="4">Kaiser-Meyer-Olkin</th></tr>
<tr><td colspan="4"></td></tr>
<tr><td colspan="4">Variable | kmo</td></tr>
<tr><td>FK1_1 | 0.9579</td><td></td><td>SK1_1 | 0.9736</td><td></td></tr>
<tr><td>FK1_2 | 0.9845</td><td></td><td>SK1_2 | 0.9587</td><td></td></tr>
<tr><td>FK2_1 | 0.9713</td><td></td><td>SK2_1 | 0.9444</td><td></td></tr>
<tr><td>FK2_2 | 0.9597</td><td></td><td>SK2_2 | 0.9745</td><td></td></tr>
<tr><td>FK3_1 | 0.9734</td><td></td><td>SK3_1 | 0.9679</td><td></td></tr>
<tr><td>FK3_2 | 0.9844</td><td></td><td>SK3_2 | 0.9717</td><td></td></tr>
<tr><td>FK4_1 | 0.9755</td><td></td><td>SK4_1 | 0.9745</td><td></td></tr>
<tr><td>FK4_2 | 0.9781</td><td></td><td>SK4_2 | 0.9744</td><td></td></tr>
<tr><td>MK1_1 | 0.9791</td><td></td><td>SK5_1 | 0.9713</td><td></td></tr>
<tr><td>MK1_2 | 0.9701</td><td></td><td>SK5_2 | 0.9693</td><td></td></tr>
<tr><td>MK2_1 | 0.9778</td><td></td><td>SL1_1 | 0.9582</td><td></td></tr>
<tr><td>MK2_2 | 0.9751</td><td></td><td>SL1_2 | 0.9687</td><td></td></tr>
<tr><td>MK3_1 | 0.9780</td><td></td><td>SL2_1 | 0.9442</td><td></td></tr>
<tr><td>MK3_2 | 0.9719</td><td></td><td>SL2_2 | 0.9859</td><td></td></tr>
<tr><td>MK4_1 | 0.9646</td><td></td><td>SL3_1 | 0.9613</td><td></td></tr>
</table>

Wertebereich der Prüfgröße MSA liegt zwischen 0 und 1. Nach Kaiser (1974) sind Werte von 0,5 und kleiner inakzeptabel.

120 Es ist denkbar, dass in der Stichprobe aufgefundene Korrelationen rein zufällig bedingt sind, ohne dass sich diese Zusammenhänge auf die Grundgesamtheit (also die Population) übertragen lassen (Brosius 2011: 793). Der Bartlett-Test testet also die Nullhypothese, dass alle bivariaten Korrelationskoeffizienten der Population den Wert Null haben. Es ist erwünscht, dass der Bartlett-Test signifikant wird. Der Bartlett-Test lässt also Aussagen für die Korrelationskoeffizienten der Stichprobe als Ganzes, jedoch nicht für die Signifikanz einzelner (!) Korrelationskoeffizienten zu. Die Prüfgröße des Bartlett-Tests ist χ^2.

121 Rotationen werden nur dann vorgenommen, wenn Variablen auf mehreren Faktoren gleich hoch laden.

Kaiser-Meyer-Olkin			
Variable | kmo			
MK4_2 | 0.9320		SL3_2 | 0.9628	
MK5_1 | 0.9726		SL4_1 | 0.9778	
MK5_2 | 0.8531		SL4_2 | 0.9696	
MK6_1 | 0.8979			
MK6_2 | 0.9549			
------------+----------- **Overall | 0.9691** ------------------------			

Das KMO-Maß zur Überprüfung der Stichprobeneignung ergibt einen Gesamtwert von 969. Nach BROSIUS (2011) kann somit die Geeignetheit der Stichprobe für eine Faktorenanalyse als erstaunlich bzw. sehr gut (marvelous) geeignet bezeichnet werden (Kaiser 1974: 111).

Erkenntnis: Ein Set an Kompetenzen ist aufgrund dieser Ergebnisse nicht vorhanden. Mit der explorativen Faktorenanalyse lässt sich die Annahme einer vierfaktoriellen Struktur nicht halten.

Aufgrund dieser Erkenntnisse und der sehr guten Qualität der Faktorenanalyse werden nun die einzelnen Facetten mittels einer Reliabilitätsanalyse untersucht.

8.2.1 Reliabilitätsanalyse

Reliabilitätsanalysen dienen der Untersuchung der Testgüte. Das Erkenntnisinteresse dieser Analyse wurde bereits beschrieben: Die Reliabilität des Fragebogens zur Erfassung der vier Kompetenzfacetten der beruflichen Handlungskompetenz ist gegeben. Ebenso kann durch die Reliabilitätsanalyse die interne Konsistenz und die hohe Trennschärfe bestätigt werden.

Da sich die Gesamtheit aller Facetten in der bereits durchgeführten Faktorenanalyse auf fünf Faktoren verteilt hat, wurden in diesem Verfahrensschritt nur die vier Hauptfacetten mittels der Reliabilitätsanalyse überprüft. Im Folgenden werden Cronbach's Alpha[122] als Maß für das Testgütekriterium interner Konsistenz berechnet.

122 Der Cronbachs Alpha Wert bechreibt die interne Konsistenz, inwieweit die verschiedenen Items einer Skala das gleiche messen. Cronbachs Alpha kann Werte

Tabelle 25: Reliabilität der Skalen (gesamt)

Skala (alle Daten)	Cronbach's Alpha
FK	,901
MK	,909
SK	,911
SL	,900

Die Darstellung in Tabelle 25 zeigt, dass die Reliabilität aller Skalen hierbei sehr gut ist (vgl. George/Mallery 2002: 231).

Ein weiteres Gütekriterium ist das bereits beschriebene Erkenntnisinteresse 1: Die Items der beruflichen Handlungskompetenz und ihrer vier Kompetenzfacetten weisen eine hohe Trennschärfe auf. Dazu werden detaillierter die Werte der item-rest-correlation[123] (Trennschärfe) betrachtet.

Die Grenzwerte von BÜHNER sind als schwach zu betrachten, demnach wäre hier eine Trennschärfe ab einer Korrelation von >.700 wünschenswert. Allerdings zeigen die Werte der einzelnen Items (vgl. Anhang K) bei einer genauen Betrachtung der Reliabilitätsanalyse eine geringe Korrelation >.700 (vgl. George/Mallery 2002: 231). 17 von 38 Items korrelieren unter .700 und sind somit sehr schwach. <.500 korrelieren allerdings nur zwei Items und somit kann dennoch von einer reliablen, aber schwachen Messung ausgegangen werden.

zwischen 0 und 1 annehmen (vgl. Bortz/Döring 2006: 725). Ein hoher Wert spricht dabei für eine hohe interne Konsistenz, ein niedriger Wert für eine niedrige interne Konsistenz. Eine hohe interne Konsistenz wird als erwünscht angesehen. Bei der Interpretation von Cronbachs Alpha sollte jedoch auch die Art des erhobenen Konstrukts berücksichtigt werden. Bei eher „breitbandigen" Konstrukten muss die interne Konsistenz folgerichtig niedriger sein, als bei eher „schmalbandigen" Konstrukten. Das Cronbachs Alpha den maximalen Wert 1 annimmt ist nicht erwünscht, dann würden alle Items genau das gleiche messen und das Instrument könnte durch eine Ein-Item-Frage ersetzt werden. Niedrige Werte sind andererseits auch nicht erwünscht, da nicht mehr davon ausgegangen werden kann, dass die Items dasselbe Konstrukt messen. Man spricht in diesem Zusammenhang auch vom Bandbreiten-Fidelitäts-Dilemma (vgl. Cronbach & Gleser, 1965). Nach George und Mallery (vgl. 2002: 231) sind Werte ab .70 als akzeptabel, Werte ab .80 als gut zu bezeichnen.

123 Korrelation eines Items mit der durch alle anderen Items gebildeten Gesamtskala. Nach Bühner sind Trennschärfen von <.30 als niedrig, Trennschärfen von .30 bis .50 als mittel, und Trennschärfen von >.50 als hoch anzusehen (vgl. Bühner 2011: 81).

Tabelle 26: Tabelle mit Item-rest-correlationen unter .70

Item	Item-rest correlation
FK1_1	0,617
FK2_1	0,662
FK2_2	0,676
FK4_2	0,684
MK3_1	0,686
MK3_2	0,649
MK4_2	0,424
MK5_2	0,284
MK6_1	0,432
SK1_1	0,688
SK1_2	0,584
SK4_1	0,584
SK4_2	0,596
SK5_2	0,606
SL1_1	0,667
SL2_1	0,399
SL4_2	0,569

Erkenntnis: Die vier Kompetenzfacetten (Fach-, Methoden-, Sozial- und Selbstkompetenz) haben für sich sehr gute Reliabilitätswerte. Bei detaillierter Betrachtung laden allerdings nicht alle Items auf den Hauptkompetenzfaktor (siehe Tabelle 26).

8.2.2 Faktorenanalyse der einzelnen Facetten

Da in der Reliabilitätsanalyse nur vereinzelte Items eine geringe Korrelation aufweisen, wurde sich trotz allem weiter und detaillierter mit den Facetten beschäftigt. Es wurde eine Faktorenanalyse der einzelnen Facetten durchgeführt. Es wurde erwartet, dass die Facetten trotz der Erkenntnisse aus der Reliabilitätsanalyse als einzelner Faktor hervorgehen.

Die folgende Tabelle zeigt die Ergebnisse der einzelnen Faktorenanalysen zusammengefasst in einer Darstellung, d. h. Faktor 1 stellt nicht für alle Variablen die Ladung auf diesen Faktor dar, sondern jeweils für jede Facette die Verteilung auf diesen Faktor sowie ggf. auf Faktor 2.

Tabelle 27: EFA der einzelnen Facetten

		Faktor	
Variable		**1**	**2**
Fachkompetenz	FK1_1konzeptionelles_Denken_Einzelfall_lösen	,701	
	FK1_2konzeptionelles_Denken_Stolpersteine	,802	
	FK2_1Kenntnisse_Organisation_Experte	,731	
	FK2_2Kenntnisse_Organisation_Aufbau	,746	
	FK3_1Problemerkennung_Prozesse_hinterfragen	,796	
	FK3_2Problemerkennung_Veränderungsbedarf_erkennen	,818	
	FK4_1Entwicklung_Lösungen_Fachgebiet	,771	
	FK4_2Entwicklung_Lösungen_Ideen_verbinden	,739	
Methodenkompetenz	MK1_1Präsentation_Sachverhalte_erläutern	,731	
	MK1_2Präsentation_Arbeitsergebnisse_zusammenfassen	,858	
	MK2_1Planung_Arbeitsschritte_priorisieren	,944	
	MK2_2Planung_Arbeitsschritte_koordinieren		
	MK3_1Reflexion_Systematisch_beurteilen		,544
	MK3_2Reflexion_Arbeitsresultate_beurteilen		,513
	MK4_1EDV_Arbeitsplatz_Software	,932	
	MK4_2EDV_Kommunikationsformen_arbeiten		,701
	MK5_1Konzentration_Aufgaben_Zeitdruck	,948	
	MK5_2Konzentration_Fokus_Kleinigkeiten		,868
	MK6_1Aufgabenverteilung_Aufgaben_delegieren		
	MK6_2Aufgabenverteilung_Arbeitsschritte_konkretisieren		
Sozialkompetenz	SK1_1Standpunkt_Kritik_üben	,754	
	SK1_2Standpunkt_kritische_Einschätzung	,641	
	SK2_1Motivation_Leistungen_anspornen	,625	
	SK2_2Motivation_wertschätzende_Atmosphäre	,850	
	SK3_1Anerkennung_Bedürfnisse_eingehen	,817	
	SK3_2Anerkennung_andere_einstellen	,840	

		Faktor	
Variable		1	2
	SK4_1Kontaktaufbau_Arbeitskontakte_knüpfen	,630	
	SK4_2Kontaktaufbau_unangenehme_Kontakte	,657	
	SK5_1Rücksichtsnahme_Situationen_besonnen	,844	
	SK5_2Rücksichtsnahme_Kollegen_unterstützen	,662	
Selbstkompetenz	SLK1_1Mitwirkung_Ziele_umsetzen	,761	
	SLK1_2Mitwirkung_Gestaltungsmöglichkeiten_nutzen	,802	
	SLK2_1Verantwortungsübernahme_Vorgesetzte_Ratfragen		
	SLK2_2Verantwortungsübernahme_Probleme	,825	
	SLK3_1Veränderungsinteresse_neugierig_Arbeitsinhalte	,855	
	SLK3_2Veränderungsinteresse_Interesse_Ideen	,856	
	SLK4_1Selbstmanagement_Fähigkeiten_einschätzen	,844	
	SLK4_2Selbstmanagement_Gesundheit	,633	

Extraktionsmethode: Maximum Likelihood.
Rotationsmethode: Varimax mit Kaiser-Normalisierung

Die Ergebnisse der Faktorenanalyse zeigen sehr deutlich, dass alle Facetten auf einen Faktor laden. Ausnahme bildet die Facette der Methodenkompetenz. Die Variablen der Methodenkompetenz laden auf zwei Faktoren. Die Variablen MK1_1, MK1_2, MK2_1, MK4_1, MK5_1 laden gemeinsam auf Faktor 1, wie bereits auch schon in den Ergebnissen der vorherigen EFA mit allen Variablen. Die Variablen MK3_1, MK3_2, MK4_2 und MK5_2 laden zusammen auf Faktor 2. Wobei in der vorherigen EFA nur Variable MK3_1 auf diesen Faktor lud, MK5_2 vorher auf Faktor 5 und die Variablen MK3_2, MK4_2 vorher unter .500 und nun auf Faktor 2. Variable MK 6_2 bleib weiter unverändert unter .500 und MK 6_1 lud vorher auf Faktor 4 und nun unter .500.

In dieser EFA wurden ebenfalls nur dann Rotationen vorgenommen, wenn Variablen auf mehrere Faktoren gleich hoch laden (Variablen der Kompetenzfacette MK).

Erkenntnis: Die Methodenkompetenz geht als zwei Faktoren aus der Analyse hervor. Die anderen Kompetenzfacetten sind in sich konsistent. Diese Konsistenz ist im Unterschied zu der Erkenntnis aus der vorherigen EFA mit allen Variablen hervorzuheben, da sich eben dort die Facetten nicht auf vier Faktoren verteilt haben.

Auf Basis dieses Ergebnisses wird ein Strukturgleichungsmodell aufgebaut.

8.3 Konfirmatorische Faktorenanalyse

Aufgrund der signifikanten Ergebnisse der EFA, der theoretischen Herleitung eines vierfaktoriellen Kompetenzkonstrukts und des vierfaktoriellen Modells des KRIs, wird das Strukturgleichungsmodell aufgebaut.

Das Strukturgleichungsmodell dient zur Überprüfung des fundierten Modells aus der EFA der einzelnen Faktoren. Die vermuteten Zusammenhänge der Faktoren werden methodisch durch die konfirmatorische Faktorenanalyse aufgezeigt. Bereits bekannt sind die gebildeten Faktoren Fachkompetenz, Methodenkompetenz (2 Faktoren) sowie Sozial- und Selbstkompetenz.

Tabelle 28: Überblick der gebildeten Faktoren

<table>
<tr><th>Skala[124]</th><th>Variablen im Faktor</th><th>KMO</th><th>problematische Variablen[125]</th><th>erklärte Varianz</th><th>problematische Ladungen[126]</th></tr>
<tr><td>Fachkompetenz</td><td>alle FK</td><td>,915</td><td>FK1_1, FK2_1, FK4_2</td><td>53,68 %</td><td>–</td></tr>
<tr><td rowspan="2">Methoden-
kompetenz[127]</td><td>MK1_1, MK1_2, MK2_1, MK4_1, MK5_1</td><td rowspan="2">,926</td><td rowspan="2">MK4_2, MK5_2, MK6_1</td><td>29,85 %</td><td rowspan="2">MK4_2 < ,500
MK5_2 < ,500
MK6_1 < ,500</td></tr>
<tr><td>MK3_1, MK3_2, MK4_2, MK5_2</td><td>24,44 %</td></tr>
<tr><td>Sozialkompetenz</td><td>alle SK</td><td>,927</td><td>alle außer: SK2_2, SK3_1, SK3_2, SK5_1</td><td>51,11 %</td><td>–</td></tr>
<tr><td>Selbstkompetenz</td><td>alle SLK</td><td>,901</td><td>SLK2_1, SLK4_2</td><td>55,28 %</td><td>SLK2_1 < ,500</td></tr>
</table>

8.3.1 Strukturgleichungsmodell

Das berechnete Modell ist in Abbildung 22 zu sehen.

Die Korrelationen der Fehlerterme wurden auf Basis von sogenannten Modification Indices berechnet. Zunächst wurde das Modell auf Grundlage der oben

124 Eine Rotation war (außer wenn gekennzeichnet) nicht erforderlich.

125 Kommunalität unter 0,500.

126 Ladung unter 0,500.

127 Nach Varimax Rotation.

stehenden Faktorenanalyse, welche die inhaltliche Qualität der Faktoren geprüft hat, erstellt. Die Modification Indices (MI) sind sogenannte Score Tests (Lagrange Multiplier Tests), die nicht gesetzte Pfade im Modell berechnen und dann als Ergebnis die Veränderung des Modells bzw. genauer des Chi²-Werts angeben und ob diese Veränderung signifikant ist.

Abbildung 22: Strukturgleichungsmodell

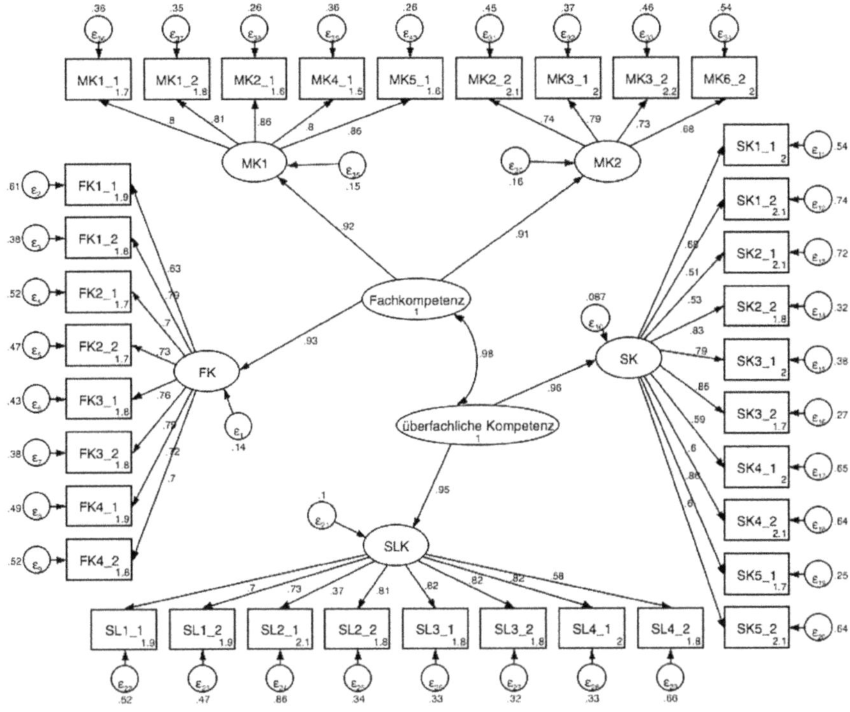

Die Methodenkompetenz 1 und 2 wurden als Einzelfaktor zu einem sogenannten „second order" Kontrukt zusammengefasst (MK). Die Bindung von MK1 und MK2 auf einen second order Faktor sind mit 0.91 und 0.92 als Koeffizient stark abgesichert. D.h. beide Faktoren können zwar inhaltlich für sich stehen, wie auch die Faktorenanalyse zeigt, können jedoch auch gemeinsam ein Kontrukt auf einer zweiten Ebene bilden. Basierend auf der Theorie wurde sich für das second order Konstrukt entschieden, welches mit zwei Facetten der Methodenkompetenz bereits theoretisch beschrieben wurde.

Die Ergebnisse spiegeln dies genau wider:

MK1: zielgerichtete, situative Methodenkompetenz --> epistemische Kompetenz auf der Mikroebene

MK2: planerische, vorausschauende Methodenkompetenz --> heuristische Kompetenz auf der Makroebene

Die Items, welche zu MK1 gehören, beschreiben ein zielgerichtetes, situatives Verhalten bspw. Sachverhalte verständlich erklären (MK1.1), ergebnisbezogene Erläuterung (MK1.2), Priorisierung, konkreter Umgang mit IT-Software (MK4.1), Aufgaben unter Zeitdruck erledigen (MK5.1).

Die Items, welche zu MK2 gehören, beschreiben ein planerisches, vorausschauendes Verhalten bspw. Koordinierung (MK2.2), systematische Beurteilung des Ganzen (MK3.1-MK3.2), Aufgabenverteilung (MK6.2).

8.3.1.1 Bewertung der Koeffizienten der latenten Konstrukte

Die Koeffizienten zeigen für FK, dass keine der Variablen hier schlechte Ladungen aufweist (immer größer als .500). Auch MK1, MK2 und SK sind hier als problemlos anzusehen. Allein auf SLK lädt SL2_1 mit 0.37 (und einem Fehler von 0.86), dennoch wurde die Variable im Modell belassen, da sie keine weiteren Auswirkungen auf das Modell hat. Für MK1 und MK2 wurden die Variablen aus dem Modell entfernt, welche bereits aus der Faktorenanalyse heraus ausgeschlossen wurden und ebenfalls im Modell problematisch waren.

Demnach sind die Pfadkoeffizienten der latenten Konstrukte als gut zu bezeichnen.

Tabelle 29: Koeffizienten des Modells

Konstrukt	Verbindung zu	Koeffizient	Std. Fehler	z	p	95 CI-	95 CI+
FK	Fachkompetenz	0,922	0,013	70,06	0,000	0,897	0,948
SK	überfachliche Kompetenz	0,961	0,010	100,17	0,000	0,942	0,980
SLK	überfachliche Kompetenz	0,967	0,010	98,45	0,000	0,948	0,986
MK2	überfachliche Kompetenz	0,924	0,016	56,63	0,000	0,892	0,956
MK1	Fachkompetenz	0,957	0,012	83,16	0,000	0,935	0,980
FK	FK1_1	0,614	0,033	18,66	0,000	0,550	0,679
	FK1_2	0,789	0,021	37,8	0,000	0,748	0,830
	FK2_1	0,702	0,027	25,79	0,000	0,649	0,755
	FK2_2	0,732	0,025	29,15	0,000	0,683	0,782
	FK3_1	0,753	0,024	31,8	0,000	0,706	0,799
	FK3_2	0,788	0,021	37,56	0,000	0,747	0,830
	FK4_1	0,712	0,027	26,83	0,000	0,660	0,764
	FK4_2	0,682	0,029	23,87	0,000	0,626	0,738

Konstrukt	Verbindung zu	Koeffizient	Std. Fehler	z	p	95 CI-	95 CI+
SK	SK1_1	0,675	0,029	23,67	0,000	0,619	0,731
	SK1_2	0,490	0,039	12,51	0,000	0,413	0,566
	SK2_1	0,533	0,038	14,15	0,000	0,459	0,607
	SK2_2	0,824	0,018	45,84	0,000	0,788	0,859
	SK3_1	0,767	0,022	34,64	0,000	0,724	0,811
	SK3_2	0,835	0,017	48,55	0,000	0,801	0,869
	SK4_1	0,593	0,034	17,7	0,000	0,528	0,659
	SK4_2	0,604	0,033	18,34	0,000	0,539	0,668
	SK5_1	0,859	0,015	57,08	0,000	0,830	0,889
	SK5_2	0,604	0,033	18,35	0,000	0,539	0,668
SLK	SL1_1	0,652	0,030	21,46	0,000	0,592	0,711
	SL1_2	0,694	0,027	25,38	0,000	0,641	0,748
	SL2_1	0,376	0,044	8,56	0,000	0,290	0,462
	SL2_2	0,832	0,017	48,27	0,000	0,798	0,866
	SL3_1	0,769	0,022	34,81	0,000	0,726	0,813
	SL3_2	0,789	0,021	37,05	0,000	0,748	0,831
	SL4_1	0,834	0,017	49,05	0,000	0,800	0,867
	SL4_2	0,609	0,033	18,56	0,000	0,544	0,673
MK2	MK2_2	0,727	0,027	26,95	0,000	0,674	0,780
	MK3_1	0,804	0,022	37,17	0,000	0,762	0,847
	MK3_2	0,743	0,026	29,08	0,000	0,693	0,794
	MK6_2	0,654	0,032	20,28	0,000	0,591	0,717
MK1	MK1_1	0,823	0,019	43,11	0,000	0,785	0,860
	MK1_2	0,799	0,020	39,98	0,000	0,759	0,838
	MK2_1	0,864	0,016	53,43	0,000	0,832	0,895
	MK4_1	0,769	0,022	34,68	0,000	0,725	0,812
	MK5_1	0,818	0,019	43,68	0,000	0,781	0,854

8.3.1.2 Bewertung der Korrelationen zwischen den Konstrukten und Fehlern

Zwei Korrelation sind mit $p > .05$ nicht signifikant, wobei der Korrelationskoeffizient selbst auch sehr nahe an Null liegt. Hierbei interessant ist die negative Korrelation der Fehler für MK1 und MK2. Je mehr MK1 im Modell etwas nicht erklären kann, desto weniger kann MK2 etwas im Modell erklären bzw. vice versa.

Die Trennung der Methodenfacette in zwei Faktoren zeigt sich hier daher noch einmal bestätigt.

Tabelle 30: Korrelationen des zweiten Gesamtmodells

Korrelation	Koeffizient	Std. Fehler	z	p	95 CI-	95 CI+
cov(e.FK1_1,e.FK4_2)	0,214	0,050	4,31	0,000	0,117	0,311
cov(e.SK1_1,e.SK1_2)	0,320	0,046	7,00	0,000	0,230	0,409
cov(e.SK1_1,e.SK2_1)	0,202	0,050	4,06	0,000	0,104	0,300
cov(e.SK1_2,e.SK2_1)	0,325	0,046	7,00	0,000	0,234	0,416
cov(e.SK2_1,e.SK3_2)	-0,162	0,049	-3,31	0,001	-0,258	-0,066
cov(e.SK2_1,e.SK5_1)	-0,050	0,054	-0,92	**0,358**	-0,155	0,056
cov(e.SK3_1,e.SK3_2)	0,287	0,048	5,98	0,000	0,193	0,382
cov(e.SK3_2,e.SK5_1)	0,215	0,053	4,08	0,000	0,112	0,317
cov(e.SL1_1,e.SL1_2)	0,460	0,041	11,28	0,000	0,380	0,540
cov(e.SL2_2,e.SL3_2)	-0,086	0,048	-1,77	**0,077**	-0,180	0,009
cov(e.SL3_1,e.SL3_2)	0,535	0,040	13,52	0,000	0,457	0,612
cov(e.SL3_2,e.SL4_2)	-0,147	0,045	-3,31	0,001	-0,235	-0,060
cov(e.MK6_2,e.MK1_1)	0,271	0,053	5,09	0,000	0,167	0,376
cov(e.MK1_1,e.MK2_1)	-0,292	0,065	-4,46	0,000	-0,420	-0,164
cov(e.MK2_1,e.MK5_1)	0,230	0,057	4,01	0,000	0,118	0,342
cov(e.MK4_1,e.MK5_1)	0,261	0,048	5,43	0,000	0,167	0,355
cov(e.MK2,e.MK1)	-0,459	0,183	-2,51	0,012	-0,818	-0,100
cov(Fachkompetenz, über -fach. Kompetenz)	0,979	0,010	93,80	0,000	0,958	0,999

8.3.1.3 Gütemaße des Modells

Die Fit-Indizes sind unabhängig von der Stichprobe und dienen als Kennwerte zur Modelltestung. Demnach wird hier detaillierter auf die Gütemaße eingegangen (vgl. Tabelle 31).

Die „*Root Mean Square Error of Approximation*" (RMSEA) gilt weitläufig als gebräuchlichstes Gütemaß und hat folgende Grenzwerte, die nicht statistisch berechnet sondern objektiv verwendet werden:

- *RMSEA < 0.05 gute Modellpassung*
- *0.05 < RMSEA < 0.08 adäquate/mäßige Modellpassung*
- *RMSEA > 0.08 schlechte Modellpassung*

Für das vorliegende Modell liegt RMSEA = 0.079 also mit einer adäquaten/mäßigen Modellpassung vor. Das 90 % Konfidenzintervall (CI), also der Bereich in dem sich zu 90 % das RMSEA Maß im Grundgesamt befindet, liegt zwischen 0.075 und 0.082, was einen sehr geringen Schwankungsbereich ausmacht. Das Gütemaß kann daher als sehr valide angesehen werden[128].

Die „*Standardized Root Mean Square Residual*" (SRMR) entspricht approximativ dem mittleren absoluten Residuum der Residualkorrelationen mit folgenden Grenzwerten:

- *SRMR = 0: perfekte Modellpassung*
- *SRMR < 0.05: gute Modellpassung*
- *0.05 < SRMR < 0.10 : adäquate/mäßige Modellpassung*

Somit liegt auch hier eine gute Modellanpassung für das Gesamtmodell vor.

Die Gütemaße zeigen, dass der Grenzwert von > 0.08 als schlechte Modellpassung nicht überschritten wird. Somit kann die Modellanpassung als adäquat bzw. mäßig bezeichnet werden. Der SRMR spricht für eine adäquate bzw. mäßige Modellanpassung, doch insgesamt ist der Fit des Modells gut und verwendbar.

Tabelle 31: Gütemaße des Modells

Fit Statistik	**Modell**
RMSEA	0.079
90 % CI+	0.075
90 % CI-	0.082
p (CI)	0.001
CFI	0.863
TLI	0.853
SRMR	0.052
CD	0.980

128 Die Gütemaße CFI und TLI sowie CD werden ebenso über die Chi^2-Statistik berechnet und automatisch mit angegeben. Alle sollten > .900 sein, was im vorliegenden Fall praktisch auch so angesehen werden kann (CFI gerundet).

Um die Fragestellung zu beantworten, wie gut die einzelnen Varianzen ihre jeweiligen Items erklären, wird der Anteil der erklärten Varianz (R^2)[129] berechnet, also das, was eine Variable im Modell erklären kann (vgl. Hellbrück 2011: 266)

Insgesamt zeigen sich vom Erklärungsgehalt einzelner Variablen im Modell die Schwachstellen des Modells als solches, da viele Variablen den „magischen" Grenzwert von $R^2 = .500$ nicht erreichen. Auch wenn $R^2 < .500$ rot gekennzeichnet wurde, sind dies keine markierten Ergebnisse, die zu verwerfen sind. Sie geben lediglich eine farbliche Abgrenzung zu den Werten unter und über 50 % wieder.

Tabelle 32: Übersicht der erklärten Varianzen des zweiten Gesamtmodells

Variable	R^2
SK1_1	0,462
SK1_2	0,262
SK2_1	0,280
SK2_2	0,685
SK3_1	0,618
SK3_2	0,731
SK4_1	0,348
SK4_2	0,361
SK5_1	0,744
SK5_2	0,362

Variable	R^2
FK1_1	0,395
FK1_2	0,620
FK2_1	0,487
FK2_2	0,529
FK3_1	0,569
FK3_2	0,622
FK4_1	0,513
FK4_2	0,482

Variable	R^2
SL1_1	0,486
SL1_2	0,531
SL2_1	0,136
SL2_2	0,663
SL3_1	0,666
SL3_2	0,679
SL4_1	0,675
SL4_2	0,337

Variable	R^2
MK1_1	0,632
MK1_2	0,650
MK2_1	0,742
MK4_1	0,636
MK5_1	0,738

Variable	R^2
MK2_2	0,544
MK3_1	0,635
MK3_2	0,543
MK6_2	0,458

129 Der Anteil der erklärten Varianz wird entweder aus der Differenz des Fehlers berechnet, also bei FK1_1 = 1–0.6 = 0.4 = 40 % erklärte Varianz, oder aus dem Quadrat des Pfadkoeffizienten, also R2 = 0.632 = 0.3969 = 39.7 % (Ungenauigkeiten entstehen durch Rundung). Wenn also ein R2 von 50 % erwünscht ist, dann müsste sich dies aus dem Quadrat des Pfadkoeffizienten (oder eines Korrelationskoeffizienten) ergeben. Und dies ergibt sich aus R2 = 0.7082 = 50.1 %. Demnach ist ein Pfadkoeffizient oder eine Korrelation von 0.708 erst ein guter Wert.

Variable	R^2
FK	0,858
SK	0,905
SLK	0,897
MK2	0,828
MK1	0,864

8.3.2 Gruppenmodelle

Da die Ergebnisse der vorherigen Untersuchungen keine Facetten der beruflichen Handlungskompetenz enthielten, konnten weder die Fragestellungen noch die daraus erwarteten Zusammenhänge ausgewertet werden.

Basierend auf dem finalen Strukturgleichungsmodell kann dieser Auswertungsschritt durch Gruppenmodelle nun durchgeführt werden.

Berufsgruppe

Hypothese 1: **Die Berufsgruppen (P7) unterscheiden sich hinsichtlich ihrer Ausprägung der beruflichen Handlungskompetenz mit den vier Kompetenzfacetten (Fach-, Methoden-, Sozial- und Selbstkompetenz).**

Zur Beantwortung dieser Hypothese werden die unterschiedlichen Koeffizienten für die drei Berufsgruppen (P7) erörtert (vgl. Anhang P).

Die Unterschiede in den Koeffizienten sind zunächst als so klein zu bezeichnen, dass von einem Unterschied zwischen den P7 Gruppen hinsichtlich der Ladung auf die einzelnen Faktoren nicht gesprochen werden kann. Ebenso zeigt sich kein Unterschied zwischen den Ladungen auf die second order Konstrukte[130], wovon man hätte stärker ausgehen können. Die aufgestellten Strukturgleichungsmodelle für jede Berufsgruppe sind ebenfalls im Anhang N zu finden.

Die Übersicht der Korrelation (vgl. Anhang N) zeigt deutlich mehr nicht signifikante Ergebnisse. Wobei die interessanten Korrelationen hier auf der Korrelation zwischen den beiden second order Konstrukten der Fachkompetenz und überfachlichen Kompetenz liegen. Es zeigt sich, dass sich der Zusammenhang zwischen diesen beiden Konstrukten, zwischen den 3 Gruppen nicht unterscheidet und gleich hoch sowie signifikant ist.

---

130 Engl.: Second order construct ist ein Konstrukt höherer Ordnung, ein übergeordnetes Konstukt. First order construct ist Subkonstrukt (vgl. Lohmöller 1989: 128 ff.).

Tabelle 33: Gütemaße des Gesamtmodells für P7

Fit Statistik	Modell	Modell P7
RMSEA	0.079	0.092
90 % CI+	0.075	0.087
90 % CI-	0.082	0.096
CFI	0.863	0.826
TLI	0.853	0.821
SRMR	0.052	0.081
CD	0.980	0.990

Die Güte des Modells mit der Gruppenunterscheidung P7 ist nicht als ideal, dennoch aber als ausreichend zu bezeichnen. Der RMSEA Wert liegt außerhalb des gewünschten Bereichs von < .800, auch der SRMR Wert liegt mit 0.081 etwas hoch.

Auch wenn die oben stehende Analyse keine Gruppenunterschiede zeigt, zeigt letztlich allein ein Test, ob dies der Fall ist (vgl. Tabelle 34). Liegt hier $p < .05$ vor (schwarz und fett markiert) oder $p < .10$ (grün und fett markiert), dann ist ein Unterschied zwischen den Koeffizienten (oder Konstanten) tatsächlich vorhanden, wobei der Blick auf die Höhe der Unterschiede erst verrät, ob dieser Unterschied erwähnenswert ist.

*Tabelle 34: Test der Vergleiche P7 * Wald Test, ansonsten Score Test*

		Chi2	df	p
FK*	Fachkompetenz	.	.	.
SL*	überfachliche Kompetenz	.	.	.
SLK*	überfachliche Kompetenz	2,55	2	0,2794
MK2*	überfachliche Kompetenz	8,399	2	**0,015**
MK1*	Fachkompetenz	4,135	2	0,1265
FK	FK1_1	2,091	2	0,3514
	FK1_2	1,564	2	0,4575
	FK2_1	4,843	2	0,0888
	FK2_2	0,441	2	0,8023
	FK3_1	2,848	2	0,2408
	FK3_2	5,421	2	**0,0665**
	FK4_1	0,339	2	0,8441
	FK4_2	1,513	2	0,4694

		Chi2	df	p
SK	SK1_1	1,457	2	0,4827
	SK1_2	1,367	2	0,5049
	SK2_1	0,748	2	0,6879
	SK2_2	5,903	2	**0,0523**
	SK3_1	0,427	2	0,8078
	SK3_2	4,128	2	0,127
	SK4_1	0,262	2	0,8774
	SK4_2	4,962	2	**0,0837**
	SK5_1	2,781	2	0,249
	SK5_2	2,531	2	0,2821
SLK	SL1_1	4,957	2	**0,0839**
	SL1_2	7,76	2	**0,0206**
	SL2_1	3,981	2	0,1366
	SL2_2	0,033	2	0,9837
	SL3_1	2,699	2	0,2594
	SL3_2	1,965	2	0,3743
	SL4_1	9,941	2	**0,0069**
	SL4_2	1,263	2	0,5318
MK2	MK2_2	5,22	2	**0,0735**
	MK3_1	2,307	2	0,3156
	MK3_2	9,593	2	**0,0083**
	MK6_2	5,42	2	**0,0665**
MK1	MK1_1	4,195	2	0,1228
	MK1_2	2,619	2	0,2699
	MK2_1	1,837	2	0,3992
	MK4_1	1,568	2	0,4566
	MK5_1	0,893	2	0,64

Wie aus der Abbildung zu entnehmen ist, liegen kaum relevante Unterschiede vor, und wenn wie bei MK2, sind diese praktisch nicht zu unterscheiden, es gibt also nachgewiesenermaßen keinen Unterschied. Wie der Abbildung zu entnehmen ist, war der Wald Test für FK und SL nicht durchführbar. Alle anderen Ergebnisse sind nicht erwähnenswert.

Antwort Hypothese: Ein Unterschied zwischen den Berufsgruppen kann statistisch valide nicht nachgewiesen werden.

<u>**Geschlecht**</u>

***Hypothese 2*: Männliche Befragungsteilnehmer bewerten die Items der Selbstkompetenz höher als weibliche Befragungsteilnehmer**

Zur Beantwortung dieser Hypothese werden im ersten Schritt alle Itemantworten nach Geschlecht angesehen.

Abbildung 23: Strukturgleichungsmodell für Geschlecht männlich

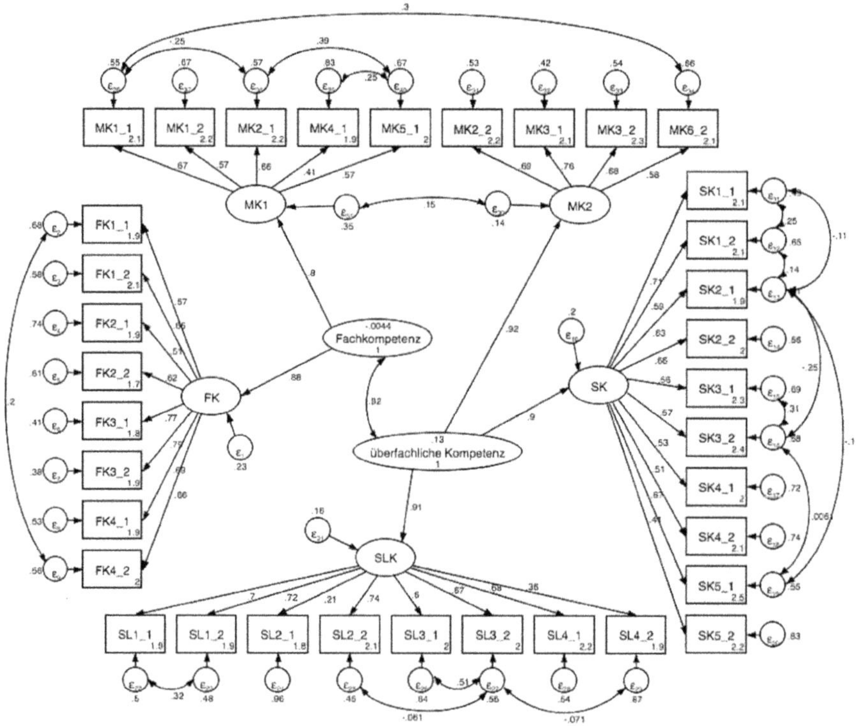

Abbildung 24: Strukturgleichungsmodell für Geschlecht weiblich

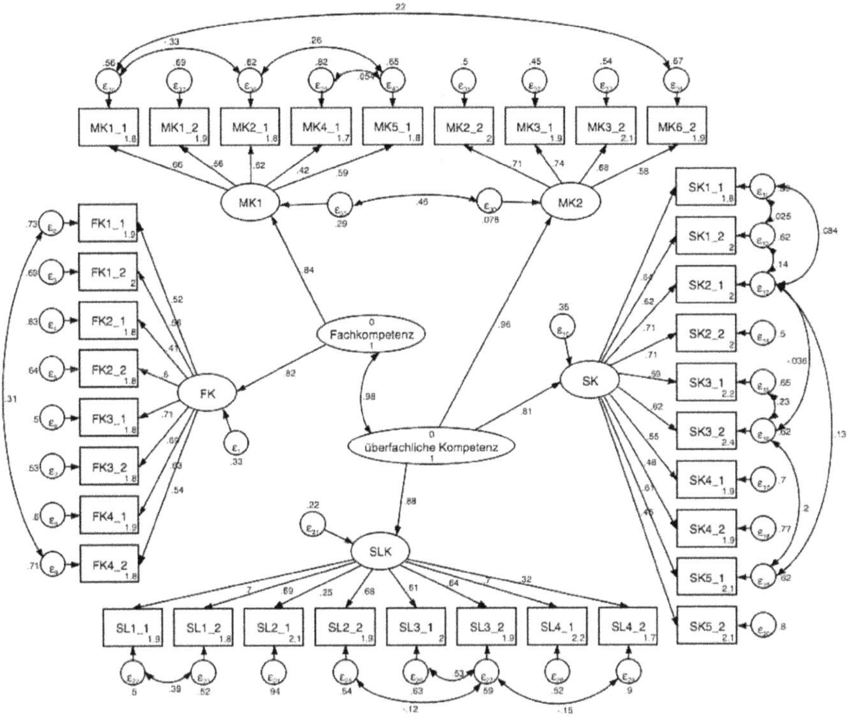

Im nächsten Schritt werden die Items genauer betrachtet, bei denen es signifikante Unterschiede in der Beantwortung nach Geschlecht gibt.

Generell schneidet das Modell mit Geschlecht (P1) etwas besser ab als das Modell mit den Berufsgruppen (P7). Allerdings liegt der RMSEA mit > .08 bei einer schlechten Modellanpassung, was man ebenso in den Werten des CFI oder TLI sehen kann.

Tabelle 35: Gütemaße des Gesamtmodells für P1

Fit Statistik	Modell	Modell P7	Modell P1
RMSEA	0.079	0.092	0.082
90 % CI+	0.075	0.087	0.077
90 % CI-	0.082	0.096	0.087
CFI	0.863	0.826	0.760

Fit Statistik	Modell	Modell P7	Modell P1
TLI	0.853	0.821	0.749
SRMR	0.052	0.081	0.088
CD	0.980	0.990	0.958

Erneut werden die Unterschiede in den Koeffizienten getestet: liegt $p < .05$ vor (schwarz und fett markiert) oder $p < .10$ (grün und fett markiert), dann ist ein Unterschied in den Koeffizienten (oder Konstanten) tatsächlich vorhanden, wobei der Blick auf die Höhe der Unterschiede erst verrät, ob dieser Unterschied überhaupt erwähnenswert ist.

Auch für das Geschlecht ist dieser Unterschied nur bei sehr wenigen Fällen signifikant und dort, wo dies der Fall ist, sind die Koeffizienten so eng beieinander, dass von einem Unterschied nicht gesprochen werden kann.

*Tabelle 36: * Wald Test, ansonsten Score Test*

		Chi2	df	p
FK*	Fachkompetenz			
SL*	überfachliche Kompetenz			
SLK*	überfachliche Kompetenz	0,012	1	0,911
MK2*	überfachliche Kompetenz	1,323	1	0,250
MK1*	Fachkompetenz	3,903	1	**0,048**
FK	FK1_1	0,003	1	0,960
	FK1_2	0,055	1	0,815
	FK2_1	0,000	1	0,990
	FK2_2	0,052	1	0,819
	FK3_1	0,020	1	0,887
	FK3_2	0,088	1	0,767
	FK4_1	0,000	1	0,985
	FK4_2	0,865	1	0,352

		Chi2	df	p
SK	SK1_1	0,006	1	0,938
	SK1_2	14,130	1	**0,000**
	SK2_1	1,681	1	0,195
	SK2_2	3,587	1	**0,058**
	SK3_1	0,616	1	0,433
	SK3_2	2,870	1	**0,090**
	SK4_1	0,149	1	0,700
	SK4_2	7,009	1	**0,008**
	SK5_1	0,020	1	0,887
	SK5_2	1,540	1	0,215
SLK	SL1_1	0,281	1	0,596
	SL1_2	0,455	1	0,500
	SL2_1	4,330	1	**0,038**
	SL2_2	0,026	1	0,871
	SL3_1	0,043	1	0,836
	SL3_2	1,296	1	0,255
	SL4_1	2,418	1	0,120
	SL4_2	2,413	1	0,120
MK2	MK2_2	0,413	1	0,521
	MK3_1	0,176	1	0,675
	MK3_2	0,015	1	0,902
	MK6_2	0,008	1	0,930
MK1	MK1_1	1,296	1	0,255
	MK1_2	0,273	1	0,601
	MK2_1	0,864	1	0,353
	MK4_1	0,737	1	0,391
	MK5_1	0,917	1	0,338

Auch die Darstellung in Tabelle 36 der Korrelationen zeigt an den signifikanten Stellen keine deutlich unterschiedlichen Korrelationen, so dass von wirklichen Unterschieden auch an dieser Stelle nicht gesprochen werden kann (vgl. Anhang Q). Ebenso ist der Tabelle zu entnehmen, dass die Werte für FK und SL per Wald Test nicht schätzbar waren.

Antwort Hypothese: Es kann keine statistisch valide Aussage zum Gruppenunterschied getroffen werden.

Berufserfahrung

Hypothese 3: **Bezüglich der beruflichen Handlungskompetenz stimmen die Antworten der Personen, die schon länger im Berufsleben stehen[131], unabhängig von ihrer Berufsgruppe überein.**

Abbildung 25: Strukturgleichungsmodell für Berufserfahrung Experte

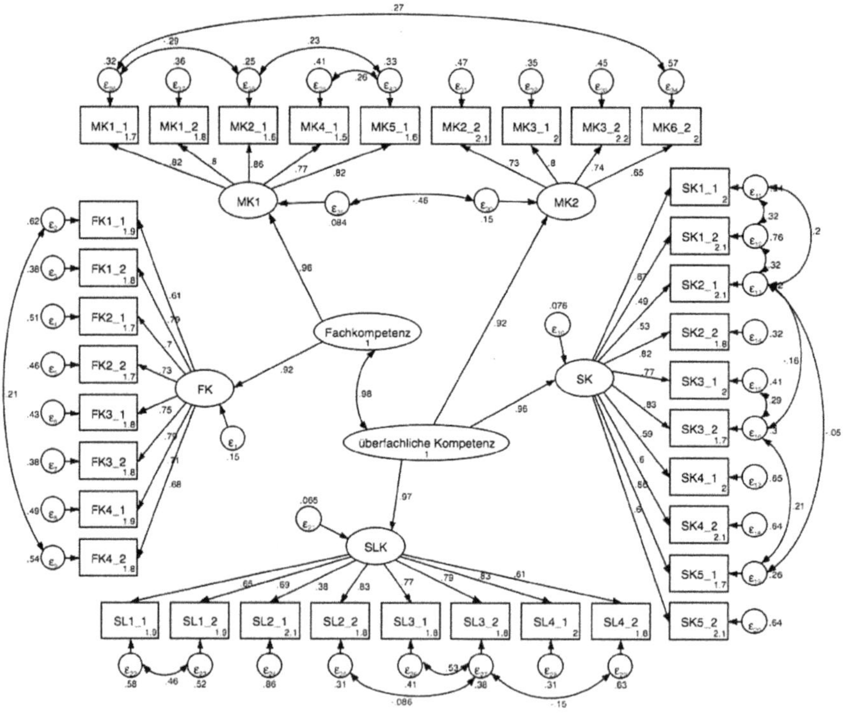

---

131 Im Abschnitt 5.4 wurden diese Personen als Experten bezeichnet, die länger als 10 Jahre im Berufsleben stehen.

Abbildung 26: Strukturgleichungsmodell für Berufserfahrung Nicht-Experte

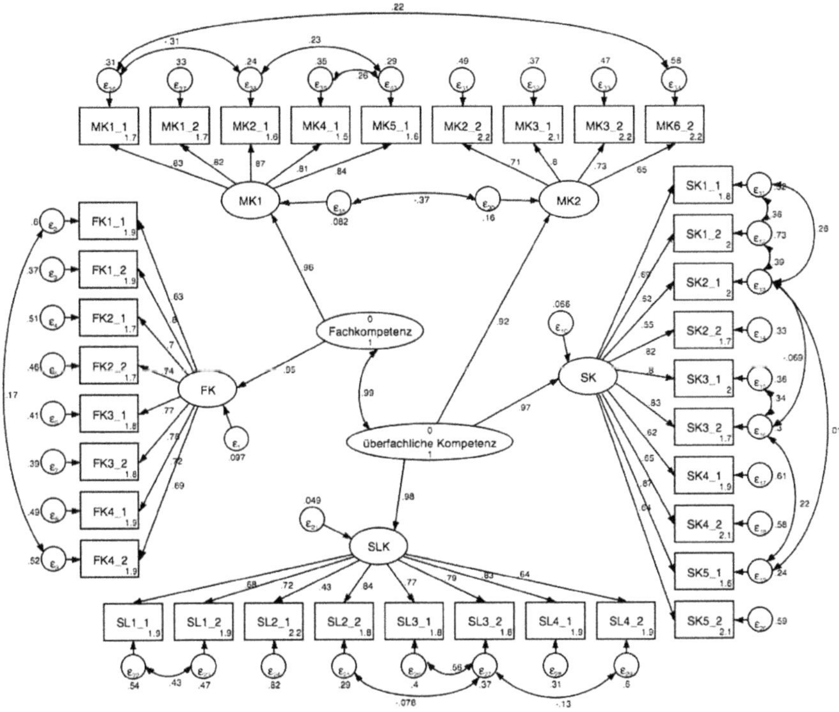

Beim Modell der Berufserfahrung (P8) sind alle relevanten Fit-Maße zufriedenstellend, jedoch nicht immer ideal.

Tabelle 37: Experte vs. Nicht-Experte

	N	Prozent
kein Experte	328	76,64
Experte	100	23,36
Total	428	100,00

Tabelle 38: Gütemaße des Modells für die Jahre der Ausübung der jetzigen Tätigkeit (P8)

Fit Statistik	Modell	Modell P7	Modell P1	Modell P3	Modell P8
RMSEA	0.079	0.092	0.082	0.095	0.079
90 % CI-	0.075	0.087	0.077	0.090	0.075
90 % CI+	0.082	0.096	0.087	0.100	0.083
CFI	0.863	0.826	0.760	0.702	0.856
TLI	0.853	0.821	0.749	0.694	0.849
SRMR	0.052	0.081	0.088	0.106	0.104
CD	0.980	0.990	0.958	0.928	0.989

Auch hier sind die Ergebnisse, welche signifikant sind, inhaltlich bei den Koeffizienten zwischen beiden Gruppen so ähnlich, dass man nicht von Unterschieden sprechen kann.

Tabelle 39: Test der Unterschiede für die Jahre der Ausübung der jetzigen Tätigkeit (P8)

		Chi2	df	p
FK*	Fachkompetenz			
SL*	überfachliche Kompetenz			
SLK*	überfachliche Kompetenz	0,662	1	0,416
MK2*	überfachliche Kompetenz	11,607	1	**0,001**
MK1*	Fachkompetenz	0,705	1	0,401
FK	FK1_1	0,648	1	0,421
	FK1_2	5,673	1	**0,017**
	FK2_1	4,899	1	**0,027**
	FK2_2	0,199	1	0,655
	FK3_1	5,964	1	**0,015**
	FK3_2	0,147	1	0,702
	FK4_1	0,010	1	0,918
	FK4_2	0,408	1	0,523

		Chi2	df	p
SK	SK1_1	3,202	1	**0,074**
	SK1_2	0,991	1	0,319
	SK2_1	7,344	1	**0,007**
	SK2_2	0,023	1	0,880
	SK3_1	1,145	1	0,285
	SK3_2	1,290	1	0,256
	SK4_1	1,796	1	0,180
	SK4_2	0,136	1	0,713
	SK5_1	9,043	1	**0,003**
	SK5_2	0,002	1	0,961
SLK	SL1_1	0,489	1	0,484
	SL1_2	3,512	1	**0,061**
	SL2_1	3,437	1	**0,064**
	SL2_2	1,512	1	0,219
	SL3_1	0,049	1	0,825
	SL3_2	0,998	1	0,318
	SL4_1	0,095	1	0,758
	SL4_2	4,874	1	**0,027**
MK2	MK2_2	0,374	1	0,541
	MK3_1	0,203	1	0,652
	MK3_2	1,644	1	0,200
	MK6_2	2,555	1	0,110
MK1	MK1_1	3,202	1	**0,074**
	MK1_2	1,662	1	0,197
	MK2_1	0,380	1	0,537
	MK4_1	9,702	1	**0,002**
	MK5_1	0,106	1	0,745

** Wald Test, ansonsten Score Test*

Sowohl bei den Vergleichen als auch den Korrelationen ergibt sich kein anderes Bild als zum bisherigen: relevante Unterschiede sind nicht aufzufinden. Die Korrelationen des Modells mit der Anzahl der Jahre der Ausübung der jetzigen Tätigkeit (P8) sind im Anhang zu finden (Anhang P). Ebenfalls ist hier der Tabelle zu entnehmen, dass die Werte für FK und SL per Wald Test nicht schätzbar waren.

Antwort zur Hypothese: Die Hypothese kann statistisch valide nicht vollständig bestätigt (oder verworfen) werden, dennoch sind deutlich mehr einzelne Variablen signifikant als in den zuvor gerechneten Modellen.

<u>**Ausbildungsrichtung**</u>

Hypothese 4: **Bezüglich der beruflichen Handlungskompetenz in der Berufsgruppe „Lehrtätigkeit an außerschulischen Bildungseinrichtungen" stimmen die Antworten der Personen, die eine pädagogische Ausbildung genossen haben stärker überein als von Personen derselben Berufsgruppe mit wirtschaftswissenschaftlicher Ausbildung.**

Abbildung 27: Strukturgleichungsmodell für Ausbildungsrichtung 1 / wirtschaftlich

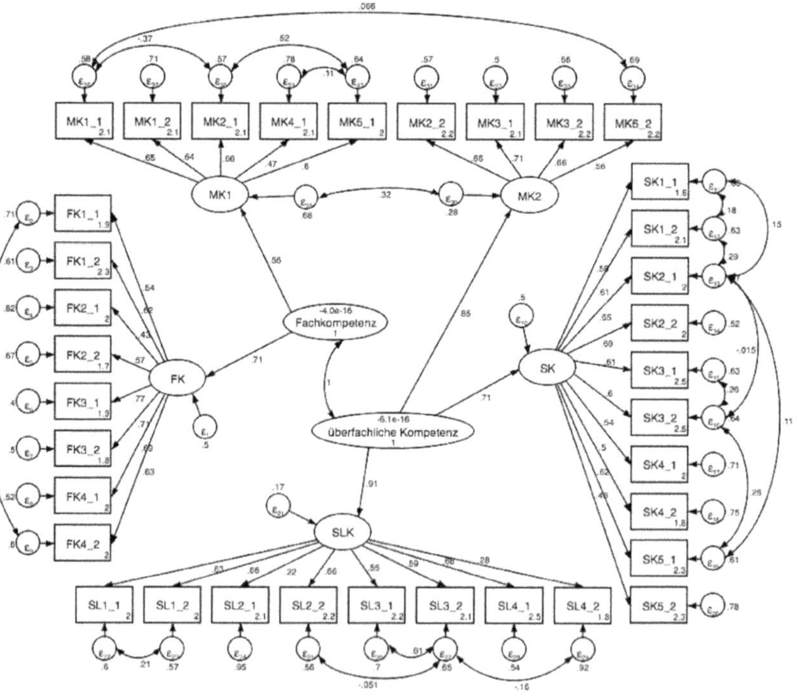

Abbildung 28: Strukturgleichungsmodell für Ausbildungsrichtung 2 / pädagogisch

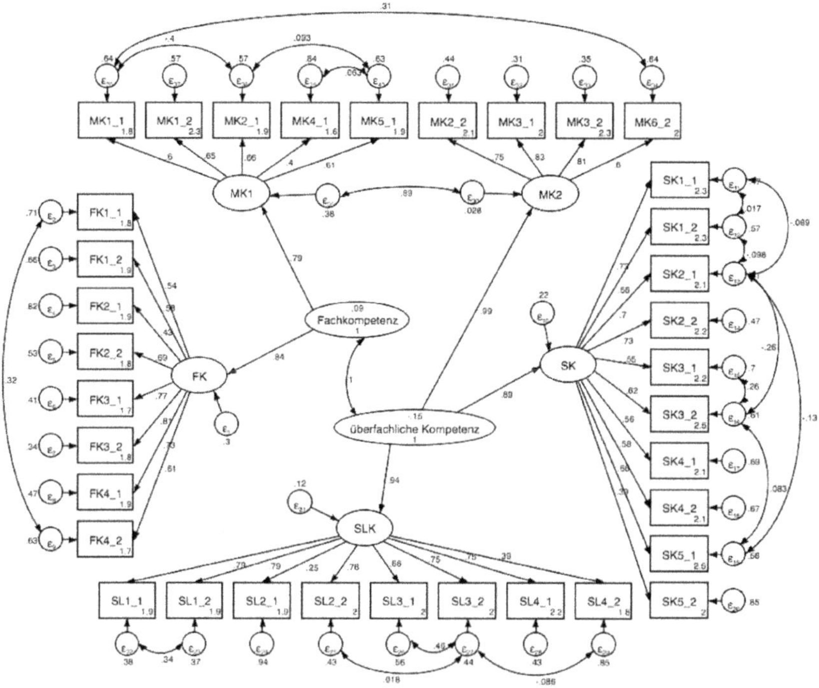

Für die Unterscheidung der Ausbildungsrichtung (P3) zeigen sich alle relevanten Fit-Maße als schlecht.

Tabelle 40: Gütemaße des Modells für Ausbildungsrichtung (P3)

Fit Statistik	Modell	Modell P7	Modell P1	Modell P3
RMSEA	0.079	0.092	0.082	0.095
90 % CI+	0.075	0.087	0.077	0.090
90 % CI-	0.082	0.096	0.087	0.100
CFI	0.863	0.826	0.760	0.702
TLI	0.853	0.821	0.749	0.694
SRMR	0.052	0.081	0.088	0.106
CD	0.980	0.990	0.958	0.928

Auch hier zeigen sich – wie bereits zuvor die Koeffizienten an sich – nur recht selten signifikante Unterschiede zwischen den Gruppen. Diese sind allerdings erneut zu gering, um wirklich von Unterschieden sprechen zu können.

Tabelle 41: Test der Unterschiede Ausbildungsrichtung (P3)

		Chi2	df	p
FK*	Fachkompetenz			
SL*	überfachliche Kompetenz			
SLK*	überfachliche Kompetenz	4,426	2	0,109
MK2*	überfachliche Kompetenz	4,888	2	**0,087**
MK1*	Fachkompetenz	1,794	2	0,408
FK	FK1_1	4,538	2	0,103
	FK1_2	1,403	2	0,496
	FK2_1	9,634	2	**0,008**
	FK2_2	6,034	2	**0,049**
	FK3_1	3,854	2	0,146
	FK3_2	2,345	2	0,310
	FK4_1	7,561	2	**0,023**
	FK4_2	2,401	2	0,301
SK	SK1_1	5,198	2	**0,074**
	SK1_2	1,726	2	0,422
	SK2_1	5,007	2	**0,082**
	SK2_2	6,486	2	**0,039**
	SK3_1	1,585	2	0,453
	SK3_2	2,995	2	0,224
	SK4_1	3,68	2	0,159
	SK4_2	9,476	2	**0,009**
	SK5_1	4,895	2	**0,087**
	SK5_2	0,346	2	0,841

		Chi2	df	p
SLK	SL1_1	2,918	2	0,232
	SL1_2	0,897	2	0,639
	SL2_1	5,725	2	**0,057**
	SL2_2	1,288	2	0,525
	SL3_1	0,318	2	0,853
	SL3_2	2,354	2	0,308
	SL4_1	2,423	2	0,298
	SL4_2	10,99	2	**0,004**
MK2	MK2_2	0,861	2	0,650
	MK3_1	0,503	2	0,778
	MK3_2	5,479	2	**0,065**
	MK6_2	6,382	2	**0,041**
MK1	MK1_1	9,926	2	**0,007**
	MK1_2	4,682	2	**0,096**
	MK2_1	3,075	2	0,215
	MK4_1	0,299	2	0,861
	MK5_1	4,575	2	0,102

** Wald Test, ansonsten Score Test*

Auch die Korrelationen sind ähnlich zu interpretieren wie bereits bei den zuvor durchgeführten Gruppenvergleichen. Wirkliche Unterschiede, die zudem noch signifikant sind, sind nicht zu finden.

Tabelle 42: Korrelationen Modell mit P3

	Gruppe	Korrelation	Std. Fehler	z	p	95 CI-	95 CI+
cov(e.FK1_1,e.FK4_2)	wirtschaftlich	0,359	0,093	3,88	**0,000**	0,178	0,541
	pädagogisch	0,319	0,092	3,47	**0,001**	0,138	0,499
	sonstige	0,046	0,107	0,43	0,667	-0,163	0,255
cov(e.SK1_1,e.SK1_2)	wirtschaftlich	0,183	0,105	1,74	0,081	-0,023	0,388
	pädagogisch	0,017	0,115	0,15	0,879	-0,207	0,242
	sonstige	0,187	0,106	1,75	0,080	-0,022	0,395

	Gruppe	Korrelation	Std. Fehler	z	p	95 CI-	95 CI+
cov(e.SK1_1,e.SK2_1)	wirtschaftlich	0,149	0,107	1,40	0,161	-0,060	0,359
	pädagogisch	-0,089	0,120	-0,74	0,456	-0,325	0,146
	sonstige	-0,036	0,118	-0,30	0,761	-0,267	0,195
cov(e.SK1_2,e.SK2_1)	wirtschaftlich	0,289	0,101	2,85	**0,004**	0,090	0,487
	pädagogisch	-0,098	0,125	-0,79	0,432	-0,343	0,147
	sonstige	0,138	0,110	1,26	0,207	-0,076	0,353
cov(e.SK2_1,e.SK3_2)	wirtschaftlich	-0,015	0,099	-0,15	0,883	-0,209	0,180
	pädagogisch	-0,263	0,107	-2,46	**0,014**	-0,473	-0,053
	sonstige	-0,199	0,113	-1,76	0,079	-0,421	0,023
cov(e.SK2_1,e.SK5_1)	wirtschaftlich	0,114	0,106	1,07	0,283	-0,094	0,322
	pädagogisch	-0,127	0,119	-1,06	0,288	-0,361	0,107
	sonstige	-0,001	0,110	-0,01	0,992	-0,216	0,214
cov(e.SK3_1,e.SK3_2)	wirtschaftlich	0,262	0,096	2,74	**0,006**	0,074	0,449
	pädagogisch	0,256	0,098	2,62	**0,009**	0,064	0,447
	sonstige	0,216	0,105	2,06	**0,039**	0,010	0,421
cov(e.SK3_2,e.SK5_1)	wirtschaftlich	0,262	0,097	2,70	**0,007**	0,072	0,452
	pädagogisch	0,083	0,103	0,81	0,417	-0,118	0,284
	sonstige	0,000	0,107	0,00	0,998	-0,210	0,210
cov(e.SL1_1,e.SL1_2)	wirtschaftlich	0,206	0,110	1,87	0,061	-0,010	0,422
	pädagogisch	0,339	0,107	3,17	**0,002**	0,129	0,550
	sonstige	0,536	0,080	6,70	**0,000**	0,379	0,692
cov(e.SL2_2,e.SL3_2)	wirtschaftlich	-0,051	0,086	-0,59	0,552	-0,219	0,117
	pädagogisch	0,018	0,101	0,18	0,860	-0,181	0,216
	sonstige	-0,263	0,104	-2,52	**0,012**	-0,468	-0,059
cov(e.SL3_1,e.SL3_2)	wirtschaftlich	0,615	0,068	9,00	**0,000**	0,481	0,748
	pädagogisch	0,461	0,085	5,43	**0,000**	0,295	0,628
	sonstige	0,474	0,091	5,19	**0,000**	0,295	0,653
cov(e.SL3_2,e.SL4_2)	wirtschaftlich	-0,163	0,085	-1,91	0,056	-0,329	0,004
	pädagogisch	-0,086	0,092	-0,93	0,353	-0,267	0,095
	sonstige	-0,106	0,090	-1,18	0,238	-0,282	0,070

	Gruppe	Korrelation	Std. Fehler	z	p	95 CI-	95 CI+
	wirtschaftlich	0,066	0,120	0,55	0,579	-0,168	0,301
cov(e.MK6_2,e.MK1_1)	pädagogisch	0,307	0,102	3,02	**0,003**	0,107	0,506
	sonstige	0,255	0,106	2,41	**0,016**	0,047	0,462
	wirtschaftlich	-0,373	0,132	-2,83	**0,005**	-0,633	-0,114
cov(e.MK1_1,e.MK2_1)	pädagogisch	-0,403	0,132	-3,05	**0,002**	-0,662	-0,144
	sonstige	-0,157	0,119	-1,31	0,189	-0,391	0,077
	wirtschaftlich	0,521	0,093	5,59	**0,000**	0,339	0,704
cov(e.MK2_1,e.MK5_1)	pädagogisch	0,093	0,127	0,73	0,466	-0,157	0,343
	sonstige	0,275	0,107	2,57	**0,010**	0,066	0,484
	wirtschaftlich	0,110	0,088	1,25	0,212	-0,063	0,282
cov(e.MK4_1,e.MK5_1)	pädagogisch	0,063	0,103	0,61	0,543	-0,139	0,265
	sonstige	0,206	0,097	2,13	**0,033**	0,016	0,396
	wirtschaftlich	0,321	0,221	1,45	0,146	-0,112	0,753
cov(e.MK2,e.MK1)	pädagogisch	0,885	0,726	1,22	0,223	-0,538	2,308
	sonstige	0,646	0,609	1,06	0,289	-0,549	1,840
	wirtschaftlich	1,020	0,117	8,73	**0,000**	0,791	1,249
cov(F,Fu)	pädagogisch	1,008	0,045	22,65	**0,000**	0,921	1,095
	sonstige	0,889	0,045	19,96	**0,000**	0,801	0,976

Antwort Hypothese: Auch hier kann keine statistisch valide Aussage zum Gruppenunterschied getroffen werden.

8.3.3 Vergleich Kompetenz-Reflexions-Inventar

Das Kompetenz-Reflexions-Inventar ist die Grundlage für das eigene Forschungsvorhaben. Die Ausführungen von HENSCHEL bezüglich des Kompetenz-Reflexions-Inventars geben Einblicke über dessen vierfaktorielle Kompetenzstrukturentwicklung und dessen erste psychometrische Überprüfung (vgl. Henschel 2005). Da die eigene empirische Arbeit hinsichtlich der Kompetenzstruktur andere Ergebnisse als die Arbeit von HENSCHEL aufweist, wird kurz auf die unterschiedlich verwendete Methodik eingegangen.

Generell sind eine andere Interpretation der Werte, eine unterschiedliche Befragungsgruppe und andere Items die Hauptpunkte für die verschiedenen Ergebnisse. Es wird hier auch nochmals betont, dass keine Replikation, sondern eine Adaption des Fragebogens angestrebt wurde. Detailliert bedeutet dies, dass die einzelnen Items auf das eigene Forschungsvorhaben angepasst worden sind.

Wie bereits beschrieben, sind die Ausgangsbedingungen für eine Replikation der Struktur nicht optimal. Denn die Werte des Vier-Faktoren-Modells sind nicht wirklich überzeugend. Die gesamt- und inkrementellen Fitmaße (CFI, RMSEA etc.) des Vier-Faktoren-Modells sind akzeptabel und die Anpassung des Modells hebt sich nur in Relation zu den anderen Modellen als das Passendste ab (vgl. Henschel 2005: 70).

Beim Studieren der Ausführungen von HENSCHEL war auffällig, dass die Reliabilitäten (vgl. Henschel 2005: 47 ff.) oftmals unter $\alpha < .800$ liegen. Teilweise wurde diese Wertgrenze sogar deutlich unterschritten. Dies bestätigt wiederum, dass die latenten Konstrukte des Modells insgesamt nicht als ideal anzusehen sind. Alternative Strukturen im Zuge einer explorativen Faktorenanalyse (vgl. Henschel 2005: 54 ff.) wurden daher grundsätzlich in Betracht gezogen. Insgesamt laden fast alle Faktoren ideal, allerdings verwendet die Autorin in der Arbeit deutlich mehr Items für die Skalen, so dass ein Vergleich zur eigenen Studie praktisch nicht möglich ist.

Die Darstellung in Abbildung 11 (vgl. Henschel 2005: 70) zeigt schlechte Fit-Maße, durchgehend für alle gerechneten Modelle. Zudem werden im weiteren Verlauf der Arbeit Korrelationen von $r = .33$ als „*mittel*" bezeichnet, was in diesem Zusammenhang doch etwas überbewertet erscheint.[132] Fragwürdig erscheint auch, warum allein die Effektgröße η^2 für die weitere Auswertung und Interpretation der Hypothesenauswertung verwendet und somit sich auf ein varianzanalytisches Modell ohne weitere Strukturmodellierung entschieden wurde.

132 Vor allem mit Blick auf die Tatsache dass ein $r = .708$ quadriert ein R^2 von 50 % ergeben würde, $r = .33$ bei $R^2 = 11$ % ergibt.

9. Gesamtresümee – Empirische Betrachtung

Die empirischen Ergebnisse wurden methodisch durch verschiedene Verfahren analysiert.

Diese Methodenverknüpfung ermöglichte einen erweiterten Erkenntnisgewinn. Durch die Durchführung der ersten Schritte zur Datenstrukturierung und Überprüfung der Stichprobe konnte mit validen Datensätzen weitergearbeitet werden.

Die Durchführung der EFA und der CFA ermöglichte die Erfassung eines ganzheitlichen Bildes der beruflichen Handlungskompetenz der drei Berufsgruppen.

Darauf sowie basierend auf Gruppenmodellen wurden die Hypothesen überprüft.

Tabelle 43 zeigt eine Übersicht der Fragestellung, der Hypothesen und der gewonnenen Ergebnisse.

Tabelle 43: Überprüfung der Hypothesen H 1 bis H 4

Hypothese	Fragestellung bzw. Hypothese	Hypothese bestätigt	Hypothese teilweise bestätigt	Hypothese nicht bestätigt
H 1	**Frage 1:** Unterscheiden sich die Berufsgruppen in einer unterschiedlichen Ausprägung der beruflichen Handlungskompetenz mit den vier Kompetenzfacetten (Fach-, Methoden-, Sozial- und Selbstkompetenz)? **Hypothese 1:** Die Berufsgruppen unterscheiden sich hinsichtlich ihrer Ausprägung der beruflichen Handlungskompetenz mit den vier Kompetenzfacetten (Fach-, Methoden-, Sozial- und Selbstkompetenz).			√
Antwort zur Hypothese (H1): *Ein Unterschied zwischen den Berufsgruppen kann statistisch valide nicht nachgewiesen werden.*				

<table>
<tr><th>Hypothese</th><th>Fragestellung bzw. Hypothese</th><th>Hypothese bestätigt</th><th>Hypothese teilweise bestätigt</th><th>Hypothese nicht bestätigt</th></tr>
<tr><td>H 2</td><td>Frage 2:
Besitzen männliche Befragungs-teilnehmer eine höhere Fähigkeit zur Selbst-organisation und somit zur Kompetenzentwicklung als weibliche Befragungs-teilnehmer?
Hypothese 2:
Männliche Befragungsteil-nehmer bewerten die Items der Selbstkompetenz höher als weibliche Befragungs-teilnehmer.</td><td></td><td></td><td>√</td></tr>
<tr><td colspan="5">Antwort zur Hypothese (H2): Es kann keine statistisch valide Aussage zum Gruppen-unterschied getroffen werden.</td></tr>
<tr><td>H 3</td><td>Frage 3:
Gibt es eine berufsgruppenun-abhängige Sichtweise auf die Handlungskompetenz von Per-sonen, die länger als 10 Jahre dieselbe Tätigkeit ausüben und somit als Experten gelten?
Hypothese 3:
Bezüglich der beruflichen Handlungskompetenz stimmen die Antworten der Personen, die schon länger im Berufsleben stehen, unabhän-gig von ihrer Berufsgruppe überein.</td><td>√</td><td></td><td></td></tr>
<tr><td colspan="5">Antwort zur Hypothese (H3): Die Hypothese kann statistisch valide nicht vollständig bestätigt (oder verworfen) werden, dennoch sind deutlich mehr einzelne Variablen signifikant als in den zuvor gerechneten Modellen.</td></tr>
</table>

Hypothese	Fragestellung bzw. Hypothese	Hypothese bestätigt	Hypothese teilweise bestätigt	Hypothese nicht bestätigt
H 4	**Frage 4:** Haben Personen der Berufs-gruppe „Lehr-tätigkeit an außer-schulischen Bildungseinricht-ungen“ mit einer pädagogischen Ausbil-dung eine andere Sicht-weise auf die berufliche Handlungs-kompetenz als Personen der-selben Berufs-gruppe, die eine wirtschafts-wissenschaftliche Ausbildung genossen haben? **Hypothese 4:** Bezüglich der beruflichen Handlungskompetenz in der Berufsgruppe „Lehrtätigkeit an außerschulischen Bildungsein-richtungen“ stimmen die Antworten der Personen, die eine pädagogische Ausbildung genossen haben, stärker über-ein als von Personen derselben Berufsgruppe mit wirtschafts-wissenschaftlicher Ausbildung.			√
Antwort zur Hypothese (H4): *Auch hier kann keine statistisch valide Aussage zum Gruppen-unterschied getroffen werden*				

Die Tabelle zeigt, dass in der Empirie drei Hypothesen (Hypothese 1, 2, 4) nicht bestätigt werden konnten. Hypothese 3 kann aufgrund der signifikanten Daten bestätigt werden. Hier sind deutlich mehr einzelne Variablen signifikant als in den zuvor gerechneten Modellen.

Zusammenfasst bedeutet dies:

- Die berufliche Handlungskompetenz enthält für die drei untersuchten Berufsgruppen keine vier Kompetenzfacetten.
- Es konnte eine Einteilung der beruflichen Handlungskompetenz in ein zweifaktorielles Kompetenzmodell der fachlichen und überfachlichen Kompetenzen definiert werden.

- Die Kompetenzfacette der Methodenkompetenz lädt auf zwei Faktoren. Wie im Theorieabschnitt beschrieben, sticht die Methodenkompetenz durch eine Sonderstellung bzw. eine Zweiteilung in MK1 und MK2 hinein. Inhaltlich spielen MK1 und MK2 jeweils in die fachliche und überfachliche Kompetenzfacette rein. Eine Zuordnung der Methodenkompetenz allein zur Fachkompetenz würde der beschriebenen inhaltlichen Verzahnung (explizites, implizites Wissen, heuristisch, epistemisch) der Methodenkompetenz nicht gerecht werden.
- Es konnten zwischen den Berufsgruppen keine signifikanten Unterschiede in der Ausprägung der beruflichen Handlungskompetenz, zwischen den Geschlechtern und in der Ausbildungsrichtung festgestellt werden. Dies soll nicht zu der Erkenntnis führen, dass ausnahmslos von keinen Unterschieden ausgegangen werden kann. Denn in den theoretischen Ausführungen wurden geschlechtsspezifische Unterschiede im Selbstkonzept der beruflichen Handlungsfähigkeit herausgearbeitet. Allerdings ist der Grund für die geschlechtsspezifische Diskrepanz, dass mehr männliche als weibliche Beschäftigte in Führungsrollen anzutreffen sind. Da bei der Stichprobe auf eine gleiche Anzahl von männlichen und weiblichen Befragungsteilnehmern Wert gelegt wurde, konnte der Effekt der geschlechtsspezifischen Diskrepanz nicht auftreten.
- Signifikant war der Unterschied der Kompetenzausprägung zwischen Personen, die schon länger im Berufsleben stehen und denen, die weniger als 10 Jahren im Berufsleben stehen. Basierend auf dieser Erkenntnis kann abgeleitet werden, dass die Entwicklung der beruflichen Handlungskompetenz ein lebensbegleitender Prozess und charakteristisch für langjährige Berufserfahrung ist.

Durch diese Ergebnisse wird deutlich, was bereits im Theorieabschnitt herausgearbeitet wurde. Es besteht eine sehr hohe Anfälligkeit bei Kompetenzmodellen bzw. deren Messung.

Vor allem beruhen die Befragungsergebnisse auf Selbstbeschreibungen und müssen nicht den Tätigkeitsanforderungen entsprechen. Demnach handelt es sich bei diesen Daten um ein heuristisches Modell der beruflichen Handlungskompetenz.

Dieses Ergebnis weist eher auf die pädagogische Kompetenzauffassung nach ROTH hin, als auf eine ausdifferenzierte Kompetenzauffassung gleich dem Kompetenzatlas mit 64 Facetten von HEYSE und ERPENBECK. Auch können Parallelen zum Dualismus zwischen allgemeiner und beruflicher Bildung gezogen werden. Ebensowenig verdeutlicht dieses Ergebnis den Trend von der Fach- zur Sozialkompetenz. Für die betriebliche Weiterbildung wird eher eine duale, als in eine facettenorientierte Förderung an Bedeutung gewinnen.

Möglichkeiten und Grenzen der Studie

Mit der empirischen Untersuchung wird eine Facette der aktuellen Kompetenzdiskussion untersucht. Die gewonnenen Ergebnisse bringen somit einerseits neue Impulse für die Forschung, andererseits wurden sie aber auch durch den Forschungsfokus und die gewählte Methodik begrenzt. Demnach soll an dieser Stelle auf mögliche Grenzen und auch Möglichkeiten der Studie hingewiesen werden.

Stichprobengröße und Auswahl Studienteilnehmer

Die kognitiven Interviews wurden mit 6 Testpersonen, die aus dem privaten Umfeld der Studienleiterin stammen, vor der Hauptuntersuchung durchgeführt. Hier ist auf die kleine Stichprobe (N=6) hinzuweisen, mit der die kognitiven Interviews durchgeführt wurden. Bei zukünftigen Forschungsstudien könnte eine größere Stichprobe angestrebt werden, um repräsentativere und eindeutigere Ergebnisse zur Überprüfung der Items des Fragebogens zu erhalten. Zudem wurden die kognitiven Interviews bei den 6 Testpersonen zu Hause durchgeführt. Zwar wurde ein abgeschlossener Raum für die Befragung gewählt, jedoch könnte hier eine Limitation dahingehend vorliegen, dass sich Testperson und Studienleiterin bereits persönlich kennen bzw. die private Umgebung nicht vollkommen den Voraussetzungen einer wissenschaftlichen Befragung entspricht.

Diesen Begrenzungen ist der methodisch, ganzheitliche Forschungsverlauf entgegenzusetzen:

Zum einen wurden die Items vorab vom GESIS-Pretestlabor überprüft und auch der nachfolgende Feldpretest wurde unter möglichst realistischen Bedingungen und analog zu der Hauptstudie mit einer Stichprobe von N=105 angelegt. Somit kann von einer wissenschaftlich aussagekräftigen Pretestphase ausgegangen werden.

Auch in der Online-Hauptstudie wurden zur Befragungszielgruppe zugehörige Personen gezielt angeschrieben, mit der Bitte um Teilnahme und um Weiterleitung der Befragung an weitere Personen, die zur Zielgruppe gehören.

Der explizite Hinweis auf die Zielgruppe der Befragung sollte vorbeugen, dass Personen an der Befragung teilnehmen, die nicht zur Zielgruppe gehören. Trotz dieser vorbeugenden Vorgehensweise ist es möglich, dass Befragte außerhalb der Zielgruppe an der Befragung teilgenommen haben.

Bei der Konzeption des Modells ist zu berücksichtigen, dass die Zielgruppe der Befragung über die Zielgruppe der betrieblichen Weiterbildung hinaus geht. Die Ergebnisse der Befragung umfassen nicht nur Antworten von Beschäftigten in Betrieben, sondern auch die Sichtweise von Selbstständigen, die zur Zielgruppe der beruflichen Weiterbildung gehören.

Auch besteht bei einer online bzw. schriftlichen, anonymen Befragung keine Transparenz darüber, wer tatsächlich den Befragungsbogen ausgefüllt hat. Wie versucht wurde, diesen Effekt abzuschwächen, wurde bereits in Abschnitt 8.1 erläutert (vgl. Abschnitt 8.1). Dem Effekt der sozialen Erwünschtheit – Beantwortung der Fragen wahrheitsgemäß – wurde die bewusste Interpretation der Ergebnisse entgegengesetzt (vgl. Mummendey/Gau 2008: 174 ff.).

Trotz aller kritischen Anmerkungen liegt eine Stärke der Hauptuntersuchung in den aussagekräftigen Datensätzen. Insgesamt umfasst die Stichprobe 430 Antworten, wovon 109 unvollständige Antworten sind, so dass mit 321 Antworten gearbeitet werden konnte. Die Datensätze bilden in gleichmäßiger Verteilung die Zielgruppe von drei Berufsgruppen mit pädagogischer oder wirtschaftlicher Ausbildungsrichtung ab, darüber hinaus das Geschlecht, das Alter, die Führungsverantwortung und die Ausbildungsrichtung.

Itemformulierung und Skalenaufbau

Bei der verwendeten Erhebungsmethode können verschiedene soziale Effekte Einfluss auf die Validität der Antworten und somit auf die Ergebnisse haben. Die Tendenz zur mittleren Beurteilung bzw. die Vermeidung von Extremwerten auf der Antwortskala wurde durch den Skalenaufbau versucht zu vermeiden. Die Ergebnisse weisen dennoch eine Tendenz dazu auf. Dies könnte an den formulierten Items mit absoluten Begriffen wie „sehr“ und „stetig“ liegen.

Ein weiterer Punkt könnte sein, dass die negativ gepolten Items in positiv gepolte Items umgewandelt worden sind und somit keine Durchmischung der Items gegeben war.

Allerdings wurden alle Items bewusst formuliert und überprüft, so dass diese Effekte zwar gegeben sind, aber ergebnisseitig als schwach eingestuft werden.

Die formulierten Items wurden nach den kognitiven Interviews evaluiert, reduziert und angepasst. Dieser Schritt wurde nach der Durchführung des Pretests nicht wiederholt, da der Schwerpunkt des Pretests auf der Funktionalität der Items und nicht auf der inhaltlichen Auswertung lag. Wenn auch begründet, scheint dieses Vorgehen methodisch ungewöhnlich. Somit schließt der nächste kritische Aspekt daran an. Es ergibt sich hier möglicherweise eine weitere Begrenzung der Studie, da die Zuordnung der Items zur Kompetenzfacette von dem KRI im eigenen Erhebungsbogen beibehalten und auch nach dem Pretest nicht verändert worden sind.

Die Codierung von Items zur Kompetenzfacette hinsichtlich informeller Kompetenzen ist teilweile zu schwach bzw. zu ungenau gefasst. Der KRI-Fragebogen umfasst wenig Items, die spezifisch nicht-berufsbezogene Kompetenzen (informelle Kompetenzen) erfassen. Insbesondere persönlichkeitsdependente Kompetenzen wie bspw. Durchhaltevermögen, Geduld, Freundlichkeit etc., die zunächst nicht berufsspezifisch, aber später im beruflichen Kontext relevant werden können.

Allerdings wurde in der eigenen theoretischen Fragestellung die Wichtigkeit der informellen Kompetenzdimension und auch deren Erfassung als Teil einer umfassenden Kompetenzerfassung der beruflichen Handlungskompetenz herausgearbeitet.

Hier könnte eine Limitation der eigenen Studie vorliegen, denn es erscheint fraglich, ob eine umfassende Kompetenzerfassung möglich ist, wenn die Unterscheidung zwischen informellen und formellen Kompetenzen zu schwach dargestellt wird. Abschließend ist festzuhalten, dass zwar informelle Kompetenzen im eigenen Forschungsvorhaben erfasst worden sind, sie aber teilweise zu schwach und zu allgemein formuliert waren, als dass sie spezifische informelle Kompetenzen widerspiegeln.

Teil III – Zusammenfassende Betrachtung

Diese abschließende Betrachtung greift auf die Erkenntnisse der vorherigen theoretischen und empirischen Betrachtungen zurück. Die herausgearbeiteten Ergebnisse werden nochmals zusammengeführt. Somit werden folgende Punkte ausgearbeitet:

Konzeption eines Modells der beruflichen Handlungskompetenz

- *Die erweiterte Ausrichtung der betrieblichen Bildung*
- *Die berufsgruppenunabhängige Kompetenzentwicklung der betrieblichen Bildung*

Gesamtresümee des Forschungsvorhabens

- *Zusammenfassung der Ergebnisse*
- *Implikationen für die Forschung*
- *Relevante Aspekte für die betriebliche Weiterbildungspraxis*
- *Fazit*

10. Konzeption eines Modells der beruflichen Handlungskompetenz

Im Forschungsvorhaben wurden die Herausforderungen an die betriebliche Weiterbildung im Spannungsfeld zwischen ökonomischen Anforderungen und pädagogischem Anspruch fundiert herausgearbeitet. Die durch Theorie und Empirie gewonnenen Erkenntnisse werden nun in einem Modell zusammengefasst, welches Antworten auf die Herausforderungen an die betriebliche Weiterbildung im Spannungsfeld zwischen ökonomischen Anforderungen und pädagogischem Anspruch gibt.

Basierend auf Theorie und Empirie werden konzeptionell zwei Handlungsfelder beschrieben:

1) Die erweiterte Ausrichtung der betrieblichen Bildung.
2) Die berufsgruppenübergreifende Kompetenzentwicklung der betrieblichen Bildung.

10.1 Erweiterte Ausrichtung der betrieblichen Weiterbildung

Der dynamische Wandel mit den beschriebenen Handlungsindikatoren zieht als Konsequenz für die betriebliche Weiterbildung eine erweiterte Perspektive in Bezug auf die Kompetenzentwicklung mit sich. Die Erweiterung kann als Wandel der betrieblichen Bildung beschrieben werden, welche bereits seit Jahren von der Wissenschaft gefordert, aber in der betrieblichen Praxis noch nicht vollständig umgesetzt wurde. Es geht um einen Wandel von einem zweckorientierten Lernen hin zu einem zwecksetzenden Lernen. Somit steht nicht mehr die Anpassung der betrieblichen Weiterbildung an den Wandel im Vordergrund, sondern die Vorbereitung des Individuums auf die Selbstanpassung an den Wandel.

Es wurde ebenfalls herausgearbeitet, dass dieser Wandel der betrieblichen Weiterbildung keinen Neuansatz impliziert, sondern dass auf Erkenntnisse von vorhandenen linguistischen, handlungstheoretischen, moral- und berufspädagogischen Debatten zurückgegriffen werden kann.

Basierend auf den beschriebenen Erkenntnissen, ist die Ausrichtung der beruflichen Weiterbildung auf drei Handlungsfelder erstrebenswert:

1) Kompetenzermittlung, -entwicklung und -erfassung
2) Qualifizierungsermittlung, -entwicklung und -erfassung
3) Wissensermittlung, -entwicklung und -erfassung

Durch dieses Drei-Handlungsfeld-Modell werden bereits existierende, handlungstheoretische sowie berufspädagogische Konzepte berücksichtigt und in einem konvergenten Modell zusammengefasst. Dennoch sind nicht alle Ansätze im Modell auf die empirischen Erkenntnisse zurückzuführen und sind somit als theoretische Vorschläge zu betrachten.

Nachfolgende Abbildung zeigt die unterschiedlichen Handlungsfelder mit Erläuterungen auf einen Blick:

Abbildung 29: Die 3 Handlungsfelder der betrieblichen Bildung (eigene Darstellung)

ERWEITERTE AUSRICHTUNG DER BETRIEBLICHEN BILDUNG

Kompetenz-management	• Ermittlung des Bedarfs durch Soll-/Ist-Abgleich der Kompetenzanforderungen • Gezielte Entwicklung von fachlichen und überfachlichen Kompetenzen • Erfassung der individuellen Kompetenzen in Profilen
Qualifizierungs-management	• Ermittlung des Qualifizierungsbedarfs anhand von Kompetenzprofilen • Entwicklung einer systematischen, bedarfsgerechten Qualifizierungsplanung sowie von Qualifizierungsmaßnahmen • Erfassung der Maßnahmen sowie zentrale Steuerung des Qualifizierungsangebots
Wissens-management	• Ermittlung bzw. Identifizierung der Wissensträger in der Organisation • Entwicklung und Förderung einer Lern-, Lehrkultur • Erfassung vielfältiger, praxisnaher Angebote an Lernformaten

Handlungsfeld Kompetenzmanagement

Im Rahmen des Kompetenzmanagements werden durch die Entwicklung von Kompetenzprofilen die erforderlichen Kompetenzen für die auszuübende Tätigkeit beschrieben. Durch einen Soll-/Ist-Kompetenzabgleich zwischen den Kompetenzen des Beschäftigten und den Kompetenzen seines Tätigkeitsprofils kann eine systematische und gezielte Kompetenzentwicklung erreicht werden. Dieser Abgleich könnte im Rahmen eines jährlichen Qualifizierungsgesprächs stattfinden, in dem die betriebliche Weiterbildung sowie die beteiligten Vorgesetzten sowie Beschäftigten gleichermaßen involviert sind. Demnach ist es auch das primäre Ziel dieser Profile den Qualifizierungsbedarf des Beschäftigten in seiner aktuellen Funktion zu ermitteln. Eine Änderung der Kompetenzen führt nicht automatisch zu einer Änderung der Tätigkeit.

Sofern allerdings die individuelle Entwicklung neuer oder die Weiterentwicklung vorhandener Kompetenzen zu einer Veränderung der übertragenen Aufgaben und der ausgeübten Tätigkeit führt, wäre eine Entgeltrelevanz mit den hierfür abgestimmten Instrumenten und Prozessen zu prüfen. Hierbei ist zu beachten, dass durch die Kompetenzentwicklung langfristig ausgelegte Entwicklungswege für die Beschäftigten erreicht werden könnten.

Basierend auf den Ergebnissen der Altersgruppendifferenz (Experte vs. Nicht-Experte) ist dies bedeutsam, da Kompetenzentwicklung ein langfristig ausgelegter Prozess ist und sich Kompetenzen über einen längeren Zeitraum entwickeln.

Im Sinne der pädagogischen und ökonomischen Konvergenz könnte die betriebliche Bildung die Rahmenbedingungen bzw. die notwendigen Instrumente und Prozesse ausgestalten.

Handlungsfeld Qualifizierungsmanagement

Für die Entwicklung der notwendigen Kompetenzen ist die Ermittlung des Qualifizierungsbedarfs unerlässlich. Dies könnte über mehrere Kanäle geschehen: Zum einen anhand des Soll-/Ist-Kompetenzabgleichs mit den Profilen; zum anderen durch eine enge partnerschaftliche Zusammenarbeit zwischen der betrieblichen Weiterbildung und den Beschäftigten bzw. der Fachbereiche. Diese Zusammenarbeit repräsentiert ein Bildungstandem bestehend aus Fachbereich und betrieblicher Weiterbildung. Im Sinne einer pädagogischen und ökonomischen Konvergenz würde der Fachbereich Rückmeldung über notwendige, auch zukunftsrelevante Qualifizierungen geben und die betriebliche Weiterbildung würde die Qualifizierungsangebote entwickeln, steuern und erfassen. Dies könnte eine systematische und bedarfsgerechte Qualifizierung ermöglichen.

Handlungsfeld Wissensmanagement

Aufgrund des Wandels ist es unabdingbar, Wissensträger in der Organisation zu identifizieren und den Wissensaustausch zwischen den Beschäftigten zu fördern. Ebenfalls ist es auch hier im Sinne einer pädagogischen und ökonomischen Konvergenz die Aufgabe der betrieblichen Bildung, eine Lehr- und Lernkultur zu fördern sowie die geeigneten Instrumente dafür zu entwickeln.

Eine lehrende und lernende Organisation von Experten für Experten zu schaffen, impliziert Wertschätzung von Wissen, eigenständige Wissensvermittlung zwischen den Beschäftigten sowie Lern- und Entwicklungschancen für alle Beschäftigten. Auch hier spielt die Erkenntnis der Erhebung bzgl. der Altersgruppendifferenz (Experte/Nicht-Experte) eine wichtige Rolle: Experten sind vorwiegend Beschäftige mit mehr als 10 Jahren Berufserfahrung und Expertiseentwicklung benötigt Zeit. Um dies zu ermöglichen, könnten seitens der betrieblichen Weiterbildung praxisnahe Lernformen und Qualifizierungsformate etabliert werden und eine Steuerung des Wissenstransfers gegeben sein.

Lernformen und Qualifizierungsformate bilden den Rahmen für unterschiedliche Arten von Lernen, welche sich vorwiegend durch Lernumgebung, Lernziele und die Lernzeit unterscheiden.

Tabelle 44: Beispielaufzählung von Lernformen und Qualifizierungsformaten

Lernen am Arbeitsplatz (On the job)	**Lernen nahe des Arbeitsplatzes (Near the job)**	**(informelles) Lernen außerhalb des Arbeitsplatzes bzw. Organisation (Off the job)**
Selbststudium	**Vortrag**	**Externer Aufenthalt**
Lernen im Täglichen	**E-Learning**	**Fachforum**
Job-Rotation	**Blended Learning**	**Seminar**
Lernen am Modell	**Coaching**	**Programm**
Einweisung	**Erfahrungsaustausch**	**Workshop**
Sonderaufgabe	**Praxisberatung**	

Bei der Implementierung dieser Lernformen sowie Qualifizierungsformate ist zu beachten, dass zuvor Lernziele formuliert worden sind und jene reproduzierbar sowie dokumentierbar sind. Die Einhaltung aller drei genannten Prämissen ist allerdings gerade bei den Lernformen und Qualifizierungsformaten *Lernen am Arbeitsplatz* schwer zu steuern, da jene einen starken individuellen Charakter aufweisen. Dennoch müsste die betriebliche Weiterbildung in Fachbereichen das Bewusstsein gerade für diese Lernformen und Qualifizierungsformate schaffen, um der Forderung nach Anerkennung von informell erworbenen berufsrelevanten Kompetenzen nachzukommen. Ebenfalls zählt die Wissensvermittlung zum Ziel der betrieblichen Weiterbildung, da Lernformate über das klassische Klassenraumtraining hinausgehen.

Somit wird durch die Einführung von Lernformen und Qualifizierungsformaten einerseits in der Organisation bereits existierendes, selbstorganisierte Lernen institutionalisiert, unterstützt und wertgeschätzt und andererseits auf typische pädagogische Lernformen bzw. Qualifizierungsformate zurück gegriffen.

Zur Förderung und Stärkung des internen Wissenstransfers könnte über die betriebliche Weiterbildung die Möglichkeit zur Kombination von Lernformen, Qualifzierungsformaten und Methoden sichergestellt werden.

Auch wenn in dieser Arbeit die Kompetenzthematik im Handlungsfeld der betrieblichen Bildung beleuchtet wird, so orientiert sich das Modell an der im theoretischen Teil erarbeiteten Erkenntnis, dass die Ansätze des Kompetenz-, Qualifizierungs- und Wissensmanagements in Verbindung miteinander zu setzen bzw. konvergent sind. Dies wird untermalt, wenn die Handlungsfelder aus einer prozessorientierten Sichtweise betrachtet werden: Kompetenzentwicklung ist ohne Qualifizierung und Wissen nicht möglich. Demnach leiten sich auch aus dem Kompetenzmanagement die Anforderungen für das Qualifizierungs- und Wissensmanagement ab.

Im Sinne der Systemtheorie wird der Beschäftigte die notwendigen Kompetenzen entwickeln, wenn die betriebliche Weiterbildung die dazu notwendigen Rahmenbedingungen schafft, denn das Muster der Umwelt bestimmt das Muster des operativ geschlossenen Systems. Genau darauf wurde bei der Entwicklung des Konzeptes geachtet.

10.2 Berufsgruppenübergreifende Kompetenzentwicklung

Die Empirie hat die Annahme nicht bestätigt, dass sich pädagogische, ökonomische oder pädagogisch-ökonomische Berufsgruppen in ihrer Ausprägung der beruflichen Handlungskompetenz signifikant voneinander unterscheiden.

Die Konsequenz daraus ist eine berufsgruppenübergreifende Kompetenzentwicklung.

Dies wurde vor allem an zwei Aspekten deutlich:

- Geringe Trennschärfe zwischen einem ein-, vier- oder zweifaktoriellen Modell der beruflichen Handlungskompetenz

Demnach sind die vier Kompetenzfacetten, Sozial-, Selbst, Fach- und Methodenkompetenz nicht trennscharf zu unterteilen. Allerdings funktionierte eine Modellrechnung mit der Unterteilung zwischen fachlichen Kompetenzen (Fach- und Methodenkompetenz) und überfachlichen Kompetenzen (Sozial- und Selbstkompetenz), da diese Kompetenzen auf die zwei „second order" Faktoren (Fachkompetenz und überfachliche Kompetenz) zusammengefasst worden sind. Dieses Kompetenzmodell entspricht den heutigen Erwartungen nach einer universellen, breiten Kompetenzsystematik. Es wird eine hohe Ausprägung der Fach- *und* überfachlichen Kompetenzen erwartet, welche sich wechselseitig bedingen. Diese Erkenntnis ist keine neue, denn es können Parallelen zur verzahnten Förderung von beruflicher und allgemeiner Bildung gezogen werden.

Die Konsequenz daraus ist eine Kompetenzförderung nach fachlichen und überfachlichen Kompetenzen und keine kompetenzfacettenorientierte Förderung.

Schaut man sich das Modell unter den „second order" Faktoren an, so wird eine starke Rückbesinnung auf das Kompetenztrias-Modell (Sach-, Sozial- und Selbstkompetenz) nach ROTH augenfällig.

Die zweifaktorielle Methodenkompetenz sowie ihre Zuordnung zu der fachlichen bzw. überfachlichen Kompetenz spiegeln die Verzahnung dieser Kompetenzfacette mit den anderen Facetten wider. Zeitgleich demonstriert dies die Dynamik des Kompetenzkonstrukts.

- Geringe Unterscheidung der Selbstwahrnehmung der beruflichen Handlungskompetenz nach Berufsgruppen

Dieses Ergebnis könnte an der speziellen Stichprobe durch die Auswahl dieser drei Berufsgruppen liegen oder daran, dass die vier Kompetenzfelder (Fach-, Methoden-, Selbst- und Sozialkompetenz) mehr als Heuristik und weniger als 100 %iges Realitätsabbild zu begreifen sind.

Gerade bei diesen drei Berufsgruppen ist die Nähe zwischen den Kompetenzfacetten sehr eng. Bei einem Personaler ist die Ausprägung zwischen Fach- und Sozialkompetenz fließend. Der kompetente Umgang mit den Beschäftigten ist hier Teil der Fachlichkeit. Laut der empirischen Ergebnisse ist dies ebenfalls für die anderen beiden Berufsgruppen der Fall.

Dieser Gedanke auf andere, nicht untersuchte Berufsgruppen übertragen, könnte allerdings an seine Grenzen stoßen. Demnach können diese Ergebnisse empirisch keine sehr hohe und allgemeine Erklärungskraft über alle Berufsbilder aufweisen. Dazu müsste eine weitere Studie mit mehr und vielfältigeren Berufsgruppen wie beispielsweise die Berufsgruppe der Informatiker, Mediziner oder Naturwissenschaftler durchgeführt werden. Bei anderen Berufsgruppen könnten berufsgruppenspezifische Kompetenzen benötigt werden.

Die Erklärungskraft der eigenen empirischen Studie liegt darin, dass insbesondere in der heutigen Arbeitswelt Kompetenzen immer enger miteinander verzahnt sind und fließende Übergänge aufweisen. Dies überträgt sich somit auch auf die betriebliche Weiterbildung. Denn es müssen klare Verhaltensanker hinter die Kompetenzen gelegt werden, um eine individuengerechte und systematische Kompetenzentwicklung und Kompetenzmessung durchzuführen. Auch sprechen diese Erkenntnisse gegen eine Vereinfachung im Kompetenzdiskurs.

Die betriebliche Weiterbildung könnte demnach die fachliche und überfachliche Kompetenzentwicklung berufsgruppenübergreifend für die untersuchten Berufsgruppen fördern.

Abbildung 30: Berufsgruppenübergreifende Kompetenzentwicklung

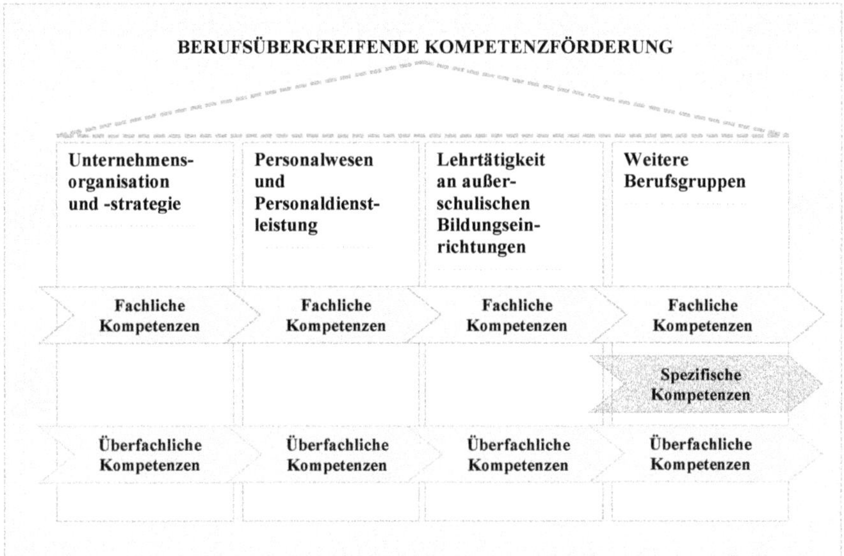

Ob dies ebenfalls auf weitere Berufsgruppen übertragbar ist, war kein Bestandteil dieser Untersuchung. Demnach wurden dem grafischen Modell unter „weitere Berufsgruppen" noch mögliche, spezifische Kompetenzen eingefügt. Dies könnte bei nicht untersuchten Berufsgruppen, welche sich sehr stark durch ihre Fachlichkeit spezifizieren wie bspw. Informatiker, Mediziner oder Naturwissenschaftler möglich sein.

Spezifische Kompetenzen sind berufsgruppenspezifische Kompetenzen, die über die Förderung der fachlichen und überfachlichen Kompetenzen hinausgehen. Diese könnten durch das Bildungstandem ermittelt und kanalisiert werden.

11. Gesamtresümee: Forschungsvorhaben

In dieser Forschungsarbeit wurde ein Modell der beruflichen Handlungskompetenz für drei Berufsgruppen aus dem pädagogischen und ökonomischen Tätigkeitsbereich konzipiert. Hierfür wurde eine Kompetenzerhebung von vier Kompetenzfacetten der genannten Berufsgruppen durchgeführt.

Nachfolgend sollen die Ergebnisse übergeordnet zusammengefasst und kritisch diskutiert werden.

Dazu wird wie folgt vorgegangen:

- *Zusammenfassung der Ergebnisse*
- *Implikationen für die Forschung*
- *Relevante Aspekte für die betriebliche Weiterbildungspraxis*
- *Fazit*

11.1 Zusammenfassung Ergebnisse

Die vorliegende Forschungsarbeit leistet einen wissenschaftlichen Beitrag zur interdisziplinären Kompetenzdiskussion in Bezug auf die betriebliche Weiterbildung im pädagogischen und ökonomischen Bereich. Bisher gibt es keine entsprechende Erhebung, die die eingangs vorgestellte Forschungsfrage, nämlich ob sich pädagogische, ökonomische oder pädagogisch-ökonomische Berufsgruppen in ihrer Ausprägung der beruflichen Handlungskompetenz signifikant unterscheiden, detailliert überprüft.

Im **ersten Teil** der Forschungsarbeit wurde zunächst der aktuelle wissenschaftstheoretische und kompetenzmethodische Diskurs aufgezeigt und analysiert. Auf der Basis von interdisziplinären Annahmen und Theorien wurden die vielfältigen Auffassungen des Kompetenzbegriffs dargestellt, diskutiert und von anderen Begrifflichkeiten abgegrenzt.

Darauffolgend wurde aufgezeigt, wie sich Kompetenzen im historischen Verlauf der Arbeitswelt und wie sich deren Wichtigkeit in Bezug auf die formelle Ausbildung verändert haben. Die für diese Arbeit herausgearbeitete Kompetenzdefinition basiert auf interdisziplinären Theorien sowie Kompetenzauffassungen und fokussiert ein fähigkeitsbezogenes Kompetenzmodell mit Subdimensionen. Es konnte deutlich gemacht werden, dass sich die betriebliche Weiterbildung auch mit dem Erwerb, der Anerkennung und Förderung von informellen Kompetenzen auseinandersetzen muss.

Diese sind einerseits eine schwer zu ökonomisierende Ressource, auf der anderen Seite werden sie als genau diese verstanden: Als Ressource, die für den Beschäftigten in der Organisation erschlossen werden soll. Erst im betrieblichen Kontext kann entschieden werden, welche Kompetenzen berufliche Handlungsfähigkeit ermöglichen.

In diesem Zusammenhang wurde deutlich, dass die bisherige Denkweise der betrieblichen Weiterbildung an ihre Grenzen stößt, da informelle Kompetenzen nicht im betrieblichen, sondern im privaten Kontext (Reisen, eigene Weiterbildung, gesellschaftliches und ehrenamtliches Engagement etc.) angeeignet werden. Somit sind sie zunächst einmal unspezifisch und weder für die betriebliche Arbeit fassbar noch unmittelbar verwertbar.

In diesem Zusammenhang wurde betont, dass die Beachtung bzw. die Förderung der informellen Kompetenzen innerhalb der betrieblichen Weiterbildung einen nicht minder zu beachtenden Stellenwert hat. Denn der Unternehmenserfolg hängt auch mit der Anerkennung und Entwicklung von informellen Kompetenzen zusammen. Hierbei wurde deutlich zum Ausdruck gebracht, dass die informellen Kompetenzen des Beschäftigten nur dann entwickelbar sind, wenn die individuelle Bereitschaft dazu vorhanden ist.

Die betriebliche Weiterbildung kann die Bereitschaft des Beschäftigten zur betrieblichen Kompetenzentwicklung erhöhen, indem innerbetrieblich organisatorische und personalwirtschaftliche Rahmenbedingungen geschaffen werden. So wird die Förderung der beruflichen Handlungskompetenz und des selbstorganisierten, lebensbegleitenden Lernens im beruflichen Kontext ermöglicht.

Das wesentliche Fazit ist, dass von der betrieblichen Bildungsarbeit sowohl die individuellen als auch die organisationalen Anforderungen gleichberechtigt anerkannt und verzahnt werden sollten.

Im **zweiten Teil** der Forschungsarbeit wurde die empirische Erhebung entwickelt, durchgeführt und ausgewertet.

Mithilfe genannter übergeordneter Hypothese, nämlich dass sich für bestimmte Berufsgruppen ein Set an Kompetenzen definieren lässt, welches die Basis der beruflichen Handlungskompetenz bildet, wurde eine Reihe von Forschungsfragen konzipiert. Aus diesen Fragen wurden vier weitere Hypothesen abgeleitet, an denen sich die quantitative Untersuchung der beruflichen Handlungskompetenz von drei Berufsgruppen aus dem pädagogischen und ökonomischen Tätigkeitsbereich ausrichtete.

Als Erhebungsinstrument der empirischen Hauptuntersuchung – zur Erfassung der beruflichen Handlungskompetenz – war der Einsatz eines Fragebogens vorgesehen. Dieser Fragebogen wurde auf dem Hintergrund des bestehenden

Kompetenz-Reflexions-Inventars (KRI) konzipiert. Gründe hierfür waren, dass das Befragungsinstrument des KRIs die allgemeinen wissenschaftlichen Gütekriterien erfüllt und inhaltlich alle Facetten einer beruflichen Handlungskompetenz (Fach-, Methoden-, Sozial- und Selbstkompetenz) erfasst.

Da sich allerdings der Forschungsschwerpunkt der eigenen Erhebung von dem des KRIs unterschied, dienten die Items des KRIs nur als Grundlage für den eigenen Erhebungsbogen und wurden auf die eigene Forschungsfrage angepasst.

Die für den Fragebogen entwickelten Items wurden vor der Durchführung der Hauptuntersuchung im ersten Schritt in kognitiven Interviews mit 6 Testpersonen (N=6) bezüglich ihrer Verständlichkeit und Allgemeingültigkeit überprüft.

Im zweiten Schritt wurden die Items in einem Feldpretest mit einer Stichprobe von N=105 getestet und verbessert. Somit konnte mit validen Datensätzen in der Hauptuntersuchung weitergearbeitet werden. Die Hauptuntersuchung besteht aus 321 vollständigen Datensätzen.

Wesentliche Ergebnisse der Untersuchung sind, dass die berufliche Handlungskompetenz für die untersuchten Berufsgruppen keine vier Kompetenzfacetten enthält. Allerdings konnte eine Einteilung der beruflichen Handlungskompetenz in ein zweifaktorielles Kompetenzmodell der fachlichen und überfachlichen Kompetenzen definiert werden. Zusätzlich lädt die Kompetenzfacette der Methodenkompetenz auf zwei Faktoren. Signifikant ist der Unterschied der Kompetenzausprägung zwischen Personen, die schon länger im Berufsleben stehen und denen, die weniger als 10 Jahren im Berufsleben stehen.

Somit hat die Empirie die Annahme nicht bestätigt, dass sich pädagogische, ökonomische oder pädagogisch-ökonomische Berufsgruppen in ihrer Ausprägung der beruflichen Handlungskompetenz signifikant unterscheiden.

Die Konsequenz daraus ist eine berufsgruppenübergreifende Kompetenzentwicklung.

Basierend auf der Forschungsfrage – wie die Integration pädagogischer und ökonomischer Anforderungen in einem einzigen beruflichen Kompetenzentwicklungsmodell erfolgen kann – sowie auf den theoretischen und empirischen Erkenntnissen wurde im **dritten Teil** der Arbeit ein Modell der beruflichen Handlungskompetenz für drei Berufsgruppen aus dem pädagogischen und ökonomischen Tätigkeitsbereich konzipiert.

Aus den Ergebnissen der Erhebung wurde die Erkenntnis gewonnen, dass innerhalb der betrieblichen Weiterbildung eher eine duale als eine facettenorientierte Kompetenzförderung an Bedeutung gewinnen wird. Demnach wurde der Schwerpunkt der Konzeption ebenfalls auf ein Modell gelegt, dass eine duale Sichtweise auf die Kompetenzentwicklung der betrieblichen Weiterbildung legt.

Daher wurden in dem entwickelten Drei-Handlungsfeld-Modell bereits existierende, handlungstheoretische sowie berufspädagogische Konzepte berücksichtigt und zu einem konvergenten Modell für die betriebliche Weiterbildung zusammengefasst.

11.2 Implikationen für die Forschung

Die in dieser Arbeit vorgestellten Ergebnisse tragen zur wissenschaftlichen Diskussion um die betriebliche Weiterbildung und die (berufliche) Kompetenzentwicklung bei und evozieren neue Forschungsfragen. Auch aus den vorgestellten Begrenzungen der Studie ergeben sich mögliche Implikationen für zukünftige Forschungsvorhaben.

Anknüpfend an die Thematik der informellen Kompetenzen, könnte der eigene Erhebungsbogen spezifisch um diejenigen Kompetenzen erweitert werden, die als informelle Kompetenzen gelten. Dies wäre eine Ergänzung zu den aktuellen Ergebnissen und brächte weitere Erkenntnisse in Bezug auf Kompetenzerfassung, -anerkennung und -förderung von informellen Kompetenzen in der betrieblichen Weiterbildung.

Generell wäre es wünschenswert, dass sich zukünftige Forschungsvorhaben ausführlicher mit dem Thema der informellen Kompetenzen in der betrieblichen Weiterbildung auseinandersetzen. Denn informelle Kompetenzen wirken sich nicht nur auf die Arbeitsleistung, sondern auch auf das Arbeitsklima, auf die betriebliche Kultur im Allgemeinen und auf die Person in ihrer Rolle als Beschäftigter aus. In dieser Hinsicht könnte auch das entwickelte Drei-Handlungsfeld-Modell der betrieblichen Weiterbildung um die Komponente der informellen Kompetenzentwicklung erweitert werden.

Neben der informellen Kompetenzdimension wäre es weiterhin von Interesse, den Forschungsgegenstand hinsichtlich der betrieblichen Kompetenzentwicklung auf andere Berufsgruppen auszuweiten (bspw. IT-, naturwissenschaftliche Berufsfelder) oder aber auf nur eine Berufsgruppe zu beschränken. Unter Beibehaltung der Forschungsfragen würden zusätzliche Erkenntnisse zur beruflichen Handlungskompetenz gewonnen werden.

Neben der konkreten Kompetenzthematik wurden in dieser Arbeit ebenfalls die betrieblichen Rahmenbedingungen hervorgehoben, durch die innerbetriebliche Kompetenzförderung erst möglich wird. Durch die Verknüpfung mit den hier erarbeiteten Erkenntnissen könnten Themen wie Lehr-Lernumgebung und lebensbegleitendes Lernen neue Impulse erhalten. Generell sind die Anknüpfungspunkte für weitere Forschungen vielfältig, und zukünftige erwachsenenpädagogische Forschungen könnten dazu beitragen, den Kompetenzdiskurs nicht weiter zu vertiefen, sondern ihn zu stützen, auf bereits geführte erwachsenen- und berufspädagogischen Diskussionen.

11.3 Relevante Aspekte für die betriebliche Weiterbildungspraxis

Aus den Ergebnissen der vorliegenden Studie sowie der theoretischen Betrachtung lassen sich eine Reihe von relevanten Aspekten für die betriebliche Weiterbildungspraxis ableiten. Demnach veranschaulicht die Konzeption eines Modells der beruflichen Handlungskompetenz praxisrelevante Punkte, die aus den theoretischen sowie empirischen Erkenntnissen abgeleitet worden sind.

Es wird hier die Empfehlung an die betriebliche Weiterbildung ausgesprochen, das entwickelte Drei-Handlungsfeld-Modell in der betrieblichen Praxis zu implementieren. Der Fokus der betrieblichen Weiterbildung könnte nicht weiter auf der Festlegung einer ausdifferenzierten Kompetenzauffassung gelegt werden, sondern sich auf eine duale Kompetenzförderung konzentrieren; Wird bedacht, dass Weiterbildungsprozesse komplex, akteurinteressensbedingt und konflikthaft sind (vgl. von Hippel/Röbel 2016; Neuberger 1994; Käpplinger 2009), so erscheint das entwickelte Modell auf den ersten Blick einem simplen Lösungsansatz zu gleichen.

Allerdings wurden die vielfältigen Erkenntnisse von Autoren, die sich ebenfalls mit der Divergenz bzw. Konvergenz pädagogischer und ökonomischer Anforderungen beschäftigt haben, berücksichtigt (vgl. Harteis 2000; Heid 1999; Gieseke/Heuer 2011; Hendrich 1996; Diesler/Nittel 2001; Dobischat/Düsseldorff 2010; von Hippel/Röbel 2016 u. a.).

In der Literatur wird vorwiegend auf die 3-Ziel-Perspektiven der betrieblichen Weiterbildung hingewiesen: Individuen bzw. Beschäftigte, Unternehmen und Gesellschaft (vgl. Schmitz 1978, Diedrich 1988; Weber 1985; Geißler/Orthey 1990; Harney 1998). Diesem Ansatz, vor allem der Bezug zu der gesellschaftlichen Perspektive wird in dem Modell durch die Berücksichtigung von informell erworbenen Kompetenzen im gesellschaftlichen Kontext, Rechnung getragen.

Generell zielt das Modell auf objektive (akteurszugeschriebene) Funktionen der betrieblichen Weiterbildung ab (Beschäftigte, betriebliche Weiterbildung, Vorgesetzte, Betriebsrat, Unternehmensleitung, Personalentwicklung etc.). Es wird über die personalwirtschaftliche Sichtweise auf die betriebliche Weiterbildung mit der Funktion, den Faktor Arbeit – mit dem Ziel die Produktivität des Unternehmens – zu sichern zu adäquaten Kosten- und Ressourceneinsatz, hinausgegangen (vgl. Rodehuth 1999). Denn das Modell berücksichtigt nicht nur unterschiedliche Akteure, sondern umfasst auch mehr als nur die klassischen

Programmarten der betrieblichen Weiterbildung (vgl. on, near, off the job Maßnahmen wie beispielweise coaching, blended learning, Austausch etc.).

Rückgreifend auf bereits geführte Kompetenz- und Bildungsdiskussionen wie beispielsweise selbstorganisierte Lernmethoden, stufenweise Aneignung von Kompetenzen, selbstorganisierte Lern- und Selbststeuerungsprozesse, kann die Kluft der pädagogischen und ökonomischen Anforderungen überwunden werden; Auch wenn durch das Modell die Zweck-Mittel-Beziehung zwischen dem Beschäftigten und dem Betrieb nicht vollständig aufgehoben wird, darf die betriebliche Weiterbildung im Sinne einer Konvergenz keine Gestaltung zu lassen, die nur dem betrieblichen oder individuellen Interesse dient.

Demnach sollten seitens der betrieblichen Weiterbildung Beschränkungen auf organisierte Lernformen aufgehoben werden und informelles Lernen und Lernen im Prozess der Arbeit in den Blickwinkel der berufs- und wirtschaftspädagogischen Forschung rücken (vgl. Meyer/Neumann 2005: 217). Konkret bedeutet dies für die betriebliche Weiterbildung eine Gestaltung und Schaffung von lernförderlichen, betrieblichen Aspekten wie beispielsweise die Gestaltung einer Vertrauens- und Fehlerkultur und die Förderung eines Abbaus von Hierarchien.

In der betrieblichen Weiterbildung sollte das Verständnis geschaffen werden, dass Kompetenzen zwar genotypisch vorhanden sind, sich aber phänotypisch als reliabel erweisen, so dass sie über einen stabilen Zeitraum eben auch im beruflichen Kontext zum Ausdruck kommen. Die Konsequenz daraus ist, dass Expertise- und Kompetenzentwicklung ein zeitlich langer Prozess sind.

Durch die erweiterte Ausrichtung der betrieblichen Weiterbildung wird eine andere Art der Betriebskultur vorangebracht, nämlich die der lernenden Organisation. In jenen Organisationen lernen Experten von Experten, Beschäftigte untereinander. Dies lässt sich auch durch die eigenen empirischen Erkenntnisse herleiten, bei denen der Unterschied der Kompetenzausprägung zwischen Personen, die schon länger im Berufsleben stehen und denen, die weniger als 10 Jahren im Berufsleben stehen signifikant war. Basierend auf dieser Erkenntnis kann schlussgefolgert werden, dass die Entwicklung der beruflichen Handlungskompetenz ein lebensbegleitender Prozess und charakteristisch für langjährige Berufserfahrung ist.

Für die betriebliche Weiterbildung sind an dieser Stelle Rückgriffe auf frühe Forschungsarbeiten zur erwachsenenpädagogischen Habitusentwicklung von Wiltrud GIESEKE (1989) zu benennen. Diese lehnen sich an die Habitus-Theorie von BOURDIEU (1992) an und erklären, dass durch berufliche Sozialisierung Professionalisierung ermöglicht wird. Denn der berufliche Sozialisierungsprozess ist eine habituelle Überformung; Der mit Kollegen übereinstimmende, inhaltliche Habitus wird von jedem Beschäftigten individuell durch den eigenen verfügbaren Aneignungsmodus gewonnen. Diese erwachsenenpädagogischen Forschungsarbeiten bzgl. Profession, Professionalität und Professionalisierung haben mit dem Modell gemeinsam, dass sie die individuelle Kompetenz (Voraussetzung) sowie die gesellschaftlichen und institutionellen Rahmenbedingungen (Spielräume) berücksichtigen. Denn professionelles Handeln bedarf Grundlagenwissen, Erfahrung UND institutionelle Bedingungen. Das individuelle Angleichungshandeln und der Aneignungsmodi verweisen auf die Wichtigkeit der Rahmendbedingungen für professionelles Handeln und die Förderung der individuellen Kompetenzen seitens der betrieblichen Weiterbildung.

Somit sollten Lern- und Entwicklungsmöglichkeiten allen Beschäftigten gleichermaßen zur Verfügung stehen. Unterschiedliche Arten von Lernen sind durch eine differenzierte Lernumgebung, individuelle Lernziele und Lernzeit möglich. Beschäftigte wählen ihr Lernarrangement selbst aus und übernehmen Verantwortung für die Planung und Steuerung der Lernprozesse. Die betriebliche Weiterbildung gestaltet die notwendigen Rahmenbedingungen und unterstützt die Beschäftigten. Dieses Vorgehen hat den Vorteil, dass die betriebliche Kompetenzentwicklung mit ihren drei Handlungsfeldern fest in der betrieblichen Organisation verankert ist. Sie ist Teil des betrieblichen Erfolges. Denn nur mit ausreichend qualifizierten, kompetenten und motivierten Beschäftigten stellt sich der betriebliche Erfolg ein. Dies könnte das Bestreben der betrieblichen Weiterbildung sein und somit eine Antwort auf die Frage nach einem konvergenten Kompetenzentwicklungsmodell, welches die pädagogischen Ansprüche und ökonomischen Anforderungen verzahnt.

11.4 Fazit

In der Arbeit wurde sich mit einem der zentralen Begriffe der (Weiter-) Bildungsdebatte in den letzten Jahren beschäftigt. Empirisch wurde der Kompetenzbegriff sowie die Frage, ob sich pädagogische, ökonomische oder pädagogisch-ökonomische Berufsgruppen in ihrer Ausprägung der beruflichen Handlungskompetenz signifikant unterscheiden, in einer quantitativen Studie, die multivariate Methoden einsetzte, erforscht. Die Erkenntnisse schließen maßgeblich an theoretische Arbeiten von Rolf ARNOLD und Christian HARTEIS zum Konvergenztheorem an. Auch wenn nicht alle erstellten Hypothesen verifiziert werden konnten, liegt generell die große Stärke dieser Arbeit in der empirischen Untersuchung. Denn bemerkenswerter Weise wurden empirisch weniger Differenzen zwischen verschiedenen bekannten Kompetenzfacetten (bspw. Fach-, Sozial-, Methoden- und Selbstkompetenz) nachgewiesen als theoretisch angenommen. Lediglich zwischen fachlichen und überfachlichen Kompetenzen konnte eine Differenz bewiesen werden.

Die Konsequenz ist eine berufsgruppenübergreifende Kompetenzentwicklung, welche in einem berufsgruppenübergreifenden Modell vorgestellt wurde.

Die Diskussion um die Kompetenzentwicklung steht hierbei im Vordergrund, wobei als zentrale Bezugspunkte die Arbeiten von ARNOLD und ERPENBECK wiederzufinden sind. Dies allerdings nicht ohne die Erwähnung, dass bei diesen Autoren bzw. deren Arbeiten ein Mangel an empirischen Arbeiten vorherrscht und deren Aussagen stark normativ sind. Die Begriffe Kompetenz und Performanz von CHOMSKY werden fundiert diskutiert und betonen die individuelle sowie die gesellschaftliche Perspektive des Kompetenzbegriffs. Über Ausführungen zu BAACKE werden intensiv Bezüge zur Pädagogik hergestellt. Somit heben sich die Ausführungen dieser Arbeit von vielen Konzeptionalisierungen des Kompetenzbegriffs ab, die oftmals eindimensional angelegt sind.

Da über Ökonomie und Pädagogik Bezüge zum konvergenten Kompetenzmanagement hergestellt werden und in der theoretischen Betrachtung die enge Verzahnung der Ansätze des Kompetenz-, Qualifizierungs- und Wissensmanagements herausgearbeitet wurde, wurden die Handlungsfelder des konvergenten Modells aus einer prozessorientierten Sichtweise dargestellt: Kompetenzentwicklung ist ohne Qualifizierung und Wissen nicht möglich. Demnach leiten sich auch aus dem Kompetenzmanagement die Anforderungen für das Qualifizierungs- und Wissensmanagement ab. Wobei die Ausführungen zum Wissensmanagement betriebliche Bezüge herstellen.

Insgesamt wird fundiert und transparent auf die eigene Methodik eingegangen und der Kern der Arbeit bildet die Onlinebefragung mit rund 321 vollständigen befragten Personen aus den bereits benannten Berufsgruppen. Betriebliches Weiterbildungspersonal wird hier indirekt miterfasst. In umfangreichen Auswertungsschritten wurde eine konfirmatorische als auch explorative Faktorenanalyse durchgeführt. Erste Analysen ermittelten keine vierfaktorielle Struktur der Kompetenzen wie literaturbasiert herausgearbeitet wurde. Folglich wurde passend eine Reliabilitätsanalyse eingesetzt. Es wurde überprüft, ob der Fragebogen ein Ergebnisartefakt geschaffen hat oder ob den Ergebnissen empirisch zu vertrauen ist.

Der Fragebogen wurde durch die Ergebnisse der Analysen als geeignetes Instrument weitgehend bestätigt, auch wenn sich die Methodenkompetenz im Gegensatz zu den anderen Kompetenzfacetten als schwer messbar erweist. Durch die darauffolgende konfirmatorische Faktorenanalyse, für die ein Strukturgleichungsmodell entwickelt wurde, wurden die theoretischen Annahmen überprüft. Die

Endergebnisse deuten auf Schwächen des allgemeinen, literaturbasierten Forschungsstands hin. Somit konnten einige wichtige Implikationen für zukünftige Forschungen und bereichernde Aspekte für die Praxis gegeben werden.

Dies betrifft vor allem die vier, oft propagierten Kompetenzfacetten, da nur zwei Facetten mit fachlichen und überfachlichen Kompetenzen sichtbar werden. Die geringen Unterschiede zwischen den Berufsgruppen sind eventuell durch die Auswahl der Berufsgruppen mit geringer Trennschärfe zu erklären, da sie gewissermaßen einen Sammelcharakter aufweisen. Hier wäre es interessant, wenn zukünftige Arbeiten dieselbe Methodik replizieren würden, aber mit anderen Berufsgruppen. Dies würde vermutlich zu anderen Ergebnissen führen.

Wie bereits betont wurde, ist die Dauer des Berufslebens auf die Kompetenzentwicklung ein sehr interessantes Ergebnis, welches mit Rückgriffen auf die Expertisenforschung sowie auf frühe Forschungsarbeiten zur erwachsenenpädagogischen Habitusentwicklung von GIESEKE zu verzahnen ist.

Zum Schluss sei angemerkt, dass die vorliegende Forschungsarbeit an mehreren Stellen die Problematik zur Erfassung und Bewertung von (berufsspezifischen) Kompetenzen deutlich herausgestellt hat. Insbesondere die Erfassung und Bewertung von informellen Kompetenzen stellt zukünftige Forschungen vor methodische Herausforderungen in Bezug auf die Messbarkeit und den Einsatz von validen und reliablen Instrumenten bzw. Methoden. Neben diesen Schwierigkeiten besteht Diskussionsbedarf insbesondere bei der Anerkennung und Förderung von informellen Kompetenzen im Berufsspektrum.

Der entwickelte Ansatz zur Integrationsfähigkeit von pädagogischen und ökonomischen Ansprüchen in einem konvergenten Modell scheint auf den ersten Blick als ein relativ einfacher Lösungsansatz. Zu beachten ist hierbei, dass das Modell nicht allein durch die empirischen, sondern auch durch die theoretischen Erkenntnisse fundiert wird. Die praktische Relevanz dieses theoretischen Drei-Handlungsfeld-Modells kann erst im Kontext der betrieblichen Struktur, den Rahmenbedingungen, den Akteuren und dem tatsächlichen Gestaltungsspielraum der betrieblichen Weiterbildung gesehen werden.

Doch unabhängig davon, sollte sich das Selbstverständnis der betrieblichen Weiterbildung ändern, was unter anderem durch Forschungen in die Konvergenzrichtung erreicht werden kann. Das Modell liefert einen Beitrag dazu, denn in ihm wird die erwachsenenpädagogisch begründete Funktion der betrieblichen Weiterbildung mit dem Fokus auf Teilhabe, Bildung und Entwicklung der Individuen, berücksichtigt.

12. Literaturverzeichnis

ACHATZ, Juliane (2008): *Geschlechtersegregation im Arbeitsmarkt.* In: Abraham, Martin/Hinz, Thomas: Arbeitsmarktsoziologie. Probleme, Theorien, empirische Befunde. Wiesbaden. Seite 263–301.

ACHTENHAGEN, Frank (1990): *Vorwort.* In: Senatskommission für Berufsbildungsforschung (Hrsg.): Berufsbildungsforschung an den Hochschulen der Bundesrepublik Deutschland: Situation, Hauptaufgaben, Förderungsbedarf. Denkschrift. Weinheim. Seite VI–VIII.

AEBLI, Hans / RUTHEMANN, Ursula / STAUB, Fritz (1986): *Sind Regeln des Problemlösens lehrbar?* In: Zeitschrift für Pädagogik (32) 5. Seite 617–638.

AIGNER, Ulrike / BAUER, Christian (2008): *Der Weg zum richtigen Mitarbeiter. Personalplanung, Suche, Auswahl und Integration.* Wien.

ALALUF, Mateo / STROOBANTS, Marcelle (1994): *Mobilisiert Kompetenz den Arbeitnehmer?* In: Europäische Zeitschrift für Berufsbildung. 1/1994. Seite 49–60.

ALFES, Kerstin (2009): *Einfluss der Kompetenzen von Personalverantwortlichen auf die strategische Rolle der Personalabteilung.* Mering.

ALHEIT, Peter / VON FELDEN, Heide (Hrsg.) (2009): *Lebensbegleitendes Lernen und erziehungswissenschaftliche Biographieforschung.* 1. Auflage. Wiesbaden.

ANDERSON, John R. (2001). *Kognitive Psychologie.* 3. Auflage. Heidelberg u. a.

ARBEITSGEMEINSCHAFT BETRIEBLICHE WEITERBILDUNGSFORSCHUNG (ABWF) (2000): *QUEM-Bulletin 5/2000.* Berlin.

ARBEITSGEMEINSCHAFT QUEM (Hrsg.) (1995): *Von der beruflichen Weiterbildung zur Kompetenzentwicklung. Lehren aus dem Transformationsprozeß.* Memorandum, beschlossen vom Kuratorium der Arbeitsgemeinschaft Qualifikations-Entwicklungs-Management. Heft 40 der Schriften zur beruflichen Weiterbildung in den neuen Ländern. Analysen – Diskussionen – Empfehlungen. Berlin.

ARBEITSGEMEINSCHAFT QUEM (Hrsg.) (1996): Kompetenzentwicklung '96. Berlin u. a.

ARBEITSGEMEINSCHAFT QUEM (Hrsg.) (2005): *Kompetenzmessung im Unternehmen. Lernkultur und Kompetenzanalysen im betrieblichen Umfeld.* Münster.

ARCHER, Margaret S. (1996): *Realist Social Theory – The Morphogenetic Approach.* Cambridge.

ARGYRIS, Christ / SCHÖN, Donald (1978): *Organizational Learning: A theory of action perspective.* Reading.

ARGYRIS, Christ / SCHÖN, Donald (1999): *Die Lernende Organisation. Grundlagen, Methode, Praxis.* Stuttgart.

ARGYRIS, Chris (1999): *On organizational Learning.* Second edition. Oxford.

ARNOLD, Rolf (1994): *Berufsbildung. Annäherungen an eine Evolutionäre Berufspädagogik.* Band I der Schriftenreihe „Grundlagen der Berufs- und Erwachsenenbildung". Baltmannsweiler.

ARNOLD, Rolf (1995): *Betriebliche Weiterbildung. Selbstorganisation – Unternehmenskultur – Schlüsselqualifikationen.* Band 3 der Schriftenreihe „Grundlagen der Berufs- und Erwachsenenbildung". 2. Auflage. Baltmannsweiler.

ARNOLD, Rolf (1995): *Bildungs- und systemtheoretische Anmerkungen zum Organisationslernen.* In: Arnold, Rolf / Weber, Hajo (Hrsg.): Weiterbildung und Organisation: zwischen Organisationslernen und lernenden Organisationen. Berlin. Seite 13–29.

ARNOLD, Rolf (1997): *Betriebspädagogik.* 2. überarb. u. erw. Auflage. Berlin.

ARNOLD, Rolf (1997b): *Von der Weiterbildung zur Kompetenzentwicklung. Neue Denkmodelle und Gestaltungsansätze in einem sich verändernden Handlungsfeld.* In: Kompetenzentwicklung '97. Münster u. a., Seite 253–307.

ARNOLD, Rolf / BLOH, Ernst (Hrsg.) (2003): *Personalentwicklung in lernenden Unternehmen.* 2. Auflage. Hohengehren.

ARNOLD, John / DAVEY, Kate M. (1992): *Self-ratings and supervisor ratings of graduate employees' competences during early career.* Journal of Occupational and Organizational Psychology. Volume 65. Seite 235–250.

ARNOLD, Rolf / MÜNK, Dieter (2006): *Berufspädagogische Kategorien didaktischen Handelns.* In: Arnold, Rolf / Lipsmeier, Antonius (Hrsg.): Handbuch der Berufsbildung. Wiesbaden. Seite 13–32.

ARNOLD, Rolf / NOLDA, Sigrid / NUISSL, Ekkehard (Hrsg.) (2001): *Wörterbuch der Erwachsenenpädagogik.* Bad Heilbrunn.

ARNOLD, Rolf / SCHÜSSLER, Ingeborg (2001): *Entwicklung des Kompetenzbegriffs und seine Bedeutung für die Berufsbildung und für die Berufsbildungsforschung.* In: Franke, Guido (Hrsg.): Komplexität und Kompetenz. Ausgewählte Fragen der Kompetenzforschung. Bonn. Seite 52–74.

ARNSCHEID, Rüdiger (1999): *Gemeinsam sind wir stark? Zum Zusammenhang zwischen Gruppenkohäsion und Gruppenleistung.* Münster.

ASHMORE, Richard D. / FRANCES, K. Del Boca (1979): *Sex Stereotypes and Implicit Personality Theory: Toward a Cognitive-social Psychological Conceptualization.* In: Sex Roles, 5. Seite 219–248.

AUFENANGER, Stefan (1992): *Entwicklungspädagogik. Die soziogenetische Perspektive.* Weinheim.

BAACKE, Dieter (1980): *Kommunikation und Kompetenz. Grundlegung einer Didaktik der Kommunikation und ihrer Medien.* München.

BAACKE, Dieter (1984): *Handlungskompetenz, handlungstheoretisch betrachtet.* In: Müller, Siegfried / Otto, Hans-Uwe / Peter, Hilmar / Sünker, Heinz (Hrsg.): Handlungskompetenz in der Sozialarbeit/Sozialpädagogik. Band I. Bielefeld. Seite 147–162.

BAACKE, Dieter (1996): *Medienkompetenz als Netzwerk. Reichweite und Fokussierung eines Begriffs, der Konjunktur hat.* In: medien praktisch 2/1996 (a). Seite 4–10.

BAACKE, Dieter (1999): *Medienkompetenz als zentrales Operationsfeld von Projekten.* In: Baacke, Dieter et al. (Hrsg.): Handbuch Medien. Medienkompetenz. Modelle und Projekte. Bonn. Seite 31–35.

BACH, Andreas (2012): *Kompetenzentwicklung im Schulpraktikum.* Pädagogische Psychologie und Entwicklungspsychologie. Band 87. Herausgegeben von Detlef H. Rost. Münster.

BACKHAUS, Klaus / ERICHSON, Bern / PLINKE, Wulff / WEIBER, Rolf (2008): *Multivariate Analysemethoden: Eine anwendungsorientierte Einführung.* 12. Auflage. Berlin.

BÄCKER, Eva Maria / ZAWACKI-RICHTER, Olaf (2012): *Kompetenzen versus Qualifikationen. Hybride Kompetenzerfassung anhand von Portfolios als retrospektive Dokumentation von Kompetenzen in der Hochschule.* In: Erpenbeck, John (Hrsg.): Der Königsweg zur Kompetenz. Grundlagen qualitativ-quantitativer Erfassung. Kompetenzmanagement in der Praxis. Band 6. Münster. Seite 89–112.

BADER, Reinhard (1989): *Berufliche Handlungskompetenz.* In: Die Berufsbildende Schule, 41/1989, 2. Seite 73–77.

BADER, Reinhard (2005): *Berufliche Handlungskompetenz und ihre didaktischen Implikationen.* In: Gesellschaft für Religionspädagogik und dem deutschen Katechetenverein (Hrsg.): Neues Handbuch Religionsunterricht an berufsbildenden Schulen. Seite 44–57.

BAETHGE, Martin (1980): *Qualifikation – Qualifikationsstruktur.* In: Wulf, Christoph (Hrsg.): Wörterbuch der Erziehung. 5. Auflage. München. Seite 478–483.

BAETHGE, Martin / OBERBECK, Herbert (1986): *Zukunft der Angestellten.* In: Von Bardeleben, Richard / Beicht, Ursula (1996): Investitionen in die Zukunft. Eine bildungsökonomische Betrachtung der Berufsausbildung aus betrieblicher Sicht. Zeitschrift für Berufs- und Wirtschaftspädagogik. Beiheft 12. Frankfurt am Main. Seite 22–41.

BAETHGE, Martin / SOLGA, Heike / WIECK, Markus (2007): *Berufsbildung im Umbruch. Signale eines überfälligen Aufbruchs.* Studie. 1. Auflage. Berlin.

BAITSCH, Christof (1996): *Lernen im Prozeß der Arbeit. Ein psychologischer Blick auf den Kompetenzbegriff.* In: QUEM-Bulletin. 1/1996. Seite 6–8.

BALTES, Paul B. / STANDINGER, Ursula M. (1993): *The search for a psychology of wisdom.* Current Directions in Psychological Science, 2. Seite 75–80.

BALTES, Paul B. / FREUND, Alexandra / LI, Shu-Chens (2005): *The psychological science of aging.* In: Johnson, M.L. (Ed.): The Cambridge Handbook of Age and Ageing. Cambridge. Seite 4771.

BARTHEL Erich / HANFT, Anke / HASEBROOK, Joachim (2011): *Integriertes Kompetenzmanagement im Spannungsfeld von Innovation und Routine: eine Hinführung zum Thema.* In: Barthel, Erich / Hanft, Anke / Hasebrook, Joachim (Hrsg.): Integriertes Kompetenzmanagement im Spannungsfeld von Innovation und Routine, Münster. Seite 7–12.

BATINIC, Bernad / APPEL, Markus (2008): *Medienpsychologie.* Heidelberg.

BAUMANN, Zygmunt (1993): *Wir sind wie Landstreicher. Die Moral im Zeitalter der Beliebigkeit.* In: Süddeutsche Zeitung vom 16./17. November 1993. München.

BAUMANN, Enrico (2012): *Kompetenzmanagement. Moderne Methoden von Kompetenzmanagement und -messung im Unternehmen.* Hamburg.

BAUMGARTNER, Peter / KALZ, Marco (2004): *Content Management Systeme aus bildungstechnologischer Sicht.* In: Baumgartner, Peter / Kalz, Marco / Häfele, Hartmut / Maier-Häfele, Kornelia: Content Management Systeme für e-Education. Auswahl, Potenziale und Einsatzmöglichkeiten. Innsbruck u. a. Seite 14–66.

BAUMGARTNER, Peter / PAYR, Sabine (1997): *Erfinden lernen.* In: Baumgartner, Peter / Payr, Sabine: Konstruktivismus und Kognitionswissenschaft. Kulturelle Wurzeln und Ergebnisse. Zu Ehren Heinz von Foersters. K. H. Müller und F. Stadler. Wien u. a. Seite 89–106.

BAUMGARTNER, Peter / LASKE, Stephan / WELTE, Heike Welte (2000): *Handlungsstrategien von LehrerInnen – ein heuristisches Modell.* In: Metzger, Christoph / Seitz, Hans / Eberle, Franz (Hrsg.): Impulse für die Wirtschaftspädagogik. Festschrift zum 65. Geburtstag von Prof. Dr. Rolf Dubs. St. Gallen. Seite 247–266.

BECK, Ulrich (1996): *Das Zeitalter der Nebenfolgen und die Politisierung der Moderne.* In: Beck, Ulrich / Giddens, Anthony / Lash, Scott: Reflexive Modernisierung. Eine Kontroverse. Frankfurt am Main. Seite 19–112.

BECK, Klaus / BRÜTTING, Bernhard / LÜDECKE-PLÜMER, Sigrid / MINNAMEIER, Gerhard / SCHIRMER, Uta / SCHMIDT, Nicole (1996): *Zur Entwicklung moralischer Urteilskompetenz in der kaufmännischen Erstausbildung – empirische Befunde und praktische Probleme.* In: Beck, Klaus / Heid, Helmut (Hrsg.): Lehr-Lern-Prozesse in der kaufmännischen Erstausbildung. Wissenserwerb, Motivierungsgeschehen und Handlungskompetenzen. Beiheft 13 der Zeitschrift für Berufs- und Wirtschaftspädagogik. Stuttgart. Seite 187–206.

BECKER, Gary S. (1993): *Ökonomische Erklärung menschlichen Verhaltens.* 2. Auflage. Tübingen.

BECKER, Robert (1994): *Besser miteinander umgehen. Die Kunst des interaktiven Managements.* Wiesbaden.

BECKER, Manfred (2005): *Personalentwicklung. Bildung, Förderung und Organisationsentwicklung in Theorie und Praxis.* Stuttgart.

BEHRINGER, Friederike / KÄPPLINGER, Bernd / PÄTZOLD, Günter (2009): *Die europäische Unternehmensbefragung CVTS – ein wichtiger Baustein in der Analyse der betrieblichen Weiterbildung.* In: Behringer, Friederike / Käpplinger, Bernd / Pätzold, Günter (Hrsg.): Betriebliche Weiterbildung – der Continuing Vocational Training Survey (CVTS) im Spiegel nationaler und europäischer Perspektiven. Zeitschrift für Berufs- und Wirtschaftspädagogik, Beiheft 22. Stuttgart. Seite 7–13.

BEHRINGER, Friederike / SCHÖNFELD, Gudrun (2012): *Betriebliche Weiterbildung in Deutschland im europäischen Vergleich. Vergleichende Analysen auf der Grundlage der CVTS3-Daten. Abschlussbericht. IV/2009 bis II/2012.* Bonn.

Verfügbar unter:

http://www2.bibb.de/bibbtools/tools/dapro/data/documents/pdf/eb_23302.pdf. Abgerufen am: 25. März 2016

BEKK, Magdalena / SPÖRRLE, Matthias (2012): *Auch in Zukunft nicht nur eine Frage der Person: Persönlichkeitskonzepte im organisationalen Führungskontext.* In: Grote, Sven (Hrsg.): Die Zukunft der Führung. Heidelberg. Seite 453–472.

BELL, Daniel (1973): *The Coming of Post-Industrial Society. A Venture in Social Forecasting.* New York. Seite 212–265.

BELL, Daniel (1976): *Die nachindustrielle Gesellschaft* [Aus d. Amerik.]. Frankfurt am Main u. a.

BELL, Daniel (1985): *Die nachindustrielle Gesellschaft.* Frankfurt am Main.

BELLER, Sieghard / BENDER, Andrea (2010): *Allgemeine Psychologie. Denken und Sprache.* Göttingen u. a.

BERGEMANN, Britta / BERGEMANN, Niels (2003): *Ausbildung interkultureller Managementkompetenz an deutschen Hochschulen. Anforderungen und Status quo.* In: Bergemann, Niels / Sourisseaux, Andreas, L. J. (Hrsg.): Interkulturelles Management. Dritte, vollständig überarbeitete und erweiterte Auflage. Berlin u. a., Seite 309–335.

BERGMANN, Alexander (1993): *Interkulturelle Managemententwicklung.* In: Haller, Matthias (Hrsg.): Globalisierung der Wirtschaft. Einwirkungen auf die Betriebswirtschaftslehre. Bern u. a., Seite 193–216.

BERGMANN, Bärbel (1996a): *Lernen im Prozeß der Arbeit.* In: Arbeitsgemeinschaft QUEM (Hrsg.): Kompetenzentwicklung '96. Berlin u. a., Seite 153–262.

BERGMANN, Bärbel (1996b): *Kompetenzentwicklung durch Lernen in der Arbeit.* In: QUEM-Bulletin. 1/1996. Seite 15–19.

BERGMANN, Bärbel (2000a): *Vorwort.* In: Arbeitsgemeinschaft Qualifikations-Entwicklungs-Management (Hrsg.): Kompetenzentwicklung und Berufsarbeit. Münster. Seite 9–10.

BERGMANN, Bärbel (2000b): *Arbeitsimmanente Kompetenzentwicklung.* In: Arbeitsgemeinschaft-Qualifikations-Entwicklungs-Management.(Hrsg.): Kompetenzentwicklung und Berufsarbeit. Münster. Seite 11–40.

BERGMANN, Bärbel / Pietrzyk, Ulrike (2000): *Lernanforderungen von Arbeitsaufgaben und Kompetenzentwicklung.* Arbeit. Heft 1/2000. Seite 40–53.

BERGMANN, Bärbel / RICHTER, Falk (2002): *Berufliche Handlungskompetenz bei erwerbstätigen Männern und Frauen.* Arbeit. Heft 3. Jahrgang 11. Seite 212–225.

BERGMANN, Bärbel / RICHTER, Falk (2003): *Individuelle Kompetenzentwicklung durch Lernen im Prozess der Arbeit.* Wirtschaftspsychologie Heft 1. Seite 41–43.

BERGMANN, Bärbel (2004): *Einführung: Arbeiten und Leben.* In: Bergmann, Bärbel / Richter, Falk / Pohlandt, Andreas / Pietrzyk, Ulrike / Eisfeldt, Doreen / Hermet, Vicky / Oschmann, Dana: Arbeiten und Lernen. Edition QUEM. Studien zur beruflichen Weiterbildung im Transformationsprozess. Band 17. Münster. Seite 13–36.

BERGMANN, Bärbel / POHLANDT, Andreas / PIETRZYK, Ulrike / RICHTER, Falk / EISFELDT, Doreen (2004): *Alterstrends beruflicher Handlungskompetenz.* In: Bergmann, Bärbel / Richter, Falk / Pohlandt, Andreas / Pietrzyk, Ulrike / Eisfeldt, Doreen / Hermet, Vicky / Oschmann, Dana: Arbeiten und Lernen. Edition QUEM. Studien zur beruflichen Weiterbildung im Transformationsprozess. Band 17. Münster. Seite 254–274.

BERNIEN, Marina (1997): *Anforderungen an eine qualitative und quantitative Darstellung der beruflichen Kompetenzentwicklung.* In: Arbeitsgemeinschaft Qualifikations-Entwicklungs-Management (Hrsg.): Kompetenzentwicklung '97: Berufliche Weiterbildung in der Transformation – Fakten und Visionen. Münster. Seite 17–83.

BERTELS, Ursula / EYLERT, Sabine / LÜTKES, Christiana / DE VRIES, Sandra (2004): *Ethnologie in der Schule: Eine Studie zur Vermittlung Interkultureller Kompetenz.* Praxis Ethnologie Band 1. 1. Auflage. Münster.

BERTHEL, Jürgen / BECKER, Fred G. (2010): *Personal-Management: Grundzüge für Konzeptionen betrieblicher Personalarbeit.* 9., vollständig überarbeitete Auflage. Stuttgart.

DEUTSCHE FORSCHUNGSGEMEINSCHAFT / KOMMISSION FÜR BERUFSBILDUNGSFORSCHUNG (Hrsg.) (1990): *Berufsbildungsforschung an den Hochschulen der Bundesrepublik Deutschland. Situation – Hauptaufgaben – Förderungsbedarf. Denkschrift.* Weinheim u. a.

BETZIN, Jörg / HENSELER, Jörg (2005): *Einführung in die Funktionsweise des PLS- Algorithmus.* In: Bliemel, Friedhelm W. / Eggert, Andreas / Fassott, Georg / Henseler, Jörg (Hrsg.): Handbuch PLS-Pfad-Modellierung. Methode, Anwendung, Praxisbeispiele. Stuttgart. Seite 49–69.

BEYER, Heinrich / FEHR, Ulrich / NUTZINGER, Hans G. (1994): *Vorteil. Unternehmenskultur. Partnerschaftlich handeln – den Erfolg mitbestimmten.* 2. Auflage. Gütersloh.

BIRKELBACH, Klaus (2005): *Über das Messen von Kompetenzen. Einige Überlegungen im Anschluss an ein BMBF-Projekt.* Vortrag auf der Herbsttagung der Sektion Berufs- und Wirtschaftspädagogik der DGFE am 20./21. September 2005 in Erfurt. Verfügbar unter: http://www.klaus-birkelbach.de/Veroffentlichungen/Kompetenzmessung_Birkelbach.pdf.
Abgerufen am: 07. Januar 2013.

BJORNAVOLD, Jens (2001): *Lernen sichtbar machen. Ermittlung, Bewertung und Anerkennung nicht formal erworbener Kompetenzen in Europa.* Luxemburg.

BLICKLE, Gerhard (2011a): *Personalauswahl.* In: Nerdinger, Friedemann W. / Blickle, Gerhard / Schaper, Niclas: Arbeits- und Organisationspsychologie. 2. Auflage. Berlin u. a. Seite 225–252.

BLICKLE, Gerhard (2011b): *Leistungsbeurteilung.* In: Nerdinger, Friedemann W. / Blickle, Gerhard / Schaper, Niclas: Arbeits- und Organisationspsychologie. 2. Auflage. Berlin u. a. Seite 253–271.

BLIEMEL, Friedhelm / EGGERT, Andreas / FASSOT, Georg / HENSELER, Jörg (2005): *Die PLS-Pfad-Modellierung. Mehr als eine Alternative zur Kovarianzstrukturanalyse.* In: Bliemel, Friedhelm / Eggert, Andreas / Fassott, Georg /

Henseler, Jörg (Hrsg.): Handbuch PLS-Pfad-Modellierung. Stuttgart. Seite. 9–16.

BLÖMEKE, Sigrid / MÜLLER, Christiane (2009): *Zum Zusammenhang von Allgemeiner Didaktik und Lehr-Lernforschung im Unterrichtsgeschehen.* In: Meyer, Meinert A. / Prenzel, Manfred / Hellekamps, Stephanie: Perspektiven der Didaktik. Zeitschrift für Erziehungswissenschaft. Sonderheft 9. Wiesbaden. Seite 239–258.

BMW Group (2007): *Sustainable Value Report 2007/2008.* Verfügbar unter: http://www.bmwgroup.com/publikationen/d/2007/pdf./Sustainable__Value__Report__2007.pdf. .
Abgerufen am 8. Februar 2016.

BOHINC, Tomas (2008): *Karriere machen, ohne Chef zu sein. Praxisratgeber für eine erfolgreiche Fachkarriere.* Offenbach.

BOHLINGER, Sandra / MÜNK, Dieter (2008): *Verschiedene Blickwinkel. Kompetenz, competence, competence. Ein Begriff, drei Auffassungen.* In: Weiterbildung. Zeitschrift für Grundlagen, Praxis und Trends. Heft 1. Neuwied. Seite 36–39.

BÖLLERT, Karin (2007): *Von der Delegation zur Kooperation. Bildung in Familie, Schule, Kinder- und Jugendhilfe.* Wiesbaden.

BOLLEN, Kenneth A. (1989): *Structural equations with latent variables.* New York.

BORMAN, Walter (1974): *The rating of individuals in organizations. An alternative approach.* Organizational Behavior and Human Performance. Volume 12. Seite 105–124.

BORTZ, Jürgen / DÖRING, Nicola (2002): *Forschungsmethoden und Evaluation für Human- und Sozialwissenschaftler.* Berlin u. a.

BORTZ, Jürgen / DÖRING, Nicola (2006): *Forschungsmethoden und Evaluation für Human- und Sozialwissenschaftler.* Berlin u. a.

BOURDIEU, Pierre (1974): *Zur Soziologie der symbolischen Formen.* Frankfurt am Main.

BOURDIEU, Pierre (1978): *Entwurf einer Theorie der Praxis auf der ethnologischen Grundlage der kabylischen Gesellschaft.* Aus dem Französischen von Cordula Pialoux und Bernd Schwibs. Frankfurt am Main.

BOURDIEU, Pierre (1982): *Die feinen Unterschiede. Kritik der gesellschaftlichen Urteilskraft.* (frz. 1979) Frankfurt am Main.

BOURDIEU, Pierre (1992): *Die verborgenen Mechanismen der Macht.* Hamburg.

BOURDIEU, Pierre (1993): *Soziologische Fragen.* Frankfurt am Main.

BOURDIEU, Pierre / PASSERON, Jean-Claude (1971): Die Illusion der Chancengleichheit. Untersuchungen zur Soziologie des Bildungswesens am Beispiel Frankreichs. Aus dem Französischen von Barbara und Robert Picht, bearbeitet von Irmgard Hartig. In: Max-Planck-Institut für Bildungsforschung (Hrsg.): Texte und Dokumente zur Bildungsforschung. Stuttgart.

BRANDENBURG, Uwe / DOMSCHKE, Jörg-Peter (2007): *Die Zukunft sieht alt aus.* Herausforderungen des demografischen Wandels für das Personalmanagement 1. Auflage. Wiesbaden.

BRATER, Michael / BAUER, Hans (1990): *Schlüsselqualifikationen. Der Einzug der Persönlichkeitsentwicklung in der beruflichen Bildung?* In: Herzer, H. / Dybowski, G. / Bauer, H. G. (Hrsg.): Methoden betrieblicher Weiterbildung. Ansätze zur Integration fachlicher und fachübergreifender Bildung. Eschborn. Seite 51–69.

BREDE, Helmut (2004): *Betriebswirtschaftslehre.* 8. Auflage. München.

BREDENKAMP, Jürgen (1998). *Lernen, Erinnern, Vergessen.* München.

BREUER, Klaus (2006): *Kompetenzdiagnostik in der beruflichen Bildung – eine Zwischenbilanz.* In: Zeitschrift für Berufs- und Wirtschaftspädagogik. Heft 2. Seite 194–210.

BRINK, Alfred (2010): *Berufs- und Karriere-Planer. IT und E-Business 2009/2010.* Für Studenten und Hochschulabsolventen. Specials IT-Consulting / IT Security. 10. Auflage. Wiesbaden.

BROSIUS, Felix (2011): *SPSS 19.* 1. Auflage. Heidelberg u. a.

BROUER, Birgit (2014): *Selbstbeurteilung in selbstorganisationsoffenen Lernumgebungen. Entwicklung eines Modells der Selbstbeurteilung und evidenzbasierter Impulse für die Förderung der Selbstbeurteilung in der Praxis.* Kempten.

BROWN, Timothy A. (2006): *Confirmatory factor analysis for applied research.* Methodology in the social sciences. New York.

BÜCHTER, Karin (1998): *Strukturwandel und Qualifikationsbedarf in kleinen und mittleren Betrieben – einige ernüchternde Anmerkungen zu einem Klischee.* In: Zeitschrift für Berufs- und Wirtschaftspädagogik. 94. Seite 227–247.

BÜHNER, Rolf (2004): *Personalmanagement.* 3. Überarbeitete und erweiterte Auflage. München.

BÜHNER, Markus (2011): *Einführung in die Test- und Fragebogenkonstruktion.* 3., aktualisierte Auflage. München.

BUISKOOL, Bert-Jan / BROEK, Simon / VAN LAKERVELD, Japp / ZARIFIS, George / OSBORNE, Michael (2010): *Key competences for adult learning professionals.* Contribution to the development of a reference framework of key competences for adult learning professionals. Research voor Beleid. Zoetermeer. Verfügbar unter: http://www.forschungsnetzwerk.at/downloadpub/buiskool_et_al_2010_keycomp.pdf.. Abgerufen am 08.02.2014.

BUISKOOL, Bert-Jan / BROEK, Simon (2012): *Schlüsselkompetenzen für das Weiterbildungspersonal: Ein Inventar der europäischen Praxis.* In: Sgier, Irena / Lattke, Susanne (Hrsg.): Professionalisierungsstrategien der Erwachsenenbildung in Europa. Bielefeld. Seite 87–107.

BUNDESAGENTUR FÜR ARBEIT (2011): *Klassifikation der Berufe. Band 1: Systematischer und alphabetischer Teil mit Erläuterungen.* Nürnberg.

BUNDESAGENTUR FÜR ARBEIT (2011): *Perspektive 2025. Fachkräfte für Deutschland.* Nürnberg.

BUNDESINSTITUT FÜR BERUFSBILDUNG (BIBB) (2012): *BIBB Report.* 6. Jahrgang. Heft 18. Bonn.

BUNDESMINISTERIUM FÜR ARBEIT UND SOZIALES (2013): *Arbeitsmarktprognose 2030. Eine strategische Vorausschau auf die Entwicklung von Angebot und Nachfrage in Deutschland.* Bonn.

BUNDESMINISTERIUM FÜR BILDUNG UND FORSCHUNG (BMBF) (Hrsg.) (2007): *Zur Entwicklung nationaler Bildungsstandards. Eine Expertise.* Bildungsforschung Band 1. Bonn u. a. Verfügbar unter: https://www.bmbf.de/pub/zur_entwicklung_nationaler_bildungsstandards.pdf. Abgerufen am: 28.01.2013.

BUNDESMINISTERIUM FÜR BILDUNG UND FORSCHUNG (BMBF) (o. J.): *Berufsorientierung heute.* Verfügbar unter: http://www.sowi-online.de/book/export/html/368. Abgerufen am: 12. März 2016.

BUNK, Gerhard P. (1994): *Kompetenzvermittlung in der beruflichen Aus- und Weiterbildung in Deutschland.* In: Europäische Zeitschrift für Berufsbildung. 1/1994. Seite 9–15.

BURMANN, Christoph (2005): *Prävention und Eindämmung von Ad-hoc-Krisen durch Aufbau strategischer Flexibilität.* In: Burmann, Christoph /Freiling, Jörg / Hülsmann, Michael (Hrsg.): Management von Ad-hoc-Krisen. Grundlagen. Strategien. Erfolgsfaktoren. Wiesbaden. Seite 291–310.

CHARMAZ, Kathy (2006): *Constructing Grounded Theory. A Practical Guide through Qualitative Analysis.* London u. a.

CHIN, Wynne W. / NEWSTED, Peter R. (1999): *Structural Equation Modelling Analysis with Small Samples Using Partial Least Sqaures.* In: Hoyle, Rick (Hrsg.): Statistical Strategies for Small Sample Research. Sage. Seite 307–341.

CHOMSKY, Noam (1970): *Aspekte der Syntax-Theorie.* Frankfurt am Main.

CLARKE, Adele (2005): *Situational Analysis. Grounded Theory After the Postmodern Turn.* Thousand Oaks. California u. a.

CLEMENT, Ute (2002): *Kernkompetenzen und der Kern der Kompetenz.* In: Arnold, Rolf / Clement, Ute: Kompetenzentwicklung in der beruflichen Bildung. Opladen. Seite 1–7.

COCKWELL, Anne (2010): *Entwicklung interkultureller Kompetenz von Fach- und Führungskräften durch Training und Coaching.* Norderstedt.

CONWAY, James M. / HUFFCUTT, Allen I. (1997): *Psychometric properties of multisource performance ratings: A meta-analysis of subordinate, supervisor, peer, and self-ratings.* Human Performance. Volume 10. Seite 331–360.

CRONBACH, Lee Joseph / GLESER, Goldine C. (1965): *Psychological tests and personnel decisions.* 2nd edition. Urbana.

DANIELS, Zoe (2008): *Entwicklung schulischer Interessen im Jugendalter.* In: Rost, Detlef (Hrsg.): Pädagogische Psychologie und Entwicklungspsychologie. Band 69. Münster u. a.

DEHNBOSTEL, Peter (2007): *Lernen im Prozess der Arbeit.* Münster.

DEHNBOSTEL, Peter (2008): *Berufliche Weiterbildung: Grundlagen aus arbeitnehmerorientierter Sicht.* Berlin.

DERUNGS, Curdin (2008): *Die betriebliche Standortwahl aus einer prozessorientierten Perspektive. Von Standortfaktoren zum Standortentscheidungsprozess.* 1. Auflage. St. Gallen.

DEUTSCHER AUSSCHUSS FÜR DAS ERZIEHUNGS- UND BILDUNGSWESEN (1960): *Zur Situation und Aufgabe der Deutschen Erwachsenenbildung.* Stuttgart.

DEUTSCHER BILDUNGSRAT (1974): *Empfehlungen der Bildungskommission. Zur Neuordnung der Sekundarstufe II.* Sitzung der Bildungskommission, 13/14. Februar 1974 in Bonn. Stuttgart.

DEUTSCHE GESELLSCHAFT FÜR PERSONALFÜHRUNG e. V. (DGFP) (2011): *Zwischen Anspruch und Wirklichkeit: Generation Y finden, fördern und binden.* PraxisPapier 9 / 2011. Düsseldorf.

DEVELLIS, Robert F. (2003): *Scale development: theory and applications* (2nd ed.) In: Applied social research methods series. Volume 26. Thousand Oaks.

DEWEY, John (1930): *Demokratie und Erziehung: Eine Einleitung in die philosophische Pädagogik.* Democracy and education. Deutsch von Erich Hylla. Breslau.

DEWEY, John / OELKERS, Jürgen (Hrsg.) (2000): *Demokratie und Erziehung: Eine Einleitung in die philosophische Pädagogik.* 3. Auflage. Weinheim u. a.

DEY, Ian (1999): *Grounding Grounded Theory. Guidelines for Qualitative Inquiry.* Bingley. United Kingdom.

DIEDRICH, Andreas (1988): *Effizienz betrieblicher Weiterbildung: Betriebliche Weiterbildung als einzelwirtschaftliches Entscheidungsproblem.* Köln.

DIERKES, Meinolf / MÜTZEL, Sophie (2009): *Unternehmensethik jenseits von Rhetorik. Zur Verankerung organisatorischer Grundwerte in Unternehmenskultur und Unternehmensleitbildern.* In: von Rosenstiel, Lutz / Regnet, Erika / Domsch, Michel E. (Hrsg.): Führung von Mitarbeitern. Handbuch für erfolgreiches Personalmanagement. Stuttgart. Seite 717–724.

DIESLER, Peter / NITTEL, Dieter (2001): *Spuren des Selbstorganisierten Lernens im Kontext betrieblicher Modernisierung.* In: Zeitschrift für Berufs- und Wirtschaftspädagogik Heft 1. Seite 56–83.

DILLMANN, Don A. (2000): *Mail and Internet Surveys: The Tailored Design Method.* 2. Auflage. New York.

DILTHEY, Wilhelm (1924): *Die geistige Welt. Einleitung in die Philosophie des Lebens. 1. Hälfte: Abhandlung zur Grundlegung der Geisteswissenschaften.* Leipzig.

DITTLER, Martina (2002): *Computervermittelte Kommunikation in netzbasierten Lernszenarien. Eine empirische Studie über die Effekte unterschiedlicher Kommunikationsbedingungen auf Lernprozesse, Lernerfolg und sozioemotionale Aspekte bei der kooperativen Bearbeitung von computergestützten Lernfällen.* München.

DOBISCHAT, Rolf / DÜSSELDORFF, Karl (2010): *Personalentwicklung und Arbeitnehmer.* In: Tippelt, Rudolf / von Hippel, Aiga (Hrsg.): Handbuch Erwachsenenbildung / Weiterbildung. 3., überarbeitet. und erweiterte Auflage. Wiesbaden 2009. Seite 917–937.

DÖRNER, Dietrich / KREUZIG, Heinz W. / REITHER, Franz / STÄUDEL, Thea (1983): *Vom Umgang mit Unbestimmtheit und Komplexität.* 4. erweiterte Neuauflage. Bern.

DOWDING, Keith (2011): *Encyclopedia of Power.* Los Angeles u. a.

DRÄGER, Horst / GÜNTHER, Ute / THUNEMEYER, Bernd (1995): *Bilanz und Kritik ausgewählter Länderstudien zur Weiterbildung.* Gutachten für die Vorstudie zur Evaluation der Weiterbildung. Landesinstitut für Schule und Weiterbildung. Soest. Seite 7–42.

DRUCKER, Peter F. (1969): *The age of discontinuity. Guidelines to Our Changing Society.* Aus dem Amerikanischen übersetzt von Meinrad Amann. Die Zukunft bewältigen: Aufgaben und Chancen im Zeitalter der Ungewissheit. Düsseldorf u. a.

DÜGGELI, Albert (2009): *Ressourcenförderung im Berufswahlunterricht.* Internationale Hochschulschriften. Band 528. Münster.

DUNCAN, Robert / WEIß, Andrew (1979): *Organizational Learning: Implications for Organizational Design.* Research in Organizational Behavior (1). Seite 75–123.

EAGLY, Alice H. / KARAU, Steven J. (2002): *Role Congruity Theory of Prejudice toward Female Leaders.* In: Psychological Review, 109. Seite 573–598.

ECKES, Thomas (1997): *Geschlechterstereotype: Frau und Mann in sozialpsychologischer Sicht.* Pfaffenweiler.

ECKES, Thomas (2010): *Geschlechterstereotype: Von Rollen, Identitäten und Vorurteilen.* In: Becker, Ruth/Kortendiek, Beate (Hrsg.): Handbuch Frauen- und Geschlechterforschung. Theorie, Methoden, Empirie. 3., erweiterte und durchgesehene Auflage. Wiesbaden. Seite 178–189.

EISENHARDT, Kathleen M. / MARTIN, Jeffrey A. (2000): *Dynamic capabilities: What are they?* In: Strategic Management Journal. Vol. 21. Seite 1105–1121.

EISFELDT, Doreen (2003): *Wissensmanagement – eine Sensibilisierung für relevante Aspekte.* In: Bergmann, Bärbel / Pietrzyk, Ulrike (Hrsg.): Kompetenzentwicklung und Flexibilität in der Arbeitswelt. Dresden. Seite 77–82.

ERICSSON, Anders, K. / KRAMPE, Ralf T. / TESCH-RÖMER, Clemens (1993): *The role of deliberate practice in the aquisition of expert performance.* In: Psychological Review. Volume 100. Nummer 3. Seite 363–406.

ERPENBECK, John (1996): *Kompetenz und kein Ende?* In: QUEM-Bulletin 1/1996. Seite 9–13.

ERPENBECK, John (1997): *Selbstgesteuertes selbstorganisiertes Lernen.* In: Arbeitsgemeinschaft Qualifikations-Entwicklungs-Management QUEM (Hrsg.): Kompetenzentwicklung ´97. Münster. Seite 310–316.

ERPENBECK, John / HEYSE, Volker (1996): *Berufliche Weiterbildung und berufliche Kompetenzentwicklung.* In: Arbeitsgemeinschaft QUEM (Hrsg.): Kompetenzentwicklung ´96. Berlin u. a., Seite 15–152.

ERPENBECK, John / HEYSE, Volker (1999): *Die Kompetenzbiographie.* Münster.

ERPENBECK, John / SAUER, Johannes (2000): *Das Forschungs- und Entwicklungsprogramm „Lernkultur Kompetenzentwicklung".* In: Arbeitsgemeinschaft Qualifikations-Entwicklungs-Management: Kompetenzentwicklung 2000. Lernen im Wandel. Wandel durch Lernen. Band 5. Münster u. a. Seite 287–336.

ERPENBECK, John / SAUER, Johannes (2001): *Arbeiten und Lernen. Lernkultur Kompetenzentwicklung und Innovative Arbeitsgestaltung.* In: Arbeitsgemeinschaft Betriebliche Weiterbildungsforschung e. V., Projekt Qualifikations-Entwicklungs-Management (Hrsg.). Quem-report. Heft 67. Berlin. Seite 9–66.

ERPENBECK, John (2004): *Gedanken nach Innsbruck: Kompetenz – Kompetenzentwicklung – Kompetenzbilanz.* In: QUEM-Bulletin 6/2004. Seite 1–7.

ERPENBECK, John / SAUTER, Werner (2007): *Kompetenzentwicklung im Netz. New Blended Learning mit Web 2. 0.* Köln.

ERPENBECK, John / ROSENSTIEL, Lutz (Hrsg.) (2003). *Handbuch Kompetenzmessung. Erkennen, verstehen und bewerten von Kompetenzen in der betrieblichen, pädagogischen und psychologischen Praxis.* Stuttgart.

ERPENBECK, John / von ROSENSTIEL, Lutz (Hrsg.) (2007): *Handbuch Kompetenzmessung – Erkennen, verstehen und bewerten von Kompetenzen in der betrieblichen, pädagogischen und psychologischen Praxis.* 2. überarbeitete und erweiterte Auflage. Stuttgart.

ERPENBECK, John (2010): *Kompetenzen – Eine begriffliche Klärung.* In: Heyse, Volker / Erpenbeck, John / Ortmann, Stefan (Hrsg.): Grundstrukturen menschlicher Kompetenzen. Praxiserprobte Konzepte und Instrumente. Münster. Seite 13–20.

ERPENBECK, John (2012): *Zwischen exakter Nullaussage und vieldeutiger Beliebigkeit. Hybride Kompetenzerfassung als künftiger Königsweg.* In: Heyse, Volker / Erpenbeck, John (Hrsg.): Kompetenzmanagement in der Praxis. Band 6. Münster u. a., Seite 7–42.

ESSER, Hartmut (1987): *Zum Verhältnis von qualitativen und quantitativen Methoden in der Sozialforschung oder: über den Nutzen methodologischer Regeln bei der Diskussion von Scheinkontroversen.* In: Voges, Wolfgang (Hrsg.): Methoden der Biographie- und Lebenslaufforschung. Opladen. Seite 87–101.

ETZIONI, Amitai (1968): *The Active Society.* The Free Press. New York.

EUROPÄISCHE KOMMISSION (1995): *Lehren und Lernen. Auf dem Weg zur kognitiven Gesellschaft.* Weißbuch zur allgemeinen und beruflichen Bildung. Brüssel. Verfügbar unter: http://europa.eu/documents/comm/white_papers/pdf./com95_590_de.pdf. Abgerufen am: 13. März 2016.

EUROPÄISCHE KOMMISSION (2000): *Memorandum über lebensbegleitendes Lernen.* (SEK2000) 1832. Brüssel.

EUROPÄISCHE KOMMISSION (2006): *Modernising education and training: a vital contribution to prosperity and social cohesion in Europe.* Joint Interim Report of the Council and the Commission on progress under the Education & Training 2010 work programme. Brüssel.

FACHSTELLE FÜR INTERNATIONALE JUGENDARBEIT DER BUNDESREPUBLIK DEUTSCHLAND e. V. (IJAB) (2010): Kompetenznachweis international. Handbuch für Qualifizierung und Praxis. Bonn.

FAIX, Werner / LAIER, Angelika (1991): *Soziale Kompetenz. Das Potential zum unternehmerischen und persönlichen Erfolg.* Wiesbaden.

FAMULLA, Gerd-E. / SCHREIER, Claudia (o.J.): *Berufsorientierung – Einführung in das Thema.* Verfügbar unter: http://www.sowi-online.de/reader/berufsorientierung/berufsorientierung_einfuehrung_thema.html Abgerufen am: 12. März 2016.

FAULBAUM, Frank / PRÜFER, Peter / REXROTH, Margrit (2009): *Was ist eine gute Frage? Die systematische Evaluation der Fragenqualität.* 1. Auflage. Wiesbaden.

FAUST, Martina (2013): *Informationsschreiben in der IT-Branche. Ein Leitfaden und Qualitätsprüfungsverfahren.* Wiesbaden.

FAVRE-BULLE, Bernard (2001): *Information und Zusammenhang. Informationsfluß in Prozessen der Wahrnehmung, des Denkens und der Kommunikation.* Wien.

FELD, Timm C. / MEISEL, Klaus (2010): *Organisationspädagogik. Begründung, Relevanz und Herausforderungen einer neuen erziehungswissenschaftlichen (Teil-)Disziplin.* In: Heidsiek, Charlotte / Petersen, Jendrik: Organisationslernen im 21. Jahrhundert. Festschrift für Harald Geißler. Bildung und Organisation 23. Frankfurt am Main. Seite 45–56.

FELDHOFF, Tobias (2011): *Schule organisieren. Der Beitrag von Steuergruppen und Organisationalem Lernen zur Schulentwicklung.* 1. Auflage. Wiesbaden.

FELDMANN, Jack M. (1994): *On the synergy between theory and application: Social cognition and performance appraisal.* In: Wyer, Robert S. / Scull, Thomas K. (Hrsg.): Handbook of social cognition: Applications. Vol. 2. Hillsdale. Seite 339–398.

FESTINGER, Leon (1954): *A theory of social comparison processes.* Human Relations 7. Seite 117–140.

FICHTNER, Hanno (2008): *Unternehmenskultur im Strategischen Kompetenzmanagement.* 1. Auflage. Wiesbaden.

FINDL, Renate (2005): *Ein Schritt auf dem Weg zu einem verbesserten Methodenmix in der empirischen Sozialforschung.* Regensburg.

FISCHER, Hans (2004): *Nachhaltig führen lernen: das ganzheitliche Führungskonzept PENTA für nachhaltige Führungswirkung.* Zürich.

FLECHTER, Clive / KERSLAKE, Claire (1992): *The impact of Assessment Centres and their outcomes on participants' self-assessments.* Human Relations. Volume 45. Seite 73–81.

FLICK, Uwe (2006): *Qualitative Sozialforschung. Eine Einführung.* 4. Auflage. Reinbek bei Hamburg.

FLOYD, Steven W. / LANE, Peter J. (2000): *Strategizing throughout the organization: managing the role conflict in strategic renewal.* In: Academy of Management Review. Vol. 25. No. 1. Seite 154–177.

FÖRSTER, Friedrich / FRITZ, Wolfgang / SILBERER, Günter / RAFFÉE, Hans (1984): *Der LISREL- Ansatz der Kausalanalyse und seine Bedeutung für die Marketing-Forschung.* In: Journal of business economics (1984): Band 54. Heft 4. Seite 346–367. Berlin.

FRANKE, Heinrich / BUTTLER, Friedrich (1991): *Arbeitswelt 2000. Strukturwandel in Wirtschaft und Beruf.* Frankfurt am Main.

FRANZ, Hans-Werner (2003): *NPO – Nachhaltige Personal- und Organisationsentwicklung. Ein Lernzeug.* Dortmunder Beiträge zur Sozial- und Gesellschaftspolitik. In: Katenkamp, Olaf / Kopp, Ralf / Schröder, Antonius (Hrsg.): Praxishandbuch. Empirische Sozialforschung. Berlin u. a. Seite 153–179.

FREILING, Jörg (2001): *Resource-based View und ökonomische Theorie: Grundlagen und Positionierung des Ressourcenansatzes.* Wiesbaden.

FREILING, Jörg (2002): *Terminologische Grundlagen des Resource-based View.* In: Bellmann, Klaus / Freiling, Jörg / Hammann, Peter / Mildenberger, Udo (Hrsg.): Aktionsfelder des Kompetenz-Managements. Wiesbaden. Seite 3–28.

FREY, Andreas / BALZER, Lars (2005): *Der Beurteilungsbogen smk: Ein Messverfahren für die Diagnose von sozialen und methodischen Fähigkeitskonzepten.* In: Frey, Andreas/ Jäger, Reinhold S. / Renold, Ursula (Hrsg.): Kompetenzdiagnostik – Theorien und Methoden zur Erfassung und Bewertung von beruflichen Kompetenzen. Landau. Seite 31–56.

FREY, Andreas (2006): *Methoden und Instrumente zur Diagnose beruflicher Kompetenzen von Lehrkräften – eine erste Standortbestimmung zu bereits publizierten Instrumenten.* In: Allemann-Ghionda, Cristina (Hrsg.) / Terhart, Ewald (Hrsg): Kompetenzen und Kompetenzentwicklung von Lehrerinnen und Lehrern. Weinheim u. a., Zeitschrift für Pädagogik, Beiheft 51. Seite 30–46.

FREY, Andreas / BALZER, Lars (2007): *Beurteilungsbögen zu sozialen und methodischen Kompetenzen.* Verfügbar unter: http://www.kompetenzscreening.de/Beurteilungsbogen_smk_FreyBalzer_Beschreibung%202007.pdf. Abgerufen am: 24. Juni 2014.

FRIEBE, Judith (2005): *Merkmale unternehmensbezogener Lernkulturen und ihr Einfluss auf die Kompetenzen der Mitarbeiter.* Dissertation. Heidelberg.

FRIED, Andrea (2001): *Konstruktivismus.* In: Lang, Rainhart / Weik, Elke (Hrsg.): Moderne Organisationstheorien. Eine sozialwissenschaftliche Einführung. Wiesbaden. Seite 29–60.

FRIEDLI, Vera (2002): *Die betriebliche Karriereplanung – Konzeptionelle Grundlagen und empirische Studien aus der Unternehmensperspektive.* Berner betriebswirtschaftliche Schriften Band 27. Bern u. a.

FRÖHLICH-GLANTSCHNIG, Elisabeth (2005): *Berufsbilder in der Beschaffung. Ergebnisse einer Delphi-Studie.* Wiesbaden.

FROMM, Martin (1990): *Zur Verbindung quantitativer und qualitativer Methoden.* Pädagogische Rundschau 44. Seite 469–481.

FROSCH, Ulrike (2012): *Pädagogische Diagnostik im Spiegel klassischer Lerntheorien. Aktuelle Herausforderungen im Kompetenzdiskurs angesichts einer „Theorie-Methoden-Passung".* In: Tramm, Tade/Seeber, Susan/Kremer, Hugo H.: Berufs- und Wirtschaftspädagogik – online (bwp@). Funktionen und Erträge pädagogischer Diagnostik im wirtschafts- und berufspädagogischen Bereich. Ausgabe Nr. 22. Verfügbar unter: http://www.bwpat.de/ausgabe22/frosch_bwpat22.pdf. Abgerufen am: 03. Dezember 2012.

FUCHS, Johann / SÖHNLEIN, Doris / WEBER, Brigitte (2011): *Projektion des Arbeitskräfteangebots bis 2050. Rückgang und Alterung sind nicht mehr aufzuhalten.* IAB-Kurzbericht Nr. 16.

FUCHS-HEINRITZ, Werner / KÖNIG, Alexandra (2005): *Pierre Bourdieu: Eine Einführung.* Konstanz.

GAIRING, Fritz (2007): *Organisationsentwicklung als Lernprozess von Menschen und Systemen: Zur Rekonstruktion eines Forschungs- und Beratungsansatzes und seiner metadidaktischen Relevanz.* 4. Auflage. Weinheim u. a.

GALLIKER, Mark (2010): *Die Dilthey-Ebbinghaus-Kontroverse.* In: Wolfradt, Uwe / Kaiser-El-Safti, Margret / Brauns, Horst-Peter: Hallesche Perspektiven auf die Geschichte der Psychologie. Hermann Ebbinghaus und Carl Stumpf. Lengerich. Seite 61–78.

GAGNE, Robert M. (1985): *The conditions of learning and theory of instruction.* New York.

GARAVAN, Thomas N. / McGUIRE, David (2001): *Competencies and workplace learning: some reflections on the rhetoric and the reality.* In: Journal of Workplace Learning. Volume 13(4). Seite 144–164.

GARTZ, Detlef / BLÖMER, Ursula (2002): *Qualitative Bildungsforschung.* In: Tippelt, Rudolf (Hrsg.): Handbuch Bildungsforschung. Opladen. Seite 441–458.

GAUGER, Helmut / TRIER, Matthias (1996): *Berufliche Kompetenzen – berufliche Kompetenzen.* In: QUEM-Bulletin. 1/1996. Seite 13–15.

GEIßLER, Karlheinz A. (1974): *Berufserziehung und kritische Kompetenz. Ansätze einer Interaktionspädagogik.* München.

GEIßLER, Karlheinz A. (1986): *Erwachsenenbildung als sanfter Imperialismus – zur Sozialisationsfunktion von Erwachsenenbildung.* In: Arnold, Rolf / Kaltschmid Jochen (Hrsg.): Erwachsenensozialisation und Erwachsenenbildung. Frankfurt. Seite 158–178.

GEIßLER, Karlheinz A. / ORTHEY, Frank M. (1990): *Lernen in Unternehmen als Modernisierungsstrategie. Situation und Perspektiven betrieblicher Bildungs-*

politik. In: Geißler, Karlheinz A. / Orthey, Frank M. / Laske, Stephan (Hrsg.): Handbuch Personalentwicklung. Köln.

GERHOLD, Lars (2012): *Methodenkombination in der sozialwissenschaftlichen Zukunftsforschung.* In: Popp, Reinhold: Zukunft und Wissenschaft: Wege und Irrwege der Zukunftsforschung. Berlin u. a. Seite 159–184.

GERRIG, Richard J. / ZIMBARDO, Philip G. (2008): *Psychologie.* 18. Aktualisierte Auflage. München.

GEORGE, Darren / MALLERY, Paul (2002): *SPSS for Windows Step by Step. A Simple Guide and Reference. 11.0 Update.* 4. Auflage. Boston u. a.

GERBER, Pia (2007): *Qualipass – Dokumentation der persönlichen und fachlichen Kompetenzen.* In: Erpenbeck / von Rosenstiel (Hrsg.): Handbuch Kompetenzmessung. Erkennen, verstehen und bewerten von Kompetenzen in der betrieblichen, pädagogischen und psychologischen Praxis. 2. Auflage. Stuttgart. Seite 429–438.

GESIS – Leibniz-Institut für Sozialwissenschaften e. V. (2014): *Das Institut.* Verfügbar unter: http://www.gesis.org/das-institut/ Abgerufen am: 11. Juni 2014.

GEULEN, Dieter / HURRELMANN, Klaus (1980): *Zur Programmatik einer umfassenden Sozialisationstheorie.* In: Hurrelmann, Klaus / Ulich, Dieter (Hrsg.): Handbuch der Sozialisationsforschung. Weinheim u. a., Seite 51–68.

GIDDENS, Anthony (1984): *The Constitution of Society – Outline of the Theory of Structuration.* Cambridge.

GIESEKE, Wiltrud (1989): *Habitus von Erwachsenenbildnern. Eine qualitative Studie zur beruflichen Sozialisierung.* Oldenburg.

GIESEKE, Wiltrud / HEUER, Ulrike (2001): *Weiterbildungsentscheidungen und beigeordnete Bildung.* In: Arnold, Rolf / Pachner, Anita (Hrsg.): Lernen im Lebenslauf. Baltmannsweiler. Seite 107–127.

GLASER, Barney (1992): *Emergence vs. Forcing: Basics of Grounded Theory Analysis.* Mill Valley, California.

GLASER, Barney G. / STRAUSS, Anselm L. (1998): *Grounded Theory: Strategien qualitativer Forschung.* Bern.

GNAHS, Dieter (2007): *Kompetenzen – Erwerb, Erfassung, Instrumente. Studientexte für Erwachsenenbildung.* 1. Auflage. Bielefeld.

GNAHS, Dieter (2010): *Kompetenzen – Erwerb, Erfassung, Instrumente. Studientexte für Erwachsenenbildung.* Bielefeld.

GÖTZE, Wolfgang / DEUTSCHMANN, Christel / LINK, Heike (2002): *Statistik. Lehr- und Übungsbuch mit Beispielen aus der Tourismus- und Verkehrswirtschaft.* München.

GOLEMAN, Daniel (2001): *Emotionale Intelligenz.* Ungekürzte Ausgabe. 14. Auflage. München.

GRABOWSKI, Ute (2007): *Berufliche Bildung und Persönlichkeitsentwicklung. Forschungsstand und Forschungsaktivitäten der Berufspsychologie.* Wiesbaden.

GRANZER, Dietlinde / BOEHME, Katrin / KOELLER, Olaf (2008): *Kompetenzmodelle und Aufgabenentwicklung für die standardisierte Leistungsmessung im Fach Deutsch.* In: Bremerich-Vos, Albert / Granzer, Dietlinde / Köller, Olaf (Hrsg.): Lernstandbestimmung im Fach Deutsch. Gute Aufgaben für den Unterricht. Weinheim u. a. Seite 10–28.

GEFEN, David / STAUB, Detmar W. / BOUDREAU, Marie-Claude (2000): *Structural equation modelling and regression. Guidelines for research practice.* In: Communications of the Association for Information Systems. 4. Jg. (7). Seite 1–78.

GRAICHEN, Olaf (2002): *Schlüsselqualifikationen. Eine kritische Beurteilung eines aktuellen Konzepts aus berufspädagogischer Sicht.* Marburg.

GROSSE KRACHT, Klaus (2002): *Zwischen Berlin und Paris: Bernhard Groethuysen (1880–1946).* Studien und Texte zur Sozialgeschichte der Literatur Band 91. Tübingen.

GROTE, Sven / KAUFFELD, Simone / DENISON, Katrin / FRIELING, Ekkehart (2006): *Kompetenzen und deren Management: Ein Überblick.* In: Grote, Sven / Kauffeld, Simone / Frieling, Ekkehart (Hrsg.): Kompetenzmanagement. Grundlagen und Praxisbeispiele. 1. Auflage. Stuttgart. Seite 15–32.

GRUBER, Hans / HARTEIS, Christian / HEID, Helmut / MEIER, Bettina (Hrsg.) (2004): *Kapital und Kompetenz. Veränderungen der Arbeitswelt und ihre Auswirkungen aus erziehungswissenschaftlicher Sicht.* 1. Auflage. Wiesbaden.

GRUNERT, Cathleen (2012): *Studien zur Schul- und Bildungsforschung.* Band 44. Wiesbaden.

GÜLDENBERG, Stefan (1997): *Wissensmanagement und Wissenscontrolling in lernenden Organisationen. Ein systemtheoretischer Ansatz.* Wiesbaden.

HABERMAS, Jürgen / LUHMANN, Niklas (1971): *Theorie der Gesellschaft oder Sozialtechnologie – Was leistet die Systemforschung?* Frankfurt am Main.

HABERMAS, Jürgen (1983): *Moralbewusstsein und kommunikatives Handeln.* Frankfurt.

HABERMAS, Jürgen (1990): *Vorbereitende Bemerkungen zu einer Theorie der kommunikativen Kompetenz.* In: Habermas, Jürgen / Luhmann, Niklas (Hrsg.): Theorie der Gesellschaft oder Sozialtechnologie. Was leistet Systemforschung? Frankfurt am Main. Seite 101–141.

HACKER, Winfried (1973): *Allgemeine Arbeits- und Ingenieurpsychologie – Psychologische Struktur und Regulation von Arbeitstätigkeiten.* Berlin.

HACKER, Winfried / SKELL, Wolfgang (1993): *Lernen in der Arbeit.* Berlin.

HACKER, Winfried (1998): *Allgemeine Arbeitspsychologie. Psychische Regulation von Arbeitstätigkeiten.* Bern.

HÄDER, Michael (2010): *Empirische Sozialforschung. Eine Einführung.* 2. überarbeitete Auflage. Lehrbuch. Wiesbaden.

HAMANN, Silke / WAPLER, Rüdiger (2014): *Aktuelle Berichte. Zielerreichung der Allianz für Fachkräfte Baden-Württemberg.* In: Institut für Arbeitsmarkt- und Berufsforschung (Hrsg.): Aktuelle Berichte. Nürnberg.

HANNAN, Michael / FREEMAN, John (1977): *The population ecology of organizations.* In: American Journal of Sociology 82. Seite 929–964.

HARNEY, Klaus (1994): *Pädagogisierung der Personalwirtschaft. Entpädagogisierung der Berufsbildung.* In: Der pädagogische Blick. 2. Frankfurt am Main. Seite 16–27.

HARNEY, Klaus (1998): *Handlungslogik betrieblicher Weiterbildung.* Stuttgart.

HARRIS, Michael M. / SCHAUBROECK, John (1988). *A meta-analysis of self-supervisor, self-peer, and peer-supervisor ratings.* Personnel Psychology. Volume 41. Seite 43–62.

HARTEIS, Christian (2000): *Beschäftigte im Spannungsfeld ökonomischer und pädagogischer Prinzipien betrieblicher Personal- und Organisationsentwicklung.* In: Harteis, Christian / Heid, Helmut / Kraft, Susanne (Hrsg.): Kompendium Weiterbildung. Perspektiven und Aspekte betrieblicher Personal- und Organisationsentwicklung. Opladen.

HARTEIS, Christian (2002): *Kompetenzfördernde Arbeitsbedingungen. Zur Konvergenz ökonomischer und pädagogischer Prinzipien betrieblicher Personal- und Organisationsentwicklung.* Wiesbaden.

HARTEIS, Christian / BAUER, Johannes / COESTER, Helene (2004): *Betriebliche Personal- und Organisationsentwicklung zwischen ökonomischen und pädagogischen Überlegungen.* In: Gruber, Hans / Harteis, Christian / Heid, Helmut / Meier, Bettina (Hrsg.): Kapital und Kompetenz – Veränderungen der Arbeitswelt und ihre Auswirkungen aus erziehungswissenschaftlicher Sicht. Wiesbaden. Seite 24–45.

HASCHER, Tina (2008): *Quantitative und qualitative Forschung – Berührungspunkte.* In: Hofmann, Franz / Schreiner, Claudia / Thonhauser, Josef (Hrsg.): Zu ihrer Komplementarität in der erziehungswissenschaftlichen Forschung. Qualitative und Quantitative Aspekte. Münster. Seite 117–132.

HAUBROCK, Alexander / ÖHLSCHLEGEL-HAUBROCK, Sonja (2009): *Personalmanagement.* 2. vollständig überarbeitete Auflage. Stuttgart.

HAUCK, Gerhard (1995): *Qualitative oder quantitative Sozialforschung – ist das die Frage?* In: Peripherie: Zeitschrift für Politik und Ökonomie in der Dritten Welt. Jahrgang 15. Nr. 57/58. Mainz. Seite 6–22.

HAUSCHILDT, Jürgen (2004): *Innovationsmanagement.* 3. Auflage. München.

HECKMAIR, Bernd / MICHL, Werner (2008): *Erleben und Lernen. Einführung in die Erlebnispädagogik.* 6. Auflage. München.

HEDBERG, Bo: *How Organizations Learn and Unlearn* (1981): In: Nystrom, Paul C./ Starbuck, William H. (Hrsg.): Handbook of Organizational Design. Vol. 1. Oxford. Seite 3–27.

HEES, Frank / BACKHAUS, Wolfgang / FRANK, Stefan / DILG-GRUSCHINSKI, Karin (2004): *Wissensmanagement und Kompetenzentwicklung. Vernetzung von Wissenstransfer und Personalentwicklung.* In: Gronau, Norbert / Petkoff, Boris / Schildhauer, Thomas (Hrsg.): Wissensmanagement. Wandel, Wertschöpfung, Wachstum. Berlin. Seite 19–28.

HEID, Helmut (1999): *Über die Vereinbarkeit individueller Bildungsbedürfnisse und betrieblicher Qualifikationsanforderungen.* In: Zeitschrift für Pädagogik 45 (1999) 2. Seite 231–244.

HEID, Helmut / HARTEIS, Christian (2004): *Zur Vereinbarkeit ökonomischer und pädagogischer Prinzipien in der modernen betrieblichen Personal- und Organisationsentwicklung.* In: Dehnbostel, Peter / Pätzold, Günter (Hrsg.): Innovationen und Tendenzen der betrieblichen Berufsbildung. Zeitschrift für Berufs- und Wirtschaftspädagogik. Beiheft 18. Seite 222–231.

HEIDEMEIER, Heike / MOSER, Klaus (2002): *Meta-analysis of self-supervisory performance rating.* Poster beim 43. Kongress der DGPs. Berlin.

HEIDEMEIER, Heike (2005): *Self and supervisor ratings of job-performance: Meta-analyses and a process Modell of rater convergence.* Dissertation. Nürnberg.

HEIL, Friederike (2007): *Der Kompetenzbegriff in der Pädagogik. Ein Ansatz zur Klärung eines strapazierten Begriffes.* In: Heffels, Wolfgang M. / Streffer, Dorothea / Häusler, Bernd (Hrsg.): Macht Bildung kompetent? Handeln aus Kompetenz – pädagogische Perspektiven. Opladen. Seite 43–79.

HEILMAN, Madeline / RIVERO, J. Carlos / BRETT, Joan F. (1991): *Skirting the competence issue: Effects of sex-based preferential selection on task choices of women and men.* Journal of Applied Psychology. 76. Seite 99–105.

HEISE, Gilbert (1997): *Internationale Marktsegmentierung im Automobilmarketing.* Wiesbaden.

HELLBRÜCK, Reiner (2011): *Angewandte Statistik mit R: Eine Einführung für Ökonomen und Sozialwissenschaftler.* 2., überarbeitete Auflage. Wiesbaden.

HEYSE, Volker / ERPENBECK, John / MICHEL, Lutz (2002): *Kompetenzprofiling. Weiterbildungsbedarf und Lernformen in Zukunftsbranchen.* Münster u. a.

HEYSE, Volker / ERPENBECK, John (2004): *Kompetenztraining: 64 Informations- und Trainingsprogramme.* Stuttgart.

HEYSE, Volker / ERPENBECK, John (Hrsg.) (2007): *Kompetenzmanagement Methoden, Vorgehen, KODE® und KODE®X im Praxistest.* Münster.

HEYSE, Volker /ERPENBECK, John (2010): *Qualitätsanforderungen an KODE®.* In: Heyse, Volker/ Erpenbeck, John / Ortmann, Stefan (Hrsg.): Grundstrukturen menschliche Kompetenzen. Praxiserprobte Konzepte und Instrumente. Münster. Seite 21–54.

HEMMER, Ingrid / HEMMER, Michael / NEIDHARDT, Eva / OBERMAIER, Gabriele/ UPHUES, Rainer / WRENGER, Katja (2012): *Einflussfaktoren auf kartengestützte Orientierungskompetenz von Kindern in einer ihnen unbekannten Stadt – Format einer geographiedidaktischen Studie im Realraum.* In: Bayrhuber, Horst / Harms, Ute / Muszynski, Bernhard / Ralle, Bern / Rothgangel, Martin / Schön, Lutz-Helmut / Vollmer, Helmut J. / Weigand, Hans-Georg (Hrsg.): Formate Fachdidaktischer Forschung. Empirische Projekte. Historische Analysen. Theoretische Grundlegungen. Fachdidaktische Forschungen Band 2. Münster. Seite 110–129.

HENDRICH, Wolfgang (1996): *Von den Höhen der Selbstorganisation und den Niederungen des Betrieblichen Alltags. Ein Exempel für die Ökonomie des Sehens.* In: Zeitschrift für Berufs- und Wirtschaftspädagogik. Band 92, 5. Seite 451–466.

HENSCHEL, Angela (2005): *Das Kompetenz-Reflexions-Inventar. Entwicklung und erste psychometrische Überprüfung.* Diplomarbeit. Göttingen.

HENTSCHEL, Regina / SCHULZE, Marion (2005): *„Bilan de compétences“ in Deutschland – Erfahrungen aus Sachsen.* In: Arbeitsgemeinschaft Betriebliche Weiterbildungsforschung e. V. / Projekt Qualifikations-Entwicklungs-Management: Kompetenzdokumentationen für informell erworbene berufsrelevante Kompetenzen. Berlin. Seite 18–47.

HENSGE, Kathrin / GÖRMAR, Gunda / LORIG, Barbara / MOLITOR, Helga / SCHREIBER, Daniel (2008): *Kompetenzstandards in der Berufsausbildung.* Zwischenbericht des Bundesinstituts für Berufsbildung. Bonn. Verfügbar unter: http://www2.bibb.de/bibbtools/tools/dapro/data/documents/pdf./eb_43201.pdf. Abgerufen am: 13. September 2012.

HENSGEN, Anne / KORSWIRD, Ralf / KRECHTING, Bernd / SCHMIDT, Jens U. / SCHIERHOLT, Ulrike / FORTMANN, Heinz / RISSE, Wolfgang (2000): *Kaufleute handlungsorientiert ausbilden und prüfen.* Bielefeld.

HERRMANN, Andreas / HUBER, Frank / KRESSMANN, Frank (2006): *Varianz- und kovarianzbasierte Strukturgleichungsmodelle. Ein Leitfaden zu deren Spezifikation, Schätzung und Beurteilung.* In: Zeitschrift für betriebswirtschaftliche Forschung. Seite 34–66.

HERRMANN, Andreas / HOMBURG, Christian / KLARMANN, Martin (2008): *Handbuch Marktforschung.* Wiesbaden.

HERZER, Hans (Hrsg.) / DYBROWSKI, Giesela / BAUER, Hans G. (1990): *Methoden betrieblicher Weiterbildung. Ansätze zur Integration fachlicher und fachübergreifender beruflicher Bildung.* Eschborn.

HESSE, Josef (2004): *Erfolgsforschung im Vertrieb: Empirische Analysen von Herstellerunternehmen schnelldrehender Konsumgüter.* Wiesbaden.

HEUEL, Guido (2004): *Coaching als Teil einer effektiven Führungskräfte – Entwicklung.* In: Seebacher, Uwe G. / Klaus, Gabi (Hrsg.): Handbuch. Führungskräfte – Entwicklung: Theorie, Praxis und Fallstudien. 1. Auflage. Oberhaching. Seite 285–297.

HEUER, Ulrike / GIESEKE, Wiltrud (Hrsg.) (2006): *Pädagogisches Wissen für die Weiterbildung. Fortbildungsbedarf und Personalentwicklung.* Seite 7–33.

HEYSE, Volker / ERPENBECK, John (2007): *Kompetenzmanagement – Methoden, Vorgehen, KODE® und KODE®X im Praxistest.* Münster.

HEYSE, Volker / ERPENBECK, John (2010): *Qualitätsanforderungen an KODE.* In: Heyse, Volker / Erpenbeck, John / Ortmann, Stefan (Hrsg.): *Grundstrukturen menschlicher Kompetenzen: Praxiserprobte Konzepte und Instrumente.* Münster u. a. Seite 21–54.

HIDDEMANN, Tim (2007): *Operatives Management und der Erfolg Junger, Innovativer Unternehmen: Die Moderierende Wirkung der Externen und Internen Unsicherheit.* In: Brettel, Malte / Koch, T. Lambert / Kollmann, Tobias / Witt, Peter (Hrsg.): Entrepreneurship. Aachen.

HÖFER, Claudia E. (1997): *Betriebswirtschaftliche Bewertung von Qualifizierungsinvestitionen. Auswirkungen auf die langfristigen Unternehmensziele.* Wiesbaden.

HÖRDT, Olga (2006): *Spitzenpositionen für Spitzenleistungen? Eine empirische Untersuchung geschlechtsspezifischer beruflicher Entwicklungsverläufe in einem Wirtschaftsunternehmen.* 1. Auflage. Wiesbaden.

HOFF, Ernst H. / GROTE, Stefanie / HOHNER, Hans-Uwe / DETTMER, Susanne (2000): *Berufsverlaufsmuster und Geschlecht in Medizin und Psychologie.* In: Zeitschrift für Politische Psychologie. Jahrgang 8. Seite 203–223.

HOLLING, Heinz / LIEPMANN, Detlef (2004): *Personalentwicklung.* In: Schuler, Heinz (Hrsg.): Lehrbuch Organisationspsychologie. 3. Auflage. Bern. Seite 345–383.

HOLLSTEIN, Oliver (2011): *Vom Verstehen zur Verständigung. Die erziehungswissenschaftliche Beobachtung einer pädagogischen Denkform.* Frankfurter Beiträge zur Erziehungswissenschaft. Monographien 13. Frankfurt am Main.

HOLTBRÜGGE, Dirk (2007): *Personalmanagement.* 3. Auflage. Berlin u. a.

HOLZKAMP, Klaus (1993): *Lernen. Eine subjektwissenschaftliche Grundlegung.* Frankfurt.

HONEGGER, Jürg (2001): *Employability statt Jobsicherheit.* In: Personalwirtschaft 6/2001. Seite 50–54.

HOPF, Caroline (2004): *Die experimentelle Pädagogik. Empirische Erziehungswissenschaft in Deutschland am Anfang des 20. Jahrhunderts.* Kempten/Allgäu.

HOTZ-HART, Beat / SCHMUKI, Daniel / DÜMMLER, Patrick (2006): *Volkswirtschaft der Schweiz. Aufbruch ins 21. Jahrhundert.* 4., vollständig überarbeitete und erweiterte Auflage. Zürich.

HUISINGA, Richard / LISOP Ingrid (1999): *Wirtschaftspädagogik. Ein interdisziplinär orientiertes Lehrbuch.* München.

HUMPL, Bernd (2004): *Transfer von Erfahrungen: Ein Beitrag Zur Leistungssteigerung In Projektorientierten Organisationen.* Wiesbaden.

ILMARINEN, Juhani (1999): *Aging workers in the European Union-Status and promotion of work ability, employability and employment.* Helsinki.

JACOB, Rüdiger / HEINZ, Andreas / DECIEUX, Jean P. / EIRMBTER, Willy H. (2013): *Umfrage Einführung in die Methoden der Umfrageforschung.* München.

JICK, Todd D. (1979): *Mixing qualitative and quantitative methods: Triangulation in action.* In: Administrative Science Quarterly (24). Ithaca. Seite 602–611.

JÖRESKOG, Karl G. (1973): *A general method for estimating a linear structural equation system.* In: Goldberg, A. S. / Duncan, O. D.: Structural equation model in the social scientists. New York. Seite 85–112.

JURCZYK, Karin / VOSS, Günter G. (2000): *Entgrenzte Arbeitszeit – Reflexive Alltagszeit. Die Zeiten des Arbeitskraftunternehmers.*

Verfügbar unter: www.arbeitenundleben.de/downloads/kjgv-Zeit.pdf..

Abgerufen am: 11.09.2013.

JUMPERTZ, Sylvia (2007): *Wegweiser für das Wissensmanagement. Neues Modell der GFWM.* In: manager Seminare. Heft 117. November. Seite 7.

JUNG, Eberhard (2010). *Kompetenzerwerb: Grundlagen, Didaktik, Überprüfbarkeit.* München.

KADE, Jochen (1983): *Bildung oder Qualifikation? Zur Gesellschaftlichkeit beruflichen Lernens.* In: Zeitschrift für Pädagogik. 29 (1983) 6. Seite 859–876.

KADE, Jochen (1989): *Erwachsenenbildung und Identität. Eine empirische Studie zur Aneignung von Bildungsangeboten.* Weinheim.

KADE, Jochen (1996): *Entgrenzung und Entstrukturierung. Zum Wandel der Erwachsenenbildung in der Moderne.* Vortrag im Rahmen der Kommissionstagung der Sektion Erwachsenenbildung der Deutschen Gesellschaft für Erwachsenenbildung (DGfE) in Recklinghausen. Unveröffentlichtes Manuskript. Frankfurt.

KAISER, Henry F. (1974): *An index of factorial simplicity.* In: Psychometrika. Volume 39. No. 1. Seite 31–36.

KANNING, Uwe P. / HOLLING, Heinz (2002): *Handbuch personaldiagnostischer Instrumente.* Göttingen.

KÄPPLINGER, Bernd / REUTTER, Gerhard (2005): *Wege in die Kompetenzerfassung. Begründungen und Entwicklungsstränge.* In: Arbeitsgemeinschaft Betriebliche Weiterbildungsforschung e. V. /Projekt Qualifikations-Entwicklungs-Management: Kompetenzdokumentationen für informell erworbene berufsrelevante Kompetenzen. Berlin. Seite 8–17.

KÄPPLINGER, Bernd / REUTTER, Gerhard (2005): *Förderliche und hemmende Faktoren bei der Etablierung von Kompetenzbilanzierungen.* In: Arbeitsgemeinschaft Betriebliche Weiterbildungsforschung e. V. Munz/Projekt Qualifikations-Entwicklungs-Management: Kompetenzdokumentationen für informell erworbene berufsrelevante Kompetenzen. Berlin. Seite 119–152.

KÄPPLINGER, Bernd (2007): *Abschlüsse und Zertifikate in der Weiterbildung.* Bonn.

KÄPPLINGER, Bernd (2009): *Betriebliche Weiterbildungsentscheidungen. Aushandlungsprozesse und Bildungscontrolling.* Abschlussbericht. Bonn. Verfügbar unter: http://www2.bibb.de/tools/fodb/pdf./eb_22203.pdf. Abgerufen am: 13.03.2013.

KÄPPLINGER, Bernd (2010): *Arbeitsbezogene Grundbildung: Motive und Motivationen in Unternehmen.* In: Klein, Rosemarie (Hrsg.): „Die Rendite muss stimmen". Motive und Motivationen in der arbeitsbezogenen Grundbildung. Göttingen. Verfügbar unter: http://www.giwa-grundbildung.de/KaepplingerGO5.pdf. Abgerufen am: 13.03.2013.

KAMARAS, Endre (2003): *Humankapital. Grund des Wachstums?* Marburg.

KAUFFELD, Simone / GROTE, Sven (2000): *Persönlichkeit und Kompetenz.* In Arbeitsgemeinschaft-Qualifikations-Entwicklungs-Management (Hrsg.): Flexibilität und Kompetenz: Schaffen flexible Unternehmen kompetente und flexible Mitarbeiter? Münster. Seite 187–196.

KAUFFELD, Simone (2000): *Das Kasseler-Kompetenz-Raster. KKR zur Messung der beruflichen Handlungskompetenz.* In Arbeitsgemeinschaft Qualifikations-

Entwicklungs-Management (Hrsg.): Flexibilität und Kompetenz. Schaffen flexible Unternehmen kompetente und flexible Mitarbeiter? Münster. Seite 33–48.

KAUFFELD, Simone / FRIELING, Ekkehard (2001): *Die berufliche Handlungskompetenz bei der Bewältigung von Optimierungsaufgaben in betrieblichen Gruppen.* In: Fisch, Rudolf / Beck, Dieter / Englich, Birte (Hrsg.): Projektgruppen in Organisationen. Praktische Erfahrungen und Erträge der Forschung. Göttingen. Seite 75–89.

KAUFFELD, Simone / FRIELING, Ekkehard / GROTE, Sven (2002): *Soziale, personale, methodische oder fachliche: Welche Kompetenzen zählen bei der Bewältigung von Optimierungsaufgaben in betrieblichen Gruppen?* Sonderdruck aus: Zeitschrift für Psychologie, 210. Seite 1–12.

KAUFFELD, Simone (2003): *Das Kompetenz-Reflexions-Inventar (KRI).* Unveröffentlichter Fragebogen. Institut für Arbeitswissenschaft. Universität Kassel.

KAUFFELD, Simone (2006): *Kompetenzen messen, bewerten, entwickeln. Ein prozessanalytischer Ansatz.* Göttingen.

KAUFFELD, Simone (2010): *Kompetenz-Reflexion-Inventar.* In: Sarges, Werner / Wottawa, Heinrich / Roos, Christian (Hrsg.): Handbuch wirtschaftspsychologischer Testverfahren. Band II. Organisationspsychologische Instrumente. Lengerich. Seite 201–207.

KAUFHOLD, Marisa (2006): *Kompetenz und Kompetenzerfassung. Analyse und Beurteilung von Verfahren der Kompetenzerfassung.* Wiesbaden.

KELLE, Udo (2008): *Die Integration qualitativer und quantitativer Methoden in der empirischen Sozialforschung. Theoretische Grundlagen und methodologische Konzepte.* 2. Auflage. Wiesbaden.

KELLE, Udo / ERZBERGER, Christian (2000): *Qualitative und quantitative Methoden: kein Gegensatz.* In: Flick, Uwe / v. Kardorff, Ernst / Steinke, Ines (Hrsg.): Qualitative Forschung. Ein Handbuch. Reinbek. Seite 299–309.

KEESLING, J. Ward (1972): *Maximum likelihood approaches to causal analysis.* Dissertation, University of Chicago, Chicago.

KETTNER, Anja (2012): *Fachkräftemangel. Fakt oder Fiktion? Empirische Analysen zum betrieblichen Fachkräftebedarf in Deutschland.* Dissertation. Bielefeld.

KIECHL, Rolf (1997): *Interkulturelle Kompetenz.* In: Kopper, Enid/ Kiechl, Rolf (Hrsg.): Globalisierung: Von der Vision zur Praxis. Methoden und Ansätze zur Entwicklung interkultureller Kompetenz. Zürich. Seite 11–30.

KILIAN, Jörg / LÜTTENBERG, Dina (2009): *Kompetenz – Zur sprachlichen Konstruktion von Wissen und Können im Bildungsdiskurs nach PISA.* In: Felder, Ekkehard/Müller, Marcus (Hrsg.): Wissen durch Sprache. Theorie, Praxis und

Erkenntnisinteresse des Forschungsnetzwerkes „Sprache und Wissen". Berlin. New York. Seite 245–278.

KING, Stefanie (2014): *Big Data: Potential und Barrieren der Nutzung im Unternehmenskontext.* Wiesbaden.

KIRCHHÖFER, Dieter (2004): *Lernkultur Kompetenzentwicklung. Begriffliche Grundlagen.* Berlin.

KITTEL, Harald / FRANK, Armin Paul / GREINER, Norbert / HERMANS, Theo / KOLLER, Werner / LAMBERT, José / PAUL, Fritz (2004): *Übersetzung. Translation. Traduction.* Ein internationales Handbuch zur Übersetzungsforschung. Band I. Berlin u. a.

KLAFKI, Wolfgang (1963): *Studien zur Bildungstheorie und Didaktik.* Weinheim u. a.

KLAFKI, Wolfgang (1994): *Neue Studien zur Bildungstheorie und Didaktik. Zeitgemäße Allgemeinbildung und Kritisch-Konstruktive Didaktik.* 4. Auflage. Weinheim.

KLAUDER, Wolfgang (1993): *Längerfristige Arbeitsmarktperspektiven.* In: Personal (2). Seite 74–77.

KLAUDER, Wolfgang (1996): *Arbeitsmarktentwicklung und Frauenerwerbstätigkeit.* In: Hauswirtschaft und Wissenschaft. Jg. 44. Heft 1. Seite 3–9.

KLEINEWEFERS, Henner (2008): *Einführung in die Wohlfahrtsökonomie.* Theorie-Anwendung-Kritik. Stuttgart.

KLEMME, Beate (2012): *Lehren und Lernen in der Physiotherapie.* Stuttgart.

KLICPERA, Christian / SCHABMANN, Alfred / GASTEIGER-KLICPERA, Barbara (2007): *Legasthenie.* 2. Auflage. München.

KLIEME, Eckhard / HARTIG, Johannes (2007): *Kompetenzkonzepte in den Sozialwissenschaften und im erziehungswissenschaftlichen Diskurs.* In: Prenzel, Manfred / Gogolin, Ingrid / Kruger, Heinz-Hermann (Hrsg.): Kompetenzdiagnostik. Zeitschrift für Erziehungswissenschaft. Sonderheft 8. Wiesbaden. Seite 11–32.

KLIEME, Eckhard / MAAG-MERKI, Katharina / HARTIG, Johannes (2007): *Kompetenzbegriff und Bedeutung von Kompetenzen im Bildungswesen.* In: Hartig, Johannes / Klieme, Eckhard (Hrsg.): Möglichkeiten und Voraussetzungen technologiebasierter Kompetenzdiagnostik. Eine Expertise im Auftrag des Bundesministeriums für Bildung und Forschung. Bonn: Bundesministerium für Bildung und Forschung. Seite 5–15.

KLIEME, Eckhard / LEUTNER, Detlev (2006). *Kompetenzmodelle zur Erfassung individueller Lernergebnisse und zur Bilanzierung von Bildungsprozessen.* Beschreibung eines neu eingerichteten Schwerpunktprogramms der DFG. Zeitschrift für Pädagogik 52 (6). Seite 876–903.

KLIPPERT, Heinz (1995): *Gewusst wie. Methodenlernen als Aufgabe der Schule.* In: Pädagogik. Heft 1. Seite 6–10. Weinheim.

KLIPPERT, Heinz (2004): *Methoden-Training. Übungsbausteine für den Unterricht.* 14. überarbeitete Auflage. Weinheim und Basel.

KLUG, Andreas (2011): *Analyse des Personalentwicklungsbedarfs.* In: Ryschka, Jurij / Solga, Marc / Mattenklott, Axel: Praxishandbuch Personalentwicklung. Instrumente. Konzepte. Beispiele. 3. Auflage. Wiesbaden. Seite 35–76.

KNAPP, Gerhard A. (1990): *Zur widersprüchlichen Vergesellschaftung von Frauen.* In: Hoff, Ernst-H. (Hrsg.): Die doppelte Sozialisation Erwachsener. Zum Verhältnis von beruflichem und privatem Lebensstrang. München. Seite 17–52.

KNÖCHEL, Wolfram (1996): *Qualifikation, Kompetenz und Weiterbildung.* Schriften zur beruflichen Aus- und Weiterbildung. Band 21. Schwerin.

KNOLL, Joachim H. (1996): *Internationale Weiterbildung und Erwachsenenbildung: Konzepte, Institutionen und Methoden.* Darmstadt.

KOFMAN, Fred / SENGE, Peter M. (1993): *Communities of Commitment: The Heart of Learning Organizations.* In: Organizational Dynamics. 22. Jg. Nr. 2.

KOHLBERG, Lawrence / TURIEL, Elliot (1978): *Moralische Entwicklung und Moralerziehung.* In: Portele, G. (Hrsg.): Sozialisation und Moral. Neuere Ansätze zur moralischen Entwicklung und Erziehung. Weinheim. Seite 13–80.

KOLB, David A. (1984): *Experiential Learning. Experience as the source of learning and development.* Englewood Cliffs.

KOLLER, Hans Christoph (2009): *Bildung als Habituswandel? Zur Bedeutung der Sozialisationstheorie Bourdieus für ein Konzept transformatorischer Bildungsprozesse.* In: Budde, Jürgen / Willems, Katharina (Hrsg.): Bildung als sozialer Prozess. Heterogenitäten, Interaktionen, Ungleichheiten. Weinheim u. a., Seite 19–34.

KOMPACHER, Josef (1994): *Gedanken zur Personal- und Organisationsentwicklung.* In: Lenz, Werner (Hrsg.): Bildungsarbeit mit Erwachsenen. München. Seite 235–246.

KRÄMER, Heike (2009): *Implementierung technischer Innovationen. Gestaltung kompetenzfördernder Arbeitssysteme in kleinen und mittleren Unternehmen der Druck- und Medienwirtschaft am Beispiel der Einführung von PDF./X-3.* Bonn.

KRAIGER, K. / FORD, J.K. / SALES, E. (1993): *Application of Cognitive, Skill-Based and Affective Theories of Learning Outcomes to New Methods of Training Evaluation.* Journal of Applied Psychology. 78 (2). Seite 311–328.

KRAPF, Bruno (1993): *Aufbruch zu einer neuen Lernkultur.* Bern u. a.

KRAUS, Katrin (2007): *Vom Beruf zur Employability? Zur Theorie einer Pädagogik des Erwerbs. Unveränderter Nachdruck der ersten Auflage.* Wiesbaden.

KREIMER, Margareta (2009): *Ökonomie der Geschlechterdifferenz: Zur Persistenz Von Gender Gaps.* 1. Auflage. Wiesbaden.

KROHNE, Heinz Walter / HOCK, Michael (2007): *Psychologische Diagnostik. Grundlagen und Anwendungsfelder.* 1. Auflage. Stuttgart.

KROMREI, Silke (2006): *Zur Bedeutung und Praxis von Kompetenzmodellen.* 1. Auflage. München u. a.

KRON, Friedrich W. (1999): *Wissenschaftstheorie für Pädagogen.* München u. a.

KRONE, Sirikit (2010): *Aktuelle Problemfelder der Berufsbildung in Deutschland.* In: Bosch, Gerhard/Krone, Sirikit/Langer, Dirk (Hrsg.): Das Berufsbildungssystem in Deutschland. Aktuelle Entwicklungen und Standpunkte. 1. Auflage. Wiesbaden. Seite 19–36.

KROPE, Peter (2002): *Die Kieler Zufriedenheitsstudie. Evaluation und Intervention auf konstruktiver Grundlage.* Münster u. a.

KRUSE, Andreas / LEHR, Ursula / SCHMITT, Eric (2004): *Ressourcen des Alters erkennen und nutzen.* Zur Produktivität älterer Menschen. In: Jüttemann, Gerd (Hrsg.): Psychologie als Humanwissenschaft: ein Handbuch. Göttingen. Seite 345–360.

KUHLMANN, Annette / SAUTER, Werner (2008): *Innovative Lernsysteme. Kompetenzentwicklung mitBlended Learning und Social Software.* Berlin u. a.

KULTUSMINISTERKONFERENZ (2001): *Vierte Empfehlung der Kultusministerkonferenz zur Weiterbildung.* Beschluss der Kultusministerkonferenz vom 01.02.2001. Sekretariat der Ständigen Konferenz der Kultusminister der Länder in der Bundesrepublik Deutschland (Hrsg.). Bonn. Verfügbar unter:http://www.kmk.org/fileadmin/Dateien/veroeffentlichungen_beschluesse/2001/2001_02_01-4-Empfehlung-Weiterbildung.pdf

Abgerufen am: 25. März 2016

KULTUSMINISTERKONFERENZ (2007): *Handreichung für die Erarbeitung von Rahmenlehrplänen der Kultusministerkonferenz für den berufsbezogenen Unterricht in der Berufsschule und ihre Abstimmung mit Ausbildungsordnungen des Bundes für anerkannte Ausbildungsberufe.* Sekretariat der Ständigen Konferenz der Kultusminister der Länder in der Bundesrepublik Deutschland (Hrsg.) Bonn.

KULTUSMINISTERKONFERENZ (2007): *Handreichung für die Erarbeitung von Rahmenlehrplänen der Kultusministerkonferenz für den berufsbezogenen Unterricht in der Berufsschule und ihre Abstimmung mit Ausbildungsordnungen des Bundes für anerkannte Ausbildungsberufe.* Verfügbar unter: http://www.kmk.

org/fileadmin/Dateien/veroeffentlichungen_beschluesse/2007/2007_09_01-Handreich-Rlpl-Berufsschule.pdf.

Abgerufen am: 07. Februar 2016.

KUPKA, Peter (2005): *Berufskonzept und Berufsforschung. Soziologische Perspektiven.* In: Jacob, Marita/Kupka, Peter (Hrsg.): Perspektiven des Berufskonzepts. Die Bedeutung des Berufs für Ausbildung und Arbeitsmarkt. Beiträge zur Arbeitsmarkt- und Berufsforschung, 297. Nürnberg. Seite 17–38.

KUTSCHA, Günter (2003): *Zum Verhältnis von allgemeiner und beruflicher Bildung im Kontext bildungstheoretischer Reformkonzepte. Rückblick und Perspektiven.* In: Zeitschrift für Berufs- und Wirtschaftspädagogik (ZBW). Heft 3. Seite 328–349.

LAMNEK, Siegfried (1995): *Qualitative Sozialforschung.* Band 1. Methodologie. Weinheim.

LAMNEK, Siegfried (2003): *Qualitative Inhaltsanalyse – Grundlagen und Techniken.* Weinheim.

LANE, Robert E. (1966): *The Decline of Politics and Ideology in a Knowledgeable Society.* In: American Sociological Review 31. Seite 649–662.

LANG, Peter (1993): *Wollersheim, Heinz-Werner.* Pieterlen. In: WOLLERSHEIM, Heinz-Werner (1993): *Kompetenzerziehung.* Befähigung zur Bewältigung. Frankfurt am Main u. a.

LANG, Rudolf (2000): *Schlüsselqualifikationen: Handlungs- und Methodenkompetenz, Personale und Soziale Kompetenz,* 1. Auflage, München.

LANGE, Axel (2012): *Darwins Erbe im Umbau. Die Säulen der Erweiterten Synthese in der Evolutionstheorie.* Würzburg.

LEHBERGER, Carolin (2009): *Die realistische Wendung im Werk von Heinrich Roth. Studien zu einem erziehungswissenschaftlichen Forschungsprogramm.* Münster.

LEHNER, Franz (2009): *Wissensmanagement: Grundlagen, Methoden und technische Unterstützung.* München u. a.

LEMPERT, Wolfgang (1988): *Moralisches Denken. Seine Entwicklung jenseits der Kindheit und seine Beeinflußbarkeit in der Sekundarstufe II.* Essen.

LEMPERT, Wolfgang (1996): *Moralisches Lernen im Beruf – Zur Relevanz der lebensweltlichen Komponente des dualen ‚Systems'.* In: Zeitschrift für Berufs- und Wirtschaftspädagogik, Jg. 92/Heft 4. Seite 339–349.

LENK, Hans (2000): *Erfassung der Wirklichkeit: eine interpretationsrealistische Erkenntnistheorie.* Würzburg.

LEONARD-BARTON, Dorothy (1992): *Core capabilities and core rigidities: A paradox in managing new product development.* In: Strategic Management Journal. Summer Special Issue,13. Seite 1–125.

LEWIN, Kurt (1982): *Verhalten und Entwicklung als Funktion der Gesamtsituation.* In: Graumann, Carl-Friedrich (Hrsg.): Kurt Lewin Werkausgabe. Band 6. Psychologie der Entwicklung Erziehung. Stuttgart. Seite 375–448.

LIENERT, Gustav / RAATZ, Ulrich (1998): *Testaufbau und Testanalyse.* Weinheim.

LINDENBERGER, Ullman (2002): *Erwachsenenalter und Alter.* In: Oerter, Rolf / Montada, Leo (Hrsg.): Entwicklungspsychologie. 5. Auflage. Weinheim. Seite 350392.

LIVINGSTONE, David W. (1999): *Informelles Lernen in der Wissensgesellschaft.* In: Arbeitsgemeinschaft Qualifikations-Entwicklungs-Management(Hrsg.): Kompetenz für Europa. Wandel durch Lernen - Lernen im Wandel. Referate auf dem internationalen Fachkongress. QUEM-report 60. Berlin. Seite 65–91.

LOHMAR, Dieter (2003): *Einleitung.* In: Husserl, Edmund (1968): Gesammelte Werke. Phänomenologische Psychologie. Vorlesungen. Sommersemester 1925. Volume 9. Hamburg. Seite XIII–XLI.

LOHMÖLLER, Jan-Bernd (1989): Latent Variable Path Modelling with Partial Least Squares. Heidelberg.

LOUIS, Herbert / FISCHER, Klaus (1979): *Allgemeine Geomorphologie. Lehrbuch der Allgemeinen Geomorphologie.* 4. erneuerte und erweiterte Auflage. Band I. Berlin. New York.

LUDWIG, Joachim (2000): *Lernende verstehen.* Bielefeld.

LUHMANN, Niklas / MATURANA, Humberto / NAMIKI, Mikio / REDDER,

Volker / VARELA, Francisco J. (1990): *Beobachter. Konvergenz der Erkenntnistheorien?* München.

LUNDBERG, Craig, C (1995): *Learning in and by Organizations.* In: International Journal of Organizational Anlysis. 3. Jg. Nr. 1, Special Issue („Organizational Learning“). Seite 10.

MABE, Paul A. / WEST, Stephen W. (1982): *Validity of self-evaluation of ability: Review and metaanalysis.* Journal of Applied Psychology. Volume 67. Seite 280–296.

MAKHIJA, Mona (2003): *Comparing the resource-based and market-based views of the firm: Empirical evidence from Czech privatization.* In: Strategic Management Journal. Vol. 24. Seite 433–451.

MANDL, Heinz / KOPP, Birgitta / DVORAK, Susanne (2004): *Aktuelle theoretische Ansätze und empirische Befunde im Bereich der Lehr-Lern-Forschung.*

München. Verfügbar unter: http://www.die-bonn.de/esprid/dokumente/doc-2004/mandl04_01.pdf. Abgerufen am: 20. 12. 2012.

MANKE, Thomas (2008): *Personalauswahlverfahren unter der Lupe. Vom Assessment Center bis zum Zeugnis.* Norderstedt.

MANSFIELD, Richard. S. (1996): *Building Compentency models: Approaches for HR Professionals.* Human Resource Management, 35. Seite 7–18.

MARSH, Herbert / HAU, Kit-Tai / BALLA, John R. / GRAYSON, David (1998): *Is More Ever Too Much: The Number of Indicators per Factor in Confirmatory Factor Analysis.* Multivariate Behavioral Research. Volume 33. Seite 181–220.

MATHISON, Sandra (1988): *Why triangulate?* In: Educational Researchers. Vol. 17. No. 2. Seite 13–17.

MAUCH, Siegfried (2004): *Konzeption Kompetenz- und Wissensmanagement. Entwicklung, Steuerung und Nutzung von Kernkompetenzen in der Landesverwaltung.* Ein Diskussionsbeitrag. Version 1.0. Karlsruhe. Verfügbar unter: https://www.bw21.de/Themen/Kompetenzmanagement/Documents/kompetenzmanagement_konzeption__1.0.pdf. Abgerufen am: 06. März 2013.

MAY, Hermann (2007): *Didaktik der ökonomischen Bildung.* 6. Auflage. München.

MAYR, Bernhard (2009): *Wissensmanagement, Kompetenzmanagement und Modelltheorie. Ein Integrationsansatz zum erfolgreichen Transfer von Expertise in betrieblichen Abläufen.* Hamburg.

MAYRING, Philipp (1999): *Zum Verhältnis qualitativer und quantitativer Analyse.* In: Bolscho, Dietmar / Michelsen, Gerd (Hrsg.): Methoden der Umweltbildungsforschung. Opladen.

MAYRING, Philipp / KÖNIG, Joachim / BIRK, Nils / HURST, Alfred (2000): *Opfer der Einheit. Eine Studie zur Lehrerarbeitslosigkeit in den neuen Bundesländern.* Opladen.

MAYRING, Philipp (2001): *Kombination und Integration qualitativer und quantitativer Analyse.* Forum Qualitative Sozialforschung 2(1). Verfügbar unter: http://www.qualitative-research.net/index.php/fqs/article/view/967/211. Abgerufen am: 29. Januar 2015.

McCLELLAND, David C. (1973): *Testing for Competence rather than for Intelligence.* In: American Psychologist, Jg. 28. Seite 1–14.

MEIER, Rolf (2006): *Praxis E-Learning. Grundlagen. Didaktik. Rahmenanalyse. Medienauswahl. Qualifizierungskonzept. Betreuungskonzept. Einführungsstrategie. Erfolgssicherung.* Offenbach.

MEINSEN, Stefan (2003): *Konstruktivistisches Wissensmanagement. Wie Wissensarbeiter ihre Arbeit Organisieren.* Wiesbaden.

MEIßNER, Astrid (2012): *Lerntransfer in der betrieblichen Weiterbildung. Theoretische und empirische Exploration der Lerntransferdeterminanten im Rahmen des Training off-the-job.* In: Becker, Fred G. / Oechsler, Walter A.: Reihe Personal, Organisation und Arbeitsbeziehungen. Band 53. Köln.

MENCHE, Nicole (2011): *Repetitorium. Pflege heute.* 3. Auflage. München.

MENTZEL, Wolfgang (2005): *Personalentwicklung. Erfolgreich motivieren, führen und weiterbilden.* München.

MERTENS, Dieter (1974): *Schlüsselqualifikationen – Thesen zur Schulung für eine moderne Gesellschaft.* In: Mitteilungen des Institutes für Arbeitsmarkt- und Berufsforschung der Bundesanstalt für Arbeit. Heft 1. Nürnberg. Seite 36–43.

MESSICK, Samuel (1995): *Standards of validity and the validity of standards in performance assessment.* In: Educational Measurement: Issues and Practice, 14. Seite 5–8.

MEUELER, Erhard (1987): *Wie aus Schwäche Stärke wird – Vom Umgang mit Lebenskrisen.* Reinbek.

MEYER, Rita / NEUMANN, Guido (2005): *Zwischen wissenschaftlicher Marginalisierung und praktischer Relevanz – Betriebliche Weiterbildung im Diskurs der Berufs- und Wirtschaftspädagogik.* In: Elsholz, Uwe / Gillen, Julia / Meyer, Rita / Molzberger, Gabriele / Zimmer, Gerhard (Hrsg.): Berufsbildung heißt: Arbeiten und Lernen verbinden. Münster u. a., Seite 213–226.

MICHELSEN, Uwe Andreas (1997): *Lernen im Bereich der nichtfachlichen Kompetenzen.* In: Michelsen, Uwe Andreas (Hrsg.): Handlungsorientiertes Lernen. Anregungen für die Planung und Durchführung von Unterricht. Seite 75–83.

MILES, Matthew B. / HUBERMAN, Michael A. (1994): *Qualitative Data Analysis.* An expanded sourcebook. 2. Auflage. Thousand Oaks.

MITTELSTRAß, Jürgen (Hrsg.) (1995): *Enzyklopädie Philosophie und Wissenschaftstheorie.* Band 1. Stuttgart.

MOOSBRUGGE, Jeanette (2012): *Subjektivierung von Arbeit: Freiwillige Selbstausbeutung. Ein Erklärungsmodell für die Verausgabungsbereitschaft von Hochqualifizierten.* 2. erweiterte Auflage. Wiesbaden.

MORITZ, André / RIMBACH, Felix (2006): *Soft Skills für Young Professionals: Alles, was Sie für Ihre Karriere brauchen.* Offenbach.

MOSER, Klaus (2004): *Selbstbeurteilung.* In: Schuler, Heinz (Hrsg.): Beurteilung und Förderung beruflicher Leistung. 2. vollständig überarbeitete und erweiterte Auflage. Göttingen u. a., Seite 83–100.

MOSER, Klaus / HEIDEMEIER, Heike (2011): *Selbstbeurteilung.* In: Gelléri, Petra/Winter, Caroline (Hrsg.): Potenziale der Personalpsychologie. Göttingen u. a., Seite 315–332.

MÜHLBACHER, Jürgen (2003): *Rollenmodelle der Führung. Führungskräfte aus der Sicht der Mitarbeiter.* Wiesbaden.

MÜLLER, Claudia (2008): *Graphentheoretische Analyse der Evolution von Wiki-basierten Netzwerken für selbstorganisiertes Wissensmanagement.* Berlin.

MÜLLER, Thomas (2010): *Personalgewinnung.* In: Bechtel, Peter/Friedrich, Detlef/Kerres, Andrea: Mitarbeitermotivation ist lernbar. Mitarbeiter in Gesundheitseinrichtungen motivieren, führen und coachen. Berlin u. a., Seite 87–106.

MÜLLER, Markus (2014): *Arbeitgeber Bundeswehr und die Personalgewinnung öffentlicher Arbeitgeber.* „Die Attraktivität der Bundeswehr als Arbeitgeber im Lichte der öffentlichen Gut Problematik" und die Personalbeschaffung im militärischen Kontext. 2. Auflage. Berlin.

MUELLERBUCHHOF, Ralf / ZEHRT, Peter (2004): *Vergleich subjektiver und objektiver Messverfahren für die Bestimmung von Methodenkompetenz – am Beispiel der Kompetenzmessung bei technischem Fachpersonal.* Zeitschrift für Arbeits- und Organisationspsychologie. Heft 48. Seite 132–138.

MÜLLER-STEWENS, Günter / PAUTZKE, Gunnar (1991): *Führungskräfteentwicklung und organisatorisches Lernen.* In: Sattelberger, Thomas (Hrsg.): Die lernende Organisation. Wiesbaden. Seite 183–203.

MÜLLER-VORBRÜGGEN, Michael (2010): *Struktur und Strategie der Personalentwicklung.* In: Bröckermann, Reiner/Müller-Vorbrüggen, Michael (Hrsg.): Handbuch Personalentwicklung. Die Praxis der Personalbildung, Personalförderung und Arbeitsstrukturierung. 2. Auflage. Stuttgart. Seite 3–20.

MÜNK, Dieter / REGELIN, Thomas (2009): *Theorie und Praxis der Kompetenzfeststellung im Betrieb – Status Quo und Entwicklungsbedarf.* In: Münk, Dieter / Severing, Eckart (Hrsg.): Theorie und Praxis der Kompetenzfeststellung im Betrieb – Status quo und Entwicklungsbedarf Schriften zur Berufsbildungsforschung der Arbeitsgemeinschaft Berufsbildungsforschungsnetz (AG BFN). Bonn. Seite 5–15.

MUMMENDEY, Hans Dieter / GRAU, Ina (2008): *Die Fragebogen-Methode.* 5., erweiterte und überarbeitete Auflage. Göttingen u. a.

MUNZ, Sonja / VOGLER-LUDWIG, Kurt (2000): *Berufliche Bildung für die post-industrielle Wirtschaft. Thesen und Prognosen zum Ausbildungsbedarf in Sachsen.* In: Blum, Ulrich et al. (2000): Entwicklungsrichtungen und Kapazitäten der beruflichen Erstausbildung im Freistaat Sachsen. Ifo Dresden Studie. Band 25. Heft 2/2000. München. Seite 25–41.

MURPHY, Jeanette N. / CLEVELAND, Kevin R. (1995): *Understanding Performance Appraisal: Social, Organizational, and Goal-Based Perspectives.* Thousand Oaks.

NAUGLE, David K. (2002): *Worldview. The history of a concept.* Cambridge.

NERDINGER, Friedemann W. (2011): *Geschichte.* In: Nerdinger, Friedemann W. / Blickle, Gerhard / Schaper, Niclas: Arbeits- und Organisationspsychologie 2. Auflage. Berlin u. a. Seite 17–24.

NERDINGER, Friedemann W. (2011): *Organisationstheorien.* In: Nerdinger, Friedemann W. / Blickle, Gerhard / Schaper, Niclas: Arbeits- und Organisationspsychologie 2. Auflage. Berlin u. a. Seite 41–54.

NERDINGER, Friedemann W. (2011): *Organisationsentwicklung.* In: Nerdinger, Friedemann W. / Blickle, Gerhard / Schaper, Niclas: Arbeits- und Organisationspsychologie 2. Auflage. Berlin u. a. Seite 149–158.

NEß, Harry / BRETSCHNEIDER, Markus / SEIDEL, Sabine (2007): *ProfilPASS – Der Weiterbildungspass mit Zertifizierung informellen Lernens.* In: Erpenbeck, John / Rosenstiel, Lutz (Hrsg.): Handbuch Kompetenzmessung. 2. Auflage Stuttgart. Seite 388–411.

NEUBERGER, Oswald (1994): *Personalentwicklung.* Stuttgart.

NEUBERT, Andreas (2007): *Leitkategorie: Soziale Kompetenz. Konsequenzen einer Analyse beruflicher Komplexität aus systemtheoretischer Perspektive.* Frankfurt am Main.

NEUMANN, Robert (2000): *Die Organisation als Ordnung des Wissens: Wissensmanagement im Spannungsfeld von Anspruch und Realisierbarkeit.* Wiesbaden.

NEUWEG, Georg Hans (1999): *Könnerschaft und implizites Wissen. Zur lehrlerntheoretischen Bedeutung der Erkenntnis- und Wissenstheorie Michael Polanyis.* (Internationale Hochschulschriften).

NEY, Michael (2006): *Wirtschaftlichkeit von Interaktionsplattformen. Effizienz und Effektivität an der Schnittstelle zum Kunden.* 1. Auflage. Wiesbaden.

NIEBERDING, Taalke (2012): *Zurück nach der Babypause.* In: Wissenschaftsladen Bonn: Informationsdienst des Wissenschaftsladens Bonn. Arbeitsmarkt Bildung, Kultur und Sozialwesen. Heft 47. Bonn. Seite 1–5. Verfügbar unter: http://www.wila-arbeitsmarkt.de/files/biku_2012_47_zurueck_nach_der_babypause.pdf. Abgerufen am: 13.09.2013.

NIERMEYER, Rainer / POSTALL, Nadia (2008): *Führen. Die erfolgreichsten Instrumente und Techniken.* 2. Auflage. München.

NONAKA, Ikujiro / TAKEUCHI, Hirotaka (1995): *Die Organisation des Wissens. Wie japanische Unternehmen eine brachliegende Ressource nutzbar machen.* 2. um ein Vorwort erweiterte Auflage. Frankfurt am Main.

NONAKA, Ikujiro / TAKEUCHI, Hirotaka (1997): *Die Organisation des Wissens. Wie japanische Unternehmen eine brachliegende Ressource nutzbar machen.* Frankfurt u. a.

NORTH, Klaus / REINHARDT, Kai (2005): *Kompetenzmanagement in der Praxis.* Wiesbaden.

NORTH, Klaus / REINHARDT, Kai / SIEBER-SUTER, Barbara (2013): *Kompetenzmanagement in der Praxis. Mitarbeiterkompetenzen systematisch identifizieren, nutzen und entwickeln. Mit vielen Fallbeispielen.* 2. Auflage. Wiesbaden.

NÜSE, Ralf (1995): *Über die Erfindungen des Radikalen Konstruktivismus: Kritische Gegenargumente aus psychologischer Sicht.* 2. Auflage. Weinheim.

NUISSL, Ekkehard (2010): *Empirisch forschen in der Weiterbildung.* Studientexte für Erwachsenenbildung. Bielefeld.

NULLMEIER, Frank / PRITZLAFF, Tanja / WIESNER, Achim (2003): *Micro-Policy-Analyse. Ethnographische Politikforschung am Beispiel Hochschulpolitik.* Frankfurt am Main.

OECHSLER, Walter A. / PAUL, Christopher (2015): *Personal und Arbeit: Einführung in das Personalmanagement.* 10., grundlegend überarbeitete Auflage. Berlin u. a.

OERTEL, Jutta (2007): *Generationenmanagement in Unternehmen.* Schriften aus dem Centrum für Management (CfM). 1. Auflage. Wiesbaden.

ORGANIZATION FOR ECONOMIC CO-OPERATION AND DEVELOPMENT (OECD) (2005): *Definition und Auswahl von Schlüsselkompetenzen. Zusammenfassung.* Verfügbar unter: http://www.oecd.org/pisa/35693281.pdf. Abgerufen am: 15. April 2012.

ORTMANN, Stefan (2010): *Implementierung eines hybriden Systems für Kompetenz- und Performancemanagement durch Zusammenführung von KODE®X und die Balanced Scorecard. Münster.* Seite 275–318.

OSTERLOH, Margit / FROST, Jetta (2003): *Prozessmanagement als Kernkompetenz. Wie Sie Business Reengineering strategisch nutzen können.* 4. aktualisierte Auflage. Wiesbaden.

OTT, Bernd (1995): *Ganzheitliche Berufsbildung. Theorie und Praxis handlungsorientierter Techniklehre in Schule und Betrieb.* Stuttgart.

OTT, Bernd (1998): *Ganzheitliche Berufsbildung: Theorie und Praxis handlungsorientierter Techniklehre in Schule und Betrieb.* 2. unveränderte Auflage. Stuttgart.

OTT, Bernd (2000): *Grundlagen des beruflichen Lernens und Lehrens. Ganzheitliches Lernen in der beruflichen Bildung.* 2. überarbeitete Auflage. Berlin.

PÄTZOLD, Günter (Hrsg.) (1992): *Handlungsorientierung in der beruflichen Bildung.* Frankfurt am Main.

PÄTZOLD, Günter (1995): *Vermittlung von Fachkompetenz in der Berufsbildung.* In: Arnold, Rolf / Lipsmeier, Antonius (Hrsg.): Handbuch Berufsbildung. Opladen. Seite 157–170.

PASCHEN, Michael (2003): *Kompetenzmodelle als Eckpfeiler der Personalentwicklung.* In: Schwuchow, Karlheinz / Gutmann, Joachim (Hrsg.): Jahrbuch Personalentwicklung und Weiterbildung 2004 – Praxis und Perspektiven. Neuwied. Seite 37–47.

PAWLOWSKY, Peter / BÄUMER, Jens (1996): *Betriebliche Weiterbildung: Management von Qualifikation und Wissen.* München.

PETERS, Philipp (2010): *Entwicklung und empirische Bestätigung eines Selbstbewertungsmodells für das Quality Gates Management.* Dissertation. Hamburg.

PETERAF, Margaret A. (1993): *The cornerstones of competitive advantage: a resource based view.* In: Strategic Management Journal. Vol. 14. Seite 179–197.

PEUKERT, Helmut (2000): *Reflexionen über die Zukunft von Bildung.* In: Zeitschrift für Pädagogik 46 (2000) 4. Seite 507–524.

PFADENHAUER, Michaela (2010): *Kompetenz als Qualität sozialen Handelns.* In: Kurtz, Thomas / Pfadenhauer, Michaela (Hrsg.): Soziologie der Kompetenz. Wiesbaden. Seite 149–172.

PIAGET, Jean (2003): *Carmichael's manual of child psychology.* Deutsch: Meine Theorie der geistigen Entwicklung. Weinheim.

PICOT, Arnold / REICHWALD, Ralf / WIGAND, Rolf T. (1996): *Die grenzenlose Unternehmung. Information, Organisation und Management – Lehrbuch zur Unternehmensführung im Informationszeitalter.* 2. Auflage. Wiesbaden.

PREISINGER-KLEINE, Randolph (2002): *Können Organisationen Lernen lernen?* In: Berufsbildung – Europäische Zeitschrift 27. Seite 29–33.

PRENZEL, Manfred (2006): *Bildungsforschung zwischen Pädagogischer Psychologie und Erziehungswissenschaft.* In: Merkens, Hans (Hrsg.): Erziehungswissenschaft und Bildungsforschung. 1. Auflage. Wiesbaden. Seite 69–80.

PREZEWOWSKY, Michel (2007): *Demografischer Wandel und Personalmanagement. Herausforderungen und Handlungsalternativen vor dem Hintergrund der Bevölkerungsentwicklung.* Wiesbaden.

PROBST, Gilbert J.B. / RAUB, Steffen / ROMHARDT, Kai (1999): *Wissen managen. Wie Unternehmen ihre wertvollste Ressource optimal nutzen.* 3. Auflage. Frankfurt am Main u. a.

PROBST, Gilbert J.B. / RAUB, Steffen / ROMHARDT, Kai (2006): *Wissen managen. Wie Unternehmen ihre wertvollste Ressource optimal nutzen.* 5. überarbeitete Auflage. Wiesbaden.

PRÜFER, Peter / REXROTH, Margrit (2005): *Kognitive Interviews.* Zentrum für Umfragen, Methoden und Analysen. Mannheim (ZUMA How-to Reihe. Nr. 15. Mannheim. Verfügbar unter: http://www.soz.uni-heidelberg.de/assets/soz_download_345.pdf.. Abgerufen am 12. Juni 2014

RAHIM, M. Afzalur: *Issues in Organizational Learning.* In: International Journal of Organizational Analysis. 3. Jahrgang. Nr. 1. Special Issue ("Organizational Learning"). Chester. Seite 5–9.

RAMMSTEDT, Beatrice (2010): *Reliabilität, Validität, Objektivität.* In: Wolf, Christof / Best, Henning (Hrsg.): Handbuch der sozialwissenschaftlichen Datenanalyse. 1. Auflage. Wiesbaden. Seite 239–258.

RASCH, Björn / FRIESE, Malte / HOFMANN, Wilhelm / NAUMANN, Ewald (2004): *Quantitative Methoden.* Band I. Berlin u. a.

RAU, Renate (2001): *Arbeit – Erholung – Gesundheit. Ein Beitrag zur Occupational Health Psychology.* Habilitationsschrift. TU Dresden. Dresden.

RAUNER, Felix (2010): *KOMET – Messen beruflicher Kompetenz im Berufsfeld Elektronik.* In: Bundesinstitut für Berufsbildung (BIBB) (Hrsg.): Berufsbildung in Wissenschaft und Praxis: Berufliche Kompetenzen messen. 39. Jahrgang. 1/2010. Bonn. Seite 22–26.

REDAY-MULVEY, Genevieve (2005): *Working past 60.* Key policies and practices in Europe. Palgrave Macmillan. Basingstoke.

REETZ, Lothar (1989): *Zum Konzept der Schlüsselqualifikationen.* In: Berufsbildung in Wissenschaft und Praxis. 5. Jahrgang 1989. Berlin. Seite 3–10.

REETZ, Lothar (1999): *Zum Zusammenhang von Schlüsselqualifikationen – Kompetenzen – Bildung.* In: Tramm, Tade (Hrsg.): Professionalisierung kaufmännischer Berufsbildung: Beiträge zur Öffnung der Wirtschaftspädagogik für die Anforderungen des 21. Jahrhunderts. Festschrift zum 60. Geburtstag von Frank Achtenhagen. Frankfurt am Main. Seite 32–51.

REICHARDT, Charles S. / COOK, Thomas D. (1979): *Beyond Qualitative versus Quantitative Methods.* In: Cook, Thomas/Reichardt, Charles (Hrsg.): Qualitative and Quantitative Methods in Evaluation Research. Beverly Hills u. a., Seite 7–32.

REINECKE, Jost (2014): *Strukturgleichungsmodelle in den Sozialwissenschaften.* München.

REINMANN-ROTHMEIER, Gabi / MANDL, Heinz (2000). *Ein pädagogisch-psychologischer Ansatz zum Wissensmanagement – ein Widerspruch für sich?* (Essay). München.

REINMANN-ROTHMEIER, Gabi (2001): *Wissen managen. Das Münchener Modell.* Forschungsbericht Nr. 131. München: Ludwig-Maximilians-Universität. Lehrstuhl für Empirische Pädagogik und Pädagogische Psychologie. München. Verfügbar unter: http://epub.ub.uni-muenchen.de/239/1/FB_131.pdf. Abgerufen am: 25.03.2013.

REINMANN-ROTHMEIER, Gabi / MANDL, Heinz (2001): *Unterrichten und Lernumgebungen gestalten.* In Krapp, Andreas / Weidenmann Bernd (Hrsg.): *Pädagogische Psychologie.* Weinheim. Seite 601–646.

RICHARDSON, Sue (2009): *What is a skill shortage?* In: Australian Bulletin of Labour. Vol. 35,Nr. 1. Seite 326–354.

RODERUTH, Markus (1997): *Weiterbildung und Personalstrategien – eine ökonomisch fundierte Analyse der Bestimmungsfaktoren und Wirkungszusammenhänge.* München.

ROHLFS, Carsten / HARRING, Marius / PALENTIEN, Christian (2014): *Kompetenz-Bildung. Soziale, emotionale und kommunikative Kompetenzen von Kindern und Jugendlichen.* 2. Auflage. Wiesbaden.

ROST, Jürgen (1996): *Lehrbruch Testtheorie – Testkonstruktion.* 1. Auflage. Bern u. a.

ROTH, Heinrich (1976): *Pädagogische Anthropologie. Band II: Entwicklung und Erziehung. Grundlagen einer Entwicklungspädagogik.* 2. Auflage Hannover u. a.

RUDOLPH, Helmut (2004): *Profiling in der Arbeitsvermittlung.* In: Behringer, Friederike / Bolder, Axel / Klein, Rosemarie / Reutter, Gerhard / Seiverth, Andreas (Hrsg.): Diskontinuierliche Erwerbsbiographien. Baltmannsweiler. Seite 271–283.

RUMP, Jutta (2009): *Risikofaktor demografischer Wandel.* In: Knauth, Peter / Elmerich, Kathrin / Karl, Dorothee (Hrsg.): Risikofaktor demografischer Wandel. Generationsvielfalt als Unternehmensstrategie. Düsseldorf. Seite 15–46.

SALMAN, Yvonne (2009): *Bildungseffekte durch Lernen im Arbeitsprozess. Verzahnung von Lern- und Arbeitsprozessen zwischen ökonomischer Verwertbarkeit und individueller Entfaltung am Beispiel des IT-Weiterbildungssystems.* Berichte zur beruflichen Bildung. Bundesinstitut für Berufsbildung (Hrsg.). Bonn.

SALTHOUSE, Timothy A. (1984): *Effects of age and skill in typing.* Journal of Experimental Psychology. General 113. Seite 345–371.

SAMMET, Jürgen (2004): *Kommunikationstheorie und Pädagogik. Studien zur Systematik „Kommunikativer Pädagogik“.* Würzburg.

SARGES, Werner / WOTTAWA, Heinrich (2001): *Handbuch wirtschaftspsychologischer Testverfahren.* Lengerich.

SATTELBERGER, Thomas (1996): *Die Lernende Organisation.* 3. Auflage. Wiesbaden.

SAUSELE-BAYER, Ines (2011): *Personalentwicklung als pädagogische Praxis.* Organisation und Pädagogik 10. 1. Auflage. Wiesbaden.

SAUTER, W (1994): *Vom Vorgesetzten zum Coach und Mitarbeiter.* Weinheim.

SCHÄFERS, Bernhard / ZAPF, Wolfgang (Hrsg.) (2001): *Handwörterbuch zur Gesellschaft Deutschlands.* 2. Auflage. Opladen.

SCHÄFER, Ellen (2006): *Betriebliche Kompetenzentwicklung. Einführung und Evaluation systematischer Kompetenzentwicklungskonzepte.* Kassel.

SCHAPER, Niclas (2011): Ansätze zur Kompetenzmodellierung und -messung im Rahmen einer kompetenzorientierten Hochschuldidaktik. Paderborn. In: Bruckmann, Florian / Reis, Oliver / Scheidler, Monika: Kompetenzorientierte Lehre in der Theologie: Konkretion – Reflexion – Perspektiven. Berlin. Seite 37–64.

SCHAPER, Niclas / REIS, Oliver / WILDT, Johannes / HORVATH, Eva / BENDER, Elena (2012): *Fachgutachten zur Kompetenzorientierung in Studium und Lehre.* Ausgearbeitet für die Hochschulrektorenkonferenz. Projekt nexus. Konzepte und gute Praxis für Studium und Lehre. Bonn. Verfügbar unter: http://www. hrk-nexus. de/fileadmin/redaktion/hrk-nexus/07-Downloads/07–02Publikationen/fachgutachten_kompetenzorientierung.pdf. Abgerufen am: 12. Dezember 2012.

SCHECKER, Horst (2006): *Modellierung physikalischer Kompetenz.* In: Pitton, Anja: Lehren und Lernen mit neuen Medien. Gesellschaft der Didaktik für Chemie und Physik (GDCP). Berlin. Seite 105–107.

SCHEELEN, Frank, M. / BIGBY, David G. (2011): *Kompetenzorientierte Unternehmensentwicklung: erfolgreiche Personalentwicklung mit Kompetenzdiagnostiktools.* 1. Auflage. Freiburg u. a.

SCHERER, Klaus R. / TRAN, Véronique. (2001): *Effects of Emotion on the Process of Organizational Learning.* In: Dierkes, Meinolf / Berthoin Antal, Ariane / Child, John / Nonaka, Ikujiro (Hrsg.): Handbook of Organizational Learning and Knowledge. Oxford. Seite 369–392.

SCHILKE, Oliver (2007): *Allianzfähigkeit: Konzeption, Messung, Determinanten, Auswirkungen.* In: Wirtz, Bernd W. (Hrsg.): Marktorientierte Unternehmensführung und Internetmanagement. Wiesbaden.

SCHLÜTER, Katharina (2013): Mitarbeitergewinnung im Web 2.0. Was die Generation Y wirklich anspricht. Berlin.

SCHLUTZ, Erhard (Hrsg.) (1982): *Die Hinwendung zum Teilnehmer – Signal einer „reflexiven Wende" der Erwachsenenbildung?* Beiträge zur Orientierung an der Subjektivität, an der Erfahrung und an Lernproblemen. Tagungsberichte Nr. 6 der Universität Bremen. Bremen.

SCHMIDT, Hermann (1988): *Zukunft von Qualifikation und Bildung.* In: Hesse, Joachim Jens/Rolff, Hans-Günter/Zöpel, Christoph (Hrsg.): Zukunftswissen und Bildungsperspektiven. Baden-Baden. Seite 167–183.

SCHMITZ, Enno (1978): *Leistung und Loyalität. Berufliche Weiterbildung und Personalpolitik in Industrieunternehmen.* Stuttgart.

SCHMITZ, Enno (1984): *Erwachsenenbildung als lebensweltbezogenen Erkenntnisprozeß.* In: ders. Tietgens, Hans (Hrsg.): Erwachsenenbildung. Band 11 der Enzyklopädie Erziehungswissenschaft. Stuttgart. Seite 95–123.

SCHNEIDER, Ursula (1996): *Wissensmanagement in der wissensbasierten Unternehmung. Das Wissensnetz in und zwischen Unternehmen knüpfen.* In: Schneider, Ursula (Hrsg.): Wissensmanagement. Die Aktivierung des intellektuellen Kapitals. Frankfurt. Seite 13–49.

SCHNELL, Rainer / HILL, Paul B. / ESSER, Elke (2011): *Methoden der empirischen Sozialforschung.* 9. Auflage. München.

SCHNUR, Peter / ZIKA, Gerd (2007): *Arbeitskräftebedarf bis 2025: Die Grenzen der Expansion.* IAB-Kurzbericht, Nr. 26.

SCHÖNHERR, Kurt W. / TIBERIUS, Victor (Hrsg.) (2014): *Lebenslanges Lernen: Wissen und Können als Wohlstandsfaktoren.* Wiesbaden.

SCHÖNPFLUG, Wolfgang / SCHÖNPFLUG, Ute (1995): *Psychologie: Allgemeine Psychologie und ihre Verzweigungen in die Entwicklungs-, Persönlichkeits- und Sozialpsychologie.* Ein Lehrbuch für das Grundstudium. 4. Auflage. München.

SCHOLL, Armin (2003): *Die Befragung. Sozialwissenschaftliche Methode und kommunikationswissenschaftliche Anwendung.* Konstanz.

SCHOLZ, Christian (2014): *Generation Z: Wie sie tickt, was sie verändert und warum sie uns alle ansteckt.* Weinheim.

SCHRÖDER, Hartwig (2001): *Didaktisches Wörterbuch.* 3. erweitere und aktualisierte Auflage. Hand- und Lehrbücher der Pädagogik. München u. a.

SCHRÖDER, Frank / REINICKE, Nina (2011): *Qualitätsanforderungen an die Qualifizierungsberatung.* In: Kopel, Mechthild / Dunst, Claudia / Saeed, Sandra (Hrsg.): Weiterbildung in Berliner Betrieben. Berlin. Seite 168–182.

SCHÜSSLER, Ingeborg (2003): *Determinanten einer nachhaltigen Kompetenzentwicklung.* Vortrag, gehalten auf der 4. BIBB-Fachkongress 2002 – Ergebnisse und Ausblicke. Bielefeld. Verfügbar unter: www.bibb.de/redaktion/fachkongress2002/cd-rom/PDF./03_4_04.pdf. Abgerufen am: 28. Oktober 2013.

SCHULER, Heinz / BARTHELME, Dorothea (1995): *Soziale Kompetenz als berufliche Anforderung.* In: SEYFRIED, Brigitte (Hrsg.): „Stolperstein" Sozialkompetenz. Was macht es so schwierig, sie zu erfassen, zu fördern und zu beurteilen? Bielefeld. Seite 77–116.

SCHULER, Heinz (2000). *Psychologische Personalauswahl: Einführung in die Berufseignungsdiagnostik.* 3. Auflage. Göttingen.

SCHULER, Heinz (2001): *Lehrbuch der Personalpsychologie.* Göttingen u. a.

SCHULER, Heinz / STEHLE, Willi (1992): *Assessment Center als Methode der Personalentwicklung.* 2. Auflage. Stuttgart.

SCHUPPERT, Dana (1993): *Kompetenz zur Führung. Was Führungspersönlichkeiten auszeichnet.* Wiesbaden.

SCHUSTER, Gabriele (2011): *Gelingensbedingungen von Fusionen. Identifizierung von Auswirkungen eines Fusionsprozesses auf die Mitarbeiter der Fusionspartner bei bereits durchgeführten Fusionen in Non-Profit-Organisationen.* Dissertation. Hamburg. Verfügbar unter: http://ediss.sub.uni-hamburg.de/volltexte/2013/5997/pdf./Dissertation.pdf. Abgerufen am 28. Januar 2015.

SCHWEITZER, Jochen / BOSSMANN, Ulrike (2013): *Systematisches Demografiemanagement.* Wie kommt Neues zum Älterwerden ins Unternehmen? Wiesbaden.

SEEBER, Susan / NICKOLAUS, Reinhold (2010): *Kompetenzmessung in der beruflichen Bildung.* In: Bundesinstitut für Berufsbildung (BIBB) (Hrsg.): Berufsbildung in Wissenschaft und Praxis: Berufliche Kompetenzen messen. 39. Jahrgang. 1/2010. Bonn. Seite 10–13.

SEIPEL, Christian / RIEKER, Peter (2003): *Integrative Sozialforschung. Konzepte und Methoden der qualitativen und quantitativen empirischen Forschung.* München.

SEMMLER, Jochen (2009): *Humankapital und wertorientierte Berichterstattung. Darstellungsmöglichkeiten mitarbeiterbezogener Angaben im Rahmen eines Human Value Reporting.* Hamburg.

SENGE, Peter M. (1990): *The fifth discipline. The art and practice of the learning organization.* New York u. a.

SENNETT, Richard (1998): *Der flexible Mensch. Die Kultur des neuen Kapitalismus.* Berlin.

SHAVELSON, Richard J. / HUBNER, Judith J. / STANTON, Georg C. (1976): *Self-concept: Validation of construct interpretations.* Review of Educational Research. Volume 46. Number 3. Seite 407–441.

SIEBERT, Horst (1993): *Erwachsenenbildung seit 1944. Schriften zur beruflichen Bildung.* Hrsg. vom Bildungswerk niedersächsischer Volkshochschulen e. V. Hannover.

SINGER, Tania / VERHAEGHEN, Paul / GHISLETTA, Paolo / LINDENBERGER, Ulman / BALTES, Paul B. (2003): *The fate of cognition in very old age.* Six-year longitudinal findings in the Berlin Aging Study (BASE). Psychology and Aging 18. Seite 318–331.

SKINNER, Burrhus F. (1957): *Verbal Behavior, the century psychology series.* New York.

SLOANE, Peter F. E. (2007): *Bildungsstandards in der beruflichen Bildung.* Paderborn.

SLUNECKO, Thomas (2009): *Nomothetisch/Idiografisch.* In: Stumm, Gerhard/ Pritz, Alfred: Wörterbuch der Psychotherapie. 2. Auflage. Wien. Seite 466.

SONNTAG, Karlheinz / SCHÄFER-RAUSER, Ulrich (1993): *Selbsteinschätzung beruflicher Kompetenzen bei der Evaluation von Bildungsmaßnahmen.* In: Zeitschrift für Arbeits- und Organisationspsychologie Nummer 37. Seite 163–171.

SONNTAG, Karlheinz / SCHMIDT-RATHJENS, Claudia (2004): *Kompetenzmodelle – Erfolgsfaktoren im HR-Management?* Personalführung. Heft 37. Seite 18–26.

SONNTAG, Karlheinz / SCHMIDT-RATHJENS, Claudia (2005): *Anforderungsanalyse und Kompetenzmodelle.* In: Gonon, Philipp / Klauser, Fritz / Nickolaus, Rheinhold / Huisinga, Richard (Hrsg.): Kompetenz, Kognition und neue Konzepte der beruflichen Bildung. Wiesbaden. Seite 55–66.

SONNTAG, Karlheinz / STEGMAIER, Rolf (2007): *Psychologie des Lernens in Organisationen. Grundlage für Leistung und Innovation.* 1. Auflage. Stuttgart.

SPRAFKE, Nicole (2011): *Kompetenzmodelle in der Personalarbeit. Aktuelle Situation und Entscheidungskriterien für die betriebliche Praxis.* Hamburg.

STAATSINSTITUT FÜR SCHULQUALITÄT UND BILDUNGSFORSCHUNG (ISB) (2006): *Kompetenz ... mehr als nur Wissen! Informationsblatt.* München. Verfügbar unter: http://www.kompas.bayern.de/userfiles/infokompetenz.pdf. Abgerufen am: 13. Dezember 2012.

STAHLBERG, Dagmar / OSNABRÜGGE, Gabriele / FREY, Dieter (1985): *Die Theorie des Selbstwertschutzes und der Selbstwerterhöhung.* In: Frey, Dieter / Irle, Martin (Hrsg.): Theorien der Sozialpsychologie. Band III: Motivations- und Informationsverarbeitungstheorien. Bern. Seite 79–125.

STAEHLE, Wolfgang H. (1999): *Management. Eine verhaltenswissenschaftliche Perspektive.* 8. Auflage. Überarbeitet von Peter Conrad und Jörg Sydow. München.

STÄNDIGE KONFERENZ DER KULTUSMINISTER DER LÄNDER IN DER BUNDESREPUBLIK DEUTSCHLAND (2016): *Aufgaben und Geschichte.*

Verfügbar unter: https://www.kmk.org/kmk/aufgaben/geschichte-der-kmk.html. Abgerufen am: 8. Februar 2016.

STÄNDIGE KONFERENZ DER KULTUSMINISTER DER LÄNDER IN DER BUNDESREPUBLIK DEUTSCHLAND (KMK) (2004): *Bildungsstandards der Kultusministerkonferenz. Erläuterungen zur Konzeption und Entwicklung.* Veröffentlichungen der Kultusministerkonferenz. München.

STÄUDEL, Thea (1987): *Problemlösen, Emotionen und Kompetenz. Die Überprüfung eines integrativen Konstrukts.* Regensburg.

STÄUDEL, Thea (2004): *Heuristische Kompetenz. Eine Schlüsselkompetenz in Zeiten der Ungewissheit.* In: Von den Eichen, Stephan Friedrich/Hinterhuber, Hans/Matzler, Kurt/Stahl, Heinz K. (Hrsg.): Entwicklungslinien des Kompetenzmanagements. 1.Auflage. Wiesbaden. Seite 21–40.

STARK, Gerhard (2009): *Kompetenzermittlung im Rahmen der betrieblichen Weiterbildung.* Expertise im Auftrag des zbw Zentrum für betriebliches Weiterbildungsmanagement f-bb / BayME / VBM. Nürnberg.

STATISTISCHES BUNDESAMT (Hrsg.) (2005): *Datenreport 2004.* Zahlen und Fakten über die Bundesrepublik Deutschland. Zweite aktualisierte Auflage 2005. Bonn.

STATISTISCHES BUNDESAMT (2000): *Statistisches Jahrbuch.* Stuttgart.

STAUDT, Erich / MEIER, Andreas J. (1996): *Reorganisation betrieblicher Weiterbildung.* In: Arbeitsgemeinschaft QUEM (Hrsg.): Kompetenzentwicklung '96. Berlin u. a., Seite 263–336.

STAUDT, Erich (Hrsg.) / KAILER, Norbert / KRIEGESMANN, Bernd / MEIER, Andreas J./ STEPHAN, Heidi / ZIEGLER, Arne (1997): *Kompetenz und Innovation. Eine Bestandsaufnahme jenseits von Personalentwicklung und Wissensmanagement.* Innovation: Forschung und Management. Band 10. Bochum.

STAUDT, Erich / KRIEGESMANN, Bernd (1999): *Weiterbildung: Ein Mythos zerbricht. Der Widerspruch zwischen überzogenen Erwartungen und Misserfolgen der Weiterbildung.* Institut für angewandte Innovationsforschung. Bochum.

STAUDT, Erich / KRIEGESMANN, Bernd (2001): *Kompetenz und Innovation. Objekt, Maßnahmen und Bewertungsansätze der Kompetenzentwicklung. Ein Überblick.* Jahresbericht des Instituts für angewandte Innovationsforschung. Bochum e. V. No. 195. Bochum.

STAUDT, Erich / KRIEGESMANN, Bernd (2002): *Zusammenhang von Kompetenz. Kompetenzentwicklung und Innovation.* In: Staudt, E. et al: Kompetenzentwicklung und Innovation, Die Rolle der Kompetenz bei Organisations-, Unternehmens- und Regionalentwicklung, Münster et al., Seite 15–70.

STECKLER, Allan / MCLEROY, Kenneth R. / GOODMAN, Robert M. / BIRD, Sheryl T. / MCCOMICK, Lauri (1992): *Toward integrating qualitative and quantitative methods. An Introduction.* In: Health Education Quarterly, 19. Seite 1–8.

STOCK-HOMBURG, Ruth / WOLFF, Birgitta (2011): *Handbuch. Strategisches Personalmanagement.* 1. Auflage. Wiesbaden.

STOTZ, Martin (1999): *Organisationale Lernprozesse.* Wiesbaden.

STOOSS, Friedemann / WEIDIG, Inge (1990): *Der Wandel der Tätigkeitsfelder und -profile bis zum Jahre 2010.* In: Mitteilungen aus der Arbeitsmarkt- und Berufsforschung. Jahrgang 23. Heft 1. Nürnberg. Seite 34–51.

STOWASSER, Josef / PETSCHENIG, Michael / SKUTSCH, Franz / CHRIST, Alexander (1994): *Lateinisch-deutsches Schulwörterbuch.* Wien.

STRASMANN, Jochen / SCHÜLLER, Achim (1996): *Kernkompetenzen – ein integratives Konzept.* In: Strasmann, Jochen / Schüller, Achim (Hrsg.): Kernkompetenz. Stuttgart. Seite 7–22.

STRAUCH, Anne (2008): *Kompetenzbilanzierung im Betriebskontext: Eine Fallstudie.* 1. Auflage. Baltmannsweiler.

STRAUCH, Anne / PÄTZOLD, Henning (2012): *Professionalisierung mit Profil? Theoretische und empirische Entwicklungen von Kompetenzrahmen und -profilen in der Weiterbildungsprofessionalisierung im Kontext der Europäischen Union.* In: Sgier, Irena / Lattke, Susanne (Hrsg.): Professionalisierungsstrategien der Erwachsenenbildung in Europa. Bielefeld. Seite 67–86.

STRAUSS, Anselm / CORBIN, Juliet (1996): *Grundlagen qualitativer Sozialforschung.* Unveränderter Nachdruck der letzten Auflage. Weinheim.

STRÜBING, Jörg (2008): *Grounded Theory. Zur sozialtheoretischen und epistemologischen Fundierung des Verfahrens der empirisch begründeten Theoriebildung.* 2. überarbeitete und erweiterte Auflage. Reihe: Qualitative Sozialforschung. Band 15. Wiesbaden.

STUHLER, Heidemarie (2005): *Einleitung.* In: Arbeitsgemeinschaft Betriebliche Weiterbildungsforschung e. V. / Projekt Qualifikations-Entwicklungs-Management: Kompetenzdokumentationen für informell erworbene berufsrelevante Kompetenzen. Berlin. Seite 5–7.

SUNDVIK, Lilli / LINDEMAN, Marjaana (1998): *Acquaintance and the discrepancy between supervisor and self-assessment.* Journal of Social Behavior and Personality 13. Seite 117–126.

TASHAKKORI, Abbas / TEDDLIE, Charles (1998): *Mixed Methodology. Combining Qualitative and Quantitative Approaches.* Thousand Oaks.

TAYLOR, Frederick W. (1977): *Die Grundsätze wissenschaftlicher Betriebsführung – The Principles of Scientific Management.* Deutsche autorisierte Übersetzung von Rudolf Roesler (1913). Neu herausgegeben und eingeleitet von Walter Volpert und Richard Vahrenkamp. Weinheim u. a.

TEIGER, Catherine (1989): *Le vieillessement differentiel dans et par le travail.* Un vieux problem dans un contexte recent. Differential ageing at work and by work. An old problem in a recent context. In: Travail-Humain 52 (1). Seite 21–56.

THIELSCHER, Christian (Hrsg.) (2012): *Medizinökonomie. Band 2: Unternehmerische Praxis und Methodik. Lehrbuch.* Wiesbaden.

THONHAUSER, Josef (2008): *Zwischen konstruierten Gegensätzen und fruchtbarer Dialektik. Neun Thesen über einen Paradigmenstreit.* In: Hofman, Franz / Schreiner, Claudia / Thonhauser, Josef (Hrsg.): Qualitative und quantitative Aspekte. Zu ihrer Komplementarität in der erziehungswissenschaftlichen Forschung. Münster. Seite 31–44.

TOUGH, Allen M. (1971): *The adult's learning projects. A fresh approach to theory and practice in adult learning.* Toronto.

ULICH, Eberhard (1997): *Mensch, Technik, Organisation: Ein europäisches Produktionskonzept.* In: Strohm, Oliver / Ulich Eberhard (Hrsg.): Unternehmen arbeitspsychologisch bewerten. Ein Mehrebenenansatz unter besonderer Berücksichtigung von Mensch-Technik-Organisation. Schriftenreihe Mensch-Technik-Organisation. Band 10. Zürich. Seite 5–17.

VAHS, Dietmar / BURMESTER, Ralf (2005): *Innovationsmanagement.* Stuttgart.

VAHS, Dietmar (2005): *Organisation. Einführung in die Organisationstheorie und -praxis.*5. überarbeitete Auflage. Stuttgart.

VEBER, Marcel (2010): *Ein Blick zurück nach vorn in der Lehrerbildung: Eine empirische Studie zu Alltagstheorien über Behinderung, Integration – Inklusion und Sonderschule.* Münster.

VEDDER, Günther / REUTER, Julia (Hrsg.) (2008): *Glossar: Diversity Management und Work-Life-Balance.* 2. Auflage. München u. a.

VÖLZKE, Reinhard (2007): *TalentKompass NRW.* In: Erpenbeck, John / von Rosenstiel, Lutz (Hrsg.): Handbuch Kompetenzmessung. Stuttgart. Seite 439–458.

VOGT, Bernhard (1995): *Die strategische Bedeutung der Erschließung von Kompetenz.* Frankfurt am Main.

VOGT, Markus (2012): *Was ist Nachhaltigkeit?* In: Jung, Stefan/Katzenmayer (Hrsg.): Nachhaltig wirtschaften. Wirtschaftsethische Reflexionen. Göttingen. Seite 23–38.

VON BERTALANFFY, Ludwig (1968): *General Systems Theory.* New York.

VON HIPPEL, Aiga / RÖBEL, Tina (2016): *Funktionen als akteursabhängige Zuschreibungen in der Programmplanung betrieblicher Weiterbildung.* In: Zeitschrift für Weiterbildungsforschung – Report, S. 1–21.

VON HUMBOLDT, Wilhelm (1980): *Theorie der Bildung des Menschen.* In: Flitner, Andreas / Giel, Klaus (Hrsg.): Wilhelm von Humboldt. Werke in fünf Bänden. Band I Schriften zur Anthropologie und Geschichte. 3., gegenüber der 2. unveränderten Auflage. Darmstadt.

VON HUMBOLDT, Wilhelm (1809): *Der Litauische Schulplan.* In: Flitner, Andreas (Hrsg.) (1964): Wilhelm von Humboldt. Schriften zur Anthropologie und Bildungslehre. 2. Auflage. Düsseldorf u. a., Seite 76–82.

VON HUMBOLDT, Wilhelm (1997): Königsberger Schulplan. In: Ders.: Bildung und Sprache. 5., durchgesehene Auflage. Paderborn.

VON ROTHKIRCH, Christoph (2000): *Altern und Arbeit.* Herausforderung für Wirtschaft und Gesellschaft. Beiträge, Diskussionen und Ergebnisse eines Kongresses mit internationaler Beteiligung. Berlin.

VONKEN, Matthias (2005): *Handlung und Kompetenz. Theoretische Perspektiven für die Erwachsenen- und Berufspädagogik.* 1. Auflage. Wiesbaden.

WAGNER, Dieter / SURREY, Heike (2003): *Lernen und Strategisches Management.* QUEM-Materialien 47. Berlin.

WARR, Peter B. (1994): *Age and employment.* In: Triandis, Harry C. / Dunette, Marvin D. / Hough, Leaetta (Hrsg.): Handbook of industrial and organizational psychology. Palo Alto. Seite 485–550.

WATERS, Hannah (2011): *Mad science? A documentary about the research of neuroscientist Robert White goes beyond his macabre head-transplant experiments to highlight his contributions to science.* In: The Scientist (online). Verfügbar unter: http://www.hannahjwaters.com/?page_id=871 Abgerufen am 19. Dezember 2012.

WEBER, Max (1980): *Wirtschaft und Gesellschaft. Grundriss der verstehenden Soziologie.* Besorgt von Johannes Winckelmann, erstmals: 1922. Tübingen.

WEBER, Wolfgang (1985): *Betriebliche Weiterbildung. Empirische Analyse betrieblicher und individueller Entscheidungen über Weiterbildung.* Stuttgart.

WEBER, Wolfgang / MAYRHOFER, Wolfgang / NIENHÜSER, Werner / KABST, Rüdiger (2005): *Lexikon Personalwirtschaft.* 2. aktualisierte und komplett überarbeitete Auflage. Stuttgart.

WEINBERG, Johannes (1996a): *Kompetenzlernen in der Erwachsenenbildung.* In: Hessische Blätter für Volksbildung, 46 (1996), 3. Seite 209–216.

WEINBERG, Johannes (1996b): *Kompetenzlernen.* In: QUEM-Bulletin. 1/1996. Seite 3–6.

WEINERT, Franz E. (2001): *Concepts Of Competence: A Conceptual Clarification.* In: Rychen, Dominique S. / Salganik, Laura H. (Hrsg.): Defining and selecting key competencies. Seattle u.a. Seite 45–65.

WEINERT, Franz E. (2001): *Vergleichende Leistungsmessung in Schulen – eine umstrittene Selbstverständlichkeit.* In: Weinert, Franz E. (Hrsg.): Leistungsmessungen in Schulen. Weinheim und Basel. Seite 17–31.

WEIß, Reinhold (1999): *Erfassung und Bewertung von Kompetenzen – empirische und konzeptionelle Probleme.* In QUEM (Hrsg.): Kompetenzentwicklung '99. Münster. Seite 433–494.

WELKER, Martin / WÜNSCH, Carsten (2010): *Methoden der Online-Forschung.* In: Schweiger, Wolfgang / Beck, Klaus: Handbuch Online-Kommunikation. 1. Auflage. Wiesbaden. Seite 487–517.

WERNER, Claudia S. (1996): *Die Frauenerwerbstätigkeit in Deutschland: Entwicklung von der Industrialisierung bis heute.* 1. Auflage. Saarbrücken.

WERNER, Heinz / BENNETT, Roger / KÖNIG, Ingeborg / SCOTT-LEUTERITZ, Karen (2004): *IAB-Glossar Englisch, Begriffe und ihre Verwendung rund um den Arbeitsmarkt. Englisch-Deutsch / Deutsch-Englisch.* Nürnberg.

WERNING, Ellena (2013): *Evaluation des Training off-the-job: Entwicklung eines Bezugsrahmens vor dem Hintergrund eines kognitiven Lernverständnisses.* In: Becker, Fred G. / Oechsler, Walter A.: Reihe: Personal, Organisation und Arbeitsbeziehungen. Band 54. Köln.

WHITE, Robert W. (1959): *Motivation Reconsidered: The Concept of Competence.* In: Psychological Review, Jg. 66. Seite 297–333.

WICK, Alexander (2009): *Kontextabhängigkeit der Auswahl und Brauchbarkeit von Messverfahren zur Diagnose beruflicher Kompetenzen.* In: Nuissl, Ekkehard / Schiersmann, Christiane / Gruber, Elke (Hrsg.): Report. Zeitschrift für Weiterbildungsforschung. Messverfahren und Benchmarks in der Weiterbildung. 32. Jahrgang. Heft 03/2009. Bonn. Seite 24–34.

WIENER, Norbert (1948): *Cybernetics or control and communication in the animal and the machine.* New York u.a.

WILEY, David E. (1973): *The identification problem for structural equation Models with unmeasured variables.* In: Goldberger, Arthur S. / Duncan, Otis Dudley (Hrsg.): Structural Equation Models in the Social Sciences. New York u.a., Seite 69–83.

WILFLING, Sabine (2013): *Management organisationaler Anpassungsprozesse. Transformationsvorhaben durch geeignete Informationsbasis erfolgreich planen und umsetzen.* Wiesbaden.

WINDELBAND, Wilhelm (1894): *Geschichte und Naturwissenschaften. Straßburger Rektoratsrede 1894.* In: Windelband, Wilhelm: Präludien Band II. Tübingen. 1. Auflage 1911. 6. Auflage 1919. Seite 136–160.

WINKELS, Rico (2007): *Demografischer Wandel: Herausforderungen und Chancen für Personalentwicklung und betriebliche Weiterbildung.* Berlin.

WINTER, Alexander (1992): *Metakognition beim Textproduzieren.* Tübingen.

WITTER, Wolfgang (1996): *Als Wanderarbeiter im Cyberspace. Berufliche Bildung auf der Suche nach einer neuen Identität.* In: Wiiter, Wolfgang (Hrsg.): Von der Meisterschaft zur Bildungswanderschaft. Berufliche Bildung auf dem Weg in das Jahr 2000. Bielefeld. Seite 11–39.

WÖHE, Günther / DÖRING, Ulrich (2002): *Einführung in die allgemeine Betriebswirtschaftslehre.* 21. Auflage. München.

WOLF, Willi (1995): *Qualitative versus quantitative Forschung.* In: König, Eckhard / Zedler, Peter (Hrsg.): Bilanz qualitativer Forschung. Band I: Grundlagen qualitativer Forschung. Weinheim. Seite 309–329.

WOLLERSHEIM, Heinz-Werner (1993): *Kompetenzerziehung: Befähigung zur Bewältigung* (German Edition). Frankfurt.

WUCKNITZ, Uwe / HEYSE, Volker D. (2008): *Retention Management. Schlüsselkräfte entwickeln und binden.* Arbeitsblätter, Checklisten, Softwarelösung. Münster.

WUNDERER, Rolf / VON ARX, Sabina (1998). *Personalmanagement als Wertschöpfungs-Center.* Wiesbaden.

ZEDECK, Sheldon / CASCIO, Wayne (1982): *Performance decisions as a function of purpose of rating and training.* Journal of Applied Psychology. Volume 67. Seite 752–758.

ZEMKE, Ron / RAINES, Claire / FILIPCZAK, Bob (2000): *Generations at Work: Managing the Clash of Boomers, Gen Xers, and Gen Yers in the Workplace.* New York.

ZIKA, Gerd / FUCHS, Johann (2013): *Kurzexpertise zum Thema „Arbeitsmarkt".* In: Sachverständigenkommission 14. Kinder- und Jugendbericht (Hrsg.): Kinder- und Jugendhilfe in neuer Verantwortung. Materialien zum 14. Kinder- und Jugendbericht. München.

ZIMBARDO, Philip G. (1992): *Psychologie.* 5. Auflage. Berlin.

ZINK, Klaus J. (2009): *Personal- und Organisationsentwicklung als interdependente Konzepte.* In: Zink, Klaus J. (Hrsg.): Personal- und Organisationsentwicklung bei der Internationalisierung von industriellen Dienstleistungen. Heidelberg u. a. Seite 27–40.

ZLATKIN-TROITSCHANSKAIA, Olga / SEIDEL, Jana (2011): *Kompetenz und ihre Erfassung – das neue „Theorie-Empirie-Problem" der empirischen Bildungsforschung.* In: Zlatkin-Troitschanskaia, Olga (Hrsg.): Stationen empirischer Bildungsforschung. Wiesbaden. Seite 218–233.

13. Anhang siehe extra Band

www.ingramcontent.com/pod-product-compliance
Ingram Content Group UK Ltd.
Pitfield, Milton Keynes, MK11 3LW, UK
UKHW021926290926
8980IPUK00016B/1479

9 783631 717998